南孔圣地
衢州有礼 运动柯城
QUZHOU KECHENG
一座最有礼的城市

柯城年鉴

KECHENG YEARBOOK

2021

衢州市柯城区地方志编纂委员会
衢州市柯城区档案馆 编

方志出版社
Publishing House of Local Records

衢州市柯城区地方志编纂委员会

《柯城年鉴》编辑部

编辑说明

一、《柯城年鉴（2021）》（以下简称本年鉴）以马克思列宁主义、毛泽东思想、邓小平理论、“三个代表”重要思想、科学发展观、习近平新时代中国特色社会主义思想为指导，坚持辩证唯物主义和历史唯物主义的立场、观点和方法。编纂出版执行国务院《地方志工作条例》、中国地方志指导小组《地方综合年鉴编纂出版规定》《关于地方综合年鉴编纂出版若干问题的补充规定》和《浙江省年鉴编纂业务规范细则》的规定，记录本区域内2020年1月1日至12月31日各项事业发展的基本情况和重大事件。为保证资料的完整性，有少量上溯或下延的内容。

二、《柯城年鉴》由中共衢州市柯城区委、区人民政府主办，区地方志编纂委员会、区档案馆承编，是具有年度性、综合性、资料性的文献。年鉴系统记述柯城区行政区域内自然、政治、经济、文化、社会等方面内容，为各级领导决策和管理提供客观信息，为社会人士了解、研究、宣传柯城提供服务。

三、本年鉴框架由卷首、百科、卷尾三部分组成，卷首、卷尾采用综合体，百科采用条目体。设类目、分目、条目三个层次，条目为主要信息载体。卷首设各单位审稿人名录、彩页、地图、中文目录、英文目录、特载、专记、名词解释、大事记、区情概览。卷尾设附录及索引。其中，附录录入2020年柯城区国民经济和社会发展统计公报，机构单位及负责人名录，区委部分文件选目、区政府规范性文件目录，荣誉录等资料。

四、本年鉴采用现代语体文记述，用第三人称，引文仍用原文人称。以文字记述为主，辅以图片、表格。全书采用的数据，凡涉及全区性的，以区统计数据为准；未列入统计部门统计的数据，以职能部门提供为准。计量单位采用国家法定计量单位，历史数据沿用旧制。标点符号、语言文字、数字等执行国家标准和国家有关规定。数据有小数点的，除特殊情况外，一般保留小数点后两位有效数字；表中空格表示数据未产生或无法取得。

五、本年鉴文字资料由各承编单位提供，署作者名。卷首照片署拍摄者名或署提供单位名，文中插图除署名外，由撰稿单位或区全媒体中心提供。

各单位审稿人名单

（排名不分先后）

万沛霖　卫萌萌　丰小龙　王　磊　王丽君　王梦琳　毛凌锋　毛楼骋　方　星　方　盛
邓克刚　叶　菲　叶建军　叶海龙　田志伟　付　妍　刘恩华　江晓东　阮胜冬　孙涵斐
严建飞　苏青华　杜晓伟　李三清　李仁寿　李碧华　杨　勇　肖　飞　吴　杏　吴　园
吴　竞　吴有兴　吴兴钢　吴宇俊　吴荣华　吴海青　吴湘忠　何建莉　余　鹂　余　勤
余锦芝　应少平　应志辉　汪　斌　汪云国　汪月珍　汪凤花　汪闪明　张文利　张吉青
张建明　陈　伟　陈　言　陈　俊　陈　莹　陈宏良　陈坦依　陈俭龙　陈逸青　邵文超
林贤发　欧　颜　周　勇　周建立　郑　亮　郑　瑜　郑建国　郑晓颖　郑燕萍　姜　帅
姜祥峰　祝　骏　钱　颖　钱慧卿　徐荣华　徐俊飞　徐　斌　徐雪平　凌姗姗　龚　晓
盛　誉　揭根龙　彭欣荣　葛浏强　董翠燕　蒋宇斌　韩　译　蔡永洪　管　军　潘奔本

2020年，水亭街夜景

2020年，衢江信安湖段沿线风光

2020年，万田乡万田村千亩油菜花盛开（区全媒体中心提供）

2020年，石梁溪风光（胡江丰　摄）

2020年，余东画乡新貌（区全媒体中心提供）

5月13日，省委书记车俊（右二）到信安街道人大代表联络站调研人大工作（区全媒体中心提供）

9月23日，省政协主席葛慧君（中）到柯城区调研社会治理“最多跑一次”改革工作（卢　颖　摄）

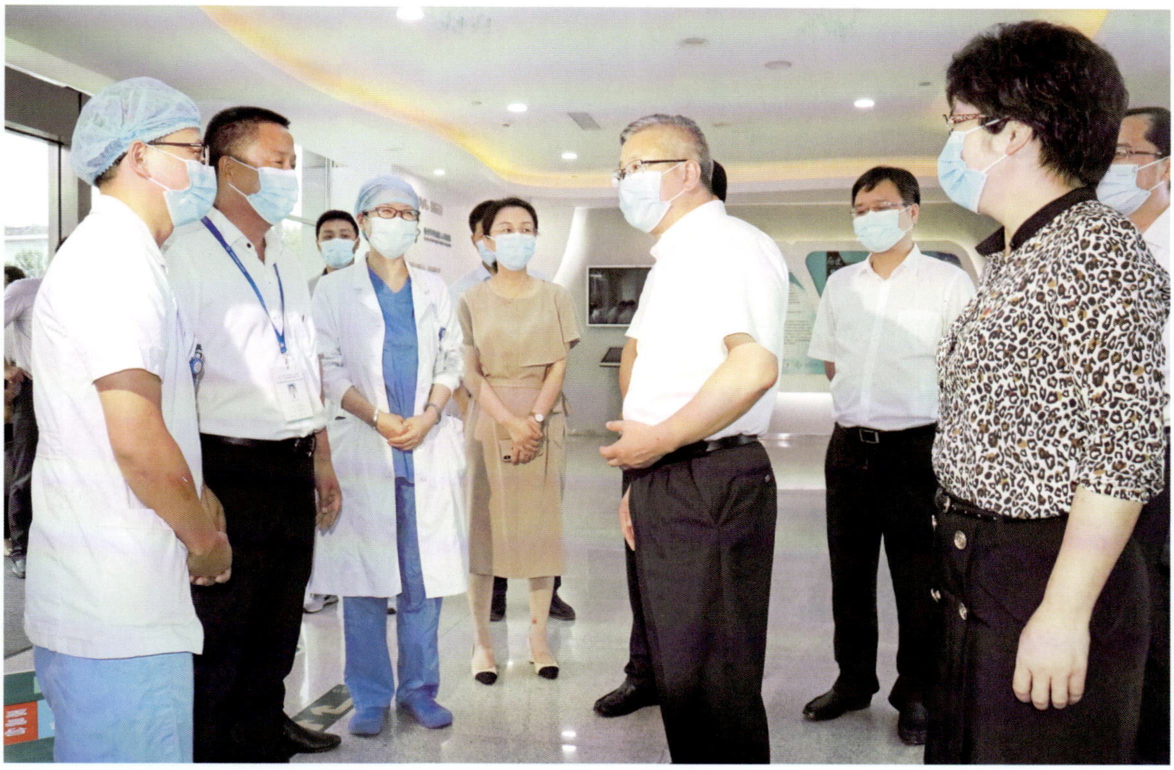

7月2日，市委书记徐文光（中）到柯城区开展“七一”走访慰问（严嘉慧 摄）

2月19日，市委副书记、市长汤飞帆（左一）调研柯城区乡村振兴综合体项目（村播基地）（卢 颖 摄）

9月1日，区委书记朱素芳（中）调研民政工作（卢　颖　摄）

11月3日，区委副书记、区长蒋国强（中）调研人口普查工作（葛继锐　摄）

4月20日上午，衢州市柯城区第九届人民代表大会第四次会议开幕（区全媒体中心提供）

4月20日下午，中国人民政治协商会议第四届衢州市柯城区委员会第四次会议开幕（卢　颖　摄）

1.2月初，石梁镇中心卫生院23名医护人员递交请战书，自愿到抗击疫情最前线工作（陈　璐　摄）

2.3月，柯城区人民医院护士管丽梦将患者治疗情况写在纸上，与隔离区外护士沟通，确保给予患者及时、有效的治疗（陈　璐　摄）

3.2月9日凌晨，柯城区人民医院医护人员马龙举、郑惠之、黄琪支援湖北省防治新冠肺炎（区人民医院提供）

1 2 3

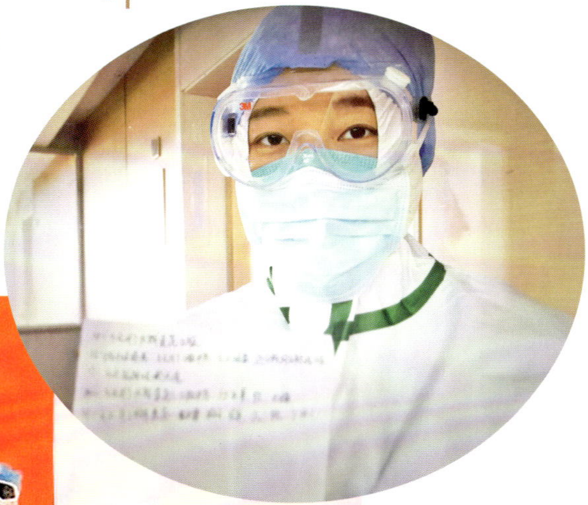

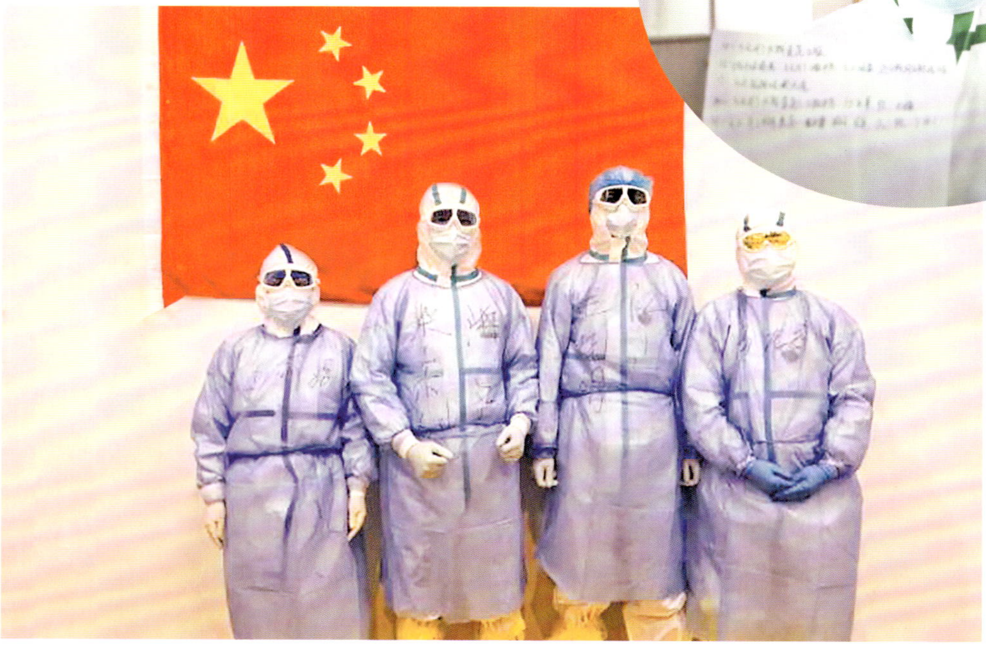

1
2
3

1.4月12日，柯城三名援鄂医卫人员凯旋（卢　颖　摄）

2.2020年，荷花街道社区防疫工作者的“微心愿”（潘　全　摄）

3.12月17日，衢州市抗击新冠肺炎疫情总结表彰会柯城区分会场颁奖仪式（卢　颖　摄）

1
2 | 3

1.2月21日，府山街道县学街社区"包区清楼"组团成员和社区网格员一同前往水亭街商圈，为符合开业条件已经备案的"十小"行业和企业提供上门服务（郑欣婷　摄）

2.2月20日，柯城区人社局在信安街道举办"防疫情 稳企业"就业推介会（区人社局提供）

3.3月，衢化街道昌苑社区网格员巡查开业店铺，提醒商家做好疫情防控工作(区全媒体中心提供)

1.3月13日，双港街道百名作揖礼推广大使和红管家一起对商圈店员进行作揖礼现场教学（黄 炊 摄）

2.4月，有序推进企业复工复产（衢化街道提供）

3.3月，绿码经营为小微企业、个体工商户开通复工"绿色通道"（衢化街道提供）

4.2月，浙江佰意智造服饰有限公司转产防护服（区全媒体中心提供）

2016年10月23日，柯城区召开创建省示范文明城区培训部署会（区全媒体中心提供）

2017年6月8日，柯城区召开创建文明城市冲刺大会（詹国锋　摄）

1
2
3

1. 2017年9月3日，“红色服务　垃圾再生”文明创建志愿者集中行动（区全媒体中心提供）

2. 2018年8月7日，九华乡创文志愿者开展“进千楼•访万户”创建文明城市入户宣传活动（区全媒体中心提供）

3. 2018年7月22日，柯城区承办衢州市创建全国文明城市“红手印”志愿服务誓师大会（区全媒体中心提供）

1. 2020年5月13日，“公筷公勺”全省推广调研交流活动聚焦柯城区上洋村（严嘉慧　摄）

2. 2020年9月18日，柯城区召开创建全国文明城市决战决胜誓师大会（严嘉慧　摄）

3. 2020年，荷花街道松园社区工作人员给一线的创文人员送防暑降温物品（区全媒体中心提供）

4. 2020年，县学街社区“妈妈团”集结创文再出发（区全媒体中心提供）

2020年，徐莫岩路施工中（图片来自柯城发布素材库）

4月29日，G351至大荫山、翁梅至蒲塘通景公路通车（许　军　摄）

1.2月26日，柯城区产业招商项目视频签约（陈蓉蓉 摄）

2.9月15日，“浙江有礼·我的丰收我的节”农民丰收节直播带货活动在万田乡村播基地举办（陈蓉蓉 摄）

3.9月30日，2020中国衢州四省边际直播产业创业街开街仪式在万田乡举行（卢 颖 摄）

1
2
3

1. 12月11日，柯城区与本码实业集团智能制造和供应链项目签约仪式（卢　颖　摄）

2. 11月16日，运动柯城文化旅游发展大会暨灵鹫山名山开发启动仪式在衢时代创新大厦举行（卢　颖　摄）

3. 10月23日，省市重点项目集中开工活动在柯城区三问家居智造家纺家居产品建设现场（卢　颖　摄）

3月14日，区委经济工作会议暨“三个年”活动动员大会召开（卢　颖　摄）

6月10日，衢州“市域融媒体巡礼大花园”活动启动（区全媒体中心提供）

7月18日，中宣部“走向我们的小康生活”主题采风活动走进柯城（卢　颖　摄）

9月4日，杭州亚运会倒计时二周年——“绿水青山大联动”暨“有礼衢州公众护水活动”在柯城举行（楼郁馨　摄）

9月21日“决胜全面小康”全国农民画研讨会暨南孔画乡·余东乡村未来社区启动仪式（葛继锐　摄）

11月12日，柯城区服务业联盟启动（卢　颖　摄）

11月14日，2020“衢州有礼•运动柯城”中国围棋之乡联赛总决赛（卢　颖　摄）

1 | 2
3
4

1. 8月12日，柯城·北川东西部扶贫协作联席会议在绵阳市北川县召开（金　超　摄）

2. 3月16日，北川—柯城扶贫协作产业园首个项目成功签约（区招商局提供）

3. 12月25日，柯城—北川扶贫案例获评“第三届中国优秀扶贫案例”（区招商局提供）

4. 9月17日，余杭—柯城“消薄飞地”收益兑付仪式在柯城举行，柯城区86个薄弱村每个村兑付5万元，共计430万元（区招商局提供）

11月29日，柯城区温州商会成立（楼郁馨　摄）

12月26日，柯城区北京商会成立（卢　颖　摄）

2020年,区供销社（农合联）依托“三衢味”品牌促增收（区供销社提供）

1 2 3

1.2020年，沟溪乡余东村的村播基地中，艺术家在直播作画（区全媒体中心提供）

2.2月19日，市委副书记、市长汤飞帆（右）在柯城区乡村振兴综合体（村播基地）客串“网络主播”，通过央视、拼多多等网络平台推介衢州柑橘（区全媒体中心提供）

3.3月2日，两台旋耕机在万田乡坦上村田间春耕备耕生产（区全媒体中心提供）

3月11日，在万田乡余家山头村小麦种植基地，坦上粮食合作社飞手操作无人机喷药除草（吴铁鸣 摄）

2020年，衢州火神瓷业有限公司莹白瓷新产品开发（区全媒体中心提供）

2020年，沟溪乡余东村“一米菜园”（区档案馆提供）

10月11日，万田乡坦上村粉干加工专业户在晾晒粉干（胡江丰 摄）

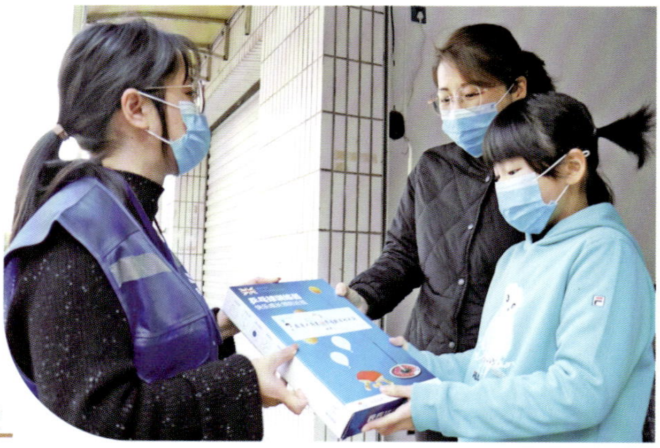

1 2
3
4

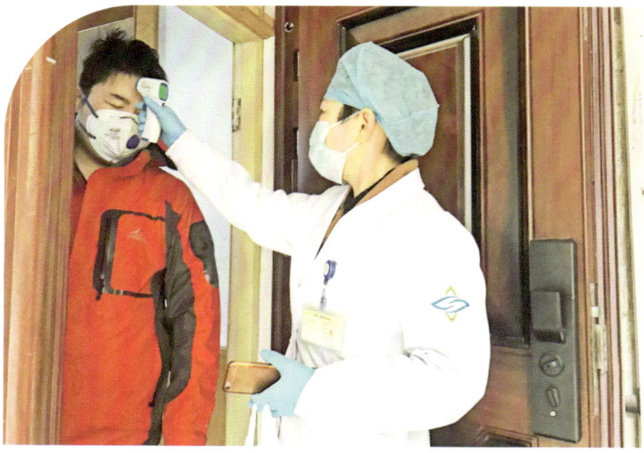

1.1月，府山街道为辖区退役军人挂上“光荣之家”门牌（区全媒体中心提供）

2.3月，荷花街道松园社区为辖区100户家庭免费配送健身产品“弹力软轴乒乓球训练器”，疫情期间居民可居家健身（区全媒体中心提供）

3.3月3日，衢化街道卫生服务中心家庭医生为居家观察人员测量体温（区全媒体中心提供）

4.5月，荷花街道荷东苑社区开展“关注民生 倾听民声”人大代表进社区活动（区全媒体中心提供）

1 2
3
4

1.3月22日，荷花街道朝晖社区网格员开展巡河行动（区全媒体中心提供）

2.5月，在花园街道安装社区，13位平均年龄66岁老党员组成“红色义工”服务队为小区老人维修电风扇（区全媒体中心提供）

3.5月，辅具适配专业技术人员为残疾人免费适配假肢（区残联提供）

4.7月，荷花街道松园社区网格员到市中医医院将中国人民志愿军抗美援朝出国作战70周年纪念章送到三级残疾复员军人陈志良手上（区全媒体中心提供）

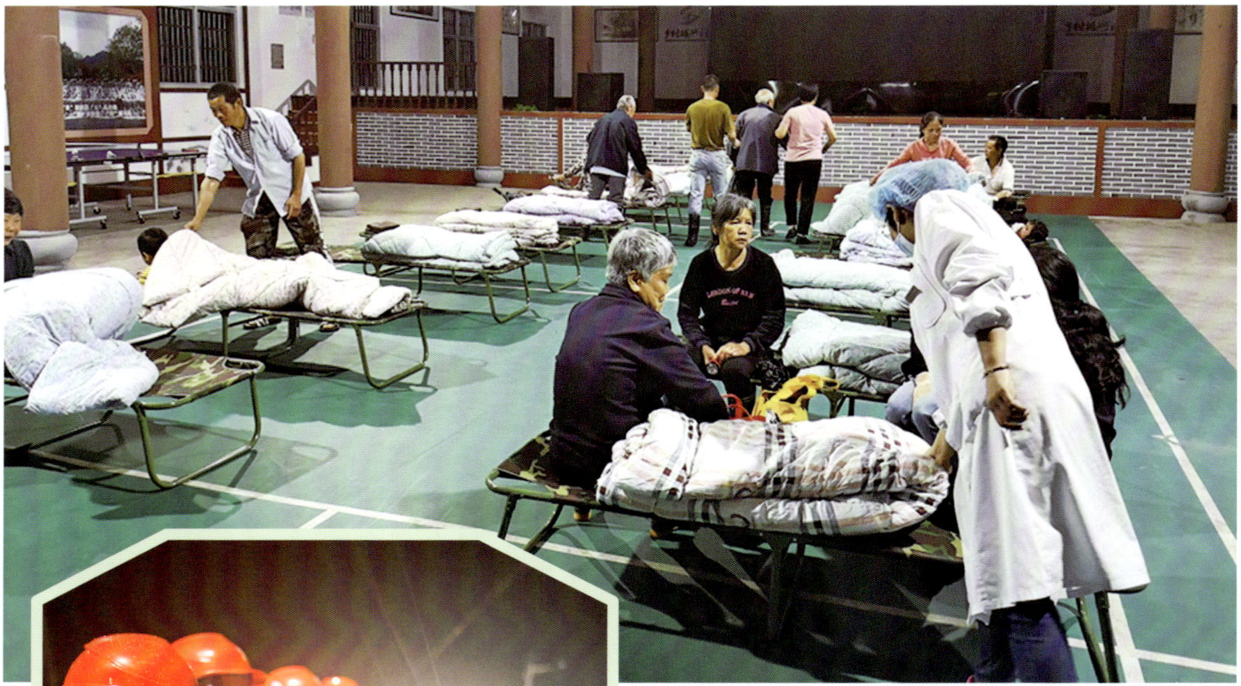

1.6月4日00:25，九华乡大侯村小佃坞发生险情。00:30，九华乡启动防汛应急预案，乡干部赶赴现场转移村民（九华乡提供）

2.7月9日，国网衢州供电公司抢修人员利用应急照明车在夜幕降临前紧急恢复被洪水侵袭区域的照明，为救援人员夜间抢险工作的顺利开展提供便利（国网衢州供电公司提供）

3.6月4日,九华乡大侯村泥石流现场抢险救援（区应急管理局供稿）

1
2
3

1月12日，柯城区草根“非遗”艺术馆开馆（卢　颖　摄）

1月，紫荆社区开展“腊八粥香飘邻里 对联红火迎新年”邻礼节活动（区全媒体中心提供）

2020年，残疾人艺术团巡演（区残联提供）

1月，华墅乡园林村举办第四届村晚（区全媒体中心提供）

4月23日，“声声有情，书香衢州”乡土版方言朗诵活动在航埠镇新山村拾方书院举行（赵激桦　摄）

6月1日，区委领导到礼贤小学与同学们一起欢度“六一”儿童节（卢　颖　摄）

9月10日，柯城区教育发展大会召开（卢　颖　摄）

2020年，信安街道世通华庭小区南孔书屋，提升服务质量（区全媒体中心提供）

11月20日，在省中小学艺术节上白云学校表演《为你骄傲》节目（区教育局提供）

9月21日，中国（余东）乡村美术馆开馆（区全媒体中心提供）

11月1日，“浙里诗路”2020浙江省新农村定向健康越野跑大赛（钱塘诗路 · 柯城站）在柯城区国家森林运动小镇开赛（区文旅体局、市跑步协会提供）

11月28—29日，2020灵鹫山 · 第二届全国森林极限运动会在灵鹫山国家森林运动小镇开赛（区全媒体中心提供）

1
2
3 4

1.4月17日，“运动柯城”全民健身云启动仪式上，柯城区运动地图发布（许 军 摄）

2.12月12—13日，2020“衢州有礼·运动柯城”浙江省拳击俱乐部冠军联赛（衢州站）暨“鲟鱼杯”世界WBA职业拳击（中国区）拳王争霸赛在石室乡西安古街开赛（区全媒体中心提供）

3.10月24日，柯城区机关运动会（区文旅体局提供）

4.2020年,白云学校射箭队员开展训练（区教育局提供）

目录

特 载

专 记

大事记

区情概览

中共衢州市柯城区委员会

衢州市柯城区人民代表大会

衢州市柯城区人民政府

政协衢州市柯城区委员会

纪委·监委

民主党派·工商联

群众团体

法 治

军 事

经济管理与监督

交　通

基础设施

通 信 业

城乡建设与管理·生态环境

农业・林业・水利

工业经济

商贸·服务业

财政·税务

金融业

教　育

科学技术

文化·旅游·体育

卫　生

社会服务

乡镇（街道）

附　录

Main Contents

加压奋进开新局 实干担当勇争先
奋力争创四省边际社会主义现代化先行区

——在区委八届九次全体(扩大)会议上的报告

(2021年1月22日)

中共衢州市柯城区委书记 朱素芳

同志们：

这次全会的主要任务是：高举中国特色社会主义伟大旗帜，全面贯彻党的十九大和十九届二中、三中、四中、五中全会精神和中央、省委经济工作会议精神，深入贯彻习近平总书记考察浙江重要讲话精神，按照省委十四届八次全会、市委七届九次全会的部署要求，回顾总结2020年工作，精心谋划“十四五”发展，研究部署2021年工作任务，审议通过《中共衢州市柯城区委关于制定柯城区国民经济和社会发展第十四个五年规划和二〇三五年远景目标的建议》，进一步动员全区上下扛起打造“四个区”的使命担当，加压奋进开新局，实干担当勇争先，奋力争创四省边际社会主义现代化先行区。

下面，我代表区委常委会，向全会作工作报告。

一、肯定成绩、振奋精神，进一步增强实现“十四五”良好开局的信心和决心。2020年是全面建成小康社会和“十三五”规划的收官之年，也是柯城发展进程中极不平凡的一年。面对国际国内形势的深刻复杂变化，特别是突如其来的新冠肺炎疫情冲击，在党中央和省委、市委的坚强领导下，区委常委会深入学习贯彻习近平新时代中国特色社会主义思想，全面贯彻落实中央和省委、市委决策部署，充分凝聚全区上下加快建设“四个区”的强大共识，团结带领全区干部群众迎难而上、拼搏实干，经济社会发展和党的建设各项事业实现稳中有为、稳中有进。全年实现地区生产总值236.48亿元，同比增长3%；财政总收入20.21亿元，一般公共预算收入13.32亿元，同比分别增长1.6%和3.7%；固定资产投资同比增长4.1%；城镇居民人均可支配收入52862元，农村居民人均可支配收入28138元，同比分别增长4.8%和9%。一年来，区委常委会主要抓了以下六个方面工作：

（一）聚焦学深悟透，学习贯彻党的十九届五中全会精神走深走实。区委常委会始终保持政治上的清醒和坚定，先后多次组织举办理论学习中心组专题学习会、区委常委（扩大）会议、全区领导干部会议，认真学习贯彻党的十九届五中全会精神和习近平新时代中国特色社会主义思想，奋力推进中央和省委、市委各项决策部署在柯城的生动实践。特别是召开区委八届八次全会，对学习贯彻习近平总书记在浙江考察时的重要讲话精神作出专门部署，使奋力打造“四个区”成为全区上下的自觉行动。坚持以党的十九届五中全会精神为指导，深入研究我区经济社会发展的阶段性特征，主动回应人民群众的期盼和需求，做好“十四五”规划编制工作，科学勾画今后五年柯城发展的宏伟蓝图。

（二）聚焦慎终如始，疫情防控成果持续巩固。坚持“源头查控+硬核隔离+精密智控”，高质量完成高速衢州南出口卡点清查任务，出色完成十里丰病例转诊救治和全市首例确诊病例救治任务，成功阻断1例境外输入病例的传播扩散，实现了“三个不发生”的目标。慎终如始抓好常态化疫情防控，有序推进重点冷链食品“物防”、重点人群新冠疫苗接种等工作，全面启动区人民医院门急诊大楼、区公共卫生服务中心、区第二人民医院、区中医医院等项目建设，收治体系、预警体系和公共卫生服务体系等得到进一步提升完善。圆满完成援鄂抗疫任务，3名援鄂医疗队员星夜驰援、胜利归来，实现了“打胜仗、零感染”的目标。

（三）聚焦争先创优，经济运行态势企稳向好。以精准服务助力复工、复产、复市，率先实现规上工业企业100%复工复产，成为首批省级夜间经济试点城市。以超常力度大抓有效投资，固定资产投资增速领跑全市。全年新招引亿元以上产业项目21个，其中10亿元以上2个、20亿元以上1个，到位资金25.3亿元。以数字思维赋能产业转型，全年实施产业数字化项目17个，金沃精工通过IPO发审会，数字经济发展综合评价排名在全省继续上升17位，位列全市第一。以拼抢姿态强化要素保障，新增垦造耕地面积1113.33公顷，盘活存量建设用地38.73公顷，争取新增建设用地指标191.87公顷，争取各类资金（债券）29.58亿元。

（四）聚焦内生动力，乡村振兴动能澎湃强劲。吹响灵鹫山名山开发号角，“1+9+N”项目建设有序推进，先后入选国家森林康养基地、长三角地区精品体育旅游目的地和全省首批山地休闲度假发展试点单位。投资25亿元的寺桥水库工程项目获省发改委批复同意，即将开工建设，抽水蓄能项目前期工作正在积极谋划。做实做强村播产业，依托乡村振兴讲堂，打造了全省首个乡村振兴“村播学院”、全市首个省级农播示范基地，四省边际直播产业创业街开街，获评全国“互联网+”农产品出村进城试点区、全国十大淘宝直播“村播”计划示范区。加快文旅融合步伐，余东乡村未来社区成为网红“打卡地”，乡村音乐会、橘子音乐节火爆“朋友圈”，获评全省首批文旅产业融合试验区、中国立春文化之乡，立春文化传承生态保护区入选省级创建培育名单。扎实推进农村综合集成改革，“一村万树”绿色期权“消薄”模式入选省改革创新优秀实践案例，“一乡千宿”入选全省首批民宿（“农家乐”）助力乡村振兴改革试点名单。

（五）聚焦惠民利民，民生福祉得到全面加强。人居环境持续改善。高度重视做好第二轮中央生态环保督察转办信访件整改工作，全省生态环境公众满意度调查位列全省第四、全市第一，创成省级生态文明建设示范区。美丽沿江公路全线贯通，成功创建省级“四好农村路”示范区。七里乡、航埠镇获评新时代美丽城镇建设省级样板。城市文明持续提升。“有礼指数”走在全市前列，获评全市首个有礼示范区，助力我市高位创成全国文明城市。社会事业持续繁荣。制定出台尊师重教一系列高含金量政策，打造四省边际中心城市教育“桥头堡”迈出关键步伐。及时终止区人民医院合作办医模式，公开选聘公立医院院长，努力争取我区卫生健康事业重现辉煌、重振雄风。小康成色持续提亮。扎实开展“千人走万户”扶贫开发大督查大走访活动，“三个清零”任务全面完成，214 个行政村村集体经营性收入全部达到10万元以上。高质量完成东西部扶贫协作各项目标任务，4 条经验模式入选国家扶贫典型案例。平安建设持续深化。“树正打歪、拔钉清障”百日攻坚行动力度不松、声势不减，全年共打处各类违法对象 70 人，化解各类信访积案 140 件，对一批长期阻碍发展、破坏稳定、影响换届的歪风邪气形成了强大震慑。全力推动扫黑除恶“六清”行动，“打伞破网”工作走在全市前列。

（六）聚焦整体智治，党建治理体系迭代升级。基层基础更加坚实。创新“1 + 1 + 1”换届指导、“过堂会审”“三审三签”等特色机制，圆满完成村社组织换届工作，参选率、得票率稳居全市前列，“两委”班子结构显著优化，实现过程平稳平静、结果高质高量。社会治理更加给力。全市率先构建“两难”问题联动处置机制，率先探索“国企＋社区”“红色物业联盟＋邻礼通”模式推进社区治理，率先推进区矛调中心实体化运行，“五色管理＋全科网格”基层治理服务业标准化试点项目高分通过国家级验收。实干导向更加鲜明。健全完善“两个担当”良性互动机制，12 名干部得到公开澄清正名，4 名受处分干部被重新起用。创新设立“金蜗牛”赛牛机制和“红黄”亮牌通报机制，出台关爱干部“暖心七条”，在破解干部夫妻异地分居、澄清正名、健康管理等方面为干部提供暖心服务。政治生态更加清朗。持之以恒正风肃纪反腐，全区村（社）巡察实现全覆盖。“清廉网格 365”智慧监督模式获选全国十大优秀案例，全面从严治党群众满意度调查排名全市第一。同时，区委常委会高度重视自身建设，全力支持人大、政府、政协依法履行职责，充分发挥各民主党派、工商联、无党派人士、工青妇等人民团体的作用，切实加强党管武装、意识形态和统战、外事、商会、侨务、民族、依法治区等工作，进一步形成了同心同德、真抓实干的良好氛围。

刚刚过去的 2020 年，全区上下以实干担当为荣，以奋勇争先为荣，争做起而行之的行动者、攻坚克难的奋斗者、争先创优的奔跑者，在拼搏中坚定了信心、在攻坚中经受了考验、在实干中创造了辉煌。这一年来，我们普遍感到干事的氛围越来越浓、干事的成效越来越明显、干事的信心和劲头越来越足。我们深刻地感受到：党建统领是攻坚克难的制胜法宝。从九华乡大侯村泥石流灾害、沟溪乡碗窑村小流域山洪，到航埠集镇内涝，全部得到成功处置，无一人伤亡。从杭衢铁路、351 国道、杭金衢高速拓宽，到历时 13 年的小南门征迁遗留项目征收任务，全部实现签约、腾空、拆除“3 个 100%”，得到市委市政府主要领导批示肯定。事实证明，正是因为我们充分用好了“党建统领”这个战无不胜、攻无不克的强大武器，充分发挥了“三联工程”和网格作用，充分调动了广大党员干部气势如虹的精气神，才形成了势如破竹的态势，让越来越多的“不可能”变成了“可能”。

市区一体是披荆斩棘的坚强后盾。我们始终牢固树立全市一盘棋、市区一体化思维，坚持在全市发展大局下思考、大局下行动，一个目标、一个声音、一个步调，以强有力的举措推动战略目标、战略定位、战略任务、战略路径等实现市区一体、无缝衔接、高度融合，以战略大融合推动同台大合唱、同频大共振。市区两级“包区清楼”守住“小门”、高位创成全国文明城市等，无一不是得益于市区两级的合心合力、协作协同，充分展现了市区一体的强大威力。

状态沸腾是工作沸腾的力量源泉。“六抓六比・八大竞赛”活动开展以来，全区上下始终保持着你追我赶、比学赶超的沸腾状态。5 个月时间，从谋划开工到验收入库，区资规分局和区林业局突破思想藩篱、主动深挖潜力，万田、石梁、华墅、石室、航埠、九华、沟溪等 7 个乡镇咬定目标，“5+2”“白＋黑”用心用力干，以超常规的速度和力度，超额完成了 1113.33 公顷的验收入库任务。39 天时间，区民政局、区协作中心、航埠镇等单位打破常规、通力协作，完成了投资30多亿元的本码实业智能制造产业园项目签约落地和开工。11天时间，30名区领导牵头挂帅、一线督战，30个部门组团包干、火力全开，包括曾经在航埠工作过的一批同志都倾力相助，提前4天完成140家“低散乱”企业整治签约工作。

人民立场是谋事干事的强大底气。群众的需求就是我们的追求，群众的呼声就是我们的哨声。柯医干部职工大会上之所以能够自发响起9次掌声，让老百姓拍手叫好，就是因为这件事情我们是真心实意地站在老百姓的立场，充分听取了医护人员和老百姓的意见，坚决地表明了区委、区政府的态度。航埠“低散乱”企业整治之所以能够快速推进，且无一例信访，就是因为我们想在了前头，做在了前头，用贴心的服务打消了企业的顾虑，解决了企业的后顾之忧。历史信访积案有效化解、教育发展大会反响热烈等等，这些都充分证明，只有急群众之所急，想群众之所想，帮群众之所需，真正把工作做到老百姓的心坎上，落实到一个个项目、一件件具体的工作中，老百姓才能有真正的获得感。合心合力是干事成事的根本保障。在急难险重和大战大考面前，区四套班子领导同心同德，始终带头领衔、靠前指挥、以上率下，各乡镇（街道）和部门（单位）一呼百应，始终冲锋在前、相互配合、共同担当，全区上下始终像十根手指一样紧紧握在一起、想在一起、干在一起，有困难一起上，有压力一起扛，有成绩一起点赞，一家人一条心，一个目标一起拼，顶住了大事汇集的压力，扛住了难事叠加的考验，营造了党委政府“一张皮”、四套班子“一条心”的生动局面，全区上下“一股绳”，形成了强大的工作合力。

总之，这些工作的推进和成绩的取得，是省委省政府和市委市政府高度重视、坚强领导的结果，是全区党员干部和广大群众真抓实干、团结奋斗的结果，也是所有离退休老同志和社会各界人士大力支持的结果。在此，我代表区委常委会，向大家表示衷心的感谢！

在看到成绩的同时，我们也要清醒地认识到，我区还处在夯实基础、积蓄动能、创新突破的关键期，实现高起点开启现代化建设还需要尽快化解一些新旧矛盾。一是经济体量与主城区地位不相匹配，发展动力不足，增长动力出现下滑，争先进位面临较大压力。二是传统产业仍占主导地位，美丽经济幸福产业和数字经济智慧产业仍处于培育发展阶段。三是城市功能相对滞后，基础设施建设历史欠账较多，中心城区能级偏低，外向吸引力不足。四是生态价值转化通道还不够顺畅。这些问题既有发展阶段因素、产业周期性因素，但更多的是结构性、体制性因素，我们将高度重视这些问题，坚定信心、迎难而上，振奋精神、加压奋进，全力以赴做好各项工作。

二、把握形势、担当使命，共同擘画“十四五”发展美好新蓝图

这次提交全会审议的区委“十四五”规划《建议》，确定了“十四五”时期我区经济社会发展的指导思想、目标要求、战略任务、重大举措和二〇三五年远景目标，对“十四五”时期柯城发展作出全面部署，是我区今后五年经济社会发展的重要指导性文件。

区委常委会研究后认为，争创四省边际社会主义现代化先行区，核心要义就是进一步打响“四个区”、全力建成“四个区”，通过“四个区”建设的不断深化，推动各领域工作的赶超跨越，在社会主义现代化建设新征程中走在前列。

——全力建成产业高端、品质大气的首善之区。首善之区，首先产业要首善、城市乡村也要首善。一方面，首善要体现在高能级的产业集群上。只有产业的兴旺，才有城市的兴旺；只有产业的兴旺，才有乡村的兴旺。要充分发挥柯城服务业的基础优势、智能制造的先发优势，做强现代服务业和先进制造业“双引擎”，全力打造四省边际产业发展新的“桥头堡”。另一方面，首善要体现在高品质的城市建设和乡村环境上。航埠、衢化、双西港等城市副中心作为柯城城市发展的重要组团，只有进一步扮靓环境、完善配套、做精做美，才能与高铁新城相互融合、相得益彰，整体提升四省边际中城市建设，柯城一定能够成为四省边际高端产业的承载地、高端人才的向往地和品质生活的宜居地。

——全力建成健康时尚、激情活力的运动之区。柯城的乡村振兴就是以全域建设国家运动休闲旅游度假区为抓手，大力发展运动休闲产业，努力成为全国知名、服务“长三角”地区、辐射四省边际的运动康养福地和休闲旅游目的地，打造“诗画浙江”美丽经济的“桥头堡”。在运动产业的持续带动下，推动乡村的人气进一步提升，各类要素向乡村进一步集聚，现代农业、数字农业和民宿等产业进一步加快发展，让柯城的农村产业更加兴旺发达，乡村建设全面提质提效，广大农民持续增收致富。我们相信，通过不断彰显运动之区的特色，加快绿水青山向金山银山的转化，柯城一定能够成为四省边际旅游富民的样板地、运动产业的集聚地和乡村振兴的标杆地。

——全力建成民生为本、治理有效的幸福之区。幸福之区，关键要抓好“城”的治理、“人”的治理和“事”的治理。柯城区作为主城区，城市治理是市委市政府交给我们的最大任务。要以党建为统领，通过“红色物业联盟＋邻礼通”双轮驱动，全力抓好“城”的治理，加强教育卫生等公共服务供给，扎实做好各项民生事业，全面不断增强人民群众获得感、幸福感、安全感。要以“八个一”文明有礼系列行动提升“人”的治理，通过“软引导＋硬约束”，进一步提升广大市民的文明有礼水平，全面实现有礼善治。要以“县乡一体、条抓块统”改革为抓手，全面破题“事”的治理，实现全区域的党建统领整体智治高效协同，全面推动经济社会等各领域的治理体系和治理能力现代化。我们相信，只要坚持做实、做细、做深、做优党建统领基层治理这套体系，柯城一定能够成为衢州打造“中国营商环境最优城市”“中国基层治理最优城市”“一座最有礼的城市”成果的最佳展示地。

——全力建成实干担当、创优争先的奋斗之区。奋斗之区，关键要坚持“两个高度”“两个大局”，进一步激发柯城区担当的基因，柯城人实干的特质。要坚决扛起主城担当，无条件、有办法完成好市委市政府交给柯城的各项任务。要通过树立更加鲜明的干事导向、用人导向和考核导向，推动柯城干部的系统整合理念、争先创优理念、经营发展理念、改革创新理念、实干担当理念、依法行政理念、团结作战理念、清廉正气理念全面增强，干事创业激情全面提升，打造一支政治过硬、能力过硬、作风过硬的铁军队伍。我们相信，通过全面夯实管党治党的政治责任，不断巩固风清气正的政治生态，持续优化心齐气顺的人文生态，队伍建设必将成为加快柯城高质量发展最强劲的动能。

总之，我们要始终坚持市委赋予柯城的“四个区”定位，坚定坚决、聚焦聚力高质量、竞争力、现代化，全力推进品质化、幸福化、生态化、集成化建设，为全省建设“重要窗口”提供更多柯城素材，为四省边际中心城市建设做出更大贡献，全力以赴争创四省边际社会主义现代化先行区。

三、明确任务、精准发力，全力打好“十四五”开局之战

2021年是“十四五”发展的开局之年，是我区加快融入新发展格局的关键一年，做好今年各项工作，事关长远，事关大局。2021年工作的总体要求是：高举中国特色社会主义伟大旗帜，深入贯彻党的十九届五中全会、省委十四届八次全会、市委七届九次全会精神，忠实践行“八八战略”、奋力打造“重要窗口”，加快推进四省边际中心城市和“四个区”建设，持续构建“县乡一体、条抓块统”高效协同治理格局，不断深化“六抓六比·八大竞赛”工作载体，实干担当、奋发有为，确保“十四五”发展开好局、起好步，以优异成绩庆祝建党一百周年。主要预期目标建议为：GDP增长7.5%以上；固定资产投资增长10%；一般公共预算收入增长8%；城乡居民人均可支配收入分别增长9%和10%以上，约束性指标全面完成省市下达任务。

目标明确之后，关键在于如何抓好落实。过去一年，我们通过大力实施“六抓六比·八大竞赛”，比学赶超抓推进，逐个篇

章抓落实，有效推动了全区各项工作，激发了广大党员干部干事创业的火热激情。因此，区委常委会考虑，在新的一年继续以“六抓六比·八大竞赛”活动为载体，推动竞赛内容有机更新、工作机制迭代升级。具体是围绕“四个区”定位，全力打好八场关键战役：

（一）全力打好疫情防控阻击战。常态化抓好疫情防控工作，是保障我们加快发展的重要基础。我们要坚持外防输入、内防反弹，深化运用“源头查控＋硬核隔离＋精密智控”机制，坚持人防、物防、技防并重，聚焦重点地区、重点环节、重点人群，确保冷链物防闭环管控，确保不出现聚集性疫情，确保不发生院内感染，确保不发生疫情风险点失管漏管，力争不发生本土新增病例。特别是接下来临近春节，形势越来越严峻，工作任务越来越繁重。在座的同志们，一定要绷紧防疫这根弦，务必高度重视这项工作。

（二）全力打好项目投资主动战。没有项目的大突破，就没有发展的大提速。我经常强调，每个乡镇（街道）、部门都要重视谋项目、推项目、抓项目。我们要始终坚持项目为王，推进项目全链条、全过程管理，用机制倒逼项目推进，形成项目工作的新热潮。一要全力服务市级重大项目。坚决扛起主城担当，如期完成百家塘片区、双西港片区、尼山小学改扩建等重大征收工作，全力做好46省道、双叶线改造等重大项目政策处理工作。推进黄家街道东周村、下刘村、四都刘村整村搬迁，主动融入衢州巨化一体化发展格局。加快斗潭、高铁新城等安置小区建设，确保如期交付使用。二要扎实推进重大项目落地。按照重大项目分工抓落实任务交办单倒排计划、挂图作战，用好领导挂联、项目红黑榜等成熟机制，加快推动寺桥水库、九华乡村未来社区等一批重大项目开工建设，确保制造业投资、民间投资、高新技术产业投资、交通投资、生态环境和公共设施投资五项结构性指标增长不低于面上，省市县长工程项目开工率75%以上，固定资产投资增速位居全市前列【到今天为止，我们2021年要干的重大项目，每个时间节点的推进目标都已经明确。希望大家要高度重视项目的前期工作，对照所负责重大项目的进度，按照时间节点如期完成，甚至提前完成。区督考办要加大督查力度，推进工作】。三要精准施策开展招商引资。我们既要抓好当前项目的谋划推进，也要抓好新项目的招引，确保全年签约落户亿元以上产业项目7个以上，其中5亿元以上重大项目3个，在招引20亿元以上重大项目上持续突破。四要强化项目工作保障。进一步发挥“三大办”“专班制”的推动作用，加强全区资源要素的统筹使用、通盘保障【项目工作保障无非是三大保障：一是资金保障。区财政局在乡镇（街道）、部门的预算安排上要大气，在项目的谋划上要重视，既要有大格局，又要注意资金节俭。区纪委在这方面要加强全链条的监督。二是土地要素保障。2020年是我们历年来土地指标要素保障力度最大的一年，2021年要进一步加大力度。三是政策处理保障。所有工作都要靠前，要做到心中有底、胸有成竹】。

（三）全力打好产业转型升级战。产业的高度决定一座城市的高度。我们要把做大产业扩大税源行动计划作为新一年重要任务，围绕打造“三大产业园”，不断推动产业体系再完善、产业能级再提升。一要做强航埠智尚产业园。尽管市里给我们的面积不大，大概3平方千米，但是现在140家“低散乱”企业已经全部整治了，再包括其他的空间整合，有将近66.67公顷空间。等到小微企业园建成后，可以说有非常大的制造业发展空间。现在航埠智尚小镇管委会和区经信局是两块牌子、一套人马，要加快小微企业园建设，把园区基础设施改造提升作为新一年的园区重点工作，争创工业全域治理省级试点。要围绕主导产品，聚焦智能制造和服装时尚，围绕轴承产业把上下游产业链打通，让这3平方千米真正成为高端轴承的聚集地、上下游产业的集群地。二要提升现代商贸产业园。柯城的服务业非常有基础，尤其是专业市场城，里面有几千家服务业企业。接下来，我们要像整治航埠“低散乱”企业一样，整治这些服务业企业，统筹安排部分没有发展前途或停产、半停产企业退出，让整个专业市场的服务业企业提质升级。同时，专业市场管委会要像工业园区管委会一样，所有的服务都要进驻。三要打造现代农业产业园。要打好农业供给侧结构性改革“组合拳”，着眼“规模农业、数字农业、标准农业、生态农业、效益农业”的发展方向，以打造工业园区的理念，打造柑橘现代示范园等一批现代化农业产业平台【还有上次区委召开“两代表一委员”座谈会时，有代表提出柯城的数字育种做得非常好，我们要在提升和打造规模产业上下功夫】。此外，我们还要在万田乡打造农业科创孵化园，吸引集聚人才，实现办公在科创园、基地在柯城。

（四）全力打好城市能级提升战。城市是集聚高端要素、增强区域竞争力、提高人民生活品质的关键因素。要围绕“四省边际中心城市”核心区建设目标，统筹推进“三大城市赋能平台”建设，不断提升中心城区首位度。一要推进航埠小城市建设。紧紧依托高铁枢纽和市级大平台，按照智慧新城的城市副中心整体定位，加快推进航埠小城市建设。高标准做好空间规划布局和城市规划设计，有计划地完善交通、绿化、教育、医疗、商业等城市配套设施，加快区第二人民医院、养老院等项目前期进度，有序推进集镇基础设施改造提升，全力打造“产城人文”高度融合的小城市【除了航埠，石梁、万田等乡镇也非常有潜力。我们还要立足打造一批高品位的小城镇群，大力推进“侠山义水·橘韵石梁”“春神故里·运动九华”“养生福地·桃源七里”“烂柯仙境·秀美石室”等一批新时代美丽城镇建设，让每一个乡镇都有自己的特色，更好地推动城乡协调发展】。二要启动双西港片区改造提升。按照活力港、宜居港、健康港的定位，聚焦当年启动、三年成型、五年基本建成的思路目标，通过做好“三个注重”“三个先行”，全面推进双西港片区基础设施整体提升，公共服务功能更加完善，大型商业综合体等产业业态加快落地【春节过后，我们要一并考虑双西港片区和百家塘、皂角片区的征迁工作，做到一体部署】。三要打造衢化南部新城。重塑衢化片区城市格局，分步推进衢化城市复兴。有序推进红房子、百货大楼等地块开发，启动昌苑安置小区、江滨健身公园、棚改二期等重点项目建设，逐步实现衢化片区基础设施整体提升。谋划建设化工商贸总部产业园，积极服务衢州巨化一体化战略，进一步完善衢化片区生产性服务业产业布局。在全力打造“三大城市赋能平台”的同时，围绕打造“一座最有礼城市”目标，扎实推进“八个一”文明有礼城市建设，推动有礼指数评价常态化、制度化、规范化【“八个一”文明有礼工作，市里每个月都要进行督查排名，我们一定要主动自我加压，确保在 6 个县（市、区）排名第一，我们是主城区，如果排在第二，那就是我们的工作没做好。每个乡镇（街道）、部门（单位）都要形成共识，把“八个一”文明有礼融入本单位的文化建设当中去】。

（五）全力打好乡村振兴整体战。要以国家运动休闲旅游度假区创建为抓手，围绕农业高质高效、乡村宜居宜业、农民富裕富足目标，全面提升“三农”发展水平。一要做好旅游文章。加快推进国家级运动休闲旅游度假区“1+9+N”重点项目建设进度。其中，“1”指一条百里运动休闲长廊，整个柯城的区内道路就是以建设百里运动休闲长廊为抓手，不仅仅是做好一条路，也是在造一个景【要以系统观念通盘考虑两边绿化、乡村的乡村振兴改造。要进一步明确区农业农村局、区林业局、区交通运输局等部门的职责任务，凝聚合力做好这件事，让区内的道路不仅成为老百姓出行方便的实力担当，更成为国家运动休闲旅游度假区的颜值担当】。“9”指奥陶纪景区、中国运动汽车城、飞鸿神网谷、千里岗森林营道、徐莫汽车越野赛道、灵鹫山康养基地、寺桥水库、中高端民宿和围棋运动小镇九大项目【当前，要把这九大项目一件件落实好。今年要创成省级休闲旅游度假区，力争 2022 年高铁开通之日，就是这些项目的盛大开业之时】。“N”指 N 个未来村庄，今年要重点打造麻蓬村、茶铺村、余东村、妙源村、严村村等一批未来村庄【接下来，每年都会打造3到5个未来村庄，争取用5年时间实现全区面上未来村庄全面开花】。同时，继续办好国际森林汽车穿越大赛等特色IP赛事，不断打响“衢州有礼·运动柯城”城市品牌。二要做优农业文章。聚焦耕地保护和粮食安全，确保今年全区永久基本农田面积达到6433.33公顷，粮食总产量达到2250万千克。在宏观政策没有调整的前提下，继续大力推进全年1333.33公顷全域土地综合整治工作。做好土地整治“后半篇”文章，坚持“土地开发是造田不是造指标”的理念，做好前期已实施垦造项目的绩效评估，充分发挥国有公司作用，统一负责已垦造耕地的后续管护、经营和招商引资工作，系统性常态化解决好耕地抛荒、非粮化等问题【全域土地综合整治工作要严守底线，绝不可出现抛荒问题】。要聚焦特色农业提质升级，继续做好柑橘产业转型升级文章，做大做优无核椪柑等特色农产品，持续培育“衢州椪柑”等区域农产品品牌。三要做深改革文章。要大力开展“一乡千宿”改革，推行“公司运营+集体自营+农户植入”的“张西模式”，最大化盘活利用农村闲置农房资源，全年新增星级民宿20家以上。持续深化“一村万树”绿色期权改革，新增国土绿化美化面积666.67公顷以上，制定分年度绿色期权包发行计划，开展网上绿色期权认购活动，进一步完善生态产品价值实现机制。全面深化宅基地“三权分置”“三位一体”农合联改革、房地信息系统等具有柯城特色的改革探索实践。

（六）全力打好数字赋能攻坚战。科技创新是引领和推动发展的第一动力。我们要围绕“三大科创平台”，坚持以数字化赋能科技创新，持续打造创新创业新生态，形成创新要素集聚新高地，打造四省边际科技创新的“桥头堡”。一要深化拓展“飞地”科创平台。①余杭“飞地”。我们抢先拥有了1.3万多平方米的科创“飞地”，要真正把它用好。②全面建成上海松江科创飞地，以数字经济、总部经济集聚为主要目标，打造成长三角一体化沪浙深度融合的柯城样板。我们要让这两大“飞地”平台真正成为“孵化加速在余杭（上海）、创新转化在柯城”的产业转化通道。二要加快建设数字农业科创平台。要以四省边际直播产业创业街为主平台，加快建设集生活服务、直播业态经营、公共设施配套、村播人才培养为一体的产城融合发展的全国村播产业示范园，进一步推动“村播”产业链延链、补链、强链，构建完善的村播人才生态圈和村播生态产业链，让村播不只是一句口号、一个品牌，而是一种时尚、一种新型职业、一个富民产业。加快建设万田数字农业科创（孵化）园，打造四省边际数字农业经济发展高地。三要借势借力用好市级创新平台。这是我们作为主城区的优势，要主动对接浙江大学工程师学院衢州分院、浙江大学衢州研究院、电子科技大学长三角研究院、衢州学院等高校创新资源，与衢州创新大厦、衢州258创业园等科创平台开展深度合作，实现市区科创资源共建共享，融合互补。

（七）全力打好民生福祉守护战。以群众为中心是区委一直以来的工作导向、价值取向，不断提升民生福祉，既是党委政府的职责所在，也是社会主义现代化建设的题中之意。一要打造优质均衡的教育。聚焦教育强区目标，抓紧补齐学前教育短板。对标2022年创成省级学前教育普及普惠区的目标要求，按照新建一批、回购回收一批、撤并一批的思路，全年计划新增公办幼儿园6所，力争2021年公办园在园幼儿比例达到50%【我们之前在全区教育发展大会上提出目标，到2022年公办园在园幼儿比例要达到70%】。二要打造人民满意的医疗。继续做强区人民医院、区中医医院两个龙头，嫁接省级乃至更高级别的龙头医院，要真正让这些龙头医院的团队进驻到柯城的医院来。我们还要做好医共体建设，真正让我们的医院能够带动得起乡镇（街道）卫生院，真正惠及老百姓。三要打造平安稳定的环境。持续抓好安全生产综合治理三年行动，聚焦消防、道路交通、危化品运输、企业安全、食品药品等重点领域，严格按照要求落实安全监管工作，确保继续创成平安区。常态化开展扫黑除恶，统筹推进行业治乱、基层基础巩固提升等各项工作。扎实推进法治柯城建设，进一步提升党委政府法治意识，持续做好社会普法和依法治理，营造严格执法、公正司法、全民守法的良好氛围。

（八）全力打好党建治理系统战。坚持以系统观念、法治思维、数字手段强化社会治理。一要加快构建“县乡一体、条抓块统”治理格局。重点抓好“三个一”，即：①基层治理“一件事”，就是从具体事件、具体问题出发，问题导向、需求导向，通过市区之间、区街之间、部门之间的高效协同，推动一批群众反映强烈的高频问题有效解决。②“大综合一体化”执法改革，就是按照“精简、统一、高效”原则，完善“1+X”联动执法机制，以中心镇综合执法队伍辐射周边若干个中小乡镇，实现乡镇综合执法力量全覆盖。③综合信息指挥体系“一网通治”，就是要不断深化基层治理“四平台”和综合信息指挥室建设，用好“两难”问题三级钉钉群，继续把这项工作持续抓好抓实。二要持续建设“政治过硬、能力过硬”基层组织。做深做实村（社）组织换届“后半篇”文章，大力实施领头雁履职能力提升工程，持续开展软弱涣散“后进村”整顿转化，搭建村干部干事创业平台，推动新班子展现新形象、干出新业绩【乡镇（街道）书记们务必要重视这块工作，在村社干部选出来之后，要把教育管理排上重要议事日程。包括区纪委要出台一套村社干部管理制度，真正把村社书记这支队伍带好管好】。三要全面打造“实干担当、奋勇争先”柯城铁军。落实新时代好干部标准，在上半年的区委全会上已经明确过八大理念，我这里重点再强调几个方面：①实干担当的理念。②经营发展理念。今年我们7个乡镇在经营上干得热火朝天，2021年不仅仅是乡镇，街道也要懂经济、经营。街道就是要抓好服务业【比如白云街道，如果能够招引服务业项目到其他的乡镇（街道）平台当中去，那我们就在政策上、在引税上给予大力支持】。③依法行政理念。因为柯城的拆迁特别多，所以我要特别强调几点：第一，我们自己要有法治观念，要懂得用法律来保护自己；第二，如果涉及行政诉讼的，需要哪个领导或者说哪个干部出庭的，大家要无条件服从；第三，程序要合法。四要继续巩固“风清气正、心齐气顺”政治生态。坚决扛起管党治党政治责任和意识形态领域主体责任，推动全面从严治党向纵深延伸。严格落实中央八项规定精神，深入开展正风肃纪，持之以恒纠治“四风”突出问题。深化纪检监察体制改革，推动纪律、监察、巡察、派驻“四项监督”贯通协同。五要充分营造“同心同向、合力合拍”干事氛围。持续擦亮人大代表联络站“金名片”，巩固提升街道人大工作和建设，发挥好人大聚民心、议大事、强监督、促善治的作用。继续支持政协工作，开展好“请你来协商”协商议事活动，不断拓展政协协商参与面。

四、统筹兼顾、善作善成，进一步抓实抓细岁末年初各项重点工作

一是慎始如终抓好冬春季疫情防控。希望大家务必要绷紧这根弦，要形成合力。

二是持续做好考核争先进位。在“六抓六比·八大竞赛”三次会议上，相关局长都上台表态发言。到目前为止，反馈过来有很多部门很好，原来是第三名的，现在到第一名了；原来是第四名的，现在到第二名、第三名了。所以对接很重要、沟通很重要，大家务必在这段时间抓紧对接省、市相关部门，务必在考核上争先创优，力争拿出柯城区最好的成绩。

三是全力以赴夺取“开门红”。各镇街、各部门要树立“起步就是冲刺、开局就是决战”的意识，围绕全年经济发展各项目标任务，打好主动仗、下好先手棋。特别是对于项目工作，要按照区委、区政府定下的时间节点，围绕重点项目早落地、早开工、早见效，切实压实责任，狠抓工作落实，加快推进项目前期工作。

四是用心用情做好困难群众走访慰问。春节将至，各镇街、各部门要认真做好走访慰问，加强对生活困难党员、老干部等的关心关爱，强化低收入群众生活保障。为配合疫情防控，今年春节，众多外地务工人员积极响应号召就地过年，各镇街、各部门要统筹安排好他们春节期间的物质文化生活，营造就地过年的温馨氛围。同时，强调两个方面：一方面，大家在春节期间走访慰问困难户的时候，要有一种敢担当的精神，要细致了解困难户家里的真实情况，该担当的时候多为他们担当一点；另一方面，农民工欠薪的问题，要举全区之力来干好这个事情。每个乡镇（街道）和部门都要有这种意识，回去检查一下，作为业主单位，下面的施工单位的钱有没有拨付到位，区属国有公司的资金有没有拨付到位，区财政局该拨的钱有没有拨付到位。千万不要出现政府投资项目，最后因为资金没有到位而拖欠农民工工资的情况。大家一定要很好地排查梳理，该付的钱必须要按时付到位，让农民工能够回去过个开心年。

五是压实责任深化“平安柯城”建设。周一县市区委书记交流会上，省委书记袁家军专门提到了近期衢州的两起安全生产事故，为我们敲响了警钟。春节期间是安全事故易发多发期，我们要吸取“中天火灾”和巨化集团氟聚厂中毒事故的教训，开展风险隐患排查。柯城主要有4颗安全隐患方面的“定时炸弹”：①“低散乱”企业隐患。现在已经在整治了，但是签约完成不代表关停到位了。因为很多企业协议是签了，但关停要等到2021年年底，这段时间更是安全生产事故易发高发的时期。所以乡镇（街道）和执法部门要很好地担起重任，加强监管，尤其还包括一些乡镇（街道）的小微企业园，一定要重视。②道路安全隐患。③城区的老旧小区。④森林消防隐患。最近天气干燥，乡镇（街道）一定要发挥网格员的作用，加强对野外用火的宣传和巡查。

六是抓细抓实党风廉政建设。春节期间是党风廉政建设的重点期、敏感期，各级党组织要自觉担负起管党治党政治责任，广大领导干部要始终保持清醒头脑，严格执行中央八项规定精神。希望大家廉洁过节、平安过节。纪检监察部门要加大重要节点的专项检查力度，持之以恒正风肃纪，始终保持反腐倡廉高压态势。

同志们，新时代呼唤新担当、新使命需要新作为。让我们在习近平新时代中国特色社会主义思想的指引下，紧紧围绕建设“重要窗口”和四省边际中心城市目标要求，在奋发有为中抢抓机遇，在实干拼搏中加快赶超，在争优创先中开拓新局，为建设四省边际社会主义现代化先行区努力奋斗，以更加优异的成绩迎接党的百年华诞！

说明：【 】中的内容是区委书记朱素芳在区委八届九次全体（扩大）会议报告中脱稿讲话。

政府工作报告

——在衢州市柯城区第九届人民代表大会第五次会议上

（2021 年 2 月 2 日）

衢州市柯城区人民政府区长　蒋国强

各位代表：

现在，我代表区人民政府向大会报告工作，请予审议，并请区政协委员和列席会议的同志提出意见。

一、2020 年主要工作和“十三五”发展成就

2020 年极不平凡。一年来，面对抗击疫情和恢复经济的双重压力，我们在市委、市政府和区委的正确领导下，坚持以习近平新时代中国特色社会主义思想为指导，全面贯彻党的十九大和十九届二中、三中、四中、五中全会精神，深入贯彻习近平总书记考察浙江重要讲话精神，统筹推进疫情防控和经济社会发展，扎实做好“六稳”工作，全面落实“六保”任务，大力推进“三个年”活动，积极开展“六抓六比·八大竞赛”行动，凝心聚力、奋勇拼搏、砥砺前行，经济好于预期，社会和谐稳定。全区实现地区生产总值 236.5 亿元，增长 3%；财政总收入 20.2 亿元，增长 1.6%，其中一般公共预算收入 13.3 亿元，增长 3.7%；城乡居民收入分别为 52862 元和 28138 元，增长 4.8%和 9%。10 项主要经济指标增速，3 项位居各县(市、区）第一、3 项第二、2 项进位、2 项保持稳定。十方面民生实事圆满完成。

（一）疫情防控有力有效

打赢疫情防控阻击战。坚决扛起主城担当，全面落实“源头查控、硬核隔离、精密智控”机制，组织开展“包区清楼”行动，坚决守好“大门”“小门”，累计实行居家医学观察 7548 人、集中隔离医学观察 783 人，3 例确诊病例得到有效救治、顺利痊愈，城区未发生本土确诊病例。3 名医护人员圆满完成援鄂任务，胜利归来。区人民医院规范化发热门诊和隔离病房建成投入使用，公共卫生应急管理体系不断完善。强化“人”“物”同防，冷链食品总体安全可控。

下好复工复产先手棋。深入开展区领导“组团联企”活动，建立助企服务员制度，精准帮扶，协调解决问题 201 个，在全市最早实现规上工业企业 100%复工复产。创新开展云招商，三问家居等 7 个产业项目成功签约。落实落细惠企助企政策，在全市率先运行“政企通”，兑现“五减”资金 2.5 亿元、“降本减负”资金 5.3 亿元、小微企业纾困“两直”资金 0.4 亿元。召开政银企对接会，有效缓解企业融资难题。奋力开展争先创优行动，连续两月全市第一、全省前八，获省级奖励 525 万元。

（二）经济运行逐季向好

有效投资全市领先。完善项目赛马、晾晒督查和闭环管控机制，半月一协调、一月一督导，14 个债券类项目当年申报、当年开工，72 个省市集中开工项目全部入库，固定资产投资增长 4.1%，位居 6 个县（市、区）首位。举办第二届项目谋划擂台赛，谋划项目 335 个，列入“十四五”规划重大项目 76 个。加大项目招引力度，新引进亿元以上项目 21 个，本码智能制造产

业园、万洋众创城等20亿元以上项目签约落地。

社会消费稳步回暖。高规格召开服务业发展大会，出台服务业高质量发展政策，新增规上服务业企业113家。有效释放消费活力，市区联动发放亿元消费券，带动一般性居民消费3亿元。实施“汽车促消费”政策，带动汽车消费7.1亿元。积极培育消费热点商圈、夜间经济集聚区，入选省级首批夜间经济试点城市。社会消费品零售总额达到208.9亿元，增长0.3%。外贸出口总额增长7.6%。

工业经济逆势奋进。多措并举支持企业化危为机，新增泓芯半导体等规上工业企业7家、睿丁生物等防疫物资生产企业9家。规上工业增加值增长9%，高于全市4个百分点。金沃精工成为我区首家通过上市审核的企业。持续发力数字经济，引进数字经济项目17个，核心产业增加值增长77.9%，数字经济发展综合评价保持全市第一位。

农旅产业提质增效。农业综合生产能力稳步提升，航天科工、佳农果蔬等项目加快推进，新增省级种植业示范基地4个、市级柑橘精品园5个，超额完成粮食增产保供任务。全域旅游加速推进，全面启动国家运动休闲旅游度假区建设，乡村音乐会、橘子音乐节火爆“朋友圈”，成功创建省级文旅产业融合试验区。深入实施“一乡千宿”，新增星级民宿19家。“村播”经济蓬勃发展，全省首个乡村振兴“村播学院”正式开课，四省边际直播产业创业街开街，培训农民主播4987人，带动农产品销售5.7亿元。柯城北川“共享+村播计划”赋能增收，获评全国50佳消费扶贫案例。

（三）城乡环境持续改善

文明有礼深入人心。打好创文攻坚战、决胜战，助力我市以全国第四的成绩荣膺全国文明城市，做出了柯城贡献，体现了主城担当。深入实施“八个一”有礼系列行动，率先完成“千村修约”，上洋村“公筷公勺”进村规民约在全省推广，“红手印”志愿服务品牌进一步打响，获评全市首个有礼示范区。

城市品质有序提升。安置房加快建设，斗潭片区、衢化棚改、花港家园二期安置房全面竣工，高铁新城安置房主体结顶。改造老旧小区17个，加装电梯10部，建成污水零直排小区38个、智安小区30个，新增省级高标准垃圾分类示范小区8个。13家单位完成拆墙透绿，实现让绿于民。

美丽乡村提档升级。续写农房整治“后半篇”文章，“一米菜园”成为乡村新风景。航埠镇、七里乡创成省级美丽城镇样板。诗画风光带串珠成链，15个重点项目全部开工，打造沿线特色精品村4个。美丽沿江公路基本实现“路畅景美”，320国道“二改一”（柯城段）顺利完工，成功创建省级“四好农村路”示范区。按时办结20件第二轮中央环保督察交办件。“五水共治”工作满意度全省第一，生态环境公众满意度全省第四，成功创建省级生态文明建设示范区。

（四）资源要素高效盘活

土地整治取得新突破。全年新增垦造耕地1113.33公顷，创历史新高。万田乡全域土地综合整治列入国家试点。因地制宜推进“十类地”处置，完成项目供地473.87公顷、低效用地再开发27.47公顷，盘活存量建设用地38.73公顷。全面启动智尚小镇“低散乱”整治，11天内140家企业100%签订“四书”。

向上对接取得新成效。抢抓政策窗口期，精准聚焦特别国债、专项债及“两新一重”等政策，争取各类资金25.3亿元。成功争取省区域协调财政专项激励政策，获奖补资金4.5亿元。争取各类农转用指标191.87公顷、林地指标120公顷。常山港治理工程获国家计划指标46.21公顷。投资25亿元的寺桥水库项目获省可研批复，即将开工建设。

国资改革取得新进展。完成国资公司“1+4”体系构建，提升国资市场化经营水平，整合行政事业单位经营性资产，新增融资授信额度29.3亿元。公开处置国有资产，实现资产变现4143万元。在上海松江购置3300平方米“飞地”，打造“科创飞地”2.0版。

（五）民生福祉不断增强

公共服务提质。深化新时代教育改革，成立兴华教育集团，出台“教育二十条”。教育投入不断加大，悦鑫府幼儿园、鹿鸣小学新校区等建成使用，万田乡中心幼儿园、城南初中等开工建设。教育信息化建设全省领先，入选国家级实验区。终止合作办医模式，顺利回购浙西医院，区人民医院完整回归政府办医序列。区公共卫生服务中心、人民医院门急诊大楼等破土动工。加大传统文化保护利用力度，邵永丰麻饼、衢州白瓷列入国家非遗，立春文化传承生态保护区入选省级创建名单。余东中国乡村美术馆投入使用。

民生保障提效。着力稳就业，新增就业9900人，城镇登记失业率控制在1.8%。养老服务提标扩面，新增示范型居家养老服务中心6个、老年幸福食堂15个。巩固脱贫攻坚成果，在全省率先建立特殊困难群体救助机制，创新“消薄卡”消费扶贫模式，“三个清零”任务全面完成。扎实做好社会保险工作，户籍人口基本养老保险、基本医保参保率均达99.9%。平稳有序完成被征地农民社保政策调整。扎实开展第七次全国人口普查。

（六）社会治理成效明显

大调解机制更扎实。纵深推进“最多跑一地”改革，区乡村三级矛调中心全联通、全覆盖。创新建立“两难”问题化解三级钉钉群，荣获中国十大民生决策优秀案例。深入推进法治政府建设，全面完成“七五”普法。

大应急体系更健全。扎实开展安全生产综合治理三年行动，顺利完成“交通安全大会战”“消防安全三年翻身仗”既定目标任务，安全生产事故起数、死亡人数均下降25%。做好防汛工作，成功处置九华乡大侯村泥石流灾害，紧急转移安置群众3200余人，实现“零伤亡”。九华地质灾害柔性治理工程列入国家试点。

大联动格局更稳固。深化“县乡一体、条抓块统”改革，厘清属地管理事项责任清单、市区街三级联动“一件事”清单，推进执法力量下沉一线。完善“邻礼通”平台功能，25个部门居民常用信息实现共享。深入推进扫黑除恶专项斗争，开展“拔钉清障·树正打歪”专项行动，有效净化社会风气。全面完成村（社）组织换届，党组织书记、主任“一肩挑”比例达97.4%。

各位代表，2020年各项目标任务的较好完成，为“十三五”画上了圆满句号。“十三五”期间，我们深入实施“两创强区、两美富民”战略，奋力推动市委“1433”发展战略体系在柯城重重落地，“四个区”建设取得扎实成效，全区经济社会发展迈上新台阶。

“十三五”期间，我们紧扣全市工作大局，勇担当善作为。始终坚持市区一体，用行动书写忠诚和担当，平稳完成斗潭危改、高铁新城、古城双修、礼贤未来社区、衢化棚改、杭衢高铁等征迁任务，依法依规破解历时13年的小南门征迁等遗留难题，累计征收国有土地房屋8900多户、集体土地房屋2200多户，总建筑面积约165万平方米，征地1800公顷，开工建设安置房188万平方米，惠及群众3万多人。完成机关单位办公用房搬盘整合、开发区体制调整。连续3年被市委、市政府授予集体三等功。

“十三五”期间，我们围绕自身发展所需，扩总量优质量。综合实力明显提升，地区生产总值是2015年的1.5倍，财政总收入和一般公共预算收入分别是2015年的1.8倍和1.5倍。发展后劲不断增强，固定资产投资年均增长12.3%，博瑞中硝等一批10亿元以上项目建成投产。创新能力持续提升，新增高新技术企业47家，引进高层次人才316人。

“十三五”期间，我们顺应美好生活期待，美环境惠民生。惠民举措越来越实，民生支出占一般公共预算支出比例保持在80%左右，累计支出达160.7亿元。把增加收入作为最大的民生工程，积极拓宽持续增收渠道，城乡居民收入年均分别增长8.1%和9.7%，是2015年的1.5倍和1.6倍；低收入农户收入达到14835元，是2015年的1.8倍。城乡面貌越来越美，改造老旧小区305个，小城镇环境综合整治全覆盖，成功创建新时代美丽乡村示范区、基本无违建区，列入全省大花园建设示范区。办事环境越来越优，100%政务服务事项实现网上办理、民生事项“一证通办”。“一件事”联办服务走在全省前列。

“十三五”期间，我们把握时代发展大势，搭平台蓄动能。工业平台集聚能力增强，新材料+、智能制造、服装时尚产业路径更加明晰，规上工业企业达到72家，产值超亿元企业21家，工业企业利税总额实现翻番。智尚小镇列入省特色小镇创建名单。专业市场城经营模式、空间布局逐步改善，跨境电商、网红直播等新业态陆续落地。“衢州有礼·运动柯城”品牌影响力不断扩大，森林运动小镇获批全国运动休闲特色小镇，“森系”赛事国内独树一帜，奥陶纪等项目全面开工，飞鸿神网谷等项目投入运营。山海协作内涵不断丰富，形成全方位、多层次、宽领域的全面协作格局，连续3年获省考核一等奖。

各位代表！“十三五”期间，区政府始终坚持党的全面领导，严守政治纪律和政治规矩，严格依法行政，深化政务公开。自觉接受区人大、政协及社会各界监督，办理人大代表建议490件、政协提案604件。深化“最多跑一次”改革，加快政府数字化转型，政府治理能力和工作效能显著提升。

各位代表！“十三五”时期所取得的成就，是市委、市政府和区委正确领导的结果，是区人大和区政协有力监督、大力支持的结果，是全区上下凝心聚力、奋力拼搏的结果。在此，我代表区政府，向全区人民、广大建设者，向人大代表、政协委员、寓外乡贤、各民主党派、工商联和社会各界人士，向一直关心、支持柯城发展的离退休老同志，向为柯城稳定大局做出积极贡献的公安干警、驻衢州部队和武警官兵、消防救援队伍，向所有关心、支持柯城发展的同志们、朋友们，表示衷心的感谢！

在肯定成绩的同时，我们也清醒地看到，柯城经济社会发展还面临许多亟待解决的困难和问题，主要体现在：综合经济实力依然不强，经济增长速度与质量面临双重压力，三次产业结构不优，生产性服务业和建筑业对经济发展支撑不够有力；财政收入持续增长乏力，刚性需求支出增加，收支平衡面临新的压力；一些行业和领域安全生产事故仍有发生，维护社会和谐稳定需要付出更大努力；建设“整体智治”现代政府任重道远，政府数字化转型和干部队伍专业化能力建设有待进一步加快，等等。针对这些问题，我们将在今后工作中切实加以解决。

二、“十四五”时期的总体要求和奋斗目标

根据中共柯城区委“十四五”规划《建议》，区政府编制了《柯城区国民经济和社会发展第十四个五年规划和二〇三五年远景目标纲要（草案）》，提请大会审议。经大会批准后，区政府将认真组织实施。

“十四五”时期是我国开启全面建设社会主义现代化国家新征程的第一个五年，也是柯城积蓄发展动能、实现大发展快发展高质量发展的关键五年。我们既迎来构建新发展格局、加快长三角一体化、打造“重要窗口”、建设四省边际中心城市等战略机遇，也面临宏观环境不稳定因素增多、经济增长制约条件增加、改革攻坚难度增大等风险挑战，还面临不进则退、慢进也是退的竞争压力。我们要保持定力、精准发力，以确定性工作应对不确定性形势，在危机中育新机、在变局中开新局，以“十四五”的整体性、突破性成果，为二〇三五年全面建成“首善之区、幸福之区、运动之区、奋斗之区”的远景目标奠定坚实基础。

“十四五”时期经济社会发展总体要求是：坚持以习近平新时代中国特色社会主义思想为指导，深入贯彻党的十九大和十九届二中、三中、四中、五中全会精神，准确把握新发展阶段，贯彻新发展理念，融入新发展格局，坚持党的全面领导，坚持以人民为中心，坚持改革开放，坚持系统观念，坚持稳中求进工作总基调，以高质量发展为主题，统筹发展和安全，深入贯彻“八八战略”、践行“八个嘱托”、推进“八大任务”，持续推动“1433”发展战略体系在柯城重重落地，当好“活力新衢州、美丽大花园”的突击队、排头兵、领跑者、模范生，全面加快“四个区”建设，为打造“重要窗口”提供更多柯城素材，为高水平建设社会主义现代化开好局、起好步。

“十四五”时期，我们要切实强化争先创优意识，敢于担当、善于作为，确保“四个区”建设取得决定性进展。

全力推进产业高端、品质大气的首善之区建设。在高质量发展上打造首善之区，联动做好“双招双引”“转型升级”两篇文章，抓好退“低”进“高”、退“散”进“集”，腾出发展空间，优化产业结构，全面提升产业竞争力。在城市品质提升上打造首善之区，统筹推进老城有机更新和城市功能组团再造，深入实施“八个一”文明有礼系列行动，着力提升“四省边际中心城市”主城区首位度。

全力推进民生为本、治理有效的幸福之区建设。补短板、强弱项，提高优质公共产品供给能力，提升社会保障、教育发展、医疗服务、文体惠民等工作水平，让发展更有温度、幸福更有质感。坚持党建统领、基层治理，落实落细“县乡一体、条抓块统”改革举措，深化“红色物业联盟+邻礼通”，不断探索创新治理方式，全面推动治理体系和治理能力现代化。

全力推进健康时尚、激情活力的运动之区建设。以全域建设国家运动休闲旅游度假区为抓手，紧扣亚运时点，抢抓体育消费热点，大力发展以运动休闲、康养旅游为核心的美丽经济幸福产业，推动产业集群集聚，带动形成数字农业、特色民宿等一批具有爆发力和引领力的创新型增长点，促进农民增收致富，进一步打响“衢州有礼·运动柯城”城市品牌。

全力推进实干担当、创优争先的奋斗之区建设。以敢闯敢试的拼劲、久久为功的韧劲，推动政府系统提能提效。向开放要动力，持续做好“融杭联甬接沪”文章，主动参与四省边际区域协作，不断提高开放质量水平。向改革要活力，以更大的决心和勇气改革攻坚，加快教育卫生、农业农村等各领域改革，形成一批可借鉴的改革样本和示范项目。

“十四五”时期，区政府将立足新阶段，抢抓新机遇，争创新优势，着力构建支撑“十四五”赶超发展的务实高效工作机制，用系统观念和系统方法谋划推进工作。重点把握好“六个坚持”：

坚持市区一体。按照市里所需、柯城所能、群众所盼、未来所向，坚定不移推进市区一体发展，在大局下思考、大局下行动，扛起主城担当，做到主动服务，为四省边际中心城市建设贡献力量，为省市重大项目落地保驾护航。要倍加珍惜、巩固放大市区一体发展成果，发挥区位、人才、产业等主城优势，在大小“三城记”、义甬舟开放大通道西延行动等重大布局中，谋划项目、优化环境、拓展空间，推动战略目标、战略定位、战略路径等高度融入市区一体发展大局。

坚持扩量提质。顺应体制调整带来的新变化，优存量、引增量、扩总量，以快节奏实现快发展，力争经济发展增速高于全省、领跑全市。坚持高质量发展导向，突出亩均效益，打造建筑业总部经济产业园、现代农业产业园等园区，做大做强特色产业。深入实施扩大税源行动，完善政策扶持体系，加大招商引资力度，积极引进央企、上市公司、行业龙头企业，大力发展总部经济、楼宇经济。

坚持创新驱动。强化创新在现代化建设全局中的核心地位，着力构建以企业为主体、市场为导向、产学研深度融合的技术创新体系，逐年缩小与全省研发投入强度差距。深入实施人才强区战略，完善人才引育政策体系，既要引进高层次人才，也要培养本土人才。充分发挥企业创新主体作用，谋划实施企业技术创新赶超工程，引导支持企业深化技术合作、开展协同创新，努力培育一批“专精特新”企业，持续壮大高新技术企业和科技型中小企业队伍。强化产业数字化、数字产业化“双轮驱动”，加快推动创新链与产业链精准对接，实现规上工业企业研发机构、研发活动、发明专利全覆盖。

坚持民生优先。把实现好、维护好、发展好最广大人民根本利益作为发展的出发点和落脚点。深入实施富民强村行动，强化就业优先政策，拓宽群众增收渠道，力争城乡居民收入“十四五”期末达到全省平均水平的90%以上。多措并举发展壮大村级集体经济，力争收入水平走在全市前列。全面深化教育领域综合改革，深入实施“三大工程”，争创全国义务教育优质均衡区和学前教育普及普惠区。深化区域医共体建设，健全医疗卫生服务体系，打造更高水平“健康柯城”。完善以社会保险为主体，社会救助保底层，社会福利、慈善事业、优抚安置等为补充，社会保险与补充保险、商业保险衔接更加紧密的多层次社会保障体系。积极应对人口老龄化，健全养老服务体系，推动人口结构优化和素质提升。加快发展文化产业，建设文化强区。

坚持城乡融合。紧扣一体化、集约化、生态化，推动产城人文融合发展。提升城市能级，全面实施衢化片区和双西港片区改造提升工程，打造航埠城市副中心。稳步实施乡改街、村改居。纵深推进乡村振兴，深化乡村未来社区、数字乡村建设，加快补齐农业农村现代化短板，打造新时代美丽乡村柯城样板。持续推进城乡基本公共服务均等化，促进重大公共服务设施共建共享。

坚持底线思维。全面落实总体国家安全观，完善平安建设体系，有效应对各种风险挑战。健全公共卫生应急管理体系，完善重大疫情防控体制机制。加强经济安全风险预警，坚决防范区域性经济金融风险。加快构建“大安全、大应急、大减灾”体系，严格落实安全生产责任制，建立完善重点领域防控清单，提升防灾减灾和应急处置能力，有效遏制重特大安全事故，确保事故起数、死亡人数持续下降。

各位代表，宏伟蓝图已经绘就，只要我们坚定信心、真抓实干，团结奋斗、埋头苦干，“十四五”宏伟目标一定能够实现！

三、2021 年主要工作

开局决定全局，起跑就要奔跑。今年是“十四五”的开局之年，必须迈好第一步、展现新气象。当前，国内外形势错综复杂，不确定因素很多，尤其是新冠肺炎疫情仍在持续反复。全区上下要绷紧疫情防控这根弦，全面紧起来、严起来，坚持外防输入、内防反弹，强化联防联控、精密智控，努力实现“四个确保一个力争”，继续交出疫情防控高分报表。

在抓紧、抓实、抓细常态化疫情防控的基础上，综合分析各方面因素，建议 2021 年全区主要经济指标预期为：地区生产总值增长 8%；固定资产投资增长 10%；一般公共预算收入增长 8%；城乡居民收入分别增长 9%和 10%；社会消费品零售总额增长 7.5%；城镇登记失业率控制在 2%以内；约束性指标全面完成省市下达目标任务。

为实现上述目标，今年重点抓好“十个方面”工作：

（一）全力融入四省边际中心城市建设。借势借力“加快四省边际中心城市建设”，在大建大美中推动城市能级大提升。

做好重大项目征迁。整体推进百家塘片区征收，力争 6 月底前完成签约，7 月底前腾空拆除，11 月启动安置房建设。完成双叶线改造、46 省道巨化支线等重点项目政策处理。加快黄家街道东周村、下刘村、四都刘村等整村搬迁，助力衢州巨化一体化融合高质量发展。主动服务并参与烂柯山片区、市建筑业智慧产业园、常山江航电枢纽等重点项目开发。

加速老城有机更新。改造白云、新新等 6 个片区 16 万平方米老旧小区，创建污水零直排小区 30 个。配合完成老城区 C 级危房更新规划，分片、分类、分步实施。重塑衢化片区城市格局，有序开发红房子、百货大楼等地块，梯次推进溪黄线江滨健身公园、昌苑安置小区等项目，打通文昌路等主干路网。全面完成高铁新城安置房建设并交付使用。加快上下门、百家塘集聚点建设，做好规控区内农村住房困难户疏导安置。

提升城市服务能力。统筹推进电梯加装、卫生整治、设施配套，落细落实绿化、交通、亮化以及养老、健身、共享食堂等城市赋能工作。试点推广垃圾分类“虎哥”模式，开工建设万川建筑垃圾处置中心，提高垃圾减量化、资源化、无害化处理水平。片区化推进国资公司参与老旧小区物业管理。优化调整社区规模，推进社区减负增效。

（二）大力实施“税源”“富民”行动。完善和落实培植税源的产业政策，构建促进增收长效机制，进一步壮大财力、富裕百姓。

积极培植税源。突出招商引资“一把手”工程，坚持小分队招商、专业机构招商和以商招商并举，坚持先进制造业、现代服务业和高效生态农业招引并重，坚持上海松江、杭州余杭“飞地”和柯城落户并行。调整完善街道、专业市场管委会财政体制，充分调动街道和平台发展壮大经济、培植财源税源的积极性。加强协税护税工作，制定税源引育支持政策，深耕税源潜力，稳固重点税源。

持续增加收入。坚持产业就业齐抓，持续拓宽城乡居民增收渠道。深化实施“一乡千宿”，一手抓招引主体，一手抓发动群众，强化协作带动，积极培育农民增收新的增长点。多途径解决城乡居民就业，实施零就业家庭动态清零行动，着力在提高就业层次和稳定性、充分性上下功夫，提高工资性收入水平。巩固拓展脱贫攻坚成果，完善低收入人口长效监测帮扶机制，加大公益性岗位开发力度，提高低收入农户自我发展能力。

（三）聚力打造产业发展平台。坚持发展实体经济，持续提升产业平台能级，推进产业集群化发展，加快建设现代产业体系。

优化智能制造平台。全面完成智尚小镇“低散乱”企业整治，建成万洋众创城一期，争创工业全域治理省级试点。实施轴承、服装产业延链强链工程，引进上下游企业8家以上。持续推进智能化改造，推动30家以上企业数字化转型。积极引导企业加大研发投入，新增高新技术企业5家、科技型中小企业12家以上。

做大美丽经济平台。以打造国家运动休闲旅游度假区为抓手，围绕“三年成型、五年成名”目标，完善“1+9+N”项目体系，加快推进百里运动长廊、奥陶纪、灵鹫山康养基地等重点项目，促进“运动柯城”从品牌形象向产业集聚转型提升。突出森林极限特色，办好品牌赛事，建设四省边际青少年户外研学新基地。丰富桃源七里AAAA级景区业态，提高配套服务水平。

拓展城市经营平台。按照活力港、宜居港、健康港的定位，完善双西港片区规划体系、政策体系和工作体系。启动片区“低散乱”整治和城中村搬迁，提升双西港片区基础设施，推动大型商业综合体项目落地，打造大花园人居环境典范区。

打造建筑业总部平台。加快建筑业总部经济产业园项目选址，明确建设方案，制定项目入驻配套政策。释放建筑业高质量发展政策红利，招引三级以上建筑业企业5家以上，实现建筑业产值增长10%以上。

（四）奋力扩大有效投资。坚持项目为王，加强项目全过程管理，推动项目落地见效，以高质量项目支撑高质量发展。

提速项目建设。用好挂联服务、跟踪提醒等机制，表格化、清单式、销号制管理133个区级以上重点项目。推动寺桥水库等一批重大项目开工，加快本码智能制造产业园等重点项目建设，确保浙西健康城医养综合体等项目建成投用，省市县长项目工程开工率达75%以上，固定资产投资增速位居全市前列，投资结构持续优化，切实发挥投资对稳增长的关键作用。

加强项目储备。紧盯国家、省市政策导向，继续办好项目谋划擂台赛，精准谋划一批重大项目，争取国家运动休闲旅游度假区、三间家居等项目纳入省“十四五”重点项目、省重大产业项目计划。做细做实抽水蓄能电站等项目前期，力争项目早启动。

（五）协力推动服务业高质量发展。把服务业放在更加突出位置，坚持扩规模与提质量相结合，推动服务业发展实现新突破。

壮大服务业总量。依托智造新城、巨化集团等高能级战略平台，大力发展现代物流、科技服务、信息软件等生产性服务业。谋划实施新一轮刺激和引导消费政策，促进消费提质扩容，加快放心消费城区建设，争创省级夜间经济示范城市。提升电商平台服务力和外贸企业竞争力，跨境电商交易额增长30%以上，外贸出口持续增长。发挥政策引领作用，优存量、引增量，规上服务业营业收入增长6%，月度新增规上服务业企业20家以上。

提档专业市场。稳步推进专业市场“腾笼换鸟”，淘汰一批“低散乱”经营户，招引一批产品档次高、经营能力强、辐射带动好的市场主体。建立市场服务中心，加快广汇家居项目建设，推进新凤朝三期招商，建成运营实达实智造服务平台一期，改造纬六路等基础设施，争创省现代服务业创新发展区。

扶持“村播”产业。充分释放村播基地、四省边际直播产业创业街辐射效应，加快村播产业园、人才公寓等项目建设。推动产品端向标准化生产、商品化处理、品牌化运营延伸，培训端向助推创业延伸，组织实施直播创业培训5000人次，新孵化直播达人20人，实现网络直播零售额5亿元以上。

（六）蓄力推进乡村振兴。对标农业高质高效、乡村宜居宜业、农民富裕富足，强化支撑保障，打造乡村振兴柯城样板。

加快现代农业发展。以数字农业科创园建设为支撑，推动产业集中、企业集聚、链条延伸，补强农产品精深加工等短板。抓好“米袋子”“菜篮子”工程，新建高标准农田133.33公顷以上，加强粮食、猪肉等农产品增产保供。按照“好的多起来，多的好起来”思路，深化与邓秀新院士团队、浙江中医药大学等战略合作，优化品种结构，做强柑橘产业，做大中药材、高山蔬菜等特色农产品。

提升农村人居环境。以美丽沿江公路为重点，加快土地流转，统一规划、统一开发，全力打造最美诗画风光带。深入实施“千万工程”，采用微改造的“绣花”功夫，点线面推进“一米菜园”“一村万树”“一村一直播”“一村一特色”等“四个一”建设，重点打造美丽乡村特色精品村5个，创建省级美丽城镇样板1个。长效化推进农村垃圾、污水、厕所“三大革命”，提升村庄整体环境。建成花园岗至杨家源等2条通景公路。加快余东、九华乡村未来社区建设，让村民共建共享智慧美好生活。

厚植绿色发展本底。以最坚决的态度抓好第二轮中央生态环保督察反馈问题和长江经济带生态环境问题整改，扎实做好第二轮省级生态环境保护督察迎检工作。探索“两山”转化新通道，推动EOD试点项目落地。持之以恒打好治气、治水、治土、治废攻坚战，推进农业面源污染防治，创建美丽河湖2条以上，启动国家级生态文明建设示范区创建。统筹推进“一村万树”，新增国土绿化美化面积666.67公顷以上。

（七）接力深化“衢州有礼”系列行动。巩固创文成果，切实做好“后半篇”文章，助力新时代文明示范市和全国文明城市典范城市创建。

让机制更有效。坚持“有礼行动”项目化、清单化、系统化，健全六级管理体系，做深做实“党建+”“网格+”“有礼+”文章。开展“有礼指数”测评，完善责任包干、三级督查、月度擂台赛、末位约谈等制度，推动文明有礼常态长效。

让管理更有序。坚持标本兼治、疏堵结合，全面开展爱国卫生运动，推动“全民清洁日”活动常态化。加强农贸市场、专业市场城、小餐饮店等重点场所秩序管理，有效解决乱停车、乱堆放等问题，杜绝占用消防通道等行为。深化“红色物业联盟”，打造新时代文明小区。

让城市更有礼。推动新时代文明实践与“八个一”有礼系列行动、市民素质提升行动紧密结合，通过“软引导+硬约束”，提升广大市民的文明有礼水平。深化“红手印”志愿服务品牌，推进新时代文明实践站（所）建设。

（八）着力激发改革创新活力。聚焦动能变革、效率变革，在敢闯敢试中稳扎稳打，在破解难题中增强动力。

争当营商环境建设“排头兵”。聚焦企业全生命周期服务，深化政务服务2.0应用，纵深推进涉企“一件事”、年检“一件事”集成改革。开展便民服务“去中心化”试点改革，推动高频事项“全域通办”“就近可办”。启用营商大楼，建立企业投资项目服务专区，提供“一站式”“全链条”服务。跟进落实长三角、浙闽赣皖和对口扶持地区政务服务“跨省通办”。

争当重点领域改革“排头兵”。抓住列入全省农村综合改革集成试点契机，深化宅基地“三权分置”改革，探索农村集体经营性建设用地入市；推行“公司运营+集体自营+农户植入”的“张西模式”，最大限度盘活利用闲置农房资源；联动抓好“三位一体”农合联改革、农村金融改革，健全政策性农信担保体系；建好用好“两山银行”，推动生态资源资产化、金融化、产业化。加快国资改革，做大经营性资产，创新融资模式，优化经营机制，提升支撑保障能力。

争当资源要素保障“排头兵”。持续推进全域土地综合整治，力争新增垦造耕地 1333.33 公顷。做好全域土地综合整治“后半篇”文章，探索优化整治收益分配机制。充分发挥“三大办”作用，按照一项目一方案，强化要素保障，做到“项目能批、土地能供、资金能保、房屋能拆”。坚持脑勤腿勤，积极争取中央专项债等政策和各类改革试点。深入实施“聚智柯城”人才工程，强化人才引育和创新创业生态体系建设。多领域开展校地合作，促进科技成果转化落地。

争当山海协作工程“排头兵”。重构山海协作产业规划，以智尚小镇为着力点，推动柯城余杭产业项目协作共建。完善柯创园功能定位，进一步强化山海协作“飞地”功能。探索成立柯城余杭山海协作促进会，打造两区山海协作“朋友圈、联络站”。抢抓政策机遇，加强与省级高能级战略平台沟通对接，全力谋求“生态补偿特别合作区”在柯城试点。

（九）努力改善人民生活品质。坚持以人民为中心，用心解决事关群众切身利益的热点难点问题，提升人民群众获得感、幸福感、安全感。

推进社会事业发展。多渠道扩大学前教育供给，建成通荷、礼贤未来社区等幼儿园，确保公办园在园幼儿比例达到50%。扩容义务教育资源，新建新华二小，改扩建尼山小学。加快医共体建设，构建区乡村三级联动的医疗服务体系。推进区人民医院门急诊大楼、第二人民医院等项目。深化与省内优质医疗机构合作，全面提升区级医院医疗诊疗水平。实施文化惠民工程，实现农村文化礼堂行政村全覆盖。

完善社会保障体系。加大城乡低保、医疗救助、残疾人保障等工作力度，健全救助体系，确保困难群众“主动发现、及时救助、应救尽救”。抓好医保精准扶贫 3.0 版和“医保通”2.0 版建设。实施养老服务体系建设三年行动计划，完成区社会福利院主体工程，实现示范型居家养老服务中心全覆盖。

维护社会和谐稳定。坚持和发展新时代“枫桥经验”，以“县乡一体、条抓块统”改革为抓手，充分发挥矛调中心作用，努力实现“小事不出村、大事不出乡、难事不出区、矛盾不上交”。全面落实安全生产责任制，切实抓好消防、危化品、道路交通、食品药品等重点领域安全监管，确保生产安全事故起数、死亡人数比前两年平均数下降20%。推动扫黑除恶长效常治，严厉打击涉黑涉恶、电信网络诈骗、跨境赌博等违法犯罪活动。

努力办好民生实事。继续坚持民生实事“群众提、大家定、政府办”的理念，以民生需求为导向，认真办好一批“关键小事”。经过多轮筛选，现将 12 个方面的候选项目提交大会，请代表审议票决。

（十）致力加强政府自身建设。坚持整体智治、唯实惟先，全方位深化政府数字化转型，加快推进政府治理体系和治理能力现代化。

把政治坚定作为立身之本。学懂、弄通、做实习近平新时代中国特色社会主义思想，增强“四个意识”、坚定“四个自信”、做到“两个维护”，严守政治纪律和政治规矩，推动各项事业发展沿着正确方向行稳致远。不断提高政治判断力、政治领悟力、政治执行力，坚持政治立场不移、政治方向不偏，推动中央和省市各项决策部署在柯城落地生根。

把实干担当作为成事之基。大力倡导真抓实干，完善科学考核评价机制，以实绩论英雄，决不能“把说了当做了、把做了当做成了”。深化争先创优，全面推行清单化、项目化、闭环式管理，做到事事有落实、件件有回应。坚持过程考核与结果评价并重，用好督查交办、亮牌提醒等有效机制，激发工作主动性和创造性，让吃苦者暖心、让实干者吃香、让有为者出彩。

把依法行政作为履职之要。纵深推进法治政府建设，强化合法性审查，严格执行重大行政决策程序。提高运用法治思维和法治方式深化改革、推动发展、化解矛盾、维护稳定能力。重视行政复议、行政诉讼工作，妥善化解行政争议。主动接受人大依法监督、政协民主监督，加强内部监督和审计监督，全面推进政务公开、信息公开，让权力在阳光下运行。

把清正廉洁作为为政之道。深入抓好政府系统党风廉政建设，认真履行“一岗双责”。严格落实中央八项规定精神及其实施细则，改进工作作风，力戒形式主义、官僚主义。完善集中财力办大事政策体系，按照“任务清单、项目清单、政策清单”要求，强化财政资金绩效管理。牢固树立“政府过紧日子”的思想，进一步压缩一般性支出，非刚性、非重点项目支出压减不低于10%，严控“三公”经费和会议费、培训费。

各位代表，艰难方显勇毅，磨砺始得玉成。让我们更加紧密地团结在以习近平同志为核心的党中央周围，在市委、市政府和区委的坚强领导下，务实创新、锐意进取、奋勇争先，加快建设“四个区”，以优异成绩向建党100周年献礼！

柯城区创建全国文明城市工作纪事

综 述

2020年11月10日，中央文明办公布第六届全国文明城市名单，衢州市以全国第四，创成全国文明城市。6年来，柯城区坚持市区一体，合心合力、上下协作，以主城区的担当，举全区之力投入文明城市创建。柯城区成立创建全国文明城市工作领导小组，下设创建办和活动组、市场组、建设组、生态组、法治组、人文组、农村组等“一办七组”，以专班为指挥部，全区乡镇（街道）、部门（单位）、干部群众在统一作战体系下行动，解决问题，实现系统化、体系化作战。区四套班子带头参与创文工作，现场交办问题1600多个。将全区划分为创建网格292个，参与创文工作60多个部门，创建责任从包干小区延伸至街巷。

全体机关干部下沉到创文一线，倡导社会各界加入创文行列。创文期间，各级干部、志愿者、居民参与创文97.8万人次；全区347个小区、292个网格、6800多个楼道、152个背街小巷无盲点覆盖，开展“红手印”志愿者服务活动1160多场次、120.6万人次。创新“红色物业联盟”“党员联户+红管家”“商圈自治联盟”治理模式等独具柯城特色的基层文明创建模式，“邻礼通”小程序解决物业缴费难、保修服务难等难题，“云府山”三维数字治理平台让治理变成“智”理。在全市率先实现“4村修约”、掀起“八个一”文明有礼行动热潮，在全市5次有礼指数综合测评中，柯城区3个位列第一，被评为首个“有礼示范区”。

创建全国文明城市以来，全区投入近10亿元推进老旧小区改造等创文工作。实施城市提档升级工程，推进城中村改造近200万平方米，在加快小区基础设施建设中，城区完成道路硬化15万平方米，绿化提升8万平方米，新增路灯500余盏，修缮楼道灯3000余盏，安装充电桩336个、充电接口8711个，消防设施20326个、健身器材506处、车辆识别系统约50套。清运垃圾10.9万车次、31.65万吨；改造老旧小区60余个、污水管网144千米，新增停车位5.3万余个，完成线路序化住宅小区257个，设置公益广告8万余处。开展市容管理整治攻坚行动，解决群众反映强烈的占道经营、“脏乱差”等突出问题。累计清理“牛皮癣”26万多张，纠正乱停车、乱堆乱放、乱倒垃圾、乱搭乱建4万余起，规范占道经营2.6万多起，查处闯红灯、不礼让、逆行等违章行为6200多起，检查餐饮经营单位7.9万余户次，城区6个菜市场实现转型升级，高标准建设九华、石梁、沟溪、华墅乡镇农贸市场。

以下记录的是柯城区6年来创建全国文明城市的主要历程。

2015年

7月7日，衢州市召开创建全国文明城市动员会，明确衢州市创建全国文明城市总体部署，2015—2017年创建“全国文明城市提名城市”，2018—2020年，创成“全国文明城市”。会议的召开标志着衢州创建省示范文明城区工作拉开序幕，吹响创建全国文明城市号角。

7月17日，柯城区召开创建全国文明城市暨浙江省示范文明城区动员会，全面部署创建全国文明城市和省示范文明城区工作。

全国文明城市和省示范文明城区创建任务9大类、37项指标、120项考核内容、356项测评内容。区委、区政府以责任书形式，把任务分解到各有关部门（单位）和区块，同时，设立法治、活动、生活、生态、人文、市场6个专项组，分别由一名区领导任组长，全面开展创建活动。

2016年

7月21日，柯城区召开创建浙江省示范文明城区推进会，为衢州市夺取全国文明城市“提名权”工作进入攻坚阶段。明确目标任务，强化责任分工抓落实。各街道（相关乡镇）、社区作为责任主体，按照“属地管理”原则，承担起创建工作的各项任务，抓好“四大专项行动”，开展实绩大比武，确保“规定动作”抓到位、“自选动作”有亮点。建立完善文明城市创建长效机制，加强统筹协调，使创建工作形成常态，保持长效。各相关成员单位（部门）主动投入到文明城市创建中，积极主动、发挥优势，加强服务、强化督查，提升文明城市创建水平。紧扣时间节点，对照创建标准逐项检查，抓好整改落实，确保顺利通过省级示范文明城区测评。

8月19日，柯城区举办“学时代楷模·创文明城市”专题讲座，首次为全区创建骨干系统性地解读测评体系。

10月23日，柯城区召开创建省示范文明城区培训部署会，进一步研读标准，厘清思路。

11月11日，省委宣传部副部长、文明办主任黄明辉率省委宣传部文明城市创建调研组到柯城区调研文明城市创建工作。

2016年，主要是明确目标任务，按照“属地管理”原则，落实各街道（相关乡镇）、社区主体责任，承担创建工作的任务。

2017年

2月10日，柯城区召开2017年文明城市创建工作动员会暨创建浙江省示范文明城区调研测评迎检会。会议强调柯城区作为中心城区，必须切实扛起主城区的责任担当。

2月20—22日，全区迎来第二轮浙江省示范文明城区调研测评。

5月12日，对全区夜市占道经营现象开展整治。

5月23日，对全区户外违规广告开展整治。

5月27日，柯城区启动“美丽集镇文明护航”小城镇文明行动。

6月8日，召开全区创建文明城市冲刺大会暨文明城市创建业务培训会。动员广大干部群众迅速行动起来，全力争创省级示范文明城区，吹响创建全国文明城市冲锋号。

6月9日，柯城区下发《关于建立创建文明城市责任包干工作制度的通知》，从区级层面为创建全国文明城市工作划好“责任田”，组建“主力军”。

9月3日，全区千名党员、万名志愿者参加“红色服务 垃圾再生”文明创建志愿者集中行动。此项活动是近年来全市规模最大全民参与的志愿服务集中行动，标志全区创文工作进入攻坚阶段。

10月11日，召开全区文明城市创建攻坚行动动员会，各级、各部门、企事业单位分工负责，对照创建标准，明确职责任务，瞄准创建重点和薄弱环节，集中精力查漏补缺；做到“人员保证、时间保证、效果保证”；各区块守土尽责，发挥创建主力军作用。志愿者全员参与，为创建工作提供坚实力量保障。强化督考，严明工作纪律，严禁推诿扯皮，严肃督查问责，对交办任务无条件整改落实到位，对各重点区域、责任单位进行每日巡查，确保人员到岗、责任到位。全民发动、克难攻坚，营造共建共创的浓厚氛围，奋力夺取全国文明城市“提名权”。

10月15—18日，柯城区通过第三轮浙江省示范文明城区调研测评。

2017年，全区围绕环境卫生、公共秩序、市民素养三个方面提升，重点开展环境卫生、公共秩序整治行动和主题宣传教育行动，抓环境卫生、公共秩序整治，以源头管好“脏乱差”。以党员志愿服务为抓手，打造创建亮点，推进全民创建。推出城乡统一的柯城垃圾分类回收新模式——垃圾再生馆。

2018年

1月，柯城区被授予“浙江省示范文明城区”，为衢州市创建全国文明城市拿到“入场券”。

2月，衢州市入选2018—2020年创建周期全国文明城市提名城市。

3月30日，荷花街道新荷社区针对老旧小区物业服务欠缺探索物业治管新模式，组建“红色物业联盟”，统筹推进治管水平和服务能力，物管系统等新模式在全区推广。

4月28日，府山街道坊门街社区聘选一批有威望、有责任心、有群众基础的党员或志愿者，组建“红管家”服务队，实现联楼包户、常态服务，此做法迅速在全区推广。

5月18日，柯城区创建文明城市工作专班成立。

5月20日，召开全区打造“一座最有礼的城市”动员会暨“文明创建·柯城先行”誓师大会，3000余人在主、分会场参会。人大代表、政协委员、干部代表、行业劳动者代表、学生代表、市民代表向全区人民发出倡议——为打造“一座最有礼的城市”打头阵当尖兵。

5月28日，双港街道白凉亭网格党支部10名党员在支部决议上按下“红手印”，誓言3天内清零辖区违章建筑，“红手印”承诺制开始在全区推广。

6月19日，首次实行机关干部在“周二无会日”到挂联网格开展文明城市创建工作，并制度化，全区1.3万多名干部全力投入创建文明城市服务工作。

6月28日，区委召开常委（扩大）会议，研究部署文明城市创建农房整治和“周二无会日”工作。

7月18日，召开全区创建全国文明城市推进会。会议强调，文明城市创建志在必得、没有退路，全区要围绕“文明城市有一个，一定是衢州；文明城市少一个，一定不是衢州”的目标，全身心投入，与时间赛跑。

7月22日，柯城区主办衢州市创建全国文明城市“红手印”志愿服务誓师大会，5000余名志愿者在签名墙上按下“红手印”，立下创文“军令状”，奔赴创文第一线。

8月2日，柯城区首次严肃约谈在区文明创建督查中排名靠后对象，限期整改，迎难而上，不拖创建后腿。区级创建全国文明城市重点单位“擂台赛”活动同步启动，“红黑榜”“红灰旗”“曝光台”“末位约谈”等正反面激励措施有序推行。

8月7日，柯城区启动“进千楼·访万户”创建文明城市入户宣传活动，有挂联任务的机关干部“周二无会日”到挂联网格，挨家挨户入户宣传文明城市创建工作应知应会。

11月21日，召开全区创建全国文明城市首战决胜动员大会，确立坚持“创建为民、创建靠民、创建惠民”创建理念，把改善市民群众生活环境、增强市民群众获得感作为创建工作出发点和落脚点。会上，通报市模拟测评中发现的问题，部署国测迎检工作。

12月24—25日，全国文明城市创建工作首次国家级实地暗访测评衢州市，实测柯城区申报点位及市级关联点位占全市受测点位总量的70%，柯城区以优异成绩交上满意答卷。之后，中央文明办公布2018年文明城市年度测评结果，衢州市得分92.31分，在113个地级提名城市中位列第8。

2018年，全区打响“南孔圣地·衢州有礼”城市品牌，打造衢州和柯城成为“一座最有礼的城市”。创建乡村“大花园”，推动乡村振兴。推进农房整治和风貌提升，加快小区基础设施建设，发挥“红色物业联盟”“红管家”“红手印”等特色做法，解决乱搭乱建、乱堆乱放、乱贴乱画、楼道灯不亮、电线乱拉等社区治理难题，在小区空地集中安装充电桩，方便居民停放充电。为解决小区内停车位少、停车难的问题，社区科学规划小区道路，画出停车位。开展文明创建志愿活动，区四套领导班子成员与“红手印”志愿者穿上志愿者“红马甲”，一起站马路参加文明劝导，到小区捡烟头、清杂物、搬砖头，当好“战斗员”“协调员”“宣传员”“监管员”，创建文明社区。

2019 年

3 月 20 日，志愿汇数据中心发布的《浙江省志愿服务大数据报告》中显示，在 2018 年全省志愿服务志愿者之最的 9 个项目中，柯城区获得参与人数最多、时数最长以及时长最多三项关键数据三个“最”，柯城区成为名副其实的“志愿服务之城”。

5 月 8 日，召开全区创建全国文明城市总结推进会，确立要坚持“一把手”亲自抓、亲自部署、亲自协调、亲自督办的责任要求，首批区级突出贡献集体和个人受到表彰。

6 月 26 日，召开全区创建全国文明城市专项整治推进会，针对农贸市场、小餐饮、占道经营、项目提升、校园周边、不文明交通行为、医疗卫生单位、行政服务大厅、公路沿线和河道水体开展十大专项整治。

7 月 15 日，荷花街道松园社区打出“政府推动+示范带动+商户互动+执法联动”的组合拳，308 户经营户组成商圈自治联盟，推动商户主动参与、自觉整改、相互监督，推动文明城市创建工作深入商圈。

8 月 16 日，召开全区创建全国文明城市推进会，会议确立要系统化开展创建全国文明城市的工作方针。

8 月 24 日，开展全区创建全民攻坚集中行动暨“利润万家·巾帼有为”系列活动，全区 2000 余名巾帼志愿者投身创建工作。

8 月 29 日，柯城区举行“文明成果体验日”主题活动，全区 43 个社区的普通居民代表和创文工作先进典型参观全区创文示范点，增强市民群众对创文工作的认同感和拥护度。

11 月 7 日，柯城区四套班子领导到各路口参加文明交通劝导，连续数日与全区干部下沉网格，参加志愿服务。

11 月 18—19 日，全国文明城市创建工作第二轮国家级实地暗访测评衢州市，实测柯城区申报点位及市级关联点位超过全市受测点位总量的 65%，成绩优异。之后，中央文明办公布的 2019 年文明城市年度测评结果，衢州市在 113 个地级提名城市中以 96.27 分的得分位列第 4。

2019 年，针对在农贸市场、小餐饮、占道经营、项目提升、校园周边、不文明交通行为、医疗卫生单位、行政服务大厅、公路沿线、河道水体等开展专项整治行动。各街道、乡镇、区块对照创建标准，着眼细节抓落实，一旦发现创建盲点、薄弱点，及时整改销号。

2020 年

1 月 6—7 日，柯城区新一轮创建全国文明城市月度“擂台赛”启动，打响 2020 年创文第一战。

3 月 3 日，柯城区实施 21 天文明行为养成计划。1 个月内，53760 个家庭积极参与，91.2 万余人次关注，近 4 万人报名参加，响应“使用公筷公勺”“行作揖礼”和“不随地吐痰”的号召，连续 21 天为三大文明行动“打卡”。

3 月 5 日，开展“抗疫有礼·文明有你”学雷锋活动，全区志愿者以实际行动践行雷锋精神，奋战抗“疫”第一线。

3 月 22 日，花园街道上洋村第九次修改《村规民约》，将“使用公筷公勺”等文明行为纳入其中，《光明日报》作了大篇幅报道。

4 月 15 日，柯城区在全市率先完成全域修约，全区行政村、社区都将“八个一”内容纳入《村规民约》和《居民公约》。

4 月 16 日，区创建办、区妇联主办，府山街道承办全区“使用公筷公勺”工作推进现场会，乡镇街道与会人员实地参观“公筷公勺”推行工作展陈展示，交流经验做法。

5 月 13 日，“公筷公勺”全

省推广调研交流活动聚焦柯城上洋村，省委宣传部领导率全省各地文明办负责人到上洋村调研交流。

6月10日，柯城区发出“舍我其谁，奋勇当先！在冲刺全国文明城市创建中展现柯城担当、柯城力量”的号召，向全国文明城市发起全力冲刺。

6月30日，柯城区四套班子领导参加交通文明劝导，连续数日与全区各级干部下沉网格，参加志愿服务。

7月6日，柯城区入选全市首批有礼示范区的县（市、区）。

9月18日，召开全区创建全国文明城市决战决胜誓师大会。

9月27—28日，全国文明城市创建工作第三轮国家级实地暗访测评衢州市，实测柯城区申报点位及市级关联点位占全市受测点位总量的70%，成绩优异。

11月10日，中央文明办公布第六届文明城市入选名单成绩，衢州在113个地级提名城市中位列第4，高位创成全国文明城市。

2020年，全区推行“八个一”，共创“有礼城”“使用公筷公勺”活动，柯城区被评为全市首批有礼示范区。全区推广花园街道上洋村率先将文明有礼写进村规民约，至4月中旬，全区213个村、58个社区全部完成有礼“立法”，在全市率先完成全域修约。

（根据区创建办材料及《今日柯城》有关资料整理）

名词解释

“八个一”：即一座“车让人”的城市、一座“烟头不落地”的城市、一座“自觉排队”的城市、一座“使用公筷公勺”的城市、一座“不随地吐痰”的城市、一座“行作揖礼”的城市、一座属“没有牛皮癣”的城市、一座“拆墙透绿”的城市。

四个区：即产业高端、品质大气的首善之区；健康时尚、激情活力的运动之区；民生为本、治理有效的幸福之区；实干担当、创优争先的奋斗之区。

“三个年”活动：在2020年3月31日召开的衢州市产业创新发展大会上，市委书记徐文光宣布，“全面小康决胜年”“招商引资攻坚年”“重大项目推进年”活动正式启动。“三个年”活动是市委、市政府在统筹推进疫情防控和经济社会发展工作的关键时期，针对我市经济工作重点问题作出的重大决策部署，是深入贯彻“八八战略”、践行“八个嘱托”、推进“八大任务”的具体举措，是推动衢州大发展、快发展、高质量发展的主抓手。

三个不发生：即通过严密部署，严格监督，确保辖区不发生缓报、瞒报、漏报、谎报疫情问题；不发生擅离职守、临阵退缩问题；不发生贪污、挪用、截留、挤占疫情防控财物问题，为坚决打赢疫情防控战提供纪律保证。

1+9+N：“1”指一条百里运动休闲长廊，整个柯城的区内道路就是以建设百里运动休闲长廊为抓手，不仅仅是做好一条路，也是在造一个景。“9”指奥陶纪景区、中国运动汽车城、飞鸿神网谷、千里岗森林营道、徐莫汽车越野赛道、灵鹫山康养基地、寺桥水库、中高端民宿和围棋运动小镇九大项目。“N”指N个未来村庄，2020年要重点打造麻蓬村、茶铺村、余东村、妙源村、严村村等一批未来村庄。

一村万树：是一种新型乡村绿化模式，是平原绿化的升级版。在实施“一村万树”行动中，立足区情、村情、民情，从塑造风貌特色、盘活闲置土地、发动群众参与、提振乡村经济等角度出发，充分利用农村的边角地、废弃地、荒山地、拆违地、庭院地“五块地”，坚持一个村以一种树为主，以适合本地种植的珍贵树、产出收益较高的经济树、观赏价值较好的彩色树为主，力争村均规模达到1万棵、户均10棵以上。

“金蜗牛”赛牛机制：即柯城区为激励先进、鞭策落后、大抓落实而设立的一项奖惩制度。干得好颁发“金牛奖”，干不好则颁发“蜗牛奖”。

“红黄”亮牌通报机制：“红黄”亮牌机制聚焦区委区政府重点工作，每周梳理重点工作清单，实行进展情况“一周一报”制。根据工作任务时间节点和计划安排，对需加快办理进度或推进进度严重滞后的事项，标注黄牌或红牌，进行黄牌提醒及红牌警示通报，连续三周亮黄牌或红牌的事项，纳入“十条军规”通报及催办单、督办单程序，与年度目标综合考核直接挂钩。

“六抓六比·八大竞赛”活动：“六抓六比”即“抓实干，比业绩；抓典型，比担当；抓统筹，比合力；抓经营，比实力；抓服务，比口碑；抓改革，比创新”。“八大竞赛”即“全力打好全面小康决胜战；全力打好重大项目推进战；全力打好招商引资主动战；全力打好全域土地整治大会战；全力打好服务业大发展升级战；全力打好大花园建设系统战；全力‘八个一’文明有礼立体战；全力打好党建治理攻坚战”。

三大产业园：即航埠智尚产业园、现代商贸产业园、现代农业产业园。

“三篇文章”：即旅游文章、农业文章、改革文章。

“两创强区、两美富民”战略：即坚持把“创业创新”作为强区之策，不断提升经济增长的质量和效益，构建绿色产业体系，着力建设绿色发展先行区。深入推进“美丽城镇、美丽田园”建设，全力做好“美丽+”的文章，着力打造田园城市核心区和生态富民样板区。

“智多张西”模式：即公司运营+集体自营+农户植入模式。石梁镇双溪村张西自然村，以独特的自然生态优越性，发掘“张良族居”的历史文化特性，定位以发展乡村旅居产业为主导。“智多张西”项目主要模式是将以前重基础设施建设轻产业植入的模式，转换为以产业发展为核心，围绕产业需求完善相关配套设施，组建以村集体为主的运营主体，以公司化的模式进行管理，过营团体以当地村民为主，形成一个利益共同体，探索出一条共同富裕的新模式。

“三个一”：①基层治理“一件事”，就是从具体事件、具体问题出发，问题导向、需求导向，通过市区之间、区街之间、部门之间的高效协同，推动一批群众反映强烈的高频问题有效解决。②“大综合一体化”执法改革，就是按照“精简、统一、高效”原则，完善“1+X”联动执法机制，以中心镇综合执法队伍辐射周边若干个中小乡镇，实现乡镇综合执法力量全覆盖。③综合信息指挥体系“一网通治”，就是要不断深化基层治理“四平台”和综合信息指挥室建设，用好“两难”问题三级钉钉群，继续把这项工作持续抓好抓实。二要持续建设“政治过硬、能力过硬”基层组织。

一乡千宿：按照产业兴旺、生态宜居、乡风文明、治理有效、生活富裕的总要求，充分盘活整合农村农房、土地资源，通过环境改造、主体引入、业态植入、农民参入等，积极发展有特色、有品位、有情怀的乡村民宿业态，推动民宿产业规模化、标准化、品牌化。

“1+1+1”：即1名联系乡镇（街道）区领导+1名换届指导组组长+1名组织部干部的工作机制。

“清廉网格365”智慧监督模式：“3”表示全科网格、智慧网格、清廉网格的“三网合一”；“36”表示36条基层公权力清单；“5”则表示清廉网格五大职能；合起来的“365”则表示每年365天，天天有监督。

三联工程：即组团联村、“两委”联格、党员联户。

红色物业联盟：就是以城市小区为单元，在市民集中居住的住宅小区，让“小区网格、业主委员会、物业服务企业、社会组织”等新领域新业态都建立党的组织、开展党的工作，用党建这根“红线”把小区网格+业主委员会+物业服务企业+小区业主+党员志愿者+各类社会组织等多元主体贯穿起来，为城市小区治理各方打造“主心骨”，形成一个新领域、区域化党建大联盟。

“红手印”：即“党员带头、群众响应、自觉自愿、共治共享”的做法，有效激发了党员群众参与基层治理的主体意识，成为柯城区推进老旧小区治理、创建文明城市的利器法宝。

“红管家”：由党员楼道长及志愿者当起居民贴心“管家”，每个“红管家”联户一个楼道，人手一本党员联户卡，明确党员联户职责，当好宣传员、联络员、调解员、卫生员、指导员、代办员。

五水共治：指治污水、防洪水、排涝水、保供水、抓节水这五项工作。

“大禹鼎”：即浙江省“五水共治”工作的最高奖。

“两难”问题三级钉钉群：即通过区、乡、村三级联动钉钉群解决疑难杂症和危难险重的“两难”问题。

“三个不发生”：在疫情防控战中做到不发生死亡病例、不发生社区传染、不发生医护人员感染。

“县乡一体、条抓块统”模式：即立足县域整体智治，以乡镇（街道）为落脚点，以党建为统领，以数字化改革为驱动力，以“一件事”集成为突破口，通过权责重构、资源重配和体系重整，构建了明晰化县乡权责体系、模块化镇街职能体系、精细化组团服务体系、集成化联动指挥体系、数字化平台支撑体系和制度化管理考评体系六大体系，打通和整合了党政机关各项职能，推进了跨部门、跨领域、跨层级的系统集成，初步形成了“即时感知、科学决策、主动服务、高效运行和智能监管”基层治理新模式。

“三书两组”重点培育计划：即由乡镇（街道）党（工）委书记、驻村第一书记、村党支部书记和组织部副部长、乡镇街组织委员组成导师团，形成源头管理、动态指导、持续培育工作机制，做到言传身教。

“1+26”工作架构：即 1 个乡村振兴综合体、26 个中心讲堂，打造“一堂一品”，万田乡“五讲四美”讲堂、沟溪乡余东村“农民画”讲堂、石梁镇张西村“智多文旅”讲堂等 10 个中心讲堂入选市级 3A 讲堂名单。

消薄：即消除集体经济薄弱村的简称。由省委、省政府 2017 年在全省部署实施消除集体经济薄弱村三年行动计划，向全省发出全面消除集体经济薄弱村动员令。

“1 ＋ 1 ＋ 1 ＋ N”消费帮扶“消薄卡”项目模式：柯城、余杭两区通过政府搭台、公益运营、企业参与，聚焦培育壮大村集体经济和帮助农户扩大农产品销售，以区农合联资产经营股份有限公司为运营主体，创建“一卡”“一店”“一批公司”“多渠道”的模式。由单位和企业认购“消薄卡”，促进农户消薄增收。

三会一课：是指按照党章和党内有关规定，定期召开支部大会、支部委员会、党小组会，按时上好党课。

两进两回：是指科技进乡村、资金进乡村，青年回农村、乡贤回农村，这是破解乡村要素制约、加速资源要素流向农村、推动农业农村高质量的发展的重要途径。

四好农村路：是习近平总书记于 2014 年 3 月 4 日提出的。要求农村公路建设要因地制宜、以人为本，与优化村镇布局、农村经济发展和广大农民安全便捷出行相适应，要进一步把农村公路建好、管好、护好、运营好，逐步消除制约农村发展的交通瓶颈，为广大农民脱贫致富奔小康提供更好的保障。

两山银行：“两山银行”把碎片化的生态资源进行规模化的收储、确权、评估、市场化的运作，将生态资源转化为优质的资产包，使山水林田湖草等生态资源发挥更大价值。

（柯城年鉴编辑部）

1 月

1 日 全区城乡居民基础养老金标准从每人每月 155 元调整至185元，惠及全区 29505 名老人。

2 日 全市首家“金融调解中心”——柯城区人民法院驻柯城农商银行金融纠纷调解中心挂牌成立。

6 日 柯城传媒集团获省互联网新闻信息许可证，成为全区第一家拥有从事互联网新闻信息服务资质的专业媒体。

7 日 航埠镇、七里乡入选浙江 2020 年度美丽城镇建设样板创建名单。

10 日 市政协副主席周庆率考核组检查考核 2019 年度柯城平安建设工作。

是日 全区“不忘初心、牢记使命”主题教育总结大会召开。

是日 省侨联党组书记、主席连小敏到府山街道城站社区调研侨联工作。

是日 中国民间文艺家协会（以下简称中国民协）副主席、中国社科院文学所研究员、上海交通大学致远讲席教授叶舒宪率中国民协考察团到柯城区考察评审申报中国立春文化之乡创建工作。

是日 全市“小美庭院，大美乡村”一米菜园摄影采风活动启动仪式在沟溪乡余东村举行。

是日 区纪委八届五次全体会议召开。

12 日 柯城区草根非遗文化艺术馆开馆。

15 日 区委副书记、代区长蒋国强带队检查春节安全生产工作。

16 日 区委八届七次全体（扩大）会议召开。

是日 共青团柯城区第九次代表大会召开。

17 日 举办全区 2020 年春季返乡人员招聘会，95 家企业提供 3281 个岗位。

是日 区政府第 59 次常务会议审议《政府工作报告（送审稿）》《2020 年区级以上重点项目及政府投资项目计划编制情况说明（送审稿）》。

19 日 2019 年全区党委（党组）书记抓基层党建和人才工作述职评议会召开。

是日 由沟溪乡政府主办的“余东农民画研学基地农耕园”开园仪式在余东村举行。

21 日 区委、区政府举行 2020 年新春团拜会。

22 日 区九届人大常委会召开第二十八次会议。决定接受陈雪良、林静辞去副区长职务；决定任命余洪富、李剑峰为副区长。

是月 信安街道伊甸苑小区改造项目上榜 2019 年度省老旧住宅区改造样板工程名单。

是月 2020 年度全区城乡居民基本医疗保险参保缴费 14.32 万人，比 2019 年增加 2000 余人。

是月 从 1 月 1 日起，柯城区将特困供养人员、最低生活保障家庭成员，最低生活保障边缘家庭成员等门诊医疗费纳入救助范围。

2 月

11 日 区委常委扩大会议召开，学习贯彻习近平总书记对新冠肺炎疫情防控工作指示及省委、市委常委扩大会议精神，研究部署全区疫情防控和企业复工复产工作。

15日 市委、市政府对全市疫情防控一线第一批正面典型给予奖励，其中给柯城区妇联记集体三等功1次，给因公殉职的石梁镇政府干部姚刚林追记三等功，授予信安街道退休干部朱平优秀共产党员称号。

17日 副市长、区委书记徐利水到万田乡乡村振兴综合体（村播基地）调研柑橘产业发展销售工作。

是日 区委副书记、代区长蒋国强专题调研区服务业复工复产情况。

是日 区疫情防控应急指挥部（扩大）会议召开。

18日 市委、市政府对市疫情防控一线第二批正面典型给予奖励。其中给柯城区人民医院隔离病房治疗团队记集体三等功1次，给柯城区人民医院党委委员、副院长丁辉有记个人三等功1次，授予市级优秀共产党员称号。

是日 全区69家规上工业企业全部复工，复工率100%。为全市率先。

19日 市委副书记、市长汤飞帆到柯城区乡村振兴综合体（村播基地）客串“网络主播”，通过央视、拼多多等网络平台，向网友推介衢州柑橘，为广大果农站台。

是日 区委常委会召开扩大会议，学习贯彻习近平总书记在中央政治局常委会会议、中央深改委会议上重要讲话精神和省委、市委常委扩大会议精神，结合区实际情况，就疫情防控和复工复产工作进行研究部署。

19—20日 区委副书记、代区长蒋国强专题调研交通、水利重大项目建设情况。

21日 柯城区推进有效投资座谈会召开。

23日 两辆首批四川—浙江柯城东西部劳务协作“春风行动”农民工返岗免费专车，载着32名回柯城返岗务工的北川新老务工人员，驰骋2000多千米顺利抵达柯城。

24日 区委常委会召开会议，学习贯彻习近平总书记在统筹推进新冠肺炎疫情防控和经济社会发展工作部署会议上的讲话精神，以及全省部署会议精神和市委常委会会议精神，研究部署区疫情防控和复工复产等工作。

26日 市人大常委会主任居亚平带队到衢州恒业汽车部件有限公司开展组团联社企“三服务”活动。

是日 柯城区举行产业招商项目视频签约。计划总投资24.16亿元的7个项目代表，分别在上海、杭州等地通过电子屏幕，与设在柯城区行政中心的主会场连线，共同完成项目集中签约。

27日 市委常委、宣传部部长钱伟刚到柯城区督查疫情防控及复工复产工作。

是日 区委副书记、代区长蒋国强率队调研全域土地综合整治工作。

是月 设在专业市场城内的21家专业市场、50家规上企业、3个项目工地全部复工复产。

3月

2日 区委宣传部发起“衢州有礼”21天文明行为养成计划，全城“打卡”为文明代言。

3日 副市长、区委书记徐利水率市住建局等14个市级部门到柯城区开展挂联区块服务发展工作。

5日 副市长、区委书记徐利水带队开展组团联社企“三服务”工作。

6日 区委副书记、代区长蒋国强带队检查建筑工地复工复产工作。

8日 区委审计委员会第二次会议召开。

10日 区委副书记、代区长蒋国强带挂联服务团到石梁镇开展复工复产、项目推进、稳定经济运行工作挂联服务。

11日 副市长、区委书记徐利水率市级挂联服务团到柯城区开展挂联区块服务发展工作。

12日 市、区四套班子领导和机关干部百余人到万田乡万田村鲶鱼湾坡地公园参加义务植树活动。

13日 全区经济工作会议暨“三个年”（全面小康决胜年、招商引资攻坚年、重大项目推进年）活动动员大会召开。

15日 区领导挂联服务组工作汇报会议召开。

16日 区委常委会召开会议，听取区人大常委会党组、区政府党组、区政协党组、区法院党组和区检察院党组工作汇报。

17日 副市长、区委书记徐利水率市级挂联服务团到柯城区开展复工复产、项目推进、稳定经济运行挂联服务调研工作。

是日 区委副书记、代区长蒋国强等区领导带头到餐饮企业堂食，以实际行动支持餐饮炊业安全有序复工复产。

是日 中国民间文艺协会发布决定，正式命名柯城区为“中国立春文化之乡”。

19日 区政府第61次常务会议审议《衢州市柯城区政府投资建设工程招标投标管理办法（试行）》《衢州市柯城区政府投资工程建设项目监管实施细则》。

22日 区委副书记、代区长蒋国强主持召开区领导挂联服务组第二次工作汇报会。

23日 全区新冠肺炎疫情防控应急指挥部会商会召开。

是日 区委副书记、代区长蒋国强带队到石梁镇开展挂联服务工作。

24日 副市长、区委书记徐利水带队到柯城区开展挂联区块服务发展工作。

是日 区政府与省教育技术中心签订教育信息化战略合作协议。

27日 区九届人大常委会召开第三十次会议。审议区人大常委会2020年监督工作计划。

28日 经过50天连续奋战，柯城驰援武汉“白衣战士”区人民医院马龙举、黄琪、郑惠之圆满完成抗“疫”任务，抵达杭州萧山机场，到德清进行为期14天的隔离休养。

31日 全市产业创新发展大会举行，柯城区14个企业获大奖。

是日 区寺桥水库工程建设征地移民安置规划大纲评审会召开。

是月 九华乡新宅村、石梁镇中央方村和双溪村被国家森林和草原局评为第二批“国家森林乡村”。

是月 区人社局启动受疫情影响企业返还社会保险费及返还失业保险费（稳岗补贴）申报工作。

是月 区兑现市区服务专项引导资金187万元。减轻企业负担，携手共同抗疫。

是月 九华乡九华村列为第八批省历史文化村落保护利用重点村，航埠镇北一村、姜家山乡前昏村、石梁镇中央方村等15个村列为省历史文化村落保护利用一般村。

是月 区开展使用公筷、公勺专项检查行动。

是月 航埠镇雨灵山村、九华乡范村村、花园街道上洋村和衢化街道上祝村列入省第二批农村引领性农村社区名单。

是月 柯城上线全市首个县级区域“政企通”。

是月 为帮助企业渡过疫情造成的难关，加快企业复工复产，区人社局落实三项社保费（基本养老保险、工伤保险、失业保险）阶段性“减、免、缓”政策，释放政策红利1.2亿元，涉及企业6000余家。

是月 石梁镇、信安街道被省治水办确定为2019年全省“五水共治”工作考核优秀乡镇（街道）。

是月 航埠镇航埠村、姜家山乡前昏村入选2019年度全省善治示范村。

4月

1日 市委常委、组织部部长林晓峰到柯城区调研基层党建工作。

2日 副市长、区委书记徐利水带队再次到柯城区开展挂联区块服务发展工作。

是日 全区2020年度安全讲座暨消防工作会议召开。

是日 区举行“奋战三个年 金融助发展”银企对接会。

是日 “绿码拼团，拥抱春天，县长带您游乡村”衢州市乡村绿码健康行活动在沟溪乡余东村开幕。

3日 召开区委常委扩大会议，传达学习习近平总书记在浙江考察时的重要讲话精神，研究贯彻落实意见。

是日 全区2020年产业招商工作座谈会召开。

6日 全区复工复产、项目推进、稳定经济运行挂联服务组汇报会召开。

8日 市委常委、宣传部部长钱伟刚到花园街道上洋村调研“千村修约”工作。

9日 区委副书记、代区长蒋国强带队调研全区学校疫情防控和开学准备工作，召开区新冠肺炎疫情防控应急指挥部会议。

是日 区委副书记、代区长蒋国强主持召开区政府第62次常务会议。传达习近平总书记重要讲话精神，学习《浙江省民营企业发展促进条约》。

10日 区委副书记、代区长蒋国强带队到石梁镇开展第四次挂联服务工作。

12日 在圆满完成工作任务和隔离修养14天后，冯龙举、黄琪、郑惠之安全返回柯城。副市长、区委书记徐利水和区领导徐登富、徐连土、何晓文提前到区人民医院等候，迎接3名援鄂医护人员回家。

13日 市政协主席吴国升到柯城区调研政协系统助力统筹推进疫情防控和经济社会发展情况。

是日 全区3000余名初三学子返校复课。

14日 省文明办城市文明建设处处长叶彤带队到柯城区调研使用公筷公勺工作。

15日 市委副书记、政法委书记、市疫情防控指挥部指挥长周伟江到柯城区督导开学复课工作。

是日 全区政法平安工作会议暨社会治理现代化推进会召开。

是日 省高级人民法院副院长何鑑伟率省调研组到柯城区调研社会矛盾纠纷调处化解中心（信访超市）建设工作。

是日 区九届人大常委会召开第三十一次会议。决定4月20日召开区九届人大四次会议。接受何晓峰辞去副区长职务，决定任命戴郑娇为副区长。

是日 区政府召开第63次常委会议，传达学习全国、全省安全生产会议精神，分析研判全区2020年第一季度经济形势，研究部署机关工作。

17日 “运动柯城”全民健身活动在鲶鱼湾乡村国家运动公园启动。

是日 副市长、区委书记徐利水率市级挂联服务团到柯城区开展挂联区块服务发展工作。

19日 全区重点项目暨挂联服务工作汇报会召开。

20—22日 区政协四届四次会议召开。

20—22日 区九届人大四次会议召开。22日，会议依法补选蒋国强为柯城区人民政府区长。会议投票表决，确定柯城区2020年10项民生实事项目。

22日 全区“八个一”有礼城市建设推进会召开。

27日 区委理论学习中心组专题学习习近平总书记在浙江考察时的重要讲话精神。

是日 副市长、区委书记徐利水率领市住建局、农业农村局、资源规划局、科技局等部门负责人，到柯城专题调研企业扩大生产。

是日 由区慈善总会、东方商厦有限公司主办的“共同抗疫、温暖同行”柯城区流动慈善超市进千家活动启动。

29日 G351至大荫山、翁梅至蒲塘通景公路通车仪式举行。

是日 区委农村工作会议召开。

是月 在七里乡游客接待中心，桃源七里福居文旅精品民宿项目、桃源七里潘坞徽派民宿项目、桃源七里竹篱馆精品民宿项目进行现场签约，总投资1.15亿元。

是月 全区7所初中、25所小学共33805名学生全面复学。

是月 区衢化街道塔坛寺村、荷花街道新荷社区上榜省文化示范村（社区）名单。

是月 柯城全域推广“礼”进民约。

5月

7日 区委副书记、区长蒋国强带队调研航埠镇重点项目建设。

是日 全省首场“同心圆梦”精准帮扶公益活动在航埠镇举行，明日之星教育基金会向柯城区义务教育阶段学校捐赠价值80.6万元的教育信息化物资，惠及33804名学子。

8日 浙江省“村播计划”启动仪式暨美好生活“浙播季”衢州专场在万田乡弈园村乡村振兴综合体举行。省商务局一级巡视员徐良春为浙江省乡村振兴村播学院揭牌。

是日 市“邻礼通”推广现场会在柯城区举行。

是日 国务院办公厅发布通报，对2019年落实有关重大政策措施真抓实干成效显著的地方予以督查激励，柯城区河长制工作上榜，获1000万元奖励，用于河长制及河湖等保护工作。

是日 全区宣传思想文化工作会议召开。

11日 市委书记徐文光和全市有关部门负责人到2020年全市重大项目推进会“互看互比互学”运动柯城项目建设现场观摩。

是日 航埠镇贵海良家庭、信安街道黄凌家庭获浙江“最美家庭”称号。

12日 杭州市副市长王宏率团到石梁镇双溪村张西自然村考察余杭—柯城山海协作乡村振兴示范点合作项目。

13日 省委书记、省人大常委会主任车俊到信安街道人大代表联络站考察并到柯城区社会矛盾纠纷调处化解中心(信访超市)接访。

是日 上洋村“公筷公勺”全省推广调研交流活动启动。省委宣传部副部长、省文明办主任卢春中和有关处室负责人、省有关单位及省餐饮行业负责人,《人民日报》、中新社等中央、省、市媒体记者到礼贤小学、紫荆小区实地考察。

14日 全区一季度经济形势分析会暨二季度工作部署会召开。

是日 区政府与市资源规划局召开第二次联席会议。

15日 全区全域土地综合整治与生态修复暨“十类地”处置工作部署会召开。

17日 召开杭衢铁路柯城段集体土地上房屋征收推进会。

18日 区委常委会召开会议，传达学习省委书记车俊在衢州调研讲话精神，研究部署贯彻落实意见。

是日 区委常委会召开会议，审议《柯城区全面融入长三角区域一体化发展行动计划（2020—2025)》《“2020运动柯城沪上行”实施方案》。

19日 区政府召开第64次常务会议，传达全市推进政府数字化转型工作会议精神，审议促进服务业高质量发展相关政策意见等事项。

20日 区委副书记、区长蒋国强带队检查防汛工作。

是日 区政协举办“运动柯城”政协委员动起来活动。

是日 全区“运动柯城1415工程”工作推进会召开。

21日 130余名区人大代表分成3组，围绕全区“运动柯城”工作和通景公路建设情况开展集中视察活动。

是日 省国资委党委书记、主任冯波声到柯城区调研“消薄”工作。

22日 副市长王良春带队调研柯城区教育集团化办学工作。

22—24日 油画家、浙江省油画协会主席杨参军，著名油画家白仁海、金一德等12名艺术名家走进沟溪乡余东村研学写生，并成立艺术名家个人余东研学工作站。

23日 全省首个乡村振兴“村播学院”在万田乡开学。

27日 全市县级社会矛盾纠纷调处化解中心建设互看互学交流会在柯城区召开。

是日 龙泉市政协主席刘赤波一行到柯城区考察衢宁铁路建设情况。

28日 区召开服务业企业座谈会，了解疫情期间企业面临的困难,探讨全区服务业发展大计。

是日 区九届人大常委会召开第三十二次会议，开展法官、检察官履职评议工作。投票决定任命曾三山为区政府副区长。

是日 九华乡妙源村、石梁镇张西自然村入选全省“五百”森林康养目的地——“森林人家”类别。

29日 全区统战工作会议召开。

30日 全区领导干部会议召开，宣布省委决定：朱素芳任中共衢州市柯城区委委员、常委、书记，免去徐利水的中共衢州市柯城区委书记、常委、委员职务。

是月 据统计，4月全区工业攻坚指数达90以上，在全省90个县市区中位列第二。

是月 经区政府批准，柯山消防救援大队发布《关于对浙江衢州艾草屋食品有限公司重大火灾隐患单位进行挂牌督办》的公告。

是月 市综合行政执法局柯城分局城管老娘舅工作室入驻区社会矛盾纠纷调处化解中心。

是月 衢化街道塔坛寺村、石梁镇石梁村、沟溪乡斗目垅村的文化礼堂被评为省2019年度五星级农村文化礼堂。

是月 区首批“衢州市法律娘家人服务工作站（女法官工作站）”分别在航埠镇、石梁镇及花园街道揭牌成立。

6 月

1 日 召开全区领导干部会议，传达学习全国两会精神和省、市领导干部会议精神，部署贯彻落实措施。

2 日 区委副书记、区长蒋国强带队调研杭衢铁路（柯城段）征迁工作。

同日 区人民法院环境资源旅游审判庭揭牌成立。

3 日 全区“决胜小康，奋斗有我；共享小康，幸福有我”微型党课决赛在万田乡村振兴综合体举行。

是日 柯城—北川东西部扶贫协作温暖驿站成立。

4 日 凌晨，九华乡大侯村因暴雨发生山体滑坡，4 幢房屋受损，4 幢房屋被完全冲毁，村干部、网格员及时将 20 户村民转移至安全地带。

8 日 区委常委会召开会议，听取并研究九华乡大侯村泥石流事件灾后重建及后续处理工作。

是日 全市“招才引智”活动——“智汇新衢州才聚大花园”大学生留衢就业创业联盟成立仪式在万田乡弈园村乡村振兴综合体举行。

9 日 区委书记朱素芳调研全国文明城市创建和“八个一”有礼城市打造工作。

是日 在宁波举行的第22届中国浙江投资贸易（网上）洽谈会现场，柯城区与浙江意瑞薄膜科技有限公司（巨化集团和意大利 GF 集团合资成立）签订年产 3000 吨含氟特种薄膜项目（一期）投资合作协议，项目总投资 1000 万欧元。

10 日 由驻衢省级媒体、市级媒体、各县（市、县）融媒中心记者组成的采风团到柯城区参加衢州“市域融媒体巡礼大花园”活动。

10—11 日 市委常委、组织部部长林晓峰到柯城区调研基层党建工作。

11 日 省自然资源厅副厅长陈远景带队到柯城开展“三服务”活动。

12 日 区政协组织部分政协委员开展“请你来协商·最多跑一地”调研。

15 日 区召开九华乡大侯村泥石流灾害应急抢险总结表彰大会。

是日 全区党管武装暨国防动员（国防教育）工作会议召开。

是日 区疫情防控应急指挥部（扩大）会议召开。

是日 区政府第 65 次常务会议召开，传达贯彻全省危化品道路运输行业安全。

16 日 区兴华教育集团成立，由兴华中学（含华墅校区）、书院中学和城南初中（筹）组成。

是日 市人大常委会主任吴国升到柯城调研人大工作。

17 日 全市“一米菜园”比学赶超现场推进会在柯城召开。

19 日 区委常委扩大会议召开，传达学习省委十四届七次全会精神和市委常委扩大会议精神。

是日 区委书记朱素芳专题调研奥陶纪景区和寺桥水库项目。

是日 杭衢铁路柯城段房屋征收签约动员会召开。

22 日 在石室乡召开全区“乡村振兴讲堂”建设现场推进会。

24 日 全市“五水共治”工作推进会现场观摩活动在柯城举行。

28 日 区委书记朱素芳专题调研灵鹫山国家森林运动小镇建设工作。

29 日 柯城礼贤未来社区项目全面开工建设。

是日 区全域土地综合整治工作推进会召开。

是日 由省委宣传部组织开展的“谱写‘两山’新篇章，建设‘美丽大花园’”集中采访活动走进柯城。《人民日报》、新华社等中央主要媒体驻浙机构，《浙江日报》、浙江卫视等省级媒体共 20 多名记者参加集中调研采访。

30 日 区委副书记、区长蒋国强主持召开全区防汛应急指挥部紧急会议。

是月 区妇联家庭教育指导中心入选首批“全国家庭教育创新实践基地”名单。

是月 柯城区被列为 2020 年度全省农村综合改革集成建设项目试点单位。

是月 柯城区为百余家企业退还上千万元投标保证金。

7月

1日 区委副书记、区长蒋国强主持召开区两会建议提案交办会。2019年区两会期间收到人大代表议案2件、建议110件，政协委员提案141件；办理结果：议案建设满意率99.1%，提案满意率100%。2020年区两会期间收到议案2件、建议93件、提案138件。

3日 区委书记朱素芳到七里乡、信安街道、府山街道专题调研人大代表联络站建设工作。区人大常委会主任徐登富参加调研。

4日 区政府第66次常务会议审议《柯城区农村危房清零攻坚行动实施方案（送审稿）》等事项。

6日 全区机关党建工作会议召开。

7日 国家防总工作组到柯城检查指导防汛救援工作。

是日 市政协主席、市委政法委书记周伟江带队到柯城区调研村级组织换届工作。

13日 市委常委、统战部部长傅根友到柯城调研灵鹫山禅意康养项目建设工作。

13—14日 四川省北川羌族自治县县委副书记、县长瞿永安率县考察团到柯城区考察，考察期间，柯城、北川两地举行东西部扶贫协作联席会。区委副书记、区长蒋国强，副区长余洪富陪同考察。柯城区援川挂职领导、北川县委常委、副区长贵丽青，北川县副县长邓勇参加。

15日 全区人大代表工作会议召开。

16日 区委政法委（扩大）会议召开。

18日 中宣部“走向我们的小康生活”主题采风活动在柯城区举行。人民日报社、新华社、中央广播电视总台、求是杂志社、光明日报社、经济日报社、中国日报社等10多家中央媒体50多位记者到柯城区村播基地——万田乡乡村振兴综合体、柯城党建治理大花园——万田乡荷塘村，聚焦乡村小康生活，开展全方位、多角度集中采访。

22日 区委全面依法治区委员会第二次会议召开。

23日 区扶贫攻坚大会召开。

24日 区政府第67次常务会议审议《第二轮安全生产综合治理三年行动计划》。

28—30日 区四套班子领导分别走访驻衢部队、衢州军分区、武装警察部队和消防救援部队。

30日 区九届人大常委会召开第三十三次会议，听取和审议区委副书记、区长蒋国强代表区政府作的上半年经济发展情况和下半年政府工作的报告。决定免去刘敏的区人民政府副区长职务。

31日 区“8090新时代理论宣讲团”骨干培训班开班暨青年理论夜校挂牌仪式在区委党校举行。

8月

10—11日 柯城区委副书记、区长蒋国强带队到四川省绵阳市北川羌族自治县，对接深化东西部扶贫协作工作。

12日 白云街道从智慧新城管委会托管移交给柯城区管理。2003年9月，在西区设立花园岗街道（筹）。2005年12月，花园岗街道更名为白云街道。2003年起街道办事处委托西区管委会（现智慧新城管委会）托管。

14日 衢州市市域社会治理现代化·红色物业联盟治理篇现场会在柯城召开。

15日 柯城区再度获全省“五水共治”（河长制）工作优秀市县“大禹鼎”，“大禹鼎”是浙江省“五水共治”工作的最高荣誉，是柯城区继2015年之后又一次获奖。

18日 灵鹫山国家级旅游度假区创建动员大会召开。

20日 由智造新城管委会托管的黄家街道、新新街道移交给柯城区管理；柯城东港工业园区双港管委会移交给智造新城管理。

21日 区委全面深化改革委员会第三次会议召开。会议审议老旧小区物业管理服务改革方案、国资改革及区属国有企业市场化改革方案等事宜。

23日 四省边际中心石梁镇（石门山）第五届自行车爬坡赛开赛，全省500位自行车竞速运动员参加比赛。

24日 区委八届八次全体(扩大)会议召开。

26日 区政府第68次常务会议召开，审议《关于推进新时代民政事业高质量发展的实施意见》等事项。

9月

1日 全区民政会议召开。

3日 区九届政府四次全体(扩大)会议暨廉政工作会议召开。

4日 区委书记朱素芳带队到航埠工业功能区等地检查环保工作。

是日 市"绿水青山大联动"暨"有礼衢州公众护水活动"在柯城举行。

是日 区人大常委会办公室向全区各级人大代表发出《凝聚人大代表力量 助推文明城市创建》倡议书。

10日 区委、区政府召开第36个教师节暨教育发展大会。

17日 市政协主席、市委政法委书记周伟江率队到柯城区检查督导创建全国文明城市和新冠肺炎疫情防控工作。

是日 全区"一米菜园"工作专题推进会召开。

是日 《"衢鲜森"牵手"羌妹子"柯城—北川"共享+村播"计划赋能增收》案例入选2020年全国消费扶贫优秀典型案例。

18日 柯城区召开创建全国文明城市决战决胜誓师大会。

21日 "决胜全面小康"全国农民画研讨会在沟溪乡余东村中国乡村美术馆举行。

23日 省政协主席葛慧君带队到航埠镇、柯城区社会矛盾纠纷调处化解中心了解矛盾纠纷调处，围绕社会治理领域"最多跑一次"改革开展专项集体民主监督。

是日 省委常委、组织部部长黄建发到万田乡万田村调研。

是日 省检察院党组书记、检察长带队到柯城区调研新农村建设工作。

24日 区长蒋国强主持区政府第69次常务会议。会议听取扶贫开发工作情况汇报。

25日 全国妇联书记处书记章冬梅到柯城调研"一米菜园"创建、巾帼云创行动工作。

是日 全区安全生产会议召开。

是月 七里乡"七里茄子"通过农业农村部专家评审，获农产品地理标志登记保护的农产品，实现全区该领域"零的突破"。

10月

6—8日 由柯城区政府、衢州烂柯棋院、清华大学围棋文化交流和研究基金主办，衢州学院、柯城区文旅体局承办第二届"烂柯棋院杯"全国名校教授围棋邀请赛在衢州学院举行。清华大学、北京大学、中国科学院大学、浙江大学、复旦大学等18所高校80多位围棋爱好者参加。

11日 全区第七次全国人口普查入户摸底工作启动。

13日 区委书记朱素芳带领文旅、交通、资规、水利等部门负责人到石梁镇、七里乡专题调研乡村休闲旅游提升工作。

是日 区委副书记、区长蒋国强带队到区中医医院、区公共卫生服务中心、区社会福利院、万田乡"残疾人之家"、九华乡近山村居家养老服务中心和中国运动汽车城等项目现场调研。

14日 全区村(社区)组织换届工作会议召开。

是日 市政协主席周伟江到柯城区调研政协工作。

17—18日 2020灵鹫山·百公里越野赛在灵鹫山国家森林运动小镇举行，国内1130余名越野爱好者参加5个组别竞赛。

19日 区委书记朱素芳率柯城区党政代表到余杭对接山海协作工作。

是日 省政府教育督导专家组到柯城区实地督查柯城区政府2019年履行教育职责情况。

23日 全市扩大有效投资重点项目集中开工活动在柯城区三问家居智造家纺家居产品建设项目现场举行。

是日 区四套班子领导分组走访慰问全区部分百岁老人。

是日 区委书记朱素芳等区领导带领征迁、市场监管、府山、荷花等部门和街道主要负责人，调研小南门城中村改造房屋征收工作。

29日 区政府第70次常务会议召开。

30日 区城南初中开工建设。

11月

1日 区委召开全区领导干部会议，传达贯彻党的十九届五中全会和省、市领导干部会议精神。

是日 历时13年的小南门村征迁遗留项目签约工作全面完成。

2日 区委书记朱素芳率柯城区党政代表团到深圳市考察服装时尚、智能制造、资产管理，并寻求合作。

是日 区人大常委会召开党组（扩大）会议，学习贯彻党的十九届五中全会精神。

3日 区委副书记、区长蒋国强专题调研“污水零直排”建设工作。

7—8日 柯城区成都商会、柯城区重庆商会分别在成都市、重庆市成立。

9日 省委常委、秘书长，省改革办主任陈金彪到航埠镇、信安街道、荷花街道调研“县乡一体、条抓块统”改革试点工作。

是日 区委书记朱素芳到荷花街道专题调研“四维考核”和老旧小区物业管理改革工作。

10日 衢州市入选全国文明城市。柯城区是衢州市创文主城区、主战场。

11—12日 区委培训全区270名新当选村（社区）党组织书记。

12日 全区服务业发展大会召开。

14日 2020“衢州有礼·运动柯城”中国围棋之乡联赛总决赛在柯城区举行。

16日 运动柯城文化旅游发展大会暨灵鹫山名山开发启动仪式在衢时代创新大厦举行。

18日 柯山公安分局破获系列盗墓案。

20日 区委常委扩大会议暨区委理论学习中心组专题学习会召开，传达学习省委十四届八次全会精神和市委常委扩大会议精神。

是日 全区“县乡一体、条抓块统”部署会暨“两难”问题三级钉钉群工作推进会召开。

是日 花园街道上洋村、衢化街道塔坛寺村获评第六届全国文明村。

23日 区委副书记、区长蒋国强带队调研衢化片区改造提升工作。

24日 区委副书记、区长蒋国强到石室乡崇文村南塘垅项目现场、华墅乡龙泉头垦造耕地项目现场、航埠镇枧头村黑石塔垦造耕地项目、沟溪乡上林叶娘坑塘坞垦造耕地项目专题调研全域土地综合整治工作。

是日 衢州早田农业科技开发有限公司实际控制人、助理工艺师方向明当选2020年全国劳动模范，在北京接受表彰。

27日 区九届人大常委会召开第35次会议。

28—29日 由中国极限运动协会主办，柯城区政府、衢州市体育局承办的灵鹫山·第二届全国森林极限运动会在九华灵鹫山国家森林运动小镇举行。

29日 柯城区温州商会在温州市成立。

30日 省商业厅党组书记、厅长盛秋平到柯城区调研“村播”工作。

是日 区委书记朱素芳到石梁镇、九华乡专题调研灵鹫山旅游度假区和乡村振兴示范村打造工作。

12月

1日 区九届政府召开第71次常务会议，专题学习《中华人民共和国民法典》，审议《柯城区2021年区级以上重点项目、政府投资项目及重大前期谋划项目计划（送审稿）》，听取区扶贫开发工作情况汇报。

2日 全市新时代文明实践中心暨农村文化礼堂建设工作推进会在柯城区召开。

4日 区委书记朱素芳到航埠镇宣讲党的十九届五中全会精神。

8日 全省国土绿化工作座谈会在柯城区召开。

9日 全区文物安全工作会议召开。

10日 区委书记朱素芳接受浙江广电融媒体新闻中心直播专访。

11日 本码实业集团投资30余亿元的智能制造和供应链项目落户航埠智尚小镇。

14日 市委宣讲团到柯城区宣讲党的十九届五中全会精神。

16日 2020年度全区领导干

部述责述廉会议召开。

是日 区委全面深化改革委员会第四次会议召开。

20日 灵鹫山名山开发建设(上山道路暨灵鹫圣境项目)启动仪式在九华乡大侯村举行。市委副书记、市长汤飞帆出席仪式并宣布开工。

是日 柯城区深圳商会在深圳成立。

21日 航埠镇、七里乡获评省级美丽城镇建设样板。

22日 沟溪乡余东村被2020年美丽乡村博鳌国际峰会评为中国十大最美乡村。

23日 区管领导干部学习贯彻党的十九届五中全会精神集中轮训班开班。

是日 区委常委会召开议军会议。区委书记、区人武部党委第一书记朱素芳主持会议并讲话。会议审议并原则通过《加强新时代柯城区后备力量基层建设实施意见》。

是日 全市首届农民画现场创作大赛在沟溪乡余东村中国乡村美术馆举行。

24日 市委常委、宣传部部长钱伟刚到柯城调研灵鹫山旅游度假区创建工作。

26日 柯城区北京商会在北京成立。

是日 柯城区"创新'两难'问题钉钉群"工作被第十五届中国全面小康论坛评为2020年度中国十大民生决策。

(柯城年鉴编辑部)

区情概览

综述

柯城区为衢州市主城区，地处钱塘江上游、金衢盆地西端，介于北纬 28° 48′32″—29° 11′36″、东经 118° 40′48″—118° 57′04″。东、南、北与衢江区接壤，西与江山市、常山县为邻。东西最大距离 25.86 千米，南北最大距离 42.66 千米，总面积 606.5 平方千米。区人民政府驻荷花街道荷三路 28 号，距衢州市人民政府 4 千米。衢州古城为国家历史文化名城。

建置沿革

【概　况】 柯城区境内曾是太末县、新安县、信安县、西安县、衢县和衢州市（县级）属地，1985 年 5 月，设衢州市柯城区。

【新安县】 汉时，境属会稽郡太末县。东汉初平三年（192），析太末置新安县，隶属会稽郡，境属新安县，县治驻境内峥嵘岭（今府山）。

【信安县】 西晋太康元年（280），新安县改称信安县，境属信安县，县治仍驻峥嵘岭。南朝陈永定三年（559），信安县设信安郡，信安郡治驻峥嵘岭；三年后，信安郡被撤销。唐武德四年（621），信安县置衢州，州治驻峥嵘岭（今府山），境属衢州信安县；武德八年（625）废衢州。垂拱二年（686），复置衢州。天宝元年（742），改州为郡。乾元元年（758），复置衢州。咸通元年（860），改信安县为西安县，信安县境内延续时间 580 年。

【西安县】 唐咸通元年（860），改信安县为西安县后，境属西安县，县治始驻峥嵘岭，后移仁寿坊。元至元十三年（1276），置衢州路，境属衢州路西安县。至正十九年（1359），衢州路改称龙游府，府治驻境内府山，境属龙游府西安县；至正二十六年（1366），龙游府改称衢州府。明嘉靖元年（1522），金衢守道驻境内道前街。清顺治元年（1644），金衢守道改称衢州府；顺治三年（1646），衢州府改称金衢巡道，道治驻境内紫金坊；顺治五年（1648），浙闽总督驻境内北门校士馆；顺治十五年（1658），移温州。康熙九年（1670），金衢严守道驻道前街；康熙十二年（1673），浙江总督驻校士馆；康熙二十一年（1682），移杭州。雍正十二年（1734），金衢严巡道驻道前街；宣统三年（1911）七月，裁西安县，由府兼理县事，境属衢州府。1911 年 10 月（辛亥革命），置衢州军政分府，境隶衢州军政分府。西安县境内延续时间 1051 年。

【衢　县】 民国元年（1912）2 月，废衢州军政分府，以府名县称衢县，境属衢县，县治驻道前街。民国 3 年（1914），衢州隶金华道，道尹驻道前街。民国 16 年（1927）1 月，撤金华道，衢县为浙江省直属，县治驻忠烈庙前；次年衢县改隶浙江省衢县督察区。民国 21 年（1932）5 月，于衢县设浙江省第一县政督察区。民国24年（1935）8月，改为衢县行政督察区；次年7月，改衢县行政督察区为浙江省第五行政督察区，督察区均驻府山。民国35年（1946），境内有峥嵘镇和下村、石梁、毓秀、航埠、沟溪、将军、黄坛7个乡。民国37年（1948）4月，衢县隶属浙江省第三行政督察区，督察区初驻府山，8月迁江山。1949年5月6日衢州解放，中国人民解放军衢州军事管制委员会实行军事管制。5月20日，成立衢县人民政府，人民政府驻忠烈庙前（1950年9月迁县学街），境属衢县。6月7日，衢县城区及城郊设衢州市（县级）。衢州市与衢县均隶属第三专区。1950年5月15日，撤销衢州市设立城关区，城关区直属衢州专署。1953年5月，城关区复归衢县管辖。1955年3月，撤销衢州专署，衢县划归金华专区管辖。1958年9月，撤区建人民公社，人民公社下设管理区。境有红专（城关）人民公社、卫星（航埠）人民公社、东风（石梁）人民公社及所属管理区及上游（后溪）人民公社所属的园林、华墅管理区，和平（大州）人民公社所属的石室管理区。1961年9月，大公社改为区公所，管理区撤并为人民公社，境内有4个区（镇）、15个人民公社。1981年5月，衢县改称衢州市（县级）。1985年5月15日，设省辖衢州市及衢州市柯城区、衢县；7月16日，市委决定，建立柯城区筹备小组和衢江区筹备小组；12月，衢江区改称衢县。衢县人民政府始驻境内浮石路北门农场，1987年1月迁驻县学街。2001年12月，衢县复称衢江区。

【衢州市】 1949年6月7日，衢县城区及城郊设衢州市（县级），市人民政府驻钟楼底，隶属第三专区，市域属境内。1950年5月15日，撤销衢州市，设立城关区，城关区直属衢州专署。10月10日，第三专区更名为衢州专区。1955年3月，撤销衢州专署。1981年5月，衢县改称衢州市（县级）。8月撤销城关镇，建立上街街道、下街街道和市郊人民公社。1983年12月，建市区工作委员会。1984年1月恢复乡、村建制，市郊公社改称柯城乡；境有花园区、航埠区、石梁区、市区工委，上街街道、下街街道及柯城、花园、石室、汪村、黄家、航埠、河东、沟溪、姜家山、华墅、石梁、下村、七里、下郑、万田、九华16个乡。1985年5月15日，设省辖衢州市，衢州市管辖柯城区、衢县、龙游县、江山县、常山县、开化县。衢州市人民政府始驻县学街，1987年1月迁荷花街道荷三路28号，2016年3月29日迁白云街道三江东路28号。

【柯城区】 1985年5月15日，根据国务院批复，撤销金华地区，设省辖衢州市及衢州市柯城区、衢县。7月16日，市委决定，建立柯城区筹备小组和衢江区筹备小组，一市两区同城而治。柯城区管辖上街、下街2个街道和石室、下张、汪村、黄家、万田、浮石、柯城、花园8个乡。柯城区人民政府驻下街宋井商场。8月设衢化街道。1986年1月，衢县姜家山乡划归柯城区管辖。1987年3月，区人民政府迁水亭街东风、红楼招待所。1990年3月，在城南设荷花街道。1992年10月，区人民政府迁信安街道西安路24号新大楼。1993年7月，在衢州下张经济开发区设新新街道。时辖9个乡、5个街道。2001年12月10日，根据国务院批复，撤销衢县设立衢州市衢江区，将柯城区的原浮石、下张2个乡和石室乡的黄坛口村划归衢江区管辖；原衢县的华墅、沟溪、七里、九华4个乡和航埠、石梁2个镇划归柯城区管辖。2002年9月，衢江区人民政府迁衢江区樟潭镇。2003年9月，设花园岗街道。2005年12月，撤销柯城乡设立信安街道；撤销花园乡和衢化街道合并设立花园街道；撤销汪村乡设立双港街道；撤销上街、下街街道合并设立府山街道；花园岗街道更名为白云街道。2012年12月，设衢化街道。2017年12月，区人民政府迁荷花街道荷三路28号。

（柯城年鉴编辑部）

自然环境

【概　况】 柯城区境属钱塘江流域。地形以衢江为中轴，南北两侧海拔依次升高，具有河谷平原—低丘岗地—高丘—低山—中山过渡特征。东部为河谷平原盆地，南为仙霞岭余脉，西为白际山余脉，西北为千里岗山脉。最高峰白菊花尖位于石梁镇下村村西北部，海拔1394.7米；最低点信安湖出口，位于信安街道鸡鸣村，海拔58.8米。境内气候四季分明，光照充足，气温适中，无霜期长，具有春早、秋短、夏冬长，温适、光足、旱涝频等特征。冬季主要受干冷的极地变性大陆气团控制，多干、冷和晴朗少雨天气；夏季主要受湿润的热带副热带海洋气团左右，湿、热及多雷暴阵雨天气；春末夏初，冷暖气团势均力敌，锋面气旋活动频繁，大雨、暴雨显著增加，是主要降水季节；入秋后，北方寒冷空气逐渐加强，南方暖湿气流减弱后退，气温波动下降，是秋高气爽的季节。境内河流水流湍急侵蚀强，但自净能力强。受降水控制，径流季节变化大，水位易涨易落。其流量、水位、泥沙、水质都有季节性变化的特点。

【山　脉】 境内三面环山。南为仙霞岭余脉，仙霞岭，为浙西南重要山脉，山高岭峻，地形复杂，江山市境内仙霞关为中国东南著名关隘，余脉自黄坛口入境，盘亘于石室乡、黄家乡境内，以低山丘陵为主，天苍岭海拔309米，为南面最高点。西为白际山余脉，白际山地处浙、赣、皖三省边际，其余脉自常山县延伸至境内华墅乡、航埠镇，呈低山丘陵起伏地貌。北为千里岗山脉，为境内主要山脉。自新安江水库南、开化县东经常山县北、柯城区北止于兰溪江西，东西长约100千米，南北宽约50千米，略呈直线，耸立连绵，具“千里山岗”特征。千里岗山势陡峻，山体狭窄，南北两侧沟谷对称深切，山顶多尖锥状，露岩较多，黄沙层厚0.3—0.5米，多长茅草、灌木丛，斜面呈凹凸形，一般为35°—45°。千里岗北坡与新安江水库相连，南坡梯级延展至境内，渐为低山、丘陵。海拔千米以上山峰有11座：白菊花尖（1394.7米）、西坑岭（1348米）、大谷坪（1327米）、石门山（1200米）、箬坞山（1126米）、老鹰石（1151米）、蓑衣田岗（1112米）、阳关尖（1110米）、倒坞岭（1016米）、百丹坪（1013米）、松岗坞（1011米）。

【河　流】 境内河流均属钱塘江水系。主要河道有一级河衢江；二级河江山港、常山港、乌溪江3条，境内长43.2千米；三级河庙源溪、大头源、大俱源、徐姑垄溪等9条，总长125.1千米。河流总长度993.7千米，河网密度1.64千米/平方千米。最大河流为衢江，始于双港街道双港口，从西南向东北流经双港、荷花、白云、府山、信安5个街道，境内长10.7千米，流域面积598平方千米。江山港由江山市四都镇入华墅乡，继而出境入衢江区廿里镇，再从廿里镇入黄家乡、双港街道，在双港街道双港口入衢江。常山港由常山县招贤镇入境，由西向东流经沟溪乡、航埠镇、姜家山乡、白云街道，在双港口汇入衢江。乌溪江自衢江区黄坛口乡入境，然后由南向北流经石室乡、花园街道、新新街道，在信安街道鸡鸣村汇入衢江出境。

（柯城年鉴编辑部）

气候水文

【气　候】 2020年，全区年平均气温异常偏高，平历史最高纪录；全区年平均降水量偏多；全区年平均日照时数偏少。全区平均气温18.2℃，异常偏高0.9℃。全年高温日数44天，偏多14.6天；超过38℃高温4天，其中40℃以上0天，高温时段在7月下旬和8月，年极端最高气温38.5℃，8月24日；年极端最低气温－4.9℃，12月31日。年总降水量2106.1毫米，年降水天数161天，暴雨天数4天；日最大降水量202.3毫米，6月30日。年日照时数1468.7小时，年平均相对湿度76%，年平均气压1006.4百帕，年平均风速2.5米/秒。雾天数18天，霾天数5天。汛期（5—9月）降水偏多、气温偏高。表现为：各月降水分布不均；梅汛期降水异常偏多，出现强降水集中期；8月出现阶段性高温干旱天气，10月降水偏少，部分地区出现轻旱，气温略偏高。10月1日至11月9日，全区平均雨量35毫米，比常年同期（87.2毫米）少52.2毫米，偏少59.9%。平均气温18.7℃，比常年同期（18.2℃）偏高 0.5℃。据最新监测资料分析全区大部出现轻度气象干旱，局部出现中度气象干旱。

（吴　丹）

【水　文】 2020 年，柯城境内年降水量较常年偏多，梅雨期间出现 8 轮强降水过程，强降水区域基本重叠，各地均出现暴雨大暴雨过程。降水总量大、面广，短时降水集中，导致江河水位普遍出现超警戒或保证水位洪水。据各水文站观测，全年全市年均降水量为 2207.2 毫米，折合水量 195.22 亿立方米，与上年基本持平，比多年平均值多 20.1%，属丰水年份。降水在空间分布的总特点是山区多、盆地少。柯城区的北部山区属于降水量的高值区，衢江盆地的衢州市区降水相对较少。降水的主要特点是降水量年内分配不均匀。最大月降水量发生在 6 月，全市平均 520.1 毫米，占年总降水量的 23.5%。最小月降水量发生在 10 月，全市平均只有 35.4 毫米，仅占年总降水量的 1.6%。年内，全市平均年蒸发量 841.1 毫米，接近多年平均值。5 月 29 日，柯城全境入梅，比常年偏早 12 天；7 月 18 日出梅，比常年略偏迟 8 天；梅期 50 天，比常年偏多 20 天。梅雨期间出现 8 轮强降雨过程（5 月 29—31 日，6 月 2—5 日、 9—10 日、 18—21 日、24—25 日、29—30 日，7 月 2—4 日、6—10 日），全区平均梅雨量比常年平均偏多。全年有 1 个台风影响柯城区，为第 4 号台风“黑格比”，总体受台风影响不大，未造成损失。梅雨期间降雨强度大，间歇短，影响范围广，常山港和衢江出现流域性大洪水过程。衢江流域内最大的一次洪水发生在 7 月 9 日。7 月 9 日 13 时 45 分，衢州站出现年度最高洪峰水位 63.55 米（1985 国家高程基准，下同），相应最大洪峰流量 6650 米³/秒。年内，各主要河流径流量较多年平均值偏多。其中，衢州站实测年径流量为 69.97 亿立方米，较多年平均值偏多。全市总水资源量为 123.97 亿立方米，比上年减少 9.7%，比多年平均值增长 21.8%。全市 14 座大中型水库，年末总蓄水量为 16.91 亿立方米，比上年末增长 7.5%。年内，衢江衢州站年输沙量 98.3 万吨，年侵蚀模数为 181 吨/平方千米，低于多年平均值。

（柯城年鉴编辑部）

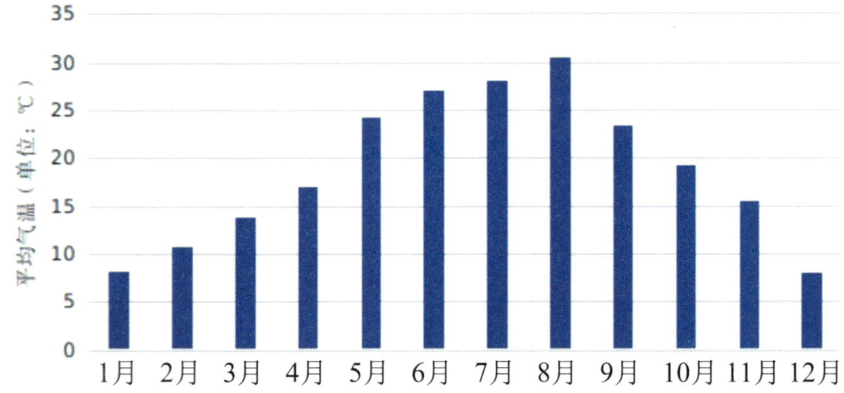

图 1　2020 年柯城区逐月平均气温示意图

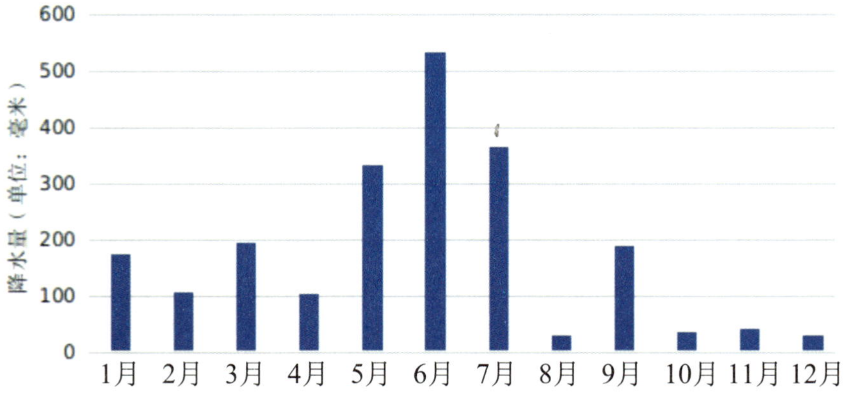

图 2　2020 年柯城区逐月降水量示意图

行政区划

【概　况】 2020 年，柯城区辖航埠、石梁 2 个镇，华墅、沟溪、黄家、七里、万田、姜家山、石室、九华 8 个乡，府山、信安、荷花、双港、花园、衢化、新新、白云 8 个街道；村 213 个、社区 58 个，其中黄家乡 2005 年 2 月根据衢州市委决定，撤乡设街道办事处，委托市高新园区管委会（后改为智造新城管委会）管理，2020 年 8 月 20 日，由智造新城管委会移交给柯城区管理，由于省政府至今未批，仍称黄家乡。2019 年 12 月 31 日，区政府批复同意撤销新新街道小南门村村民委员会建制。

【区划范围】 根据2003年边界勘测，区境边界线长 177.72 千米，其中与衢江区边界线106.26千米，最长。三县（市、区）交点有 3 处，衢江区太真乡银洞尖西 510 处的801米高程山脊上为柯城区、衢江区、常山县边界线交点，银洞尖因灌木丛生，山陡路险，三方商定不实地埋设界桩。衢江区后溪镇的江山港溪滩上为柯城区、衢江区、江山市边界线交点，因溪滩不宜埋设界桩，三方商定不设桩。江山市四都镇山坑村、常山县招贤镇溪上村、柯城区华墅乡三官村的柿坞尖，为柯城区、江山市、常山县边界线交点，在柿坞尖海拔 710.4 米处设置花岗石界桩 1 座。

表 1　　2020 年柯城区行政区划一览表

乡镇街道名　称	建制村、社区名称
航埠镇（32 ＋ 1）	万川村、枧头村、长泽街村、大力桥村、航埠村、彭村村、毛村村、墩头村、陈安村、殿前村、将军叶村、北一村、北二村、雨灵山村、西果源村、汪周村、缪村村、上万村、金万村、曹门村、下河东村、上河东村、上塘周村、严村村、孙家村、姚家村、翁家村、横源塘村、何双蓬村、莫家村、三十六亩村、新山村、兴航社区
石梁镇（21 ＋ 1）	石梁村、塘公村、麻蓬村、杨田源村、静岩村、荞麦坞村、中央方村、城西村、梅山村、柴家坊村、白云村、五龙村、里前坞村、小沟村、童前村、大俱源村、下村村、黄茶村、派溪头村、坎底村、双溪村、白云山社区
九华乡（23）	九华村、沐一村、沐二村、沐三村、上清村、谷口村、近山村、关溪村、范村村、上铺村、上宅村、下坦村、下彭川村、塔石岭村、童村村、上彭川村、源口村、新宅村、茶铺村、妙源村、坞口村、大侯村、上方村
沟溪乡（16）	高山窑村、直力村、河山村、欣源村、上叶村、后坞村、宋家垅村、上余坂村、沟溪村、洞头村、余西村、余东村、斗目垅村、碗东村、碗窑村、五十都村
华墅乡（10）	华墅村、华新村、三官岭村、上墅村、龙泉头村、园林村、望江村、柴家村、刘坂村、金坂村
七里乡（7）	七里三村、桃源村、大头村、沙龙村、少岭坞村、治岭村、上门村
姜家山乡（11）	姜家山村、锦西村、柴陈村、三山村、塘头毛家村、兴运村、大塘头村、前昏村、前徐村、跃进新村、富周塘村
万田乡（16 ＋ 1）	下方村、姚家村、弈园村、慈张村、上蒋村、下蒋村、谷塘村、坞石村、顺家路边村、炉头村、王家村、万田村、冯坦村、荷塘村、余家山头村、三和村、文景苑社区
石室乡（11+1）	下石埠村、石室村、新东村、荆溪村、江东村、崇文村、姜家埠头村、沙埠一村、沙埠二村、九龙村、响春底村、柯山社区
黄家乡（19+2）	寺前村、张家村、旺吴村、四都刘村、下刘村、山底村、东山村、王千秋村、黄家村、十五里村、后川祝村、坑西村、宣家村、新铺村、下卢村、吕宅村、上草铺村、东周村、陈家村、江畔社区、南益社区
府山街道（8）	坊门街社区、蛟池街社区、城站社区、府山社区、钟楼社区、北门社区、天皇巷社区、县学街社区

续表 1

乡镇街道名　称	建制村、社区名称
荷花街道（1+9）	大南门村、新荷社区、松园社区、荷东苑社区、兴华社区、清莲里社区、荷西苑社区、朝晖社区、通荷社区、朝阳社区
花园街道（6＋4）	花园村、上下门村、平园村、上洋村、叶蓬村、新姜村、安装社区、新苑社区、福苑社区、花港社区
双港街道（6＋6）	汪村村、皂角村、梅家村、南村村、滨港村、五湖村、双港社区、西港社区、双水桥社区、锦绣社区、美港社区、欣港社区
信安街道（4＋6）	东门村、北门村、沙湾村、信安村、迎和社区、紫荆社区、书院社区、斗潭社区、金河湾社区、恬静苑社区
新新街道（10+7＋1）	杨家田铺村、十五田铺村、官庄村、白沙村、上妙村、建新村、东埂村、戴家村、童村碓村、后贻村、三衢社区、金桂社区、彩虹社区、杨浦社区、银桂社区、乐业社区、五环社区、小南门村改居工作委员会
白云街道（13＋4）	双塘岭村、河边埂村、严家圩村、鹿鸣山村、钱家山村、湖柘垅村、亭川村、龚家埠头村、地藏寺村、花园岗村、过溪畈村、回龙村、压潮村、白云社区、新湖社区、玉龙社区、幸福社区
衢化街道（7＋8）	溪东埂村、普珠园村、官碓村、缸窑村、塔坛寺村、孔家村、上祝村、滨一村社区、滨二村社区、滨三村社区、花径一村社区、花径二村社区、昌苑社区、文昌社区、望江社区

人口与百岁老人

【人　口】 2020年末，全区总户数181556户，总人口441760人，其中城镇人口232165人、乡村人口209595人。全年出生新生儿3740人，其中男婴1932人、女婴1808人，人口出生率8.47‰。死亡3270人，其中男性1895人、女性1375人，死亡率7.41‰。人口自然增长率1.06‰。

【百岁老人】 2020年末，全区有百岁老人21人，其中男性7人、女性14人。最长者是梁银珠（女），生于1917年8月2日。

表2　　2020年末柯城区百岁老人一览表

姓　名	性别	出生年月	住　址	姓　名	性别	出生年月	住　址
梁银珠	女	1917年8月	信安街道书院社区	周竹生	男	1920年4月	衢化街道花径二村社区
何菊香	女	1918年2月	航埠镇何双蓬村何家垅	叶生倪	男	1920年4月	双港街道汪村村叶家
徐秀娟	女	1918年5月	府山街道钟楼社区	姜招美	女	1920年7月	荷花街道通荷社区
项金兰	女	1918年11月	白云街道双塘岭村	李含高	男	1920年7月	石梁镇中央方村塔山底
吴海寿	男	1918年12月	黄家乡旺吴村	叶金妹	女	1920年8月	府山街道蛟池街社区
巫荷花	女	1919年1月	石室乡崇文村	宋大娜	女	1920年10月	黄家乡后川祝村
徐世英	女	1919年2月	航埠镇长泽街村官田	苏家依	女	1920年10月	九华乡新宅村
舒秋莲	女	1919年10月	万田乡余家山头村	祝爱梅	女	1920年11月	府山街道坊门街社区
翁亚子	女	1919年10月	石梁镇柴家坊村吴家山头	陈金生	男	1920年11月	信安街道金河湾社区
吴先友	女	1919年12月	荷花街道清莲里社区	王治文	男	1920年11月	府山街道县学街社区
周荣海	男	1919年12月	荷花街道朝阳社区				

（柯城年鉴编辑部）

综　述

2020年，面对新冠肺炎疫情防控和经济社会发展双线作战、双重考验，在党中央、省委和市委领导下，中共衢州市柯城区委深入学习贯彻习近平新时代中国特色社会主义思想，全面贯彻落实中央、省委和市委决策部署，凝聚全区上下加快建设“四个区”共识，团结带领全区干部群众迎难而上、拼搏实干，万众一心战疫情，全力以赴抓“六保”促“六稳”，经济社会发展和党的建设实现稳中有为、稳中有进。在全市综合考核中位列第一，全省26县发展实绩考核位列第五。

【疫情防控】 区委扛起主城担当，疫情防控有力有效，聚焦慎终如始，成果持续巩固。拉网式开展“包区清楼”行动，守好“大门”“小门”，完成高速衢州南出口卡点清查任务，完成十里丰病例转诊救治和全市首例确诊病例救治任务，阻断1例境外输入病例传播扩散，实现“三个不发生”目标。抓好常态化疫情防控，有序推进重点冷链食品“物防”、重点人群新冠疫苗接种工作，全面启动区人民医院门急诊大楼、区公共卫生服务中心、区第二人民医院、区中医医院项目建设，收治体系、预警体系和公共卫生服务体系得到提升完善。援鄂抗疫任务完成，3名援鄂医疗队员星夜驰援、胜利归来，实现“打胜仗、零感染”目标。全力支援山海协作和结对帮扶单位，筹措爱心果蔬、防疫物资驰援杭州余杭、绵阳北川。推行文明风尚，以疫情防控为契机，倡导“使用公筷公勺”“行作揖礼”“不随地吐痰”等有礼新风。

【经济发展】 区委聚焦争先创优，经济运行态势企稳向好。2020年实现地区生产总值236.48亿元，同比增长3%；财政总收入20.21亿元，一般公共预算收入13.32亿元，同比分别增长1.6%和3.7%；固定资产投资同比增长4.1%；城镇居民人均可支配收入52862元，农村居民人均可支配收入28138元，同比分别增长4.8%和9%。以精准服务助力复工、复产、复市，率先实现规上工业企业100%复工复产，成为首批省级夜间经济试点城市。以超常力度大抓有效投资，固定资产投资增速领跑全市。全年新招引亿元以上产业项目21个，其中10亿元以上2个、20亿元以上1个，到位资金25.3亿元。以数字思维赋能产业转型，全年实施产业数字化项目17个，金沃精工通过IPO发审会，数字经济发展综合评价排名在全省上升17位，位列全市第一。以拼抢姿态强化要素保障，新增垦造耕地面积1113.33公顷，盘活存量建设用地38.73公顷，争取新增建设用地指标191.87公顷，争取资金（债券）29.58亿元。河长制工作获国务院督查激励，成为全省唯一获得国务院督查激励资金奖励的县域，获得1000万元资金奖励。

【乡村振兴】 深化“乡村振兴”建设，聚焦内生动力，乡村振兴动能澎湃强劲。吹响灵鹫山名山开发号角，“1+9+N”项目建设有序推进，先后入选国家森林康养基地、长三角地区精品体育旅游目的地和全省首批山地休闲度假发展试点单位。投资25亿元寺桥水库工程项目获省发改委批复同意，即将开工建设，抽水蓄能项目在谋划中。做实做强村播产业，依托乡村振兴讲堂，打造全省首个乡村振兴“村播学院”、全市首个省级农播示范基地，四省边际直播产业创业街开街，获评全国“互联网+”农产品出村进城试点区、全国十大淘宝直播“村播”计划示范区。加快文旅融合步伐，沟溪乡余东乡村未来社区成为网红“打卡地”，乡村音乐会、橘子音乐节火爆“朋友圈”，获评全省首批文旅产业融合试验区、“中国立春文化之乡”，立春文化传承生态保护区入选省级创建培育名单。推进农村综合集成改革，“一村万树”绿色期权“消薄”模式入选省改革创新优秀实践案例，“一乡千宿”入选全省首批民宿（“农家乐”）助力乡村振兴改革试点名单。

【管理服务】 加大民生事业投入和社会治理创新，聚焦惠民利民，加强民生福祉。做好第二轮中央生态环保督察转办信访件整改工作，全省生态环境公众满意度调查位列全省第四、全市第一，创成省级生态文明建设示范区。美丽沿江公路全线贯通，成功创建省级“四好农村路”示范区。七里乡、航埠镇获评新时代美丽城镇建设省级样板。城市文明持续提升。“有礼指数”走在全市前列，获评全市首个有礼示范区，助力衢州市高位创成全国文明城市。社会事业持续繁荣。出台尊师重教政策，打造四省边际中心城市教育“桥头堡”迈出关键步伐。及时终止区人民医院合作办医模式，公开选聘公立医院院长，全区卫生健康事业重现辉煌、重振雄风。小康成色持续提亮。开展“千人走万户”扶贫开发大督查大走访活动，“三个清零”任务全面完成，213个行政村村集体经营性收入全部达到10万元以上。高质量完成东西部扶贫协作各项目标任务，4条经验模式入选国家扶贫典型案例。平安建设持续深化。“树正打歪、拔钉清障”百日攻坚行动，全年处理70人，化解信访积案140件，对长期阻碍发展、破坏稳定、影响换届的人形成震慑。全力推动扫黑除恶“六清”行动，“打伞破网”工作走在全市前列。

【党建治理】 始终把抓好党建作为最大政绩，扛起党要管党、全面从严治党重大政治责任，年内，聚焦整体智治，党建治理体系迭代升级。基层基础更加坚实。创新“1＋1＋1”换届指导、“过堂会审”“三审三签”等特色机制，完成村社组织换届工作，参选率、得票率稳居全市前列，“两委”班子结构优化，实现过程平稳平静、结果高质高量。全市率先构建“两难”问题联动处置机制，率先探索“国企+社区”“红色物业联盟+邻礼通”模式推进社区治理，率先推进区矛调中心实体化运行，“五色管理+全科网格”基层治理服务业标准化试点项目高分通过国家级验收。健全完善“两个担当”良性互动机制，12名干部得到公开澄清正名，4名受处分干部被重新起用。创新设立“金蜗牛”赛牛机制和“红黄”亮牌通报机制，出台关爱干部“暖心七条”，在破解干部夫妻异地分居、澄清正名、健康管理方面为干部提供暖心服务。持之以恒正风肃纪反腐，全区村（社）巡察实现全覆盖。“清廉网格365”智慧监督模式获选全国十大优秀案例，全面从严治党群众满意度调查排名全市第一。

【自身建设】 区委高度重视自身建设，始终保持政治上清醒和坚定，多次组织举办理论学习中心组专题学习会、区委常委（扩大）会议、全区领导干部会议，认真学习贯彻党的十九届五中全会精神和习近平新时代中国特色社会主义思想，推进中央和省委、市委各项决策部署在柯城的生动实践。召开区委八届八次全会，学习贯彻习近平总书记在浙江考察时的重要讲话精神作出专门部署，打造“四个区”。坚持以党的十九届五中全会精神为指导，深入研究区经济社会发展的阶段性特征，主动回应人民群众期盼和需求，做好“十四五”规划编制工作，科学勾画未来五年发展的宏伟蓝图。全力支持人大、政府、政协依法履行职责，充分发挥各民主党派、工商联、无党派人士、工青妇等人民团体作用，加强党管武装、意识形态和统战、外事、商会、侨务、民族、依法治区工作，形成同心同德、真抓实干的良好氛围。

【区委八届八次全体（扩大）会议】 于8月24日召开。会议高举新时代中国特色社会主义思想伟大旗帜，全面贯彻落实党的十九大和十九届二中、三中、四中全会精神，深入学习贯彻习近平总书记考察浙江重要讲话精神，按照省委十四届七次全会和市委七届八次全会部署要求，总结上半年工作，部署下半年任务，动员全区上下坚持一张蓝图绘到底、一马当先争标杆，奋力打造“四个区”，为建设“重要窗口”和四省边际中心城市展现更大担当。区委书记朱素芳代表区委常委会向大会作《一张蓝图绘到底、一马当先争标杆，奋力打造“四个区”为建设“重要窗口”和四省边际中心城市展现更大担当》报告。

表3 **2020年中共柯城区委常委会会议一览表**

时 间	常委参加人数	主 要 议 程
1月8日	9	传达学习习近平总书记在“不忘初心、牢记使命”主题教育总结大会上的重要讲话精神，审议柯城区主题教育总结报告 传达全国政协副主席夏宝龙有关余东农民画重要指示精神，研究柯城区贯彻意见；审议《柯城区“一区百雁”工程实施意见》 审议《2018—2022年柯城区干部教育培训规划》 通报市纪委对2019年度区委履行全面从严治党主体责任评议情况，研究部署下一步整改工作 讨论区纪委八届五次全会报告（审议稿）
1月15日	10	研究区属事业单位清理规范整合有关事宜 讨论区委八届七次全体（扩大）会议报告（讨论稿）和《关于认真学习贯彻党的十九届四中全会精神为市域治理现代化走在前列展现主城担当的决定（草案）》，研究全会有关事项
1月21日	11	传达学习中央、省、市纪委全会会议精神 传达学习省两会精神，研究柯城区贯彻意见 讨论《政府工作报告》，研究2020年区政府民生实事项目预安排 讨论《区人大常委会工作报告》《政协常委会工作报告》 讨论2019年度国民经济和社会发展计划执行情况和2020年计划（草案） 研究2020年重点项目及政府投资项目编制情况 听取2019年度财政预算执行情况汇报，研究2020年预算编制 研究区两会及有关人事工作等
2月3日	12	传达学习习近平总书记重要指示精神和2月1日省委常委扩大会议、2月3日市委常委扩大会议精神，通报当前柯城区疫情防控工作情况，研究部署下一步疫情防控工作
2月3日	12	研究讨论有关干部违纪案处理意见

续表3

时间	常委参加人数	主要议程
2月11日	12	传达学习习近平总书记在中央全面依法治国委员会第三次会议上的重要讲话精神及2月9日省委常委扩大会议和2月10日市委常委扩大会议精神，研究部署柯城区疫情防控、企业复工复产等工作
2月14日	9	传达学习2月12日中央政治局常委会会议精神，研究柯城区贯彻落实意见 研究讨论《中共衢州市柯城区委落实省、市纪委反馈意见整改任务责任分工》 研究讨论《区委八届七次全体(扩大)会议报告重点工作任务分工方案》 研究讨论柯城区防疫期间“三服务”工作安排 研究讨论其他事项
2月19日	12	传达学习2月17日省委常委扩大会议和2月18日市委常委扩大会议精神，研究部署柯城区疫情防控、企业和重大项目复工复产等工作
2月24日	12	传达学习习近平总书记在推进新冠肺炎疫情防控和经济社会发展工作部署会议上的重要讲话精神和省、市有关会议精神，研究柯城区分工抓落实安排 研究招商项目线上签约有关事宜 研究表彰疫情防控一线表现突出的正面典型 研究2019年度工业企业奖励名单及政策兑现有关事宜 研究2019年度行政奖励建议名单等事项 研究区达标评比办汇总的2019年度全区拟通报表扬事项 研究2019年度全区经济社会发展目标综合考核工作
3月11日	13	传达学习习近平总书记在《求是》杂志发表的重要文章《全面提高依法防控依法治理能力　健全国家公共卫生应急管理体系》 传达学习近期中央政治局常务委员会会议和省委常委会会议精神，研究柯城区贯彻意见 传达学习习近平总书记在决战决胜脱贫攻坚座谈会上的重要讲话精神，研究柯城区贯彻意见 传达学习省委政法工作会议，研究柯城区贯彻意见 审议《柯城区“三个年”行动方案(送审稿)》和考核办法 审议《柯城区“三大办”工作方案(送审稿)》 审议《柯城区国企改革配套监管制度(送审稿)》 研究讨论其他事项
3月16日	10	听取五大党组工作汇报

续表 3

时　间	常委参加人数	主　要　议　程
3 月 30 日	11	传达学习习近平总书记在《求是》杂志发表的重要文章《为打赢疫情防控阻击战提供强大科技支撑》 传达学习《中共浙江省委贯彻〈中国共产党宣传工作条例〉实施办法》 传达学习省委常委、纪委书记、监委主任许罗德在全省扶贫专项监督和清廉村居建设会议上的讲话精神 传达学习中央、省委和市委农村工作会议精神，研究柯城区贯彻意见 传达学习全国、省、市组织部部长会议会议精神，研究柯城区贯彻意见 传达学习《中共中央党校（行政学院）工作条例》和全省党校（行政学院）校（院）长会议精神，研究柯城区贯彻意见 听取杭衢铁路柯城段征迁工作情况汇报 审议《贯彻落实市委书记徐文光对柯城区基层党建点评意见的工作方案（送审稿）》《关于将“乡村振兴讲堂”打造为政府服务供给侧改革系统集成大平台的十条意见（送审稿）》和《关于优化村社组织换届环境“三大行动”的实施方案（送审稿）》 审议《衢州市寺桥水库开发建设有限公司组建方案》 研究讨论其他事项
4 月 3 日	10	听取区两会筹备工作情况汇报，研究区两会有关事项
4 月 13 日	11	传达学习习近平总书记在 4 月 8 日中央政治局常务委员会上的重要讲话精神，研究柯城区贯彻意见 传达学习全国、全省安全生产工作会议精神，研究柯城区贯彻意见 审议《柯城区人民政府与巨化集团有限公司一体化融合发展合作协议（送审稿）》 审议《中共衢州市柯城区委理论学习中心组 2020 年学习计划》和《实施办法》 审议《“运动柯城 1415 工程”工作方案（送审稿）》 审议《柯城区“村播”项目落地实施方案（送审稿）》 研究讨论其他事项
5 月 9 日	10	传达学习中央和省、市有关会议精神，听取柯城区一季度经济运行情况汇报，研究部署二季度经济工作 传达学习省委、省政府《关于以新发展理念引领制造业高质量发展的若干意见》等文件精神，研究柯城区贯彻意见 传达学习全国宣传部部长会议和省、市宣传思想工作会议精神，研究柯城区贯彻意见 研究讨论其他事项
5 月 18 日	11	传达学习习近平总书记在 5 月 14 日中央政治局常务委员会上的重要讲话精神 传达学习省委书记车俊在衢州调研时的重要讲话精神，研究柯城区贯彻意见 审议《柯城区全面融入长三角区域一体化发展行动计划（2020—2025）》和《“运动柯城 2020 沪上行”实施方案》 研究柯城区机关事业单位年度考核优秀嘉奖、三等功名单

续表3

时　间	常委参加人数	主　要　议　程
6月8日	12	传达学习习近平总书记在《求是》杂志发表的重要文章《关于全面建成小康社会补短板问题》 传达学习《中国共产党浙江省委员会农村工作实施办法》精神，研究柯城区贯彻意见 传达学习《中共浙江省委〈关于加强各级领导班子政治建设的若干意见〉》精神，研究柯城区贯彻意见 听取九华乡大侯村泥石流事件应急处置及后续工作情况汇报 研究讨论其他事项
6月19日	10	传达学习省委十四届七次全体(扩大)会议精神，研究柯城区贯彻意见 研究九华大侯泥石流应急抢险记功嘉奖名单 研究讨论其他事项
6月29日	10	传达学习全省新时代文明实践中心暨农村文化礼堂建设推进会精神，研究柯城区贯彻意见 审议《落实省委巡视回访检查反馈意见整改方案(送审稿)》 听取全区村(社)组织换届筹备情况汇报，审议有关工作方案 听取全区安全生产工作汇报，研究部署下一步工作 听取区人民医院处置调研工作情况汇报，研究下一步工作意见 审议《关于促进服务业高质量发展的若干政策意见(试行)(送审稿)》《柯城区服务业企业贡献奖评选办法(试行)(送审稿)》 研究讨论其他事项
7月16日	11	听取上半年扶贫开发工作汇报，研究部署下一步工作 审议《中共衢州市柯城区委关于全区域体系化推进8090新时代理论宣讲工作的实施方案(送审稿)》 审议柯城区关心关爱干部暖心举措 传达学习全省村(社区)组织换届试点工作动员部署会精神，审议换届试点工作方案等事项 传达学习浙江省统计局关于迅速贯彻落实省委省政府领导同志重要批示精神和国家统计局约谈会精神，研究柯城区贯彻意见 研究讨论其他事项
8月3日	10	传达学习习近平总书记在企业家座谈会和党外人士座谈会上的重要讲话精神，研究柯城区贯彻意见 传达学习全省新时代青年理论宣讲工作现场会精神，研究柯城区贯彻意见 审议《柯城区第二轮安全生产综合治理三年行动计划(送审稿)》 审议《衢州市柯城区贸促会深化改革方案(送审稿)》和《衢州市柯城区红十字会改革实施方案(送审稿)》 审议柯城区"六抓六比·八大竞赛"有关工作方案 听取上半年全区经济运行情况汇报，研究部署下一步工作 研究讨论其他事项

续表 3

时 间	常委参加人数	主 要 议 程
8月14日	11	审议柯城区“六抓六比·八大竞赛”专班组成及人员名单 研究讨论其他事项
8月21日	11	传达学习全省各级人大常委会主任学习会精神，研究柯城区贯彻意见 讨论区委八届八次全体(扩大)会议报告(讨论稿)，研究全会有关事项 研究讨论其他事项
9月3日	12	传达学习习近平总书记在扎实推进长三角一体化发展座谈会上的重要讲话精神，研究柯城区贯彻意见 传达学习中央、省委关于党和国家机关基层组织工作条例有关文件及全省机关党建工作座谈会精神，研究柯城区贯彻意见 传达学习全省巡视巡察工作会议暨十四届省委第十轮巡视工作动员部署会精神，研究柯城区贯彻意见 传达学习中央生态环境保护督察工作有关会议精神，听取柯城区第一轮环保督察整改工作进展情况及第二轮中央环保督察迎检工作安排情况汇报 传达学习全省新乡贤工作推进会精神，研究柯城区贯彻意见 听取上半年全区机关党建工作情况汇报，研究下一步工作计划 审议《柯城区高水平推进航埠经济强镇扩权的若干意见(送审稿)》 审议《关于推进新时代民政事业高质量发展的实施意见(送审稿)》 研究讨论其他事项
9月30日	12	传达学习全省村(社区)组织换届工作会议精神，研究柯城区贯彻意见 研究讨论其他事项
10月10日	12	传达全市村(社区)组织换届工作会议精神，研究柯城区贯彻意见 研究讨论其他事项
10月27日	10	传达学习习近平总书记在中央党校(国家行政学院)中青年干部培训班开班式上的重要讲话精神，研究柯城区贯彻意见 传达学习习近平总书记对新时代民营经济统战工作的重要指示及全国民营经济统战工作会议精神，研究柯城区贯彻意见 传达学习全省政协主席暑期读书会暨市、县(市、区)政协工作经验交流会议精神，研究柯城区贯彻意见 传达学习省委机构编制委员会第三次会议和市委常委会会议、衢州市加快构建“县乡一体、条抓块统”高效治理格局试点工作部署会精神，研究柯城区贯彻意见 研究柯城电大(区社区教育学院)机构撤销有关事项 研究讨论其他事项

续表3

时 间	常委参加人数	主 要 议 程
10月27日	10	审议《衢州市柯城区计划生育协会改革实施方案(送审稿)》《衢州市柯城区社科联深化改革实施方案(送审稿)》和《衢州市柯城区工商业联合会深化改革实施方案(送审稿)》 审议《柯城区2020年度全区经济社会发展工作目标综合考核办法(送审稿)》和《2020年度航埠镇和专业市场管委会双轨制考核办法(送审稿)》 研究讨论其他事项
11月20日	10	传达学习习近平总书记在《求是》杂志发表的重要文章《推进全面依法治国,发挥法治在国家治理体系和治理能力现代化中的积极作用》,研究柯城区贯彻意见 传达学习习近平总书记在中央全面依法治国工作会议上的重要讲话精神,研究柯城区贯彻意见 传达学习中央政治局常委、中央纪委书记赵乐际在浙江考察时重要讲话精神和省纪委常委会精神,研究柯城区贯彻意见 传达学习省委十四届八次全体(扩大)会议精神,研究柯城区贯彻意见 传达省、市村(社区)换届工作领导小组会议精神,研究讨论柯城区村(居)委会换届有关工作 听取2020年全区法治建设工作情况汇报,研究部署下一步工作 听取2020年全区食品药品安全工作情况汇报,研究部署下一步工作 审议《衢州市柯城区医疗卫生服务共同体建设工作实施方案(送审稿)》 审议《衢州市柯城区侨联深化改革实施方案(送审稿)》 研究服务业体制机制调整和智尚小镇管理架构及运行机制建议方案 研究讨论其他事项
12月16日	10	传达学习长江经济带发展领导小组会议和省委常委扩大会议精神,研究柯城区贯彻意见 传达学习全省深化“千万工程”建设新时代美丽乡村现场会精神,研究柯城区贯彻意见 传达学习省委党的群团工作会议精神,研究柯城区贯彻意见 传达学习省委常委会会议关于冬春季疫情防控工作精神,研究柯城区贯彻意见 审议《柯城区公立医院〈医共体总院〉公开选聘院长工作实施方案(送审稿)》 听取柯城—北川东西部扶贫协作工作情况汇报,研究部署下一步工作 听取柯城人发展大会筹备工作情况汇报,研究部署下一步工作 听取航埠“低散乱”企业整治工作情况汇报,研究部署下一步工作 审议《柯城区低收入农户高水平全面小康攻坚成果核查和巩固工作报告(送审稿)》 审议《衢州市柯城区做好被征地农民参加基本养老保险工作实施方案(送审稿)》 审议《柯城区2021年区级以上重点项目、政府投资项目及重大前期谋划项目计划(送审稿)》 研究讨论其他事项
12月23日	7	区委常委会议军会议

(周静雯)

区委办公室工作

【概　况】 区委办公室是区委综合办事机构。2020年，在区委正确领导下，以习近平新时代中国特色社会主义思想为指引，深入贯彻落实党的十九届五中全会精神、习近平总书记考察浙江重要讲话精神和省委十四届八次全会精神，围绕区委工作中心、服务全区大局，发挥参谋助手、统筹协调、督查落实、服务保障职能，为推动柯城经济社会高质量发展提供有力保障。

【参谋服务】 按"贴近领导搞调研，服务决策谋大事"思路，突出阶段工作重点，树立超前意识，沉到基层，摸实情、讲真话，掌握第一手资料，认真研究总结，重点就"县乡一体、条抓块统"、全域土地综合整治、"两难"问题三级钉钉群、四维考评等课题进行调研，形成高质量文稿，确保调研成果及时转化为政策性文件或体现在领导重要讲话之中，在推进调研成果转化、为区委决策服务方面取得明显效果，实现"参到点子上，谋在关键处"。改革工作亮点突出，以"六抓六比·八大竞赛"活动为抓手，发挥改革突破和先导作用，构建"县乡一体、条抓块统"高效协同治理格局，推进"最多跑一地"改革，探索推进老旧小区服务管理新模式；全区首创"四维考评"获省委领导批示肯定，不动产登记"登记财产"经验做法被写入国家发展改革委发布的《中国营商环境报告2020》《以评促改"最佳实践篇"改革案例》；全区河长制湖长制工作推进力度大、河湖管理保护成效明显，受国办督查激励；柯城—北川"共享＋村播计划"入选国家发改委推介消费扶贫典型案例；矛调中心、政务服务"就近办"等5项创新做法在《竞跑者》刊发，全年争取改革试点19项。

【公文处理及文稿撰写】 按严谨细致工作要求，规范公文处理程序。由办公室起草的文件，认真拟稿。对由部门代拟文件，仔细缮改，严格审核，力求准确到位。完善文件制定流程，通过立项申报、初稿审核、征求意见、合法合规性审查、常委会审议、领导审签程序严把发文质量关，规范性文件向市委报备率100%。强化发文管理，完成重点精简类文件较上年只减不增目标任务。细心做好收文管理，对上级文件、来电及时登记传阅，及时整理存档，达到公文制作规范、传阅准确及时、不出差错标准。学习贯彻中央和省委、市委重要会议精神，紧贴中心大局，树牢精品意识，强化履职尽责，领会区委领导意图，贴近领导思路，推进以文辅政，当好领导科学决策的参谋部、智囊团，为全区大发展、快发展献计出力。全年，起草区委全会、新时代推进山区26县高质量发展座谈会、区"县乡一体、条抓块统"改革部署会、全域土地综合整治工作推进会、灵鹫山国家级旅游度假区创建启动大会、区服务业发展大会、区教育发展大会等重要会议讲话稿130余篇，为领导提供全方位、多角度、高质量综合文字材料服务。

【会务接待工作】 将"严谨周密，细致认真"工作作风贯穿于办会始终，坚持提前预备、分工负责、层层把关，全年筹备完成会议（活动）200场次，其中疫情期间"云视频"签约活动、区委全会、教育发展大会深受好评。做到会议应合尽合、可并尽并、能套则套，有效避免层层开会、扎堆开会。6月15日召开"四连会"创下柯城之最，既部署工作，又节约时间，深受好评。注重与部委办局沟通联系，每周日对全区重大活动统筹安排，并提交"4＋5"周例会和区委书记、区长碰头会研究讨论，增强牵头抓总和统筹协调作用。组建区委、区政府接待工作中心，完善公务接待网络，牵头开展公务接待餐费标准调研，提升全区公务接待服务水平，完成省委书记车俊接访，省委常委、组织部部长黄建发调研及县市区党政代表团调研接待任务。

【信息工作】 按"紧贴中心、服务决策"工作思路，为各级党委领导提供有价值文稿材料，做好参谋助手和领导耳目。全年提供信息材料、理论文章、调研报告440余篇，编发《柯城信息》46期；上报市级以上信息524篇，被中办、省、市委办录用52篇。其中，“柯城区创新‘四维’干部综合考评体系推动乡镇干部实干担当”信息材料得到省委常委、秘书长陈金彪批示，“柯城区创新‘一乡千宿’模式打造美丽经济新引擎”得到市委书记汤飞帆批示。

【督查、考核工作】 持续强化督考实效性，聚焦区委、区政府重点工作落地落实，创新督查工作方式方法，独创“红黄绿”亮牌机制和书记交办事项周清单制度，每周汇总书记重点关注事项进度清单，对需加快办理进度或推进进度严重滞后事项亮牌提醒，成为推动单位迅速落实工作有力抓手。全力推进“最多督一次”改革，既督查工作实绩，又挖掘总结条线典型经验和创新亮点，全面解决督查检查过多、过频、过度问题。全力抓好媒体曝光问题整治，高效快速处置《今日聚焦》《请人民阅卷》等媒体曝光问题整改工作。全年组织开展涉及扶贫攻坚、全域土地综合整治、“八个一”有礼指数、有效投资、“最多跑一次”、危旧房改造、“三服务”、会风会纪工作督查36次，下发督查通报30期，向区委、区政府领导报送督查专报3期。全年通报交办问题196个，办理区委主要领导批示55件，落实事项251件。及时处置媒体曝光问题整改1起。科学制定考核办法，全过程负责考核办法制定工作，创新提出园区双轨制考核体系，确保考核办法科学、精准、高效。

【机要、保密工作】 贯彻落实各级党委关于机要密码工作指示要求，服务大局有成效，忠诚履职敢担当，恪尽职守真奉献，完成文件办理、会议保障、重点工作推进目标任务，得到省、市机要局肯定。全年区委机要局获全区十条军规正面典型通报表扬一次。加大保密监管力度，面向机关单位、相关企业开展保密监督检查，及时发现问题隐患，推进有关问题整改，发挥保密监督检查“利剑”作用。举办两期新录用公务员、事业人员初任培训保密知识专题讲座，从源头把好“入口关”；组织全区机关、单位开展以保密为主题学习，筑牢干部职工“保密观”；利用保密宣传月、“12·4”宪法宣传日时间节点，面向社会开展多种形式保密宣传教育，提高保密知识知晓率。2020年度被省保密局评为互联网门户网站信息报送工作先进集体。

【对台工作】 全年，区台办贯彻落实疫情防控工作任务，全面摸排常住柯城台胞出入境情况，切实做到点对点宣传、一对一沟通、心连心服务，保障到柯城台胞21人次；疫情期间，台属发起抗疫募捐活动筹集10万多元物资，其中捐款56200元，捐赠医用口罩1.5万只、医用手套1.1万双、84消毒液5千克装200瓶等。全年走访台资、台属企业14家次，走访台胞、台干、台属54人次，全年“五减”总额4万元。结合“三服务”活动，为生活在本区台胞台属排忧解难，帮扶解决困难问题102件次，全区无一起涉台投诉协调事件发生；协助办理2020级柯城籍大陆学生8人赴台学习，完成上级台办交办工作任务。

【外事工作】 全年，区外办聚焦地方外事工作主责主业，坚决守住外防输入最前沿关口和最重要防线，第一时间启动涉外应急防控机制，实施境外疫情信息报告、隔离管控、检测检疫、转运转送、医疗救治“五个闭环”管控，转运境外返柯人员500余人，打赢外防输入阻击战；做好涉外安全管理，妥善处置一起捷克驻华记者违规采访事件，协调安排英国天空新闻频道北京记者站两名常驻记者到柯城区鲟鱼公司采访；为涉外企业提供优质外事服务，通过“快捷通道”，办理5批7人次外国专家来华审批；配合上级外事办完成交办调查、办理、协助任务。

（周静雯）

组织工作

【概　况】 2020年，区委组织部召开坚持以习近平新时代中国特色社会主义思想为指导，贯彻新时代党的组织路线专题会议，围绕中心，服务大局，打造忠诚担当干部队伍，夯实基层组织，构筑人才高地，为全面建成小康社会、决战决胜脱贫攻坚、打赢新冠疫情防控阻击战、完成全年经济社会发展目标，为打造“四个区”、建设“重要窗口”和四省边际中心城市提供组织保障。

【疫情防控】 出台关心关爱“十条意见”，激励引导全区领导班子和党员干部在疫情防控斗争中担当作为。选派179名优秀干部、年轻干部、专业干部到疫情防控一线锻炼和考验，第一时间集结全区50个部门（单位），1200余名机关党员干部下沉街道社区及城中村，协助社区做好人员管控、防疫宣传工作。由区领导带队，抽调32名精干力量组成17个疫情防控督导慰问组，采取不发通知、不开会议、不用陪同、直奔基层的方式，全面了解党组织和党员干部对疫情排查、防控现实情况。全区查处在疫情防控工作中违规、违纪、违法问题19起，处理32人，其中党纪政务处分4人，诫勉谈话6人，通报批评8人，其他处理方式14人。通报曝光2批，涉及问题4起9人。加大关心关爱力度，对疫情防控表现突出正面典型给予奖励，通报表扬3批次，10个集体和10个个人；对21个个人和6个集体进行表彰，其中个人嘉奖7人、个人记功12人、个人记三等功2人、集体记功2个、集体记三等功4个。

【干部队伍综合素养】 建立健全干部教育培训体系，统筹组织、岗位和干部教育需求，围绕上好理论武装课、能力提升课，深化干部专业化能力培训。连续第四年与和君商学院合作，开办干部“和君班”第四期、“教育领航班”第二期，卫健领军班第一期。举办区管干部轮训班、中青班、“8090新时代宣讲团”培训，分层分类抓好领导干部理论学习和业务培训，提升干部科学决策、驾驭风险能力；制定年轻干部服务“三个年”计划，注重选派年轻干部到重点项目、产业招商、征地拆迁、信访维稳一线历练，围绕全区“六抓六比·八大竞赛”活动，选派45名年轻干部到山海协作、森林运动小镇专班，加强内功修炼，提升业务水平。新组建争先创优“1+8”专班、村社组织换届“1+1+1”工作指导组、“红色物业联盟”专班、“县乡一体、条抓块统”专班等，抽调81名干部加入。建立选调生“3+2”联系帮带制，省市区选调生纳入优秀年轻干部人才库，实行“三书两组”重点培育计划，即由乡镇（街道）党（工）委书记、驻村第一书记、村党支部书记和组织部副部长、乡镇街组织委员组成导师团，形成源头管理、动态指导、持续培养工作机制，做到言传身教。

【干部队伍培养选拔】 根据村社组织换届需要，把信念坚定、善谋全局、敢抓敢管、担当有为、清正廉洁的干部提拔到部门、乡镇（街道）一把手岗位，实现一把手配齐配强，其中部门一把手4名、乡镇街道党政正职9名。结合扶贫、信访、就业重点工作，把领导经验丰富、敢于担当、实绩突出、群众公认优秀干部选配到重要岗位。全年完成干部提拔或转任重要岗位4批次41名。按关心关爱和人岗相适原则，全区范围内开展专业型干部交流工作，涉及乡镇街道“五支队伍”提拔或调整37人，中层干部交流26人。落实不实信访举报澄清工作要求，及时梳理全年信访举报，开展澄清正名工作。以会议澄清形式，澄清8名领导干部不实信访举报，及时消除负面影响，让广大干事担当干部卸下思想包袱。修订出台退二线干部有关规定，对符合退二线规定领导干部开展谈心谈话，做好思想工作；注重服务中心大局、提供决策咨询、帮带年轻干部发挥余热。

【干部队伍担当作为】 根据《干部分档管理办法》，收集上报全区市管干部分档管理考评材料，根据日常了解、分析研判、个别谈话、多维评价、民主测评手段，确定“第一档”区管干部9名、“第三档”区管干部5名，完善干部日常管理“信息库”。对列入“第三档”干部开展谈话教育，营造激励先进、鞭策后进工作氛围。建立区管领导班子和领导干部重大事项及时请示报告制度，动态掌握单位和干部个人重大事项情况，便于及时了解，第一时间应对。结合区委巡察、经济责任审计、违规兼职清理加强干部监管，对1名干部漏报房产诫勉谈话处理。健全完善干部因私出国（境）管理制度，结合疫情防控期间公职人员及其直系亲属国（境）外情况核查，加大因私出国（境）违规问题查处力度，全年排查68家单位、1875人次。

【深化基层组织建设】 坚持“三个全覆盖”和“周二无会日”，在疫情防控、雨季防汛、服务群众工作中发挥党建统领基层治理作用，在大战大考中检验“三联”工程实效。6月，举办全区党员联户现场推进会，推广石室乡“划片包干、双向选择、赋权赋能、捆绑考核”党员联户做法，倒逼压实党员联户主体责任。同月，九华乡大侯村发生山体滑坡，区、乡、村、格四级迅速集结应急救援百人团，3小时妥善转移107位村民。转移疏散395名群众，无人员伤亡，展现“三联”工程强大威力。以新一轮村社组织换届为契机，检验“三联”工程实战实效。在换届启动前，开展“三联”工程考评、村级矛盾化解、区乡领导“包乡联村”三大行动，摸清选情、物色人选、拔钉清障。通过开展“三联工程”考评，调整组团联村成员20余名，优化组团联村干部队伍结构；通过组团开展村级矛盾化解，对村级矛盾纠纷进行大摸排、大化解，提前为村社换届扫清障碍；通过区乡领导“包乡联村”，做好换届政策宣传、选情排摸、矛盾化解、选风选纪引导工作。结合“六抓六比·八大竞赛”会议精神，开展擂台赛，推动党员干部比学赶超。按“每月最多督一次”要求，将“三联”工程纳入督查清单，对督查中发现的问题，及时梳理反馈，实行排名通报，作为年底干部评优评先考核重要依据。

【村社组织换届】 按省市区委统一部署，万田乡作为试点，推进全区面上村社换届工作。9月13日，完成万田试点17个村社组织换届任务，实现“5个100%”目标；11月7日，完成非试点17个乡镇（街道）253个村社党组织换届选举工作。过程平稳平静，结果高质高量，年龄结构、学历结构、能力素质全面优化，参选率、得票率较大突破。区委书记朱素芳召开“一肩挑”人选“过堂会”，对全区18个乡镇街道、270个社区“一肩挑”意向人选过筛、研判。建立区级“1+1+1”换届指导工作机制，区四套班子成员、18个区派换届指导组全员下沉，包片指导18个乡镇（街道），共同研判选情人选、共同化解信访积案、共同解决疑难杂症。全区开展“树正打歪、拔钉清障”专项行动，启动“铁拳护航、雷霆行动”，打击歪风邪气、化解信访积案。为9名乡村干部澄清正名，出动警力4000余人次全程护航。依托“乡村振兴讲堂”平台，在全区开展“百姓进讲堂、理论进万家”活动，通过“8090新时代理论宣讲团进讲堂”、乡村大喇叭形式，重点宣传选风选纪、宣传干事创业正面典型，教育引导广大党员群众。通过“三审三签”，严把人选关口。实行“三审三签”审查流程，通过区级资格联审，取消25人竞选资格。坚持“干中换、换中干”导向，面对换届选举和中心工作叠加期，开展“六抓六比·八大竞赛”活动，在全域土地综合整治、创文攻坚战、杭衢高铁征迁擂台比拼中，颁发“金牛奖”“蜗牛奖”，正向激励、反向倒逼。

【乡村振兴讲堂】 围绕“乡村振兴、小康生活”主题，坚持“三个主”定位，把讲堂建成“主题教育主阵地、乡村振兴主平台、基层治理主载体”，打造党建治理大花园政府服务供给侧结构性改革系统集成大平台。压紧压实乡镇（街道）“一把手”责任，形成“1+26”工作架构，即1个乡村振兴综合体、26个中心讲堂，打造“一堂一品”，万田乡“五讲四美”讲堂、沟溪乡余东村“农民画”讲堂、石梁镇张西村“智多文旅”讲堂等10个中心讲堂入选市级3A讲堂名单。聚焦“衢州有礼”诗画风光带、乡村振兴党建示范带，推动重点区域、关键位置上38个村级讲堂100%完成3A创建，形成可看、可学、可借鉴特色讲堂。5月8日，浙江省“村播计划”启动仪式暨“美好生活·浙播季”衢州专场活动在万田乡村振兴综合体举办，全国首个阿里村播学院落地柯城。全年举办“村播培训”11期，3000余名学员参训，培育孵化农民主播150名。建设“中国衢州四省边际直播产业创业街”，完善直播产业供应链体系，打造直播产业选品中心，“双 11”期间交易额5000万元。坚持重心下沉、服务下移。线上开发完善功能，与区营商办对接，梳理形成38项高频事项，并与“基层治理四平台”、政企通、邻礼通互联互通。至年底，全区依托讲堂为群众提供代办服务10614次，群众满意率99.03%。线下打造“村情通”专职管理员队伍，开展常态化培训、常态化考核，对能力素质不达标讲堂管理员予以培训提升或调整优化。

【激发乡村振兴活力】 依托山海协作平台，推进“千企结千村、消灭薄弱村”专项行动，探索“消薄”路径，提升“造血”功能。石梁镇双溪村张西自然村，以独特的自然生态优越性，发掘“张良族居”的历史文化特性，定位以发展乡村旅游产业为主导，推出“智多张西”模式，探索出一条共同富裕的新模式。至年底，全区行政村经营性收入超过10万元，其中经营性收入20万元以上村有77个，占比35.98%，完成率113.24%；经营性收入50万元以上村有25个，占比11.68%，完成率108.70%；经营性收入100万元以上村有14个，占比6.54%，完成率100%。其中，120个省定相对薄弱村，年总收入达20万元以上且经营性收入10万元以上村58个，占比48.33%。省市“消薄”指标提前完成。通过整合“一村万树”资源，建设村企结对林“消薄飞地”，形成企业付费买林木未来收益，村集体“一村万树”小周期变现增收共享模式。“一村万树”绿色期权获评2019年浙江省改革创新最佳实践案例。全年吸引176家企业（单位），700余名个人出资认购，总认购资金超过1170万元。从2017年开始，省市属19家企业与区14个村结对，其中结对省属企业2家，分别是省机场集团结对万田村，省海港集团结对白云村，结对谋划“一村一项目”14个。省机场集团结对万田村建设农村小微创业园项目，2号楼建成投入使用；3号楼完工，内部装修中；1号楼在建中。预计建成后每年可实现128万元以上经济收益，为村集体每年每村增加8万元以上经营性收入。省海港集团结对物业联盟综合体项目结项，预计2021年投入使用。2019年11月，区集聚资金3284万元在余杭区未来科技城柯创园，购买物业3609.16平方米房产，作为“消薄飞地”，量化股权给全区86个集体经济薄弱村。全年收到“消薄飞地”第一笔收益1547.05万元，确保按股分红给每个村带来不少于5万元经营性收入，实现收益细水长流、持久稳定。柯城、余杭两区通过政府搭台、公益运营、企业参与，聚焦培育壮大村集体经济和帮助农户扩大农产品销售，以区农合联资产经营股份有限公司为运营主体，创新建立“一卡”“一店”“一批公司”“多渠道”的“1+1+1+N”消费帮扶“消薄卡”项目模式。至年底，余杭总商会、余杭高新技术企业协会、良渚商会及柯城本地乡贤企业30多家单位和企业认购“消薄卡”，直接销售农产品130万元左右，带动销售当地农产品1200多万元，促进当地农户消薄增收。

图3　8月17日，“智多张西”项目介绍会召开

【聚焦服务“两战赢”】 针对防疫期间人才流动难及企业招才难“两难”实际，由政府牵线，创新引

才方式，打通企业一人才“最后一公里”。探索建立“屏对屏”“职”播招才方式，在万田乡村播基地开办人才招引直播专场，依托“抖音”“淘宝”大流量主平台，开通人才招引“职播间”，发布直播“邀请函”，推出人才岗位583个，涉及区内重点企业12家，覆盖人群20余万人，三天签约入职125人。针对防疫期间衢外人才无法及时返岗实际，开展人才返衢“春风行动”，通过实施“一项计划”、建立复工复产专列保障组、健康监测服务组两队人马，打通飞机、火车、汽车专线服务人才回归。通过“人才专列”引进人才482人，有效解决企业燃眉之急。出台防疫期间人才招引“十一条”，对防疫期间来衢州人才，全方位给予留才优惠政策。对疫情结束前在其他地区纳入县（市、区）以上人才计划，且符合区人才认定条件来衢人才，直接认定为相应层次区级人才；设立大学生专项来衢补贴，最高给予每人800元交通补贴，授予最高50万元信用免息贷款；对防疫期间来衢高层次人才，提供公寓申请代办服务，凭人才认定表即可免租拎包入住。

【聚焦“四个区”建设】 开展区第七届拔尖人才（青年拔尖人才）、“乡村百师”优秀人才评选工作，以个人实绩和贡献为导向，评选出教育、卫生、农业、数字经济等行业、领域领军人才39名。通过领军人才、拔尖人才评选，促进优秀人才脱颖而出，激发本土高端人才在“四个区”建设中发挥支撑引领作用。发挥柯城“村播”人才队伍培育先行优势，打造柯城“村播”人才品牌。依托乡村振兴讲堂，在万田乡建立1000平方米村播基地，揭牌全国首个阿里村播学院。按“一间一景一文化”定位，打造“春神殿”“灵鹫宫”“烂柯山”直播间，助力村播“普训”“造星”计划。学院开展培训3期1200人次，孵化村播主播120名。实施柯城数字产业“十百千”人才工程，发挥东南数字经济发展研究院柯城分院数字人才培育高地作用，联合东南数字经济发展研究院、中国产业互联网（浙江）研究院多方资源，构建数字化实训道场，打造柯城数字人才高地。

【聚焦“产才一体”发展】 探索“智在沪、研在杭、用在柯”人才引育模式，在余杭人才“飞地”基础上，将上海纳入全区人才引进区块，研究松江“飞地”建设，为区接入城西科创大走廊数字高地提供智力支撑。加大柯创园项目人才引进力度，至年底，入驻项目30家，其中数字经济类项目19家；培育科技型企业18家，其中高新技术企业2家；引入省级以上人才2人，市级以上人才24人；完成产业转化落地4家，协议投资额13亿元；优化巨化人才在柯就业创业环境，研究出台人才专项政策，巨化人才在柯实现同城待遇。挖掘巨化人才库，选派巨化产业人才担任招商专员，邀请清华大学创新研究中心主任陈劲教授等4名巨化人才担任市级招商招才大使，实现柯城—巨化人才一体化发展；落实乡贤联谊会制度，实现全区15个乡镇（街道）全覆盖。利用乡贤联谊会平台，借助寓外乡贤力量，谋划北京、深圳、杭州商会建设；筹备柯城人发展大会，完善平台汇聚工作合力。开展新乡贤摸排工作，完善区乡贤库人数2469人，梳理重点乡贤61人。

【聚焦最优人才服务】 开展人才公寓一期品质提升工程，对95套人才公寓进行提档升级，做到拎包入住。同时，做好人才公寓分配及服务工作，建立人才公寓线上服务联络群，及时解决人才困难和需求。开通高层次人才子女入学和人才就医绿色通道，高层次人才子女可以优先就近入学，提升人才获得感。做好人才经费保障及人才津贴申领服务保障工作。人才经费保持逐年增长，全年人才经费800万元，同比增长60%，增长率位列各县市区第一。人才津贴奖励387.78万元，其中人社181.53万元，教育42.95万元，卫健66.1万元，民政9.2万元，科技88万元，涉及项目（人员）387项/（人）。开通疫情人才服务专线，做到高层次人才服务零距离。开展疫情期间高层次人才慰问工作，组建志愿服务团，对驰援武汉医务人员、一线医务人员及家属进行“一对一”帮扶工作，帮助解决家庭实际困难。牵线“青青恋”柯城人才联谊活动，为青年人才提供交流平台，营造良好人才氛围。

【清廉、模范机关创建】 把“建设清廉机关、创建模范机关”作为总抓手，提高机关党建质量。出台《关于深入推进“建设清廉机关、创建模范机关”实施意见》，对“双建”工作目标、内容、任务作具体要求，计划每年排出创建单位，通过3年时间，推动机关党建工作提升。对照“五个过硬、五个模范”，制定35条工作清单和评价标准，让党建看得见、摸得着。按“有名称、有内涵、有活力、有影响”“四有”要求，开展党建服务品牌建设，开展互看互学活动，塑造机关党建品牌。区人社局“阳光社保”、区人民医院“健康卫士”、区司法局“法治先锋”、区市场监管局“蓝盾先锋”、区信访局“初心使者”各具特色，起典型示范作用。推进清廉文化进机关，全年开展庆祝中国共产党成立99周年“迎七一、强党性、学赵抃、树新风”活动，弘扬赵抃清廉文化。加强机关效能建设，推进“最多跑一次”，推动新生儿、上学、殡葬、退休20多个领域“一件事”办理，并逐步向机关内部延伸。

【全国城市基层党建示范市创建】 围绕“两全”示范创建目标，贯彻全省城市基层党建“1+2”文件精神，落细落实重点任务30项。探索“红色商圈党建联盟”模式，由街道党工委、社区党委统筹组团联社力量、辖区共建力量、商铺自治力量，通过共建单位联圈破难、网格支部联铺服务、党员干部联事跑腿，推动“红管家”进楼宇、驻商圈，推动组织共建、难题共治、资源共享、利益共赢。疫情期间，府山街道通过组建“红色商圈党建联盟”，小西门、马站底等15条主街主巷整街复业，营业店铺3644家，复工率96%。“万达商圈党建联盟”经过对商圈内资源优化整合，门店由142个增加到170个，日均客流量由5000人增加到1.2万人，清明节假期日均客流量达2.2万人。同时，聚焦行业系统打造党建示范点，打造柯城综合执法分局“花木兰”“老娘舅”，新世纪学校“世纪扬帆”党建品牌。

【推进党建规范化水平】 针对部分单位党建工作业务不熟实际，全面梳理机关党建有关工作流程，规范党员发展、党员教育、党组织设置、主题党日、“三会一课”、党费收缴、民主评议、党性分析基本业务，定期检查单位落实情况，确保规定工作落实到位。建立发展党员分片管理制度，严格发展党员程序。加强发展对象学习培训，全年举办2期党员发展对象培训班，来自区直机关事业单位、“两新”组织579名党员发展对象参加学习培训，提高新发展党员政治素质。主动融入“运动柯城·百团大战”活动，组建机关足球、机关篮球、机关羽毛球、机关马拉松等15支运动团队，组织开展机关文体活动，激发党员活力，加强团队建设。实施关爱干部“暖心七条”，在破解干部夫妻异地分居、澄清正名、健康管理方面为干部提供暖心服务。深入了解机关党员干部实际困难，全年走访机关困难党员63人次。

（陈剑刚）

宣传工作

【概　况】 2020年，柯城区宣传思想文化战线围绕区委、区政府中心工作，突出重点、服务大局，守正创新、担当有为，壮大主流舆论声势，推进文化柯城建设，宣传思想文化工作取得明显成效。

【理论学习与宣讲】 是年，坚持把学习宣传实践习近平新时代中国特色社会主义思想作为政治任务，深入开展《习近平谈治国理政》第三卷著作学习宣传，集中开展学习习近平总书记在浙江考察时重要讲话精神。加强党委（党组）理论学习中心组学习制度建设，修订完善《学习实施办法》，组织开展区委理论学习中心组集中研讨、专题学习、专家讲座学习会20场次。围绕党的创新理论，结合区委、区政府中心工作，开展“8090新时代理论”宣讲，宣讲1200多场次、受众10万余人次，培育骨干宣讲员100余名，推出精品课60多堂。宣讲队伍培育、月度PK赛机制、孵化中心建设、理论夜校培训及星级宣讲员评价工作亮点纷呈，万达快闪、两堂全覆盖、村社换届主题、全国农民画研讨会、网络直播间、区两会等宣讲成效明显、广受好评，省市宣讲比赛屡获佳绩，有效推动党的创新理论“飞入”寻常百姓家，全社会学理论、信理论、讲理论、用理论氛围浓厚。

【舆论宣传】 围绕党委、政府中心工作，聚焦主题主线，强化策划意识，创新宣传手段，报网端微融媒体全平台发力，助力疫情防控和复工复产、学习贯彻党的十九届五中全会精神、决胜全面小康、创建全国文明城市、“六抓六比·八大竞赛”推出主题报道，开设“众志成城 坚决打赢防控阻击战发展总体战”“攻坚‘三个年’柯城在行动”“对标重要窗口 贡献柯城力量”“我的运动我的团”“树正气 打歪风”“走向我们的小康生活”“8090宣讲在衢州”“奋战‘四个区’·‘六抓六比·八大竞赛’”“县乡一体、条抓块统”“五中全会精神在基层”“回眸‘十三五’ 喜看新变化”专栏专题报道，唱响“两手抓、两手硬，两战赢、两领先”主旋律，为全区中心工作和重难点工作推进提供舆论支撑。

【文化活动精彩纷呈】 9月21日，在余东中国乡村美术馆举办“决胜全面小康”全国农民画研讨会，中国美协分党组成员、秘书长马峰辉等全国30余名美术界领导、专家到会，中央电视台、《人民日报》、新华网等10余家国家级媒体刊发活动稿件40余条。以举办全国农民研讨会为契机，全面启动余东乡村未来社区建设，提升余东农民画知名度、美誉度和影响力。以余东农民画为主抓手，走出以特色传统文化引领“文旅农”深度融合新路子，在文化赋能乡村振兴、提升群众文明素质和提升区域文化影响力发挥重要作用。7月，在桃源七里连续3年举办乡村音乐会。11月7日、8日，橘子音乐节吸引观众万余名，4个月在全区4个乡村举办15场次。音乐会网络直播观看人数20余万人次，微博、新浪热搜榜浏览量64.3万人，直接提升柯城文化艺术品位，丰富美丽乡村建设，为乡村及全区经济发展注入新活力。

【文化礼堂提质扩面】 至年底，全区建成农村文化礼堂162家，行政村覆盖率达76.1%，创成四星级22家、五星级8家，省级文化礼堂示范乡镇2家。优化礼堂运行模式。乡村振兴，文化是魂。围绕“文化礼堂、精神家园”要求，通过做好“互联网+”新文章，提升文化礼堂功能与定位，通过打造礼堂“淘宝直播间”，“8090新时代理论宣讲点”平台，丰富文化礼堂内涵和外延，丰富老百姓精神生活。把农村文化礼堂打造成乡村特色经济“孵化器”，实现礼堂增色、集体增收、农民增富。健全管理模式护航礼堂运维。重视培养农村“直播”能人，动员和鼓励人才投身农村文化礼堂建设，支持群众自建队伍，成立人员齐整、活动规范、特色鲜明的“直播”队伍，提高农村文化礼堂运维管理社会化水平。以培训促规范。对全区“文化礼堂”管理员开展互联网知识培训，增强管理员自我发展和服务能力。在礼堂日常管理中实行专业管理与群众自主管理互补，由专业网络工作人员负责“数字经济＋文化礼堂”技术层次日常管理和对群众自主管理指导。

【文艺精品创新高】 搭建平台，创新交流模式。成立文艺之家，在区文化馆设办公室，搭建创作交流平台，启动“文艺沙龙”建设，为文艺工作爱好者创作、交流、展示和文艺活动搭建平台，成为联络感情、沟通信息、艺术交流、成果展示重要阵地，强化省、市委文件中对文联服务管理职能要求。改革运行机制，创新帮扶形式。结合市文联“双百千村”工程，加大文艺帮扶力度。建立文艺家协会结对农村文化礼堂机制，发挥文艺家协会专业优势，挖掘和提升农村传统文化，打造省级、市级书法村、美术村、摄影村，培育文艺队伍。发动各协会，通过送文化下乡、送文化进礼堂活动，开展戏剧表演、书法、排舞公益培训50余场次，组织专业教师到艺术村帮扶活动，发挥协会带动作用，为民间团队输送能量、提升团队专业素养。面对突如其来的新冠肺炎疫情，区文联、协会通过微信、抖音互联网平台，开展防疫抗疫作品创作，创作歌曲、书画、摄影、文学诗词等作品220余个，摄影家协会创作《战疫里的逆行者》等10余幅作品在《浙江文艺》公众号刊出；戏曲家协会创作影像作品《坚信爱会赢》在《浙江文化馆》公众号刊出。

【文化产业发展】 全年文化产业发展态势持续向好。坚持以“立春文化传承生态保护区”“余东未来社区”打造为核心，重点推进区文化产业品牌化发展。9月，开展“余东农民画文创产品设计大赛”，向全省设计类院校发出邀约，结合余东农民画文创设计和产业化需求，聚焦余东农民画文创产业主题，以“全面小康”为主线，通过创新创意，赋予时代核心要素，依托优质农民画IP，打造乡村有礼概念，大赛收到包括中国美术学院、清华大学美术学院、四川美术学院等百余家院校及机构选送的500余件作品。11月4日，邵永丰麻饼亮相上海市进博会；11月21日，火神莹白瓷、邵永丰麻饼、余东农民画，亮相2020长三角文博会，展示柯城文化产业风采。

（江丹西）

统战工作

【概　况】 2020年，柯城区委统战部立足当好“重要窗口”建设者、维护者、展示者，围绕助推“三个年”活动，聚力打造四省边际中心城市和服务“四个区”建设，统一战线领域工作成效显著。全年被省、市统战部门领导批示3次，获全国和省、市荣誉24项，被浙江电视台、省委统战部微信公众号等媒体平台宣传报道5次，承办市级大型活动2次。

【助力村（社）组织换届选举和“县乡一体、条抓块统”工作】 向全区新乡贤发出支持参与村（社）换届倡议书，实施部领导班子成员分片联系制度，协助乡镇（街道）物色适合回归任职优秀新乡贤。全区“一肩挑”人员中有新乡贤96名，占全区村（社）“两委”“一肩挑”总数35.6%；村（社）“两委”成员中新乡贤有170余人。组织乡贤有序参与“县乡一体、条抓块统”改革工作，助力基层现代化治理。

【助力“树正打歪、拔钉清障”行动】 贯彻落实区委“树正打歪、拔钉清障”百日攻坚专项整治行动部署要求，组织和引导全区各乡镇（街道）乡贤联谊会，联合发出倡议书，号召广大乡贤唱响主旋律，凝聚正能量，争做“树正打歪”拥护者、参与者、推动者，为推动区高质量发展营造声势和氛围。

【助力全域土地综合整治】 组织新乡贤代表30多人开展全域土地综合整治考察活动，为土地流转、项目招商推介。依托山海协作平台，常态化对接余杭，导入项目、产业、资金、人才等资源，助力全域土地综合整治“后半篇文章”。

【推进商会建设】 主动作为，牵头制定寓外商会建设方案，由区四套班子领导挂联重点城市，加强同寓外柯商对接沟通，区委统战部、区工商联加强指导和协调服务，区财政提供经费保障，协力推进寓外商会建设工作。三个半月完成寓外商会建设工作5家，获区委、区政府通报表扬。依托商会平台开展招商引资，服装产业项目投资1亿元、物流仓储项目和税源经济项目投资10亿元正在洽谈中。

【实施“柯商”暖心工程】 落实区委主要领导指示精神，印发《关于“柯商”暖心工程的实施方案》，通过领导挂联、医疗保障、日常关怀等措施加强对新乡贤、寓外柯商服务，凝聚助推高质量发展人心、智慧和力量。为寓外商会负责人、重点企业法人及父母等257人开展体检，完成计划任务数。建立区四套领导班子与寓外商会负责人及重点新乡贤联系、定期回访走访、回乡考察座谈、节日走访慰问、暖心服务等5项关爱服务机制，做好寓外商会负责人及其亲属暖心关爱工作。

【疫情防控和复工复产】 发动统战成员2000多人次下沉一线助力抗击疫情，捐资捐物价值近500万元，10名民主党派成员受到市委统战部、民主党派省委会和市委会表彰。骨干力量参加全区涉外疫情专班工作，抓好涉外疫情防控工作，妥善处置1例乌克兰输入病例，受到市委“十条军规”通报表扬。出台《“同心抗疫情 联企复生产”专项行动方案》，高效服务“三返”和“复工复产”。区侨联被评为全国侨联系统抗击新冠肺炎疫情先进集体。区委常委、统战部部长何晓文被评为衢州市抗击新冠肺炎疫情先进个人。

【筹备柯城人发展大会】 区委、区政府高度重视，成立由区委书记、区长任主任的大会组委会。建立大会组委会周工作例会制度，每周定期召开工作会议，有序推进大会筹备工作。区委书记朱素芳亲自指导，两次专题听取大会筹备工作汇报，并在区委常委会会议上进行专题研究，指出要明确大会目标定位，突出暖心主基调，讲好乡贤故事，重视大会宣传工作，办成评价最高、反响最热烈、凝聚人心最有力量的大会。专班全体工作人员和部机关全体干部同心协力，系统集成，完成大会各项筹备工作，得到区委、区政府高度肯定。以筹备大会为契机，做好新乡贤人才数据库建设，摸排入库新乡贤3100多名。

【深化“山海协作”工程】 加强柯城余杭两地平台共建、飞地拓展和互访结对，助力推动山海协作再上新台阶、续写新篇章，主动对接余杭区委统战部，建立战略合作关系，签订全省统战系统首个区县级层面山海协作战略合作协议。建立两地统战工作协调联系机制和两地统战部门领导互访机制，在山海协作、商会合作、工作互鉴等方面加强交流，共谋发展。依托山海协作平台，吸引余杭区20多家商会和企业参与区农产品“消薄卡”项目，带动区农民67户“消薄”增收70多万元。

【民主党派和无党派人士工作】 健全和完善党外人士教育学习平台，区社会主义学校揭牌。依托社会主义学校平台，组织统战成员500多人次开展学习教育活动10次，夯实思想政治共识。聚焦党派组织规范化建设，多次赴各民主党派开展调研和座谈交流，推进“党派之家”提升建设，为各党派开展活动、参政履职提供保障。立足民主党派组织平稳有序换届，开展民主党派组织换届工作培训。主动做好向上汇报对接和向下沟通指导，支持和协助民革柯城区总支部完成换届工作。全面梳理和提升党外干部人才库建设，摸排入库优秀年轻党外干部53人。落实组织部统战部联席会议制度。发动和组织统一战线各界人士建言献策。全国人大代表、九三学社社员陈玮在全国两会上提出建议，被写入《关于2019年中央和地方预算执行情况与2020年中央和地方预算草案的报告》。中国民主促进会衢州市柯城区总支委员会副主委方向明当选全国劳模。

【推动少数民族地区振兴发展】 聚焦脱贫攻坚，汇聚统一战线各界资源，推进少数民族地区经济社会发展。以市委统战部联系七里乡上门民族村为契机，争取各级各部门帮扶资金，总投资695.5万元的15个民族发展项目实施。举办首届畲族“九月九”风情文化节，借势借力推动少数民族乡村振兴。市委常委、统战部部长傅根友赴上门村调研3次，指导部署村庄建设发展工作。申报上门村为“中国少数民族特色村寨”，省民宗委初选评审通过。借力政治协商平台，协助市、区两级政协召开“请你来协商”专题协商会，政协委员、有关部门负责人、社会贤达等40余人次围绕民族地区振兴发展献计献策。支持衢州早田农业科技开发有限公司深化“早田模式”，创新体验式“畲家乐”项目，拓宽少数民族群众致富渠道。发动衢州国金控股集团结对上门村，支持村庄建设捐赠50万元。邀请丽水学院规划设计院开展上门村整体规划设计，挖掘畲族语言、畲族手作、畲族歌舞、畲族美食、畲族礼俗文化。支持少数民族事业发展的衢州安康民族工艺饰品有限公司，在浙江省第六次民族团结进步表彰大会上，被评为全市唯一浙江省民族团结进步模范集体。

【打造民族团结进步宣传教育新阵地】 培育中华民族共同体意识，在外来少数民族群众子女聚集的白沙小学，试点推进民族团结进步宣传教育工作。白沙小学有少数民族学生51名，涉及少数民族成分12个。全年举行“认识我们的民族”为主题“开学第一课”活动，“融民族特色 展运动风采”主题秋季运动会，增进各族学生交流融合。支持全省铸牢中华民族共同体意识教育试点学校申报。大成小学民族校区被评为第三批省级民族团结进步重点培育单位。

【宗教领域和谐发展】 依法管理宗教事务，维护宗教领域和谐稳定。推进宗教活动场所“五进”工作，宗教场所有序恢复开放，各处宗教活动场所均举行隆重升旗仪式。5月，省委统战部副部长、省民宗委主任楼炳文到柯城区调研基层宗教工作，对柯城区做法予以肯定。化解宗教领域矛盾纠纷，及时处置非法传教事件5起，下发全市第一份针对宗教场所的行政处罚决定书。贯彻落实市委统战部“2+8”重点寺院提升建设工作部署要求，启动乌石山福慧寺修扩建报批工作，协调解决弥陀寺产权变更事宜，灵鹫寺修扩建工作将于年底前正式开工；新引进高层次僧才3名。梳理全区宗教场所情况，绘制宗教场所地图和民间信仰场所地图。

【“两进两回”“双招双引”工作】 贯彻落实省、市、区“两进两回”行动要求，依托乡贤联谊会平台广泛汇聚反哺家乡人心和力量。至年底，回乡创业发展新乡贤人士400多名，引入协议资金210亿元，引入各类人才服务乡村振兴200余人次。主动邀请新乡贤参加区委八届八次全会、运动柯城文化旅游发展大会等活动，共谋家乡发展大计。区委统战部牵头引进总投资2亿元贝德集团消防泵项目，年底前完成钢结构厂房主体建设。牵头成立区服务业企业联盟，搭建企业与政府沟通、交流的纽带和桥梁，促进区服务业发展。

【新媒体从业人员统战工作】 抢抓“网红经济”风口，在新媒体人才集聚“村播”基地成立区新社会阶层人士村播联谊会，打造“柯城区党外知识分子思想教育基地”，加强思想政治引领，强化教育培训和相关活动，增强“同心助力”效果。7月，省委统战部副部长张润生调研村播联谊会，予以充分肯定。

【完善统战工作】 区委高度重视统战工作。完善党委集中统一领导、统战部牵头协调、有关方面各负其责合力推进大统战工作格局。落实统战工作“三带头、四纳入”工作机制，区委常委会学习贯彻《中国共产党统一战线工作条例》和中央、省委、市委、区委关于新乡贤和民营经济统战工作决策部署。实行统战工作领导小组成员单位、乡镇（街道）统战委员季度例会制度。统战工作人员和经费保障力度加强，给予商会建设工作经费300万元。全区统战工作科学化、规范化、制度化水平提升。

（高　欣）

机构编制

【概　况】 2020年，柯城区委编办全面贯彻落实区委、区政府事项部署，在省委、市委编办业务指导下，围绕区委、区政府中心工作，推进事业单位改革与登记管理工作，深化重点领域管理体制改革，构建“县乡一体、条抓块统”基层治理新模式，为柯城发展提供强有力机构编制保障。

【事业单位清理规范工作】 根据省、市部署，启动公益类事业单位清理规范工作。依托实名制数据库建立全区涉改事业单位基础情况台账，深入部门（单位）开展调研，收集意见建议60多条。1月，出台《区属事业单位清理规范整合工作方案》，将118家事业单位纳入清理规范整合范围，减少事业单位14家，精简比例11.86%。对部门报送“三定”草案“三上三下”严格审核，104家事业单位“三定”印发工作3月底前完成。4月10日前完成人员转隶。

【事业单位机构编制核查】 成立主要领导担任组长核查小组，对所有涉改事业单位新“三定”及相关机构编制规定落实情况进行检查。涉改事业单位104家按单位自查、实地督查、总结整改开展清理规范“回头看”活动，确保职责履行到位。全区越级访量同比减少30.33%；查干部配备，确保领导班子配备到位。与部门联动，处理区党委信息网络中心、区灵鹫山管理服务中心等3家科级单位领导班子未配问题；查标识标牌、网站、钉钉，确保内容更新到位。自查自纠发现10余家规模较小事业单位未挂牌问题，及时督促整改；查实名制系统，确保信息维护到位。督查全区104家事业单位实名制系统信息和实际情况；查登记情况，确保设立、变更、注销办理到位，完成变更53家，注销13家。按“即知即改、立行立改、边查边改”原则，建立长效机制。对“回头看”中发现问题，立即整改。当场与部门沟通反馈，督促问题整改；对难以解决的问题，建立问题台账，细化整改措施，明确整改时限；对问题未整改到位的，暂缓办理机构编制事项，确保整改见效。

【机构编制资源向重点倾斜】 1月，印发《区属事业单位编制周转管理办法》，提升管理水平，加大区域内事业编制调配力度，核减事业单位编制，建立编制周转池，向区委、区政府重点工作任务和部门所需紧缺专业优质高端人才引进、重点经济部门人员力量、党政后备干部力量储备、符合全区产业发展需求及产业结构优化所需人才倾斜。

图4 4月16日，区委编办到荷花街道调研“四维”考核工作

【深化“四维”考核工作】 优化体系、简化流程，调整完善考核办法。考核体系深化，区委组织部、区委编办联合印发《柯城区基层干部四维考核评价实施办法》，建立易操作、易推广“四维”考核体系框架。考核范围延伸。将除乡镇（街道）党政主要负责人之外所有班子、中层干部、一般干部、派驻人员、编外用工纳入“四维”考核，同时要求向社区延伸。考核结果作为评先奖优、考核奖励、干部使用的重要依据。

【推进派驻人员“一沉到底”】 派驻人员“双控制”，以实名制备案管理为抓手，保证派驻力量稳定、便于管理，对市场监管局、区司法局、区执法分局、区资规分局下达控制数148名，落实派驻人员123名，其中编内54名、编外69名，纳入模块化管理运行，适用四维考核。9月22日，下发《柯城区派驻乡镇（街道）人员“一沉到底”管理工作方案》。压实乡镇（街道）“四权”，实现“管得着”。抓指挥协调权。要求不改变隶属关系，人员下沉到模块，纳入“岗位、模块、组团、专班”四维考评体系，听从乡镇指挥，切实履行条线本职工作。抓管理考核权。明确“双重管理、属地为主”管理体制，适度拉开激励档次差距，打破“干与不干一个样、干多干少一个样”的“大锅饭”管理弊端。推进“两个20%”基本落地，对编外派驻人员赋予0.4系数，即机关单位用工人均薪酬以社均工资为基准，乡镇（街道）人均按140%核定。抓提名推荐权。对优秀干部推荐提拔使用，部门对派驻机

图5　4月3日，乡镇（街道）模块化改革评估工作布置会

构干部正副职调整，需书面征求所在乡镇意见，未经同意，不得任免。抓反向否决权。对工作表现差、群众满意度低派驻机构干部，乡镇（街道）提出更换要求，派驻部门组织调查核实及时调整。

【梳理“属地管理”清单】 瞄准基层工作“痛点”和“堵点”，科学规范乡镇（街道）“属地管理”。牵头梳理“乡镇（街道）‘属地管理’事项责任清单”，涉及全区19个部门65个事项。建立事项准入机制。以文件形式明确未列入“属地管理”事项责任清单的，区级部门不得以签订“责任状”、考核验收等隐性方式，把工作责任和任务转嫁给乡镇（街道）。将“属地管理”清单制作成便理解、便携带的口袋书发放给乡镇（街道），扩大宣传面；收集相关部门、乡镇（街道）运用属地管理清单案例98个，筛选优秀案例12个上报市委编办。

【部门间模块化改革“一件事”】

将发生频率高、涉及部门多、协调难度大、群众最期盼乡镇（街道）“属地管理”重大事项确定为部门间模块化改革“一件事”。通过与相关部门、乡镇（街道）多次交流座谈、实地走访、征求意见梳理“一件事”8个事项。体制保障，落细落实管理制度。下发“一件事”实施意见文件，每件事明确1个牵头部门和N个联动部门，每个部门明确分管领导和业务AB岗，配套建立服务会商、闭环办理、双向考核三个机制，全流程、全方位保障“一件事”落细落实。执行保障，探索线上流程办理。利用钉钉建设部门间模块化运行办事服务专区，让“一件事”能够网上办、掌上办，实现“流程可见、时限可控、结果可期、闭环可查、责任可溯”数字化流转管理模式。

【区级社会矛盾纠纷调处化解中心建设】 将矛调中心设置为区委、区政府直属正科级事业单位，整合社会治理综合服务中心、综合信息指挥中心相关机构和职能，由区委政法委牵头总抓，区信访局全市率先入驻。全年区司法局、区人社局、区市场监管局等20个部门（单位），区公共法律服务中心、社会治理综合服务中心、法院诉讼服务中心等8个区级中心及10个行业调委会进驻矛调中心。

【开发区（园区）整合提升】 市级智造、智慧两大园区整合提升，白云、新新、黄家三个街道结束托管回归柯城，双港开发区并入智造新城管理。为做好机构上收、下划工作，多次对接市委编办，并向相关部门开展意见征求，两轮收集意见35条，编制两大新城与三个街道及辖区部门职能边界，为市级修改完善清单提供参考。

【森林公安管理体制改革】 根据省委部署做好森林公安管理体制改革工作，协调市公安局、区林业局做好森林公安机关划转，保留林业部门森林防火相关职能。遵循“编随事走、人随编走”原则，5名专项编制及4名工作人员划转至公安机关，1名人员留用区林业局，增强区森林防火力量配备。

【群团机构改革】 紧跟市级群团改革步调，深入调研走访团区委、区妇联、区红十字会12家群团机关。结合全区实际，优化调整群团机关机构设置，拟定机构编制框架，解决“机关化、行政化、贵族化、娱乐化”问题，全力推进群团机关机构改革工作。

【教育领域编制资源配置】 针对全区公办幼儿园在幼儿园占比未达50%、机构编制不足等短板，组织教育、人社部门赴义乌、绍兴学习调研，结合区实际，形成报告供领导参阅。根据省、市最新改革动向，对全区中小学、幼儿园教职工配备、学生数情况进行摸底梳理，对编制需求重新统筹测算，探索推进教职工编制根据教育发展需要跨学校、跨学段调剂，解决编制供给结构性矛盾，补齐学前教育短板，提高现有编制资源使用效率。

【医疗领域体系建设】 加强疾控体系建设。针对疫情期间暴露疾控体系短板弱项，开展专项实地调研，聚焦职能、编制、人才问题，建立健全“防、控、救、治”疾病防控体系。通过与市委编办对接，争取到市级20名事业编制支持，是年新招录专业人才6名，加强全区疾控队伍力量，提高处理急难险重公共卫生事件能力；参与医共体创建。深化医药卫生体制改革，配合卫生部门构建以区人民医院，区中医院为牵头单位的区域医疗卫生服务共同体。调整城市社区卫生服务中心机构编制设置，优化医疗卫生资源配置，增强基层医疗机构医防能力，稳步推进区域医共体建设。

【建立机构编制全流程监管机制】 落实机构编制刚性约束，实施《中共衢州市柯城区委机构编制委员会工作规则》。落实机构编制审批事项前置审查制度，落实申请事项合规性、机构编制审批与问题整改前置联动审查机制。完善与纪检监察、组织人事、审计部门协作联动机制，加强和规范机构编制监督检查工作。建立健全区委编办科室之间协调配合机制，制定机构编制部门内部全流程管理制度，明确科室职责分工，落实相关管理责任，实现机构编制全链条闭环管理。

图6 4月9日，区委编办到卫健局调研疾控体系建设

【机构编制监督检查】 开展《中国共产党机构编制工作条例》、编外用工管理政策规定贯彻实施情况专项监督检查，加大《中国共产党机构编制工作条例》、编外用工管理政策规定出台后违纪违规问题查处力度。组织全区部门（单位）开展机构编制自查自纠工作，要求部门（单位）根据自查自纠结果上报自查报告和机构编制问题清单，建立问题台账，推进机构编制问题清单整改，根据整改情况更新台账，稳妥消化历史问题。完善机构编制政策执行纳入巡察、选人用人检查、审计工作机制，深化人员选派、线索互通、结果共享和成果运用协作。

【实名制系统数据质量】 抓事业单位改革后实名制系统数据质量。分步骤、按节点更新系统中涉及改革104家事业单位机构基本情况、主要职责、内设机构、编制及实有人数情况、领导职数明细等具体化信息。及时规范准确录入数据，做到对每个数字变化有迹可循，每项机构调整、编制增减和职务职级变动有依有据，实现全程留痕、全程可溯；抓机构编制实名制系统应用推广。依托机构编制实名制系统，落实机构编制实名制管理办法，全区所有部门（单位）实现用编计划申请、编制核准、进出编备案、职务变动备案网上办理。全年全区下达参公编制使用计划60名，用于公开招考和公开选调；下达部门事业编制使用计划80名，用于院校招聘、公开招考和选调；下达乡镇街事业编制使用计划40名，用于公开招考、军转安置和选调；下达教育系统事业编制使用计划150名、卫生系统事业编制使用计划146名，用于公开招考、院校招聘、区外选调、人才引进和定向委培等。全年办理编备案517人，进编备案560人，职务职级变动备案823次。

【规范编外用工管理】 至年底，区级机关事业单位核定编外用工控制数2343名（含综合执法、禁毒社工），实际聘用编外用工2062人，实际聘用人数占控制数的88%。严格按照《柯城区机关事业单位编外用工管理办法(试行)》有关规定，进行编外用工使用计划申报、公开招聘和人员增减变化备案工作。全年召开编外用工联席会议3次，对编外用工政策性问题，编外用工控制数和使用核准，薪酬待遇等进行审议，达到规范用人、动态管理目的。

【事业单位登记管理】 做好涉改单位法人登记事项调整。按事业单位登记管理与事业单位改革同步部署、同步实施、同步完成要求，统筹规划，逐一梳理，就改革中新组建、更名、撤销、整合情况，分别建立设立、变更、注销登记业务动态管理台账，做到底数清、情况明。全区118家涉改单位涉及变更登记53家、注销登记13家，完成率100%。做实事业单位登记管理系统数据。开展事业单位网上登记管理系统数据核查，强化登记管理系统与机构编制实名制管理系统、事业机构编制审批数据比对，推进系统之间数据相互交换共享，及时排查错误信息加以整改，确保登记管理系统数据规范性、实时性和准确性。按省要求完成事业单位网上登记管理系统数据修改，实现登记管理系统数据100%准确。推进事业单位法人清理。以事业单位改革为契机，立足长远、从严把关，做好事业单位法人清理工作。对积淀冻结、应注销未注销事业单位进行大起底，按数量、类型和原因分类排查，结合事业单位改革要求，研究清理方案，探索简易注销办法，全年完成注销登记9家，完成率100%。完善事业单位登记管理档案。根据国家事业单位登记管理局要求，做好档案材料查漏补缺和历史档案电子化工作。对全年档案进行集中整理归档工作，做到档案归档100%。

（程佳昀）

党校工作

【概　况】 2020年，区委党校坚持"党校姓党"原则，以习近平新时代中国特色社会主义思想为指引。牢记"四个意识"，坚定"四个自信"，探索基层党校专业化、特色化、实效性发展新路子，突出"做优干部培训、做强课题研究、做好决策咨询"工作重点，克服培训场地限制、师资人员短缺等客观因素，在队伍建设、干部培训、科学研究及项目建设方面取得较好成绩。

【队伍建设】 2020年，强化规章制度建设。针对学校工作、学习制度不全不严问题，建立集中调研制度、集中备课等制度，明确

图7　9月18日，办学质量创优评估汇报会现场

工作标准，规范工作流程，实现学校管理科学化、制度化、规范化。完善《柯城区委党校（行政学校）电大年度工作考核办法》，结合区委、区政府中心工作，聚焦主业主课，强化目标导向，鼓励干部教师创先争优。强化思想作风建设。针对班子自信心不足、事业心不强、以上率下不够等问题，组织召开民主生活会，查摆自身问题，剖析思想根源，列出问题清单及整改措施，以壮士断腕、刮骨疗毒决心，剔除班子消极、无为思想，提升班子核心凝聚力和战斗力。针对干部教师思想消沉、作风疲软现状，组织全体教职员工开展头脑风暴，查找学校、个人存在问题，提出对策建议。学习区委组织部优良作风，倡导奋发有为思想，营造浓厚干事创业氛围。强化人员调配。针对既有行政人员、教研人员混岗，难以发挥党校人科研咨政作用现状，在前期调研、酝酿基础上，对学校内部教师队伍合理化调配，实现教研、行政相对独立。优化重组后教研队伍由7名教科研骨干组成，以其中2名硕士研究生为中坚力量，做实做精教研工作；行政工作为办公室配备人员3名，细化内部分工，确保学校工作有序开展。

【干部教育培训】 年内，区委党校通过班子动员、全员参与，以“头脑风暴”破冰，集思广益，打破“培训靠等、师资靠请”旧模式，确立以“开放办学”为基本遵循，以“满足基层需要”为核心理念，以“菜单选学”为首要教培新模式。打造“有礼”系列微课9节，将微课开进乡镇（街道）、部门、单位、校园，开到群众家门口，对包括乡镇（村社）干部、在校师生、社区矫正人员在内不同群体授课18次，受惠4000余人。组织教研人员到沟溪余东、万田荷塘等地开展区情调研，撰写调研文章并向两办投稿。多次参与市委党校组织的学科研讨会及课题申报培训会，针对教师队伍中不同的申报方向，请专家教授采用集中讲解加单独指导方式辅导。至年底，给区委办、区府办投稿18篇，被柯城政务信息录用2篇，经区委办向上推荐1篇；申报省委党校课题3项、市社科联课题4项；提交“打造重要窗口”征文6篇；被《衢州日报》刊载理论文章2篇，被《今日浙江》刊载调研文章1篇。疫情防控步入常态化，教育培训工作主要体现在稳步开展常规培训。合计完成15期1011人次培训，其中包括区管干部进修班(2期)、初任培训班、入党积极分子培训班主体班次；部分长班如干部“和君班”、和君教育“领航班”、和君卫健“领军班”培训工作按计划开展中；纪检干部培训班、统计培训班即将开班。开拓教培新阵地，探索试点乡镇党校建设。基层党校改革是省委党校承担一项全国性试点工作，响应市委党校关于建设乡镇党校号召，通过上半年对全区乡镇进行问卷和走访摸底，航埠镇、万田乡作为试点进行建设，建立相对合理人员配备、规章制度和培训规划，对农村党员、入党积极分子、新任“两委”干部开展系统培训。9月，迎来省委党校办学质量创优评估。年初，召开动员部署会，强调评估工作重要性，明确分工、倒排时间、责任到人、分组推进，采取一周一汇报制度，通过半年精心准备和对接，迎检环节平稳有序，根据省委党校反馈情况，取得良好等次，达成年初既定目标。

【科研成果】 2020年，按年度工作计划，加大科研工作力度，重视发挥调查研究作用，促进科研工作上新台阶。健全机构，科研成绩提升。以党校机构改革为契机，设立专门科室——科研室，强化科研管理。形成科研管理体制，修改完善中共衢州市柯城区委党校科研工作管理办法（2020年修订），促进科研工作有序开展。全年，科研工作丰硕：余笑尹的《国家东部公园的“三样致富经”》在《今日浙江》发表，《从柯城区余东村变迁看乡村文化振兴的路径选择》被《衢州日报》刊登；徐念的《加快“绿水青山就是金山银山”转化推进衢州绿色发展》被《衢州日报》刊登；方明红《提升城中村治理能力　推进市域治理现代化》和徐李英的《盘活农村闲置资源　发展柯城民宿养老服务产业》在《衢州论坛》发表。徐李英的《柯城发展优质民宿群的几点思考》一文获全区践行“八个嘱托”、建设“重要窗口”主题征文活动二

图 8　4 月 15 日，府山街道“文明有礼微课堂”授课现场

等奖；韩林颖老师的《践行“两山”理念　发展绿色现代农业》获市党校系统两山理念提出 15 周年理论研讨会三等奖；陈桂良的《坚持以人民为中心，提高民生福祉水平——学习〈习近平谈治国理政〉第三卷有感》获全市学习《习近平谈治国理政》第三卷理论征文活动优秀奖，同时获全区学习《习近平谈治国理政》第三卷理论征文活动三等奖；余笑尹的《学习新思想，践行新使命——学习〈习近平谈治国理政〉第三卷的几点思考》获全区学习《习近平谈治国理政》第三卷理论征文活动三等奖。申请省市各级各类课题 13 项，其中省委党校课题 3 项、市委党校课题 6 项、市社科联课题 4 项。发挥团队力量，提升科研队伍整体水平。为解决以往科研工作“单打独斗”搞科研模式，由科研室牵头，组建科研课题组，以课题组形式搞团队科研。为服务中心工作，确保团队宣讲工作有实效，年初，以“微课超市”为平台，组织教师深入农村社区调研，针对文明有礼“八个一”等行动，组织教师集体备课、听课、评课、点评、指导教师磨课，最终产生群众喜闻乐见的有礼微课。用菜单选学方式，把微课开进村居、学校。用普通群众“听得懂”时代语，“看得见”身边事，宣讲倡导健康有礼新风尚。发挥党校理论教育主阵地作用，以“党课超市”为载体，以“点单选课”为主要方式，根据各基层单位需求进行“私人订制”，将党课分门别类送到乡镇（街道）和部门（单位）。全年，送教下基层 50 场，受众 8000 人次。内容涵盖文明城市创建、小康社会建设、党的十九届五中全会宣讲等，反馈良好。

（殷晓强）

老干部工作

【概　况】 2020 年，柯城区老干部局贯彻落实全国全省离退休干部“双先”表彰大会、全国全省老干部局长和全省全市组织部部长会议精神，坚持以党建为统领，主动融入“三个年”活动，深化“三银品牌”和“三化建设”，精准高效做好老干部服务管理工作，交出让党委放心、让老同志满意高质量答卷。

【学习教育】 依托老干部活动中心，坚持“一月一学习、一季一活动”制度，年初制订学习计划，受疫情影响，采取上半年线上自学+下半年线下集中学习形式，推动老干部学习常态化。坚持市、区一体，共建共享，开办信安恬静苑、衢化滨一村、荷花新荷社区、府山居家养老服务中心、老干部活动中心“家门口老年大学”教学点，实现老干部家门口上大学愿望。

【党建工作】 按“统一指导、分级管理、原单位负责”原则，贯彻落实老干部工作政策规定，助力老干部安享晚年。坚持以党建为统领，在全市率先出台干部荣誉退休制度，开展“共建双盟会、争当六大员”活动，组建“银耀先锋党支部”10个，引导退休老干部老党员融入城市基层党建，参与城市基层治理。邀请老干部参加区两会、全区干部大会重要会议和活动，向老干部通报区人事调整情况，理解支持区委、区政府中心工作。召开座谈会就区委全会报告、政府工作报告征求意见，开展“走、看、促”活动，深化“银耀乡村”行动，组织银色专家走进“空中课堂”“乡村振兴讲堂”，激活银色力量，为柯城发展建言献策。

【品牌打造】 以府山街道为试点，持续深化“银尚乐活”品牌建设，通过“政府搭台，企业运营”，为6500名老年人提供暖心“一站式”服务，形成政企合作多元化养老服务体系，为推动新时代老龄事业发展探索新路径，得到省委老干部局局长鲍秀英批示肯定。对全区退休干部基础信息进行全面大摸排，将全区老干部信息导入浙江省离退休网。

【工作机制】 把老同志所急、所盼、所忧事情抓手上，坚持问题导向解决反馈机制，聚焦用车难、健康奖励标准、老旧小区改造、待遇标准等实际问题，帮助老干部解决困难，得到老同志高度肯定。

（胡元琪）

信访工作

【概　况】 2020年，区信访矛调中心坚持以习近平新时代中国特色社会主义思想为指导，深入学习贯彻党的十九大和十九届二中、三中、四中、五中全会精神，践行当好“重要窗口”建设者、维护者、展示者，服务中心、保障大局、搞好主责主业，提高打造“四个区”能力，实现“发展高质量、治理现代化”思想自觉、政治自觉和行动自觉。

【信访受理】 全年发生群众走访批次、人次分别下降35.68%、41.16%，其中国家信访局核减后登记6人次，同比下降78.57%；群众走访事项初次化解率91.47%，同比提高2.66%。全年处理纸质来信、网上信访3924件，同比下降31.25%；按期办结率100%，初次来信化解率92.45%，初次网信化解率97.91%，重复信占比11.90%，网信占比65.62%。全年受理群众来电12685个，同比下降9.17%；责任单位满意率95.98%，信访部门满意率99.15%；完成回访10058件，核实件3251件，回访核实率99.96%。全区效能指数连续6个季度位列全市区县首位。全年摸排信访积案198件，化解142件，化解率71.7%。其中，国家级积案7件，化解6件；省级积案6件，化解5件，基本实现省级无信访积案区。

【破解信访难题】 2020年，强化系统集成，建成基层治理“新窗口”。坚持将区信访矛调中心作为“重要窗口”建设标志性工程，顶格部署、高位推进，提升中心运行规范化水平，发挥矛盾纠纷化解“终点站”作用。强化区乡一体，建好基层治理“关键点”。在做优区级中心、打造“终点站”推进乡镇（街道）、村（社）节点建设，构建以区级中心为龙头、乡镇中心为支撑、村（社）及基层网格为第一防线基层治理三级体系。强化智慧赋能，畅通基层治理“数据线”。坚持科技赋能，深化智慧治理，推进“三通一智”平台体系建设，畅通上情下达、下情上传，实现民有所呼、我有所应。强化工作质效，压实基层治理“责任链”。围绕疑难杂症、急难险重问题的化解，依托浙里调平台及钉钉，建成横向建群、纵向入群区、乡、村三级“两难”问题联动群组，跟进完善事件流转、处置、考核机制。以区级领导领办疑难复杂事项机制为先导，撬动“两难”问题三级联动体系建设，打通痛点、堵点，实现“信息上得来、问题拎得清、力量统得起、人员下得去、矛盾化得了”。强化主动作为，提高信访部门

"参与度"。抗疫期间，主动放弃节假日，全员值守，畅通"12345"热线，1月24日至5月11日，接因新冠肺炎疫情引发的市民电话2691起，健康码咨询投诉967起，疫情来电投诉群众满意率100%；"包区清楼"党员干部下沉社区，走访出租户450余户，排摸流动人口1300余人；发挥"第二政研室"职能，加强信访大数据分析研判，向区委、区政府及防控指挥部报送信息26条；以去存量为目标推进信访积案化解攻坚战，对市交办30件积案进行督办落实，将生活困难信访老户纳入重点帮扶对象，协调乡镇（街道）将57名息访群众吸纳进防控志愿者队伍，做法获得国家信访局肯定。深度参与区委、区政府中心工作。统筹推动村社组织换届信访矛盾大排查、大化解，创新风险隐患"红黄蓝"三色动态管理，摸排风险隐患160件，完成化解144件，化解率90%；全程参与村（社）组织换届资格审查工作，局长揭根龙全程参与区委组织村（社）"一肩挑"人选"过堂会"，担任航埠镇村级组织换届指导组组长，根据区委安排为全区新当选村社党组织负责人作《信访维稳工作和"两难"三级钉钉群运行机制》专题辅导讲座。组织、参与全国两会等重大活动安保31次。

【领导下访约访】 5月13日，省委书记、省人大常委会主任车俊到柯城区信访矛调中心调研并接访。12月4日，副省长成岳冲到区矛调中心接访。

【创新工作】 区信访矛调中心建设及"两难"三级钉钉群机制探索走在全省前列，多次获省委书记车俊高度肯定；省政协主席葛慧君到衢州开展社会治理领域"最多跑一地"改革专项集体民主监督，对柯城区创新做法及成效给予肯定；"创新'两难'钉钉群"做法获评"2020年度中国十大民生决策"；柯城区信访矛调中心建设经验做法被省委改革办《竞跑者》刊登报道；乡镇（街道）矛调中心建设有效破题，航埠大联动调解经验获得省委常委、政法委书记王昌荣肯定并在全省推广；全市"两难"钉钉群建设、矛调中心建设现场会在柯城区召开。以"建设清廉机关、创建模范机关"为抓手，撬动党建统领、支撑、保障作用。获评全区疫情防控包区清楼工作先进集体，全市红色物业联盟"治理篇"现场会在区信访矛调中心召开，在全区"建设清廉机关、创建模范机关"工作部署会暨红色物业联盟推进会上作典型发言。获全区正面通报表扬2次。获全市信访系统"三比三化"岗位练兵比武竞赛团体一等奖、最佳组织奖（全市唯一）。局主要领导兼任区委政法委副书记、区信访矛调中心主任；1名中层干部提拔为局务会议成员、信访督查专员，2名区管干部转任岗位。

（吴梦思）

档案工作

【概　况】 2019年1月，柯城区档案局行政职能划入区委办公室，保留区档案局牌子，区档案馆作为区委直属事业单位设置，承担档案业务、党史、地方志职能。2020年3月，完成对区档案馆主要职责、内设机构和人员编制规定调整，内设办公室、管理利用科、电子档案科、党史方志科。加强局馆协同，开展档案执法检查40余次，督促开展数字档案室创建和疫情档案收集。创建数字档案室43家，实现区级单位数字档案室全覆盖，通过省级数字档案馆系统测评和省级综合档案馆业务评价，完成档案工作"十三五"目标任务。区档案馆加强新修订《中华人民共和国档案法》宣传贯彻，以数字档案室创建、两项业务测评为抓手，抓规范化建设、档案资源建设、年鉴编撰进度，各项工作稳步推进并取得明显成效。

【助力中心工作】 专人参与区文明城市创建专班，负责全国文明城市创建网上资料申报工作，助力衢州市创成全国文明城市（名列全国第四名）。落实专人参加灵鹫山名山创建专项工作组，主持开展灵鹫山名山打造工程。参与柯城人发展大会筹建、村级组织换届工作组、防疫指挥部督导组工作。面对突如其来的新冠肺炎疫情，全馆党员干部、职工深入金河湾社区，开展疫情知识宣传，开展“包区清楼”工作。

【档案信息化建设】 加快数字档案室建设，全年创建数字档案室43家，其中省级示范数字档案室7家、市级规范化数字档案室6家、区级数字档案室27家，圆满完成“十三五”期间数字档案室区级单位全覆盖任务。投入273万元推进数字档案馆创建，采购存储、安全设备，改造机房，升级数字馆藏系统，通过信息安全等级保护二级测评，智能化改造市电大临时库房，浙江政务服务网统建平台单位办件即时归档率90%以上，基本完成馆藏档案数字化加工，数字化率达95%以上，顺利通过省级数字档案馆测评。

【档案资源建设】 征集万少华团队、贵海良等人物档案，接收“首届森林极限运动会”“九华立春祭”等重大活动档案，接收《柯城新闻》视频档案和《今日柯城》数字报，丰富档案资源类型。开展档案接收进馆，接收国资委、石室乡、区教育局等16家单位档案9877卷77509件，馆藏量达36266卷，同比提高37.4%。全年接待档案查阅利用920人次，调阅档案913卷（件），复印档案资料3680页，顺利通过省级综合档案馆业务评价。

【年鉴编纂】 2020年，全力推进《柯城年鉴》编纂工作，加快编纂进度。5月，《柯城年鉴（2016）》出版，全书51.1万字。7月，《柯城年鉴（2017）》出版，全书52.7万字。10月，《柯城年鉴（2020）》通过方志出版社三审。年底，《柯城年鉴（2019）》送浙江工商大学出版社审稿，进入扫尾工作。

【档案宣传文化建设】 开展新修订《中华人民共和国档案法》宣贯工作，通过“6·9”档案日、专题讲座、陈列展厅、会议培训进行档案普法宣传教育。12月10—11日，组织各单位分管领导、档案员150余人开展新修订《中华人民共和国档案法》公益大讲堂培训。12月10日，浙江电视台《跟着档案去旅行》栏目摄制组到柯城区拍摄赵抃廉政文化节目，从档案角度解读赵抃廉政文化。摄制组到赵抃祠、书院中学、信安街道沙湾村、区档案馆拍摄。赵抃廉政文化节目在浙江电视台新闻频道播出，传播柯城档案廉政文化。

【档案安全建设】 5月6—10日，省委副秘书长、省档案局局长刘芸一行到柯城区调研“档案服务基层治理、档案服务基层减负”工作，针对柯城区档案库房不足，要求守牢档案安全底线。区档案馆租用衢州市电大场所作档案临时存放场地，对场所进行改造提升，开展档案接收进馆，累计接收16家单位档案，守牢档案安全底线。组织开展年度档案双随机检查，检查40余家单位，配合市档案局对区级4家市级重点项目档案进行检查。印发《关于做好防控新型冠状病毒感染的肺炎疫情期间档案工作的通知》，加强对区卫健局、区人民医院等重点单位档案收集工作指导。

【档案新馆建设】 2019年3月18日，区委向市委提出在衢州

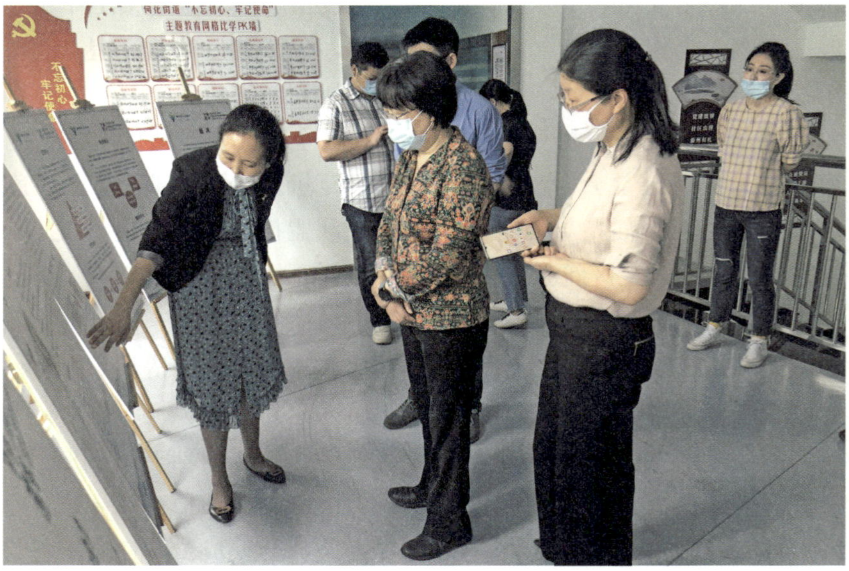

图9　5月6—10日，省委副秘书长、省档案局局长刘芸（前排中）一行到柯城区蹲点调研

市档案馆二期统筹建设柯城区档案馆的建议，时任市委副书记周伟江批示肯定。2020年1月4日，区委副书记、政法委书记王永明到市档案馆对接柯城区档案馆新馆建设工作。3月23日，市委办牵头召开市档案馆二期（柯城新馆）项目建设会商会，将柯城区档案馆新馆建设纳入二期项目，7月，市自然资源和规划局智慧新城分局完成市档案馆二期工程用地红线图。10月，确定市档案馆二期项目概念性整体方案。12月24日，市发改委批复同意市档案馆新馆（二期）建设工程项目建议书。市档案馆二期项目总投资约2.56亿元，建筑面积3.2万平方米，其中柯城区档案馆新馆面积约5000平方米，库房可存放67余万卷档案，规划2024年建成投入使用。

（李丹琪）

巡察工作

【概　况】 2020年，区委巡察工作树立大抓基层鲜明导向，把握从严治党新形势新任务及阶段性特征，突出政治监督，突出高质量发展主题，突出整治群众身边腐败和不正之风，发挥监督治理效能，严管厚爱结合、激励约束并重，以固本强基实现巡察工作整体提升，推动高质量发展行稳致远。衢州市副市长、柯城区委书记、巡察工作领导小组组长徐利水在中央《巡视巡察参考》《市县党委书记谈巡察》栏目刊发署名文章《坚决扛起巡察主体责任，扎实推进巡察全覆盖在基层落深落细》。全区272个村（居）完成巡察全覆盖，“一村一报告一画像”服务村级组织换届的做法被中纪委《华东之窗》、省纪委监委网站予以报道。

图10　1月4日，区委副书记、政法委书记王永明（左二）到市档案馆对接新馆建设工作

【坚持党委统领】 高度重视巡察工作，区委常委会集中审议《落实省委巡视回访检查反馈意见整改方案》，区委书记3次主持书记专题会听取巡察工作汇报，3次对巡察工作批示指示，释放巡察工作强烈信号，带动督促全区党组织及领导干部支持重视巡察工作。7月，根据村级巡察发现问题，召开村级巡察问题整改集体约谈会，督促乡镇、街道党（工）委履行村级巡察整改主体责任，推动巡察整改工作落实。

【推进巡察全覆盖】 把握政治巡察根本定位，紧扣“两个维护”根本任务，围绕“三个聚焦”监督重点，探索开展暗访式访谈、“个性化”问卷、“扫码式”举报、基层版“述职述廉”会、政治生态画像新途径。“一村一报告”为村级换届“把脉画像”“昼巡夜结”为民解忧办实事、专项巡察助推脱贫攻坚决战决胜、从严从实督查评估推动问题整改落地见效，高质量完成村（社）巡察全覆盖。全年巡察党组织139家，其中行政村（社区）122个，发现问题2063个，移交问题线索169条，党纪政务处分17人，清退资金121.7万元。

【提升巡察反馈整改成效】 制定《巡察整改日常监督暂行办法（试行）》，深化巡察抄告、巡察建议制度，常态化落实巡察工作领导小组成员和组织、纪检相关科室负责人参加巡察反馈会机制。全年开展巡察整改督查2次，发出巡察抄告单、巡察建议书、整改督办单23份，推动132家党组织完成1818个反馈问题整改。完善巡察整改落实情况联评机制，全年未能通过评估验收巡察党组织2家，退回责令重新整改，并在全区范围内通报。针对村（社）巡察发现问题线索，纪巡联动集中攻坚，村级组织换届前问题线索全面“清零”。

（张　蕾）

综　　述

2020年，面对错综复杂的国际形势、艰巨繁重的改革发展稳定任务，特别是新冠肺炎疫情严重冲击，区人大常委会在区委领导下，高举中国特色社会主义伟大旗帜，深入学习贯彻习近平总书记考察浙江重要讲话精神和习近平法治思想，践行“八八战略”、奋力打造“重要窗口”，坚持党的领导、人民当家作主、依法治国有机统一，认真履行法定职责，充分发挥人大优势，积极推动疫情防控和经济社会发展，为完成全年各项任务、加快建设“四个区”，做出积极贡献。年内，市、区人大联动开展的新时代街道人大工作、代表联络站工作分别荣获第二届“浙江人大工作与时俱进奖”特别奖、优秀奖。《当好贴心人　架起连心桥——柯城区人大代表联络站让民意更畅通》被《浙江日报》整版报道，并获全市人大好新闻奖。《创设“快来议事”机制　深化人大代表联络站工作》被市人大列为年度创新工作。《构建“快来议事”机制　助力协商治理升级》被中宣部“学习强国”学习平台、《浙江人大》杂志录用。区人大机关先后荣获市级创文工作先进集体、市级“包区清楼”行动先进集体和区三大征收项目集体三等功。

重要会议

【区九届人大四次会议】 4月20—22日，区第九届人民代表大会第四次会议召开，出席代表193名，列席人员266名（会场参会22名）。大会听取和审议代区长蒋国强所作的政府工作报告、区人大常委会主任徐登富所作的区人民代表大会常务委员会工作报告、区人民法院院长祝菊红所作的区人民法院工作报告和区人民检察院检察长周恩强所作的区人民检察院工作报告。审查全区2019年政府预算执行情况及2020年政府预算草案的报告；批准全区2019年国民经济和社会发展计划执行情况的报告及柯城区2020年国民经济和社会发展计划；审查全区2019年政府预算执行情况及2020年政府预算草案的报告；批准全区2020年预算；听取和审议全区人民政府2019年民生实事项目完成情况的工作报告，并进行满意度测评；票决全区人民政府2020年民生实事项目；通过设立区第九届人民代表大会社会建设委员会的决定；通过区第九届人民代表大会社会建设委员会组成人员人选。会议依法补选蒋国强为区人民政府区长，补选任蜀云、麻新建、田志伟、钱颖为区人大常委会委员。会议收到议案9件，建议意见86件。

【区人大常委会会议】 全年举行9次，听取和审议有关议题，作出决议、决定、审议意见等事项。

表 4 **2020 年柯城区人大常委会会议一览表**

会议名称	时　间	主　要　内　容
区九届人大常委会第二十八次会议	1 月 22 日	审议区人大常委会工作报告稿，征求对区人民政府、区人民法院、区人民检察院工作报告稿的意见；对柯城区 2019 年国民经济和社会发展计划执行情况与 2020 年国民经济和社会发展计划草案报告、柯城区 2019 年政府预算执行情况及 2020 年政府预算草案报告的意见；听取区政府关于 2019 年民生实事项目完成情况的工作报告；听取区人大常委会关于区政府 2019 年民生实事项目完成情况的评估报告；听取区政府 2020 年民生实事候选项目有关情况介绍；听取区九届人大四次会议区政府 2020 年民生实事项目投票表决办法草案起草情况；审议区九届人大四次会议日程（草案）；听取区九届人大四次会议筹备情况的汇报；审议人事任免事项；审议区九届人大四次会议主席团和秘书长名单（草案）；审议通过区九届人大四次会议列席人员安排的原则意见和列席人员名单；审议通过关于柯城区第九届人民代表大会代表变动情况的报告
区九届人大常委会第二十九次会议	1 月 28 日	审议通过关于延期召开衢州市柯城区第九届人民代表大会第四次会议的决定；审议人事任命事项
区九届人大常委会第三十次会议	3 月 27 日	审议通过区人大常委会 2020 年监督工作计划；听取和审议区政府关于 2019 年重大政府投资项目计划执行情况和 2020 年重大政府投资项目计划情况的报告；听取和审议人大街道工委关于 2019 年度工作情况和 2020 年工作打算的报告，通过关于人大街道工委工作报告的决定；审议人事任免事项
区九届人大常委会第三十一次会议	4 月 15 日	听取和审议衢州市公安局关于提请许可对区人大代表方慧平采取刑事强制措施的报告；审议通过区人大常委会关于许可衢州市公安局对区第九届人民代表大会代表方慧平采取强制措施的决定；审议通过区第九届人民代表大会第四次会议建议议程（草案）；审议人事任免事项
区九届人大常委会第三十二次会议	5 月 27 日	听取和审议法官、检察官履职情况报告；听取履职评议小组工作情况报告，并进行履职评议；听取和审议区政府关于统筹推进新冠肺炎疫情防控和公共卫生体系建设情况的报告；听取和审议区政府关于环境状况和环境保护目标完成情况的报告；听取和审议区政府关于数字经济发展情况的报告；审议人事任命事项

续表4

会议名称	时 间	主 要 内 容
区九届人大常委会第三十三次会议	7月30日	听取和审议区政府关于上半年经济社会发展情况和下半年政府工作的报告；听取和审议区政府关于2019年财政决算和2020年上半年财政预算执行情况的报告；听取和审议区政府关于2019年财政预算执行和其他财政收支的审计工作报告；听取和审议区扫黑除恶专项斗争领导小组办公室关于扫黑除恶专项斗争工作情况的报告；听取和审议区政府关于柯城区乡村振兴战略实施情况的报告；审议区政府关于柯城区2020年上半年国民经济和社会发展计划执行情况的报告（书面报告）；审议人事任免事项
区九届人大常委会第三十四次会议	9月29日	听取和审议区政府关于柯城区国有自然资源资产管理情况的专项报告；审议区政府关于柯城区国有资产管理情况的综合报告（书面报告）；听取和审议区政府关于柯城区"七五"普法工作开展情况的报告；听取和审议区政府关于推动矛盾纠纷调处化解"最多跑一地"工作情况的报告；听取和审议区政府关于柯城区防灾、减灾体系建设情况的报告；审议人事任免事项
区九届人大常委会第三十五次会议	11月27日	听取和审议区政府关于"十三五"规划纲要执行情况及"十四五"规划纲要编制情况的报告；听取和审议区政府关于柯城区2020年重大政府投资项目调整的报告；听取和审议区政府关于柯城区2020年政府预算调整方案的报告；听取和审议区政府关于2020年衢州市柯城区地方政府新增债务预算安排及部分债务调整方案的报告；听取和审议区政府关于2019年度审计查出问题整改情况的报告；听取和审议区政府关于议案建议办理情况的报告；联组会议对动物防疫、野生动物保护"两法、两条例和两决定"贯彻实施情况开展专题询问；审议人事任免事项
区九届人大常委会第三十六次会议	12月31日	审议通过区人大常委会关于召开区九届人大五次会议的决定；听取区发改局、区民政局、区住建局、区市场监管局、区统计局主要负责人履职情况报告并进行履职情况测评；听取在柯的部分市人大代表履职情况报告；审议人事任免事项

【重大事项决定】 2020年，区人大常委会就延期召开区第九届人民代表大会第四次会议、人大街道工委工作报告等作出决议决定6项，把区委重大决策和战略意图通过法定程序转变为全区人民的共同意志。1月28日，区九届人大常委会第二十九次会议审议通过《关于延期召开衢州市柯城区第九届人民代表大会第四次会议的决定》。3月27日，区九届人大常委会第三十次会议审议通过《关于通过人大街道工委工作报告的决定》。7月30日，区九届人大常委会第三十三次会议审议通过《关于批准衢州市柯城区2019年财政决算的决议》。11月27日，区九届人大常委会第三十五次会议审议通过《关于衢州市柯城区2020年政府预算调整方案的决议》和《关于批准2020年衢州市柯城区地方政府新增债务预算及部分债务调整方案的决议》。12月31日，区九届人大常委会第三十六次会议审议通过《关于召开衢州市柯城区第九届人民代表大会第五次会议的决定》。

【人事任免】 区人大常委会坚持党管干部原则与人大任免有机统一，做好任命干部任后监督，年内听取5名区政府组成部门主要负责人履职报告，并进行满意度测评，监督被任命人员牢记职责使命、为民担当实干。

表 5　　2020 年柯城区人大常委会任免国家机关工作人员一览表

会议名称	时　间	任　免　职　务
区九届人大常委会第二十八次会议	1 月 22 日	决定接受陈雪良、林静辞去区人民政府副区长职务 决定任命余洪富、李剑峰为区人民政府副区长 决定接受胡益峰、华国民、郑龙祥辞去市第七届人民代表大会代表职务 决定接受胡益峰、华国民、徐新华辞去区第九届人民代表大会代表职务 任命： 舒素标为区人民政府办公室主任 任文俊为区发展和改革局局长 董高法为区财政局局长 张文利为区人力资源和社会保障局局长 吴志鸿为区农业农村局局长 宋昌顺为区林业局局长 免去： 舒素标的区财政局局长职务 董高法的区农业农村局局长职务 张文利的区人民政府办公室主任职务 吴志鸿的区统计局局长职务 封荣祥的区林业局局长职务 华国民的区发展和改革局局长职务
区九届人大常委会第二十九次会议	1 月 28 日	任命： 麻新建为区人大法制委员会副主任委员 朱小明为区人大财政经济委员会委员
区九届人大常委会第三十次会议	3 月 27 日	补选李纯浩、金瑛、吴建军、魏晓莲为市第七届人民代表大会代表 任命： 方燕为区统计局局长 李海声为区人民法院民事审判一庭(交通巡回法庭)庭长、审判委员会委员 童建国为区人民法院民事审判二庭(巡回法庭)庭长、审判委员会委员 童小平为区人民法院民事审判三庭庭长 祝志琴为区人民法院民事审判四庭(综合审判庭)庭长、审判委员会委员 徐露露为区人民法院刑事审判庭庭长、审判委员会委员 杨丽为区人民法院行政审判庭庭长、审判委员会委员 雷震云为区人民法院立案庭(诉讼服务中心)庭长、审判委员会委员 姜美英为区人民法院审判委员会委员 吴雯雯为区人民法院民事审判一庭(交通巡回法庭)副庭长 吴海红为区人民法院民事审判二庭(巡回法庭)副庭长 吴晔为区人民法院立案庭(诉讼服务中心)副庭长 李晓慧为区人民法院立案庭(诉讼服务中心)副庭长 章文为区人民法院花园人民法庭副庭长 叶柳娟为区人民法院航埠人民法庭副庭长

续表 5

会议名称	时间	主要内容
区九届人大常委会第三十次会议	3 月 27 日	免去： 范丽红的区人民法院审判委员会委员、刑事审判庭庭长、未成年人刑事审判庭庭长职务 李海声的区人民法院交通巡回法庭庭长职务 童建国的区人民法院巡回法庭庭长职务 杨丽的区人民法院行政审判第二庭庭长职务 祝志琴的区人民法院审判监督庭庭长职务 刘道平的区人民法院执行庭庭长职务 周云的区人民法院执行裁决庭庭长职务 童小平的区人民法院民事审判第一庭庭长职务 徐露露的区人民法院民事审判第二庭副庭长职务 吴雯雯的区人民法院交通巡回法庭副庭长职务 柴淑霞的区人民法院刑事审判庭副庭长、未成年人刑事审判庭副庭长、审判员职务 牛雪仁的区人民法院立案庭副庭长职务 章文的区人民法院立案庭副庭长职务 黄文兵的区人民法院立案庭副庭长、审判员职务 吴晔的区人民法院立案庭副庭长职务 张华的区人民法院执行庭副庭长职务 吴海红的区人民法院花园人民法庭副庭长职务 雷震云的区人民法院航埠人民法庭副庭长职务
区九届人大常委会第三十一次会议	4 月 15 日	决定接受何晓文辞去区人民政府副区长职务 决定任命戴郑娇为区人民政府副区长
区九届人大常委会第三十二次会议	5 月 27 日	决定任命曾三山为区人民政府副区长
区九届人大常委会第三十三次会议	7 月 30 日	决定免去刘敏区人民政府副区长职务 决定接受毛靖翔辞去市第七届人民代表大会代表职务 决定接受徐三古辞去区第九届人民代表大会代表职务 补选姜向阳为市第七届人民代表大会代表 任命： 郑剑峰为区人大常委会黄家街道工作委员会主任 戚中卫为区人大常委会白云街道工作委员会主任 免去： 姜建铃的区文化旅游体育局局长职务 王春木的区人大常委会黄家街道工作委员会主任职务 蒋晓红的区人大常委会白云街道工作委员会主任职务 胡胜耀的区人大常委会白云街道工作委员会副主任职务

续表 5

会议名称	时　间	主　要　内　容
区九届人大常委会第三十四次会议	9 月 29 日	决定任命齐富军、许明娟为区人民政府副区长 决定免去徐洪水的区人民政府副区长职务 决定接受徐利水辞去市第七届人民代表大会代表职务 决定接受王春木辞去区第九届人民代表大会代表职务 任命： 郑亮为区文化和旅游体育局局长 张红萍为区经济和信息化局局长 刘启为区监察委员会委员 方艳婷、吴秋秋、严高鹏为区人民法院审判员 免去： 张红萍的区科学技术局局长职务 薛云的区经济和信息化局局长 傅钦翥的区人大财政经济委员会委员职务 舒志明的区人大常委会双港街道工作委员会主任职务 柴水才的区人大常委会府山街道工作委员会副主任职务
区九届人大常委会第三十五次会议	11 月 27 日	决定接受方慧平、朱俊宏、余延祥、胡胜耀、徐卫民、徐发珍、舒志明、舒素标、魏忠良辞去区第九届人民代表大会代表职务 任命： 杜依宁为区人民检察院检察员
区九届人大常委会第三十六次会议	12 月 31 日	决定接受徐利水辞去区第九届人民代表大会代表职务 补选范荣征、董高法为市第七届人民代表大会代表 免去： 胡笑跃、徐连坤、高爱珍的区人民法院审判员职务

【听取和审议专项工作报告】 年内，区人大常委会选择若干关系经济社会发展稳定大局和群众切身利益、社会普遍关注的重大问题，听取“一府一委两院”专项工作报告，提出审议意见，促进“一府一委两院”依法行政和公正司法。

表 6　　2020 年柯城区人大常委会听取和审议专项工作报告一览表

会议名称	时　间	主　要　内　容
区九届人大常委会第三十次会议	3 月 27 日	听取和审议区政府关于 2019 年重大政府投资项目计划执行情况和 2020 年重大政府投资项目计划情况的报告；听取和审议人大街道工委关于 2019 年度工作情况和 2020 年工作打算的报告，通过关于人大街道工委工作报告的决定
区九届人大常委会第三十一次会议	4 月 15 日	听取和审议衢州市公安局关于提请许可对区人大代表方慧平采取刑事强制措施的报告

续表 6

会议名称	时　间	主　要　内　容
区九届人大常委会第三十二次会议	5 月 27 日	听取和审议法官、检察官履职情况报告，听取履职评议小组工作情况报告，并进行履职评议；听取和审议区政府关于统筹推进新冠肺炎疫情防控和公共卫生体系建设情况的报告；听取和审议区政府关于环境状况和环境保护目标完成情况的报告；听取和审议区政府关于数字经济发展情况的报告
区九届人大常委会第三十三次会议	7 月 30 日	听取和审议区政府关于上半年经济社会发展情况和下半年政府工作的报告；听取和审议区政府关于 2019 年财政决算和 2020 年上半年财政预算执行情况的报告；听取和审议区政府关于 2019 年财政预算执行和其他财政收支的审计工作报告；听取和审议区扫黑除恶专项斗争领导小组办公室关于扫黑除恶专项斗争工作情况的报告；听取和审议区政府关于柯城区乡村振兴战略实施情况的报告
区九届人大常委会第三十四次会议	9 月 29 日	听取和审议区政府关于柯城区国有自然资源资产管理情况的专项报告；听取和审议区政府关于柯城区“七五”普法工作开展情况的报告；听取和审议区政府关于推动矛盾纠纷调处化解“最多跑一地”工作情况的报告；听取和审议区政府关于柯城区防灾、减灾体系建设情况的报告
区九届人大常委会第三十五次会议	11 月 27 日	听取和审议区政府关于“十三五”规划纲要执行情况及“十四五”规划纲要编制情况的报告；听取和审议区政府关于柯城区 2020 年重大政府投资项目调整的报告；听取和审议区政府关于柯城区 2020 年政府预算调整方案的报告；听取和审议区政府关于 2020 年衢州市柯城区地方政府新增债务预算安排及部分债务调整方案的报告；听取和审议区政府关于 2019 年度审计查出问题整改情况的报告；听取和审议区政府关于议案建议办理情况的报告

人大重点工作

【视察调研】 年内，区人大常委会组织人大代表对数字经济发展、医疗保障、电动自行车管理、重大水利工程项目建设、公共文化服务体系建设、“运动柯城”和通景公路建设进行视察调研，提出意见建议，为区人大及其常委会审议重大问题和作出决议、决定提供参考依据。

【执法检查】 年内，区人大配合市人大开展国防教育法、老年人权益保障法、社会养老服务促进条例、民营企业发展促进条例等法律法规实施情况检查，围绕市人大出台的电动自行车管理规定、城乡网格化服务管理条例、文明行为促进条例等地方性法规开展执法检查，督促区政府及相关部门落实整改措施，确保法律法规贯彻执行。

【专题询问】 2020 年，区人大常委会结合开展动物防疫、野生动物保护“两法两条例两决定”进行执法检查。11 月 27 日，区九届人大常委会第三十五次会议联组会议进行专题询问，推动区政府出台全域范围禁猎令，妥善处置 13 家野生动物养殖企业（个人）在养野生动物 11.39 万只，发放补偿资金 420 万余元。

【人大代表工作】 2020 年，人大代表作用发挥成效显著。年内，召开全区人大代表工作专题会议，推动代表工作做出特色、创出品牌，开展“一塘一场一代表”“党建统领+网格治理+人大参与”、助推“最多跑一次”、人大联络站的好故事评选等主题活动。代表向选民述职 87 人次，提交创文巡查记录 2500 多条、开展治水巡查 690 余人次，为柯城区再一次夺

"大禹鼎"做贡献。加强代表履职培训，分两期组织区人大常委会组成人员、2019年度履职先进代表和乡、镇（街）人大专职负责人，赴深圳人大干部培训中心进行专题培训。继续落实人大代表列席区人大常委会会议制度，组织人大代表参与各项视察调研、执法检查活动，拓宽知情知政渠道。落实人大代表履职经费，每月发放履职补贴。健全人大代表履职档案，首次组织3名市人大代表向区人大常委会报告履职情况，87名区人大代表到原选区面对面向选民述职。

【法官检察官履职评议】 为促进法官、检察官两官队伍建设，维护司法公正和提高司法公信力，5月27日，区九届人大常委会第三十二次会议对6名法官检察官开展履职评议。评议工作注重成员广泛性、调研针对性、评议公正性、整改实效性，组织谈话50多人次，抽查案件20余件，发放测评表190余份，通过设立意见箱和电话回访，听取律师、案件当事人和办事群众意见建议，多角度、多层次掌握被评议对象履职情况，评议结果称职满意率92.1%，社会反响良好。

【推进社会治理创新】 以省、市、区人大联动方式开展社会矛盾纠纷调处化解机制改革专项监督。区人大常委会领导带队赴区、乡、镇（街）矛盾调解中心调研，同步组织人大代表开展主题活动，听取审议区政府关于推动矛盾纠纷调处化解"最多跑一地"工作报告，就提升矛盾纠纷化解实效、优化基层社会治理体系提出要求。在省人大常委会"最多跑一地"专项监督联组审议会上，柯城人大作先进单位经验交流发言。

【打造代表联络站"升级版"】 贯彻落实区委关于建好用好人大代表联络站的指导意见，按照"四好"目标和"四个六"标准，围绕市委"要把代表联络站建得越来越实，把代表作用发挥得越来越好，把这块金字招牌擦得越来越亮，努力打造全省乃至全国的标杆"要求，推进代表联络站提档升级，全面实行每日一接待、每周一梳理、每月一活动、每年一评议运行机制。推进区、乡（镇）党政领导干部进代表联络站主题接待活动，落实每月报送代表联络站"四好"故事制度。融入"三通一治（智）"大平台，推行"代表+网格"工作，实现代表在"网"上履职，"格"内尽责。代表联络站进驻区矛调中心，实行"33名组成人员固定日轮班+21名代表专家库点将"相结合的每日坐班接待制，助推"最多跑一地"改革升级。5月13日，省委书记、省人大常委会主任车俊到信安街道人大代表联络站考察联络站工作开展情况，看望驻站人大代表和工作人员。首次举办全区2020年度"代表联络站的好故事"大赛，入围决赛节目20个，方言、情景剧、舞蹈等表演形式，唱响人大制度好声音。全网在线直播点击量3.8万人次，得到省、市人大领导肯定和社会各界好评。

【规范街道人大工作】 贯彻落实《街道人大工作条例》，学习省级试点成功经验，加强、规范、提升街道人大工作。年内，健全人大街道工委年度工作任务交办机制，开好议事会和工委会，人大代表、议事员和工委委员推动小南门村征迁、斗潭安置房回迁、污水零直排改造、智安小区建设，发挥街道人大在服务经济社会发展和推进基层社会治理方面的作用。

【议案建议办理】 全面落实"内容高质量、办理高质量"要求，形成抓好会前视察、强化会后跟踪、突出重点督办、表彰先进典型的全链条闭环式办理机制，让代表呼声有回应，让人民诉求有着落。区人大常委会高度重视议案建议办理工作，由常委会领导牵头，各专工委对口联系，组成6个小组对2件议案和12件重点建议进行跟踪督办，听取和审议区政府关于代表议案建议办理情况的报告。区九届人大四次会议期间，代表提出95件议案建议全部办结，代表满意度100%，其中得到解决或基本解决A类件51件，占比53.7%。经人大代表监督推动，村居老年食堂建设、乡村研学游、物业管理等群众普遍关注问题得到切实解决或有效提升。

（张　伟）

衢州市柯城区人民政府

综　述

2020年，柯城区总面积606.5平方千米，其中建成区49.79平方千米；辖2个镇、8个乡、8个街道，有213个行政村、58个社区；年末总户数181556户，总人口441760人，全年出生新生儿3740人，死亡3270人，人口自然增长率1.06‰。2020年，柯城区被国务院办公厅公布为“河长制湖长制工作推进力度大、河湖管理保护成效明显的地方”，获2019年全省实施乡村振兴战略优秀单位、2019年度平安县（市、区）、2019年度“五水共治”（河长制）工作“大禹鼎”优秀县（市、区）、第四批省部级生态文明建设示范县(市、区)、2020年度全省征兵工作成绩突出单位。

【国民经济和社会发展】 2020年，全区实现地区生产总值236.48亿元，按可比价计算，比上年增长3.0%。第一产业增加值8.30亿元，比上年增长1.8%；第二产业增加值45.17亿元，比上年增长2.4%；第三产业增加值183.01亿元，比上年增长3.2%。三次产业占比为3.5∶19.1∶77.4。按户籍人口计算，人均生产总值126520元，比上年增长4.3%。全区固定资产投资比上年增长4.1%。财政总收入20.21亿元，比上年增长1.6%，其中一般公共预算收入13.32亿元，比上年增长3.7%。实现农、林、牧、渔业总产值11.09亿元，比上年增长2.6%。粮食总产量2.28万吨，比上年增长11.2%。油料产量0.30万吨，比上年增长7.1%。瓜果类产量1.23万吨，比上年下降1.5%。蔬菜及食用菌产量15.29万吨，比上年增长2.2%。禽肉产量555吨，比上年下降28.3%；禽蛋产量824吨，比上年增长5.2%。新增省级种植业示范基地4个、市级柑橘精品园5个。年末，规模以上工业企业72家，实现工业增加值23.84亿元，比上年增长5.0%。高新技术产业增加值增长3.2%；实现规模以上工业增加值16.76亿元，比上年增长9.0%。金沃精工成为全区首家通过上市审核的企业。引进数字经济项目17个，核心产业增加值增长77.9%，数字经济发展综合评价保持全市第一。房地产投资额49.42亿元，比上年增长2.9%；商品房销售面积58.14万平方米，比上年下降8.1%。有资质的建筑业企业63家，完成建筑业总产值82.60亿元，比上年增长18.6%。境内公路总里程740.89千米；全年完成交通运输仓储及邮政业增加值8.38亿元，比上年增长10.3%。实现社会消费品零售总额207.51亿元，比上年增长0.3%；实现进出口总额23.84亿元，比上年增长7.6%。全年接待游客人次（含市辖区）1616.86万人次，比上年下降12.6%；旅游总收入100.50亿元，比上年下降15.1%。市区联动发放亿元消费券，带动一般性居民消费3亿元。实施“汽车促消费”政策，带动汽车消费7.1亿元。培育消费热点商圈、夜间经济集聚区，入选省级首批夜间经济试点城市。启动国家运动休闲旅游度假区建设，创建省级文旅产业融合试验区。实施“一乡千宿”，新增星级民宿 19 家。全区有小学 33 所，在校学生 24401 人；初中 9 所，在校学生 9777 人。1 家企业申报省级重点科研计划项目获立项，选拔推荐 14 个项目申报市级科技计划项目，完成区级指导性科技计划项目立项 12 项。全区企事业单位和户籍在柯城区居民申请专利 2971 件(其中发明专利 1092 件、实用专利 1698 件、外观专利 181 件)，授权专利 1800 件（其中发明专利 337 件、实用新型专利 1325 件、外观设计专利 138 件)。全区医疗卫生机构 373 家，卫生系统在岗职工 1597 人，其中正式在编职工 964 人（区人民医院 577 人、区中医医院 54 人、区妇幼保健院 50 人、乡镇卫生院和社区卫生服务机构 283 人)。养老保险参保总人数 197235 人(含企业养老及城乡养老)，其中企业养老保险参保人数 134762 人，城乡居民养老保险参保人数 62473 人。医疗保险参保总人数 330658 人(含职工医保及城乡居民医保)，其中职工医疗保险参保 98398 人，城乡居民医疗保险参保 232260 人；工伤保险参保 68945 人；生育保险参保 80194 人。全区社会福利院数 10 个（含市本级 3 家)、中心敬老院 7 所。全体居民人均可支配收入 46479 元，比上年增长 7.1%。辖区内 4 个省控及以上断面和 15 个乡镇交接断面水质达标率均为 100%，城区 $PM_{2.5}$ 平均浓度为 26 微克/立方米（较 2019 年同期下降 21.2%)，空气质量优良天数比例为 96.4%。

【疫情防控】 组织开展“包区清楼”行动，守好“大门”“小门”，实行居家医学观察 7548 人、集中隔离医学观察 783 人，3 例确诊病例得到有效救治痊愈，城区未发生本土确诊病例。3 名医护人员圆满完成援鄂任务，胜利归来。区人民医院规范化发热门诊和隔离病房建成投入使用，公共卫生应急管理体系不断完善。强化“人”“物”同防，冷链食品总体安全可控。

【复工复产】 深入开展区领导“组团联企”活动，建立助企服务员制度，精准帮扶，协调解决问题 201 个，在全市最早实现规上工业企业 100%复工复产。创新开展云招商，三间家居等 7 个产业项目成功签约。落实落细惠企助企政策，在全市率先运行“政企通”，兑现“五减”资金 2.5 亿元、“降本减负”资金 5.3 亿元、小微企业纾困“两直”资金 0.4 亿元。召开政银企对接会，有效缓解企业融资难题。开展争先创优行动，连续 2 个月全市第一、全省前八，获省级奖励 525 万元。

【有效投资】 完善项目赛马、晾晒督查和闭环管控机制，半月一协调、一月一督导，14 个债券类项目当年申报、当年开工，72 个省市集中开工项目全部入库，固定资产投资增速位居 6 个县(市、区）首位。举办第二届项目谋划擂台赛，谋划项目 335 个，列入“十四五”规划重大项目 76 个。加大项目招引力度，新引进亿元以上项目 21 个，本码智能制造产业园、万洋众创城等 20 亿元以上项目签约落地。

【国资改革】 完成国资公司“1+4”体系构建，提升国资市场化经营水平，整合行政事业单位经营性资产，新增融资授信额度 29.3 亿元。公开处置国有资产，实现资产变现 4143 万元。在上海松江购置 3300 平方米“飞地”，打造“科创飞地”2.0 版。

【基础设施配套】 加快建设安置房，斗潭片区、衢化棚改、花港家园二期安置房竣工，高铁新城安置房主体结顶。改造老旧小区 17 个，加装电梯 10 部，建成污水零直排小区 38 个、智安小区 30 个，新增省级高标准垃圾分类示范小区 8 个。13 家单位完成拆墙透绿，实现让绿于民。

【美丽乡村建设】 续写农房整治“后半篇”文章，“一米菜园”成为乡村新风景。航埠镇、七里乡创成省级美丽城镇样板。诗画风光带串珠成链，15 个重点项目全部开工，打造沿线特色精品村 4 个。美丽沿江公路基本实现“路畅景美”，320 国道“二改一”(柯城段）完工，创建成功省级“四好农村路”示范区。按时办结 20

件第二轮中央环保督察交办件。“五水共治”工作满意度全省第一，生态环境公众满意度全省第四，创建成功省级生态文明建设示范区。

【民生保障】 深化新时代教育改革，成立兴华教育集团，出台“教育二十条”。教育投入不断加大，悦鑫府幼儿园、鹿鸣小学新校区建成使用，万田乡中心幼儿园、城南初中开工建设。教育信息化建设全省领先，入选国家级实验区。终止合作办医模式，顺利回购浙西医院，区人民医院完整回归政府办医序列。区公共卫生服务中心、人民医院门急诊大楼破土动工。加大传统文化保护利用力度，邵永丰麻饼、衢州白瓷列入国家非物质文化遗产，立春文化传承生态保护区入选省级创建名单。余东中国乡村美术馆投入使用。全年，新增就业 9900 人，城镇登记失业率控制在 1.8%。养老服务提标扩面，新增示范型居家养老服务中心 6 个、老年幸福食堂 15 个。巩固脱贫攻坚成果，在全省率先建立特殊困难群体救助机制，创新“消薄卡”消费扶贫模式，“三个清零”任务完成。做好社会保险工作，户籍人口基本养老保险、基本医保参保率均达 99.9%。平稳有序完成被征地农民社保政策调整。开展第七次全国人口普查。

【基层治理】 纵深推进“最多跑一地”改革，区乡村三级矛调中心全联通、全覆盖。创新建立“两难”问题化解三级钉钉群，荣获中国十大民生决策优秀案例。处置九华乡大侯村泥石流灾害，紧急转移安置群众 3200 余人，实现“零伤亡”。九华地质灾害柔性治理工程列入国家试点。深化“县乡一体、条抓块统”改革，厘清属地管理事项责任清单、市区街三级联动“一件事”清单，推进执法力量下沉一线。完善“邻礼通”平台功能，25 个部门居民常用信息实现共享。开展“树正打歪、拔钉清障”专项行动，有效净化社会风气。全面完成村（社）组织换届，党组织书记、主任“一肩挑”比例 97.4%。

【打赢创文决胜战】 打好创文攻坚战、决胜战，助力衢州市以全国第四入选全国文明城市做出柯城贡献，体现主城区担当。实施“八个一”有礼行动，率先完成“千村修约”，上洋村“公筷公勺”进村规民约在全省推广，“红手印”志愿服务品牌打响，获评全市首个有礼示范区。

【全域土地综合整治成效显著】 全年新增垦造耕地 1113.33 公顷，创历史新高。万田乡全域土地综合整治列入国家试点。因地制宜推进“十类地”处置，完成项目供地 473.87 公顷、低效用地再开发 27.47 公顷，盘活存量建设用地 38.73 公顷。全面启动智尚小镇“低散乱”整治，11 天内 140 家企业 100% 签订“四书”。

【抢抓政策新机遇】 精准聚焦特别国债、专项债及“两新一重”政策，争取资金 25.3 亿元。争取省区域协调财政专项激励政策，获奖补资金 4.5 亿元。争取各类农转用指标 191.87 公顷、林地指标 120 公顷。常山港治理工程获国家计划指标 46.21 公顷。投资 25 亿元的寺桥水库项目获省可研批复，即将开工建设。

【“村播”助农】 全省首个乡村振兴“村播学院”开课，四省边际直播产业创业街开街，培训农民主播 4987 人，带动农产品销售 5.7 亿元。柯城北川“共享+村播计划”赋能增收，获评全国 50 佳消费扶贫案例。

（汪　泽）

区政府办公室工作

【概　况】 2020 年，区政府办公室坚持以习近平新时代中国特色社会主义思想为指导，全面贯彻党的十九大及十九届二中、三中、四中、五中全会精神，深入贯彻习近平总书记考察浙江重要讲话精神。在区委、区政府正确领导下，紧扣全区工作大局，围绕以文辅政、服务督查和高效运转，弘扬严细紧实作风，狠抓疫情防控、复工复产、项目攻坚、精准扶贫和提升素质规范运行重点工作，完成既定工作目标。

【精文简会】 落实领导批示，全

面梳理办文“短板”。健全完善请示文件运作、规范性文件制发制度，创新建立“差错登记”制度，政府公文质量得到提高，精简文件会议成果巩固。全年制发文件及召开会议数量保持下降趋势，重点精简三类，文件数量与上一年相比只减不增。

【调查研究】 发挥以文辅政作用，加强对重点热点问题调查研究，为政府科学决策提供参考。深化政策研究，建立新政策研判机制，各线每月定期收集新政策、新要求，结合全区实际，提出研判分析，供政府领导决策参考。深化专题调研，刊发《办阅谈》调研成果，在完善工程质量责任体系、智慧督查方面深入研究。

【政务督查】 以《政府工作报告》目标责任分解、区政府重要会议和文件贯彻落实为重点，以开展专项督查为抓手，提高政务督查工作成效。创设“五色管理法”“图形管理法”对事项逐项梳理归类，制定年度区政府重点项目清单、政府特色工作清单、规定动作清单，以周、月、季为周期，按时跟踪，推动工作落实。加大民生实事项目督查力度，建立任务清单制度和时间进度表，确保项目如期完成。抓好区政府重要会议、文件和领导批示精神贯彻落实和领导批示跟踪督查，全年向部门（单位）、乡镇（街道）发送《领导批示交办单》46份，其中37件办结，办结率80.4%；发送《政务督查交办单》86份，均办结，办结率100%；发送《政务督查提醒单》27份。

【政务信息】 提升以文辅政，强化分析总结能力。全年编发柯城政务信息动态、疫情防控专刊、抓防控促发展专刊等35期。全年政务信息被上级采用159篇，其中《衢州市依托山海协作创新“消薄卡4+N”模式助力扶贫消薄增收》国办采用，《柯城区创新“村播计划+讲堂”新模式加快消费业态升级显成效》专报信息得到副省长朱从玖批示。

【数字化转型】 面对疫情防控严峻形势，创新运用“邻礼通+健康码”，发挥“大数据+网格”作用，实现疫情防控和复工复产工作精准化、精细化。推动“互联网+政府服务”改革，全区2035项政务服务事项“最多跑一次”实现率100%，政务服务事项发生率41.66%，2.0事项办件81202件。围绕公民全生命周期便利化改革，相继推出出生“一件事”、扶贫“一件事”、农民建房审批“一件事”便民举措，政务服务效能提高。

【金融服务】 提升金融服务实体经济能力，优化信贷结构、降低融资成本，推动柯城农商银行设立7.2亿元疫情防控专项信贷资金和1亿元春耕备耕专项信贷资金，保障经营主体信贷需求。推进“凤凰行动”计划，组织30余家次后备企业参加省市组织线上培训、辅导和推介，增强企业上市意愿，营造上市浓厚氛围。证监会接受金沃精工上市申请，审议会议通过，实现全区上市公司“零的突破”。

【政务公开】 政务信息透明度和公信力提升，全年发布政策解读材料1268条，重要决策在政府门户网站上公开征求公众意见109次，采纳公众意见23条。疫情期间，发布疫情防控动态及信息210条、宣传海报40期，开展疫情调查问卷4期，线上收到信息爆料5734条，提供咨询17600次。

【议案建议和提案办理】 重视人大代表和政协委员对政府工作监督作用，提升建议提案办理水平，全年区政府系统承办人大代表议案建议88件、政协委员提案121件，分别占建议、提案总数的92.6%和87.7%，办理工作满意率100%。

【机关创建】 强化学习，提高素质，全年组织召开学习会22次，及时传达学习习近平总书记在浙江考察时重要讲话精神及中央、省、市、区重要会议精神。推进办公室“两学一做”活动制度化、常态化，加强对全体干部宗旨意识、服务意识教育。干部队伍建设推进，班子成员按分工履行职责，相互沟通协调，办公室重大问题由集体讨论作出决定，树立区府办领导班子讲团结、讲民主良好形象。

（毛佳俊）

行政服务

【概　况】 2020年，区营商办在区委、区政府领导和市营商办指导下，坚持以服务为基、需求为要、改革为先，围绕省市区改革工作要求，以改革为牵引，以数字化转型为契机，牵头抓总、对标赶超、克难攻坚，优化营商环境、提升政务服务能级、推动系统集成改革、深化信用体系建设，推进改革创新，加快推动改革任务有效落地，打造柯城营商环境建设“重要窗口”。

【“最多跑一次”改革】 区营商办被市“最多跑一次”办公室评为全市改革领跑奖先进集体。“一村万树”绿色期权模式改革经验被评为全省“最多跑一次”改革地方最佳实践案例；农民建房“一件事”改革工作受到省委书记批示肯定，联合区农商行开展“政银合作”，整合村级公共资源进驻乡村振兴讲堂，九华乡范村村、万田乡余家山头村、顺家路边村乡村振兴讲堂设立便民服务中心试点3个，推行“就近办”，62个高频民生事项在区村级政银合作点办理，全区推广并实现乡镇街全覆盖。省委改革办副主任董继鸿专程到柯城区调研，充分肯定柯城区“最多跑一次”改革工作，并推荐至省改革委月度例会。11月26日，改革经验被吸纳为市村级“最多跑一次”改革地方标准并立项，作为全市标准在县市区推广。推动改革向基层延伸，梳理下放民生事项327项，满足群众“15分钟办事圈”需求；通过农村实施政银合作，解决群众办事节假日不便难题。改革成效得到省委改革办副主任董继鸿、省政府副秘书长高屹肯定。公共场所提升成为全区改革“金名片”。以便利化、智能化、人性化、特色化、规范化为导向，同步推进文化中心、A级景区、市场等延伸扩面工作。区文化中心、荷花菜市场被省委改革办、《浙江日报》传媒评选为“改革在身边”公共场所服务大提升10月、12月亮点项目。其中，区文化中心改革经验作为全省示范典型，由省文旅体厅向全省推广。推动机关效能大提升。构建机关内跑协同平台，系统集成38个部门296个事项线上办，全年机关内跑“最多跑一次”事项实现率99%，线上办实现率97.63%。

图11　1月6日，区部门间“最多跑一次”改革系统应用培训会

【营商环境建设】 为抗击新冠疫情，减少群众办事来大厅次数，升级推行“浙里办”、网格办，网上办实现率100%，掌上办实现率99.3%。线下开设复工复产服务专区，开通“12345”咨询及预约服务，助力复工复产。上线运行全市首个县级“政企通”平台，涵盖工业、农业、服务业领域，全年兑现政策资金28340.68万元，受惠主体5683个。

【信用体系建设】 谋划“信用+”重点应用场景。推出“信用+社区智治”“信用+园区三色管理”两项市级重点应用场景，推进“信用门牌”“信用+基层医疗服务”“信用+乡村振兴大讲堂”区级信用特色应用场景，以信用监管方式，提升社会治理效率。牵头全区5年内企业行政处罚信息信用修复“清零行动”，梳理全区2015—2019年行政处罚信息275条，其中信用中国、信用浙江公示信息154条，至年底，基本完成一般信用处罚信用修复工

图12 区政务服务中心设立政企通服务专窗

作。通过摸数据、设专窗、促修复，打好信用修复组合拳，70余条行政处罚信用修复完成。以线上线下方式开展个人信用码、商家信用码联盟推广应用工作，拓展信用应用面，全区报名信用码联盟商家60余家，对“聚人气、促消费”起积极作用。核查完成个人及企业信用信息1万余条，其中严重失信企业信息45条，政策执行部门根据信用核查结果对严重失信企业予以一票否决，保障政策兑现公平性。完善“互联网+监管”机制，全区27家行政执法部门在市场监管领域全覆盖，实现全区执法人员全入库、监管对象全归集，监管事项覆盖率98.17%，位列全市第一，监管计划全制定，梳理780个部门条线监管事项动态管理，全年掌上执法比例99.89%。覆盖170个双随机抽查事项，开展跨部门联合抽查任务77次，双随机事项覆盖率100%，抽查任务按时完成率100%，联合监管执法率24.60%，在双随机抽查任务中引入信用任务数占比78.26%。

（徐梦云）

机关事务保障

【概　况】 2020年，区机关事务保障中心以党的十九大精神和习近平新时代中国特色社会主义思想、习近平总书记在浙江考察时重要讲话为指引，围绕区委、区政府工作重点，加强队伍建设，做好防疫后勤保障及后勤保障质量提升等工作。服务大局，优化作风，全面提升机关事务服务保障水平。

【疫情防控】 面对新冠疫情，做好留观点保障及区行政中心保障工作，为全区疫情防控筑牢后勤保障，为7个留观点集中采买需求物资，总计50多个品类、15万件保障物资。加强统筹，保障防疫用车需求，疫情期间出车1375车次，行驶59527千米，其中一般公务用车1089台次、执法用车286台次。

【后勤保障】 组织实施食堂保障提升改造项目，平整过高地面、规划用餐区域、调整桌椅布局，合理划分配餐区和堂食区，敲定餐具、收银、餐盘回收等细节落地，引入流水线售菜模式，结算可采用人脸识别或刷卡，提升菜肴品相，丰富菜肴品种，落实并缓解营业时间后半段菜品少问题，开设食堂小超市，提供更多选择。

【财务管理】 做好财务预决算并及时公开，确保资金正常运转。加强“三公”经费支出控制，全面实行公务卡结算；完成机关事业单位在职人员年度工资晋升工作；及时调整各项社会保险和住房公积金的缴费基数；组织开展政府财务绩效评估工作，做好单位绩效项目申报。

【重大保障】 保障中心成立以“专班制”为核心保障小组，打通科室与科室间工作壁垒，形成多方联动保障机制，提供高质量会务、用餐、用车服务。完成巡视组“回头看”、全市“互看互比互学”“一米菜园”现场会、全省村播现场会等综合保障任务，保障全区范围重大活动26次，接待客商93批次，出车50车次。

【安全保卫】 响应衢州市委、市政府提出“拆墙透绿”打造无围墙城市号召，以区政府基础设施更新改造为契机，稳步推进行政中心“拆墙透绿”工作有序开展。拆除行政中心北大院围墙，提升绿化品质，美化大院环境，打造适应未来人居关系新型办公场所，为全区市民提供更多绿色开放共享空间。提升安防水平。考虑到“拆墙透绿”后安保问题，重新布局摄像头点位，增加安保人员，提升“拆墙”后安保系数。

（巴雨秋）

公共资源监管

【概　况】 2020 年，区监管办以“三强化三推进”为工作主抓手，促全区工程项目交易、监管规范有序进行。全年完成工程招投标项目 647 个，投资额 21.91 亿元。其中，市公共资源交易平台招标项目 48 个，交易额 15.9 亿元；区、乡公共资源交易平台完成项目招投标 599 个，交易额 6.01 亿元。

【强化服务理念】 为保障重大项目顺利推进，立足“服务政府中心工作，服务发展大局”，成立区大监管服务办，建立重大项目服务协商机制，提前介入重大项目，主动参与项目前期谋划，优化重大项目立项审批、设计评审、招标监管、标后监管和结算审计，提升项目建设效率和品质。大监管服务办创建以来，为杭衢高铁项目、寺桥水库、美丽乡村建设、2020 年创文项目、老旧小区改造项目等重大项目、重点工程提供招投标政策法规、建设组织方式、交易方式、投标条件等意见咨询 10 余次，推进项目建设提质提速提效。

【强化业务提升】 推进工程项目全过程监管，开展“半小时”微课堂、科室之间交流轮岗，提升干部综合业务能力，确保项目审批备案零差错，平台交易零投诉。出台《柯城区政府投资建设工程项目招标投标管理办法》和《柯城区政府投资工程建设项目监管实施细则》，加强区、乡两级公共资源交易平台建设，规范项目交易流程和管理规则，开展全区工程建设项目代理企业培训，按规定开展企业考核扣分制，实行季度通报。全区法定限额以上工程项目招标应公开尽公开，按照限额以下项目监管细则，确保监管到位。加强标前、标中、标后全过程监管。标前，严把“审核”关，对项目立项、预算编制、评审报告等招标资料进行检查，把好招标方式、资质条件设置关。年内，未发生因招投标而引发的投诉和信访。标中，推行“电子化”，设立监控中心，对开标厅、评标厅进行全方位全过程监控，优化电子招标监管系统，开标过程网上留痕，系统自动核验信息并预警围标、串标等违法行为。疫情期间，通过电子招标监管系统，完成不见面开标项目 55 个，及时锁定并查处异常项目 2 起。标后，建立多部门联合检查机制，制定检查计划，加大检查频次，基本形成村级工程项目和重点项目全覆盖、全过程监管闭环。

【强化创新理念】 推进招投标机制改革，全面取消小额工程年度投标保证金。6 月 1 日，全面取消全区小额工程年度投标保证金，惠及企业 101 家，金额 1000 余万元。以签订《诚信投标承诺书》替代保证金缴纳，将企业串标、围标、陪标等行为纳入信用档案，若发生相关违法违规行为将受到相应处罚。探索安置房代建开发

图 13　区监管办推进招标服务监管提质提效，助力重点项目建设

模式。结合实际，提出柯城区安置房代建实施办法，探索多元化安置房建设模式，制订安置房全流程代建实施流程图、阶段代建实施流程图和代建招标文件。健全招投标诚信体系建设。联合区住建、交通、水利等部门制订《柯城区工程建设领域招标投标信用管理暂行办法》，建立健全全区工程建设领域招投标信用体系，明确招标单位、行业主管部门职责。在政府投资项目招投标活动中，若当事人出现失信行为并经过认定，就要受到处理，并直接影响当事人以后的投标活动，从制度上制约招投标违法违规行为发生，确保招投标竞争择优功能实现。

【疫情防控】 年初，新冠肺炎疫情突袭武汉，保障中心迅速成立由单位主要领导任组长的新型冠状病毒感染肺炎疫情防控工作领导小组，负责防控工作的组织、指挥、协调。领导小组下设办公室负责新型冠状病毒感染肺炎疫情防控日常工作，通过钉钉群、微信群及时传达学习中央、省、市、区有关指示精神，安排专人严格执行摸排工作，对工作人员健康情况进行逐一排查，对是否存在工作人员接触过湖北人员等情况进行摸排，做到全覆盖不遗漏，建立详细摸排台账，落实“日报告、零报告”，对节假日值班、节后招投标活动延期、进出人员管理、交易场所消毒等疫情防控工作进行安排部署。根据防疫工作需要，暂停招投标活动。下发做好新型冠状病毒感染的肺炎疫情防控期间柯城区工程建设项目招投标工作的紧急通知，1月28日起暂停区公共资源交易平台所有交易活动，鼓励企业采用网上电子招投标，避免人群流动、聚集带来的传染风险。通过网上信息公开对疫情防控期间人员值班、办理事项告知、应急事项，告知办事人员联系方式，确保信息公开、透明、畅通。监管办下沉社区网格，共抗疫情。根据小区疫情防控管理要点、十个禁止等要求，党员干部下沉社区、下沉网格，守牢“两防两控”底线，以实际行动支援社区疫情防控工作，协助金河湾社区开展小区疫情排摸、防疫宣传工作，按照“定人定岗定责”要求在城中村（东门村）开展排查登记工作，严格体温测量、严禁非小区人员进小区、劝阻非必要情况出小区，外防输入、内防扩散，与社区工作人员一起统筹安排，做到有序不扎堆，有针对性地做好服务工作，全力打好新型冠状病毒感染的肺炎疫情防控阻击战。

（施斐婧）

应急管理

【概　况】 柯城区应急管理局贯彻落实全国、省、市、区关于安全生产工作电视电话会议精神，全力以赴“守底线、遏重大”。加强、优化、统筹全区应急能力建设，构建统一领导、权责一致、权威高效应急能力体系，形成统一指挥、专常兼备、反应灵敏、上下联动、平战结合应急管理体制。在落实安全生产责任、开展防灾减灾救灾方面持续发力，以“大安全、大应急、大减灾”为主线，狠抓工作落实，坚持问题导向，聚焦重点问题，有效防范和遏制重特大生产安全事故发生，为区经济社会高质量发展提供坚实安全保障。2020年，全区发生事故6起、死亡6人，同比各下降25%。其中工矿商贸企业事故1起、死亡1人，同比各下降50%。未发生生产安全较大事故。全年接火警电话68次，其中火情4次，未发生森林火灾。区应急管理局防汛工作获全市“十条军规”通报表扬，安全生产工作获评全市“先进集体”，童前森林消防机降队获全市森林扑火比武第1名，九华乡大侯村泥石流灾害抢险救援被区政府记集体三等功1次。

【构建安全应急管理体系】 统筹抓好安全生产、应急救援、防灾减灾救灾重点工作，强化工作作风，提升履职效能，加快推进应急管理体系建设。区委重点听取专题研究安全生产工作2次，区政府常务会专题研究安全生产工作3次，市局及区委、区政府主要领导对应急管理工作批示20次。党政主要领导全面履行安全生产“第一责任人”制度，实行党政同责、一岗双责、齐抓共管，层层签订安全生产目标责任书。区委、区政府召开全区综合性和专项性安全生产工作会议7次，区政府常务会议听取安全生产工作汇报4次,区政府主要领导带队督促检查安全生产工作10余次，推进全区安全生产工作落实。预案修订工作完成，完善和运用“三个一”应急体系、《柯城区重大突发事件处置流程图》《柯城区重大突发事件紧急信息报送流程图》应急处置体系，召集相关部门完善和修订应急预案，组织开展应急处置演练，提升突发事件防范处置能力。全面落实乡镇（街道）“七个有”、村（社区）“八个一”建设内容，健全防汛防台抗旱预案体系，对《柯城区防汛防台抗旱预案》进行修编。做好防汛“六个一”工作，完善应急保障体系，落实避灾安置场所标准化提升工作，推进综合减灾示范单位创建工作，建立健全风险防范化解体系，有序开展应急工作，应急管理体系建设初见成效。

【自然灾害处置】 梅雨期间，全区经历7轮强降雨，区委、区政府领导指挥督导，成功处置“6·4”九华乡大侯村泥石流灾害、沟溪碗窑小流域山洪灾害和航埠城镇内涝灾害，实现防汛“零伤亡”。特别是九华乡大侯村泥石流灾害,区防汛办精准预警、提前部署、救援及时，在泥石流来临前10分钟转移群众10户29人，无人员伤亡，将可视化应急指挥系统运用于实战，做法得到国家防总和市、区主要领导肯定。整个梅雨期防汛期间紧急转移安置群众3200余人，救援被困农户7人，被困儿童150余人。

【率先推行“班前3分钟”】 在机械加工、金属冶炼、一般工贸行业领域选择试点企业9家，实施班前3分钟教育制度，同时逐步推广。通过班前教育提高员工安全生产意识和主动安全防范能力，提升企业安全管理水平、营造安全文化氛围，从“一人讲安全”到“人人说安全”。

【电动自行车安全隐患治理】 电动自行车充电安全、乱停乱放和私拉乱接是基层治理老大难问题。区安委办启动电动自行车消防安全综合治理专项行动，围绕“建、管、用”环节，分别在信安街道、迎和社区、新安花园小区和府山街道蛟池街社区建乙二巷、百岁坊开展试点工作，探索电动自行车治理新模式。将电动自行车消防安全综合治理纳入基层治理体系。居民可以通过参加社区组织各色志愿服务活动来赢取积分，根据一积分兑换一元原则，在“邻礼通”里兑换充电时长，实现免费充电。新模式推行使老旧小区充电使用率提高，居民充电方便、安全、实惠，基层治理工作融合打通。

【资源市场专项整治】 为落实区委领导对万川再生资源回收利用综合市场整治工作要求，做好改善市场及周边村民居住环境。7月24日，由区安委办牵头，组织航埠镇、区城投公司、区市场监管局、柯城生态环境分局等11家单位成立整治工作专班。实行“安委办牵头、部门协同、包干推进”工作模式，召开部门碰头会，针对整治工作中重、难点进行分析研判，通过抓统筹、抓落实、抓服务、抓谋划，推进工作开展，整治工作历时18天，涉及市场经营户16家,清运废旧物资3700余吨，清理户外经营场地1万余平方米。8月10日前，万川市场整治工作完成。

【护航复工复产】 疫情期间，与双港街道欣港社区结对，承担“包区清楼”和卡点巡检工作。疫情防控常态化，采取集中突击攻坚方式，用时20天实现全区“八大重点行业”隐患排查全覆盖，由区安委办牵头对全区“八大领域”开展地毯式隐患大排查、大整治。检查场所1756家，排查隐患1208处，全部整改完成，保障复工复产安全。

【扶贫结对】 结对华墅乡上墅村和三官岭村46户（134人）低收入农户，其中2名退居二线干部结对5户（11人）。局主要领导带队多次入户走访，因户施策，采取就业帮扶、节日慰问方式开展帮扶工作，同时及时掌握户情动态，做好信息更新，实现精准帮扶，所结对5户均达到脱贫标准。

（林昱彦）

柯城消防

【概　况】 2020年，柯城区消防救援大队（以下简称大队）对标应急救援“主力军”“国家队”职能定位，处置“6·4”九华乡大侯村泥石流、“7·9”石梁小沟村水域救援、“9·6”沪昆高速油罐车火灾、“11·9”中天东方氟硅材料有限公司火灾，为全区经济发展营造安全稳定消防安全环境。是年，大队被省消防救援总队评为安全工作先进大队、先进集体、防火监督工作先进单位、先进基层党支部，被市消防救援支队评选为“好班子”、基层建设先进队站，府东街消防站党支部被省消防救援总队表彰为先进基层党组织，多名个人受到表彰奖励。全年发展党员2名（其中1人在援赣抗洪火线入党），2人获省部级表彰，3人各被记个人三等功1次，6人获嘉奖，戴文辉获第九届最美衢州人年度十大人物。

【夯实基础工作】 是年，聚焦“能打仗、打胜仗”要求和应急救援“主力军”“国家队”的职责定位，以“真打实练”为练兵“作战图”，修订辖区重点单位预案和作战信息卡135份，开展重点单位熟悉128家次，开展演练126家次，维护保养消火栓512只，排查天然水源并登记造册42处。注重理论学习、落实每战必评、加强战术研究，结合重大典型灾害事故案例和辖区灾害事故特点，全年业务授课32次，战术研讨6次，战果评价17次。年内，选派6名指战员参加全省水域救援复训，3名指战员参加“开放水域IRB救援技术”培训，参训队员均取得优异成绩及相应资格证书。大队获市消防救援支队冬季练兵比武对抗赛第1名，在队列会操和条令纲要知识竞赛中获团体总分第2名。6月30日，大队在航埠五十都利用吊机进行水上救援经验，被全省指挥长集训作为典型案例推广。

【灭火抢险】 全年，大队接警出动787起，出动车辆918辆次，出动警力6081人次，疏散营救被困人员400余人，抢救财产价值2300余万元。年内，紧盯辖区消防安全重点难点，突出工业企业、仓储物流、高层建筑、商业综合体、老旧小区、学校等重点场所，采取突击检查、错时检查、“回头看”，强化消防安全监管力度。持续推进老旧小区消防安全整治，及时向区政府汇报，与住建部门、属地乡镇政府对接，把消防隐患整改纳入老旧小区整治三年规划，经区政府常务会议通过，投入2308万元作为消防专项整改资金，对56家老旧小区进行改造提升。联合区住建局，出台“六项措施”，提升高层建筑消防安全管理。制定完善以“一主一图一路一站一点一长”为主要内容的高层建筑长效管理“六项措施”，提升高层建筑消防安全防控水平。连续第五年开展微型消防站大比武活动，商场市场、宾馆酒店等9个行业，文化娱乐、银行业、房地产业等5大协会，35支农村志愿队、223家单位、1000余人参赛。承接全市星级微型消防站建设试点工作，代拟《柯城区微型消防站管理暂行规定》，经区政府审批后发给全区执行。根据实际情况，制定微型消防站系列规章制度，至年底，试点工作取得初步成效。

【监督执法】 全年，办理行政许可项目73个，检查单位545家（次），下发行政处罚决定书62份，下发临时查封决定书10份，责令“三停”单位5家，罚款9.052万元。区政府领导夜间带队开展“双随机”专项督导，发现问题发文督办。建立消防车定期巡查制度，开展巡查、检查21次，完成消防车道画线262处，治理工作顺利推进。安排专人跟进城隍庙区域安全整治工作，全面排查消防安全隐患，就提升消防安全工作提出建议。在区政府对姜家山柑橘加工园区整治工作中，政府协调相关问题，明确各方整改责任和措施，消防安全隐患整改取得实质性进展。

（罗文杰）

柯山消防

【概　况】 2020年，柯山消防救援大队提出“提速奔跑、争创一流”为导向，以推动高质量发展为主题，以落实“十四

图 14　12 月 22 日，柯山消防救援大队进行防暴恐暨消防安全疏散演练

五”消防发展规划为牵引，接续改革转制、转型升级、提质强能，提升队伍防范化解重大消防安全风险和及时应对处置灾害事故能力和水平。处置增援江西抗洪、“7·9”幼儿园师生营救、“11·9”中天东方氟硅材料有限公司火灾险重任务。完成党的十九届五中全会、衢州马拉松消防安保任务。实现人员素质、战斗能力“双提升”，综合业务、基础建设“双推进”，火灾形势、队伍管理“双稳定”，整体呈现良好态势。全年被总队评为基层建设和执勤训练先进单位，春城路特勤消防站被总队评为先进消防站，1 人被总队评为2020年度优秀基层干部，其中张力入选 2020 年度“最美浙江人·最美应急人”，为全体指战员树立榜样。

【实战练兵】 贯彻“练为战”原则，以实战化训练为指引，打牢灭火救援根基。坚持周三熟悉演练日制度，以“六熟悉”为依托，加强辖区灾害事故研究，重点开展危化品事故、人员密集场所、高层建筑熟悉演练，协助上级完成省级跨区域拉动演练 2 次，提高整体作战能力。全年修改完善预案 158 份、24 个小区作战信息卡，熟悉演练单位 506 家，战评研讨 45 次，无预案演练单位 34 家；疫情期间，每月通过对辖区重点单位桌面推演不少于 4 次。推进灭火救援基础设施建设，对辖区 175 只市政消火栓和 11 个天然水源取水口检查保养，确保完好率，同时完成 30 只消火栓新增任务。对辖区单位微型消防站和社区微型消防站常态化实战拉动演练，对消防站人员开展业务指导，提升微型消防站“灭早灭小灭初期”能力。全年，获得支队冬训比武对抗赛团体第 3 名，个人总分包揽前两名，冬训普考团体第 2 名、夏训操法团体总分第 1 名、全市队列会操和条令条例知识竞赛第 1 名的优异成绩。

【灭火抢险能力】 立足实际，以打造浙西消防铁军为目标，提高灭火救援综合能力，构建“金字塔”式救援人才梯队，派出 94 人参加总队、支队涵盖车辆事故、紧急救助、水域救援、信息通信等集训 15 次，4 人获水域救援证书，2 人获无人机专业证书，1 人获高层绳索救援证书，1 人通过潜水员复训。全年，接警

图 15　11 月 9 日，中天东方氟硅材料有限公司发生火灾，柯山消防大队官兵奋战在火场一线

918起（其中春城路特勤站383起、衢化路站535起），出动车辆1176辆次，出动警力7202人次，抢救被困人员247人，疏散被困人员349人，抢救财产价值152.4万元。

【重大救援力量】 11月9日，衢州市中天东方氟硅材料有限公司发生火灾事故，全体指战员快速响应、科学决策、精准施救。作为第一支进入厂区救援力量，指战员完成保护氯甲烷罐区、堵截厂区流淌火、深入高沸堆场灭火等作战任务，自始至终奋战在灭火救援最前线，为火灾处置做出贡献。张力作战20多个小时，在火场一线发挥党员先锋模范作用；范煜晨往返战斗于救援前后方一线，为扑救火灾做出贡献；马彬炳、韦安贺、徐幼超顾不上在队妻儿，第一时间奔赴火灾现场。整个灭火战斗中，新华社、人民日报社、中央电视台等国家、省、市媒体持续关注，集中宣传消防指战员救援英勇事迹200条次，树立主力军和国家队良好形象。应急管理部党委书记黄明及省委省政府、市委市政府主要领导对灭火战斗行动给予高度肯定。

【专业队伍建设】 对标应急救援"主力军""国家队"定位，承建化工、水域、地震、抗疫、雨雪冰冻专业队，突出特勤职能定位。根据辖区化工企业密集高风险特性，提升应对精细化工灾情实战能力，新增器材装备1000余件。融入高新园区数字化改造，加快推进化工园区应急救援圈建设，依托智造新城管委会建立园区级指挥中心；在大型演练、典型战例每战必评基础上，组织开展"救援业务大讲堂"8次，全面梳理辖区以往案例，邀请化工领域专家讲授相关知识和技术，开展消防员"十分钟微讲堂"活动21次，及时总结救援经验教训，提升理论基础。

图16　6月4日，九华乡大侯村发生泥石流滑坡，柯山消防大队在现场紧急处置

【监督执法】 开展打通生命通道、高层建筑、商业综合体、老旧小区、出租房、电动自行车、电气火灾隐患、"三合一"场所、小微企业、危险化学品重大危险源企业、复工复产企业专项整治。全年，检查社会单位635家次，督促整改火灾隐患和违法行为1027处，下发责令改正通知书120份，下发行政处罚决定书51份，罚款20余万元，施画38个住宅小区消防车通道标线，清除障碍物50处，查处消防车通道停车占用行为35处，全面检测高层住宅小区室内消火栓系统5次，张贴提示海报500份，协调媒体曝光3次，对2起符合"两案"标准火灾案件依法移送公安部门，对浙江衢州艾草屋食品有限公司重大火灾隐患进行政府挂牌督办。至年底，对违法行为有效震慑，消防执法威信得到提升。

【拥政爱民】 开展拥政爱民活动。是年，大队义务献血11人次，献血量3400毫升，专门成立由党员组成消杀专业队，走进社区、街道，指导居民做好疫情防护，对路面、楼道、电梯生活环境及设施进行全面消毒。组织开展"齐心抗疫、共献爱心"——助力抗疫捐款主题党日活动和"慈善一日捐"献爱心活动，筹集善款7800余元，用实际行动架起"爱心桥梁"。

【安全宣传】 以“百万员工大培训”“智造新城首届微型消防站比武”和“119 宣传月”活动为抓手，通过“线下+线上”全覆盖模式，针对辖区企业负责人、管理人、从业人员、乡镇街道、社区网格员进行消防安全培训，培训消防安全责任人、管理人 448 人，企业各岗位人员（含消防控制室值班操作人员、特种作业人员、一线员工）5000 人，网格员 4500 人，合计 9948 人。利用钉钉直播平台组织辖区企业开展“保平安、促发展”学习交流大课堂暨百万名员工培训工作，全年开展直播交流培训 4 次，包含高新园区、航埠工业园区的化工企业及小微企业 350 余家，企业汲取事故教训，提高安全意识；深入政府部门、街道社区、农村家庭、学校开设消防宣传培训 70 余次；将消防元素纳入乡镇街道，通过教育体验馆、村宣传点向全民普及消防知识，发放消防宣传资料 1 万余份；与市级媒体对接，每季度开展隐患曝光，火灾隐患曝光 6 次，营造整治浓厚氛围，提升全民消防安全意识。

（严堪诚）

退役军人事务

【概　况】 2020 年，柯城区退役军人服务保障体系建设与社保接续工作受上级领导肯定，领跑全市。年内，成立柯城区关爱退役军人协会，协同推进退役军人服务保障工作。作为迎

图 17　11 月 8 日，举办面向退役军人的专场招聘会

检双拥模范城考核的主战场，通过考核验收，助力市实现“省双拥模范城”六连冠、“全国双拥模范城”五连冠考核验收。全区首次为柯城籍现役义务兵父母进行免费体检。化解信访积案成效显著，下岗志愿兵公益性岗位帮扶工作反响良好。区退役军人事务局被评为 2020 年度重大项目征收贡献集体，在“古城双修”、礼贤“未来社区”、衢化棚改区改造征收项目工作被记集体嘉奖 1 次。府山街道、石梁镇白云村退役服务站被评为省级枫桥式退役军人服务站。

【服务站创建】 加大“新时代枫桥式退役军人服务站”创建工作力度。提质升级全区服务站，50%以上退役军人服务站（中心）开展“衢州有礼 · 新时代枫桥式退役军人服务站”创建。全年召开现场会 2 次，推进会 2 次。推荐区退役军人服务中心、荷花街道退役军人服务站等为“全国示范型退役军人服务中心（站）”；

图 18　8 月 9 日，全区“衢州有礼 · 新时代枫桥式退役军人服务站”创建工作推进会召开

图 19　7 月 30 日，区退役军人转接党支部成立，接收待安置期间退役军人

府山街道、石梁镇白云村退役军人服务站被评省级示范型枫桥式服务站。

【退役军人档案数字化建设】 年内，退役军人档案数字化建设工作完成，为全区退役军人等提供“一站式”档案查询，快速调卷服务。数字档案室应用系统支持对档案信息的 PDF 录入，能够实现档案信息准确检索、查询、统计、打印。至年底，室藏档案 659 卷 17790 件，数字化成果目录总量 17790 条。全年为退役军人提供档案查询服务，查询档案信息 400 多人次。

【退役军人全生命周期服务管理试点工作】 开展退役军人全生命周期服务管理部分事项试点工作。开展农村籍退役士兵老年生活补助、退役军人就业创业扶持和退役军人关心关爱援助试点工作，制作办事流程图及办事指南；军人退役关心关爱“一件事”成功在“浙里办一件事”专区上线。为农村籍退役士兵老年生活补助实行全程代跑代办，完成村级代办员培训并通过考试，全年，为全区农村籍 60 周岁以上退役士兵完成代办工作。

【退役军人接收和安置】 为退役军人提供行政岗位、事业岗位、国企岗位，转业干部行政岗位安置率 100%，转业士官事业岗位安置率 61.9%。全年“军人退役一件事”联合办理办结率 100%。

【退役士兵就业创业】 是年，结合疫情及返学实际情况，采用线上方式对退役士兵进行适应性培训。邀请杭州市级高校教授、职业生涯规划师、省模范退役军人授课，帮助退役军人尽快融入社会、尽早实现就业。会同区人社部门召开退役军人线下招聘会 2 场，开展退役军人网上招聘、就业推荐会等活动 3 次，提供就业岗位，与企业、单位达成就业意向 90 余人次。联合华夏银行开发“拥军卡”，退役军人办理小微企业贷款享受利率优惠。全年，纳税人享受企业招用退役士兵扣减税款优惠政策，扣减税款 24.31 万元。退役军人创业担保贷款 450 万元。发放退役军人一次性创业补贴 1 万元。开展下岗失业志愿兵帮扶。年底，帮助下岗失业志愿兵解决就业困难，有效解决柯城区下岗失业志愿兵的就业问题。

【社保接续工作】 2019 年，完成部分退役士兵社会保险接续受理工作，2020 年下半年开始进行社保接续缴费办理工作。全区退役军人完成补缴，争取财政专项补助，缴费完成率 100%。医保接续结合退休时办理。

【双拥模范城创建】 区退役军人事务局牵头召开柯城区创建全国双拥模范城考评迎检工作部

图 20　10 月 20 日，柯城区作为主城区助力衢州市获全国双拥模范城“五连冠”

署会。双拥工作领导小组成员单位完成任务分解、双拥台账整理收集、分类汇总、编订成册、上交备查等工作。经全国双拥模范城考核组考核评审，创建“五连冠”。

【军地融合工作】 春节、“八一”期间，区四套班子领导分别走访慰问驻衢州部队、消防单位、区人武部及柯城驻训部队，赠送慰问品价值16万元。配合区人武部做好征兵工作，区退役军人事务局被评为2019年征兵工作先进单位。

【抚恤优待工作】 全年发放重点优抚对象抚恤补助685.14万元。联合区民政部门，完成10户区困难优抚对象老年人家庭适老化改造。组织重点优抚对象到嘉兴短期暑期疗养。年内，组织柯城籍现役义务兵父母进行免费体检，组织无军籍职工、自主择业军转干部免费体检。春节、“八一”走访慰问困难退役军人，发放慰问金，及发放春节年画；2020年发放军属优待金，军属座谈会荣誉奖励和慰问经费。

【尊崇工作】 全年上门给三等功以上现役军人及家属送达喜报，发放奖励金。树立“省模范退役军人、兵支书吴绍忠”等先进典型。给抗美援朝老战士颁发抗美援朝出国作战70周年纪念章25枚；清明、国家烈士纪念日在网络平台开展“祭英烈”主题宣传活动，区四套班子领导、现役军人、烈士遗属、中小学生、群众代表等社会各界群众向烈士纪念碑敬献花篮。

【区关爱退役军人协会】 11月27日，柯城区关爱退役军人协会成立大会召开，选举成立第一届组织机构人员。形成政府机关、事业单位和社会力量“三驾马车”并驾齐驱、协同推进退役军人服务保障工作新格局。

【服务退役军人】 实行区、乡、村三级信访代办制度，在服务站分层设置信访代办点；落实“1＋5＋X”工作机制，强化基层基础；帮助退役军人协调解决问题。

图21 9月14日，首次组织全区现役义务兵父母免费体检

表7 2020年柯城区立三等功以上现役军人名单一览表

序号	姓　名	立功等次	序号	姓　名	立功等次
1	朱　莉	二等功	7	朱心玮	三等功
2	舒　敏	三等功	8	巫　震	三等功
3	李艳峰	三等功	9	朱贵斌	三等功
4	范鹭华	三等功	10	郑　斌	三等功
5	何振杨	三等功	11	白　俊	三等功
6	章俊浩	三等功	12	姜　灿	三等功

续表 7

序号	姓　名	立功等次	序号	姓　名	立功等次
13	余一成	三等功	30	徐小强	三等功
14	华程祺	三等功	31	周　彦	三等功
15	程俊杰	三等功	32	方　辉	三等功
16	沈海啸	三等功	33	姚新建	三等功
17	黄　晨	三等功	34	吴启豪	三等功
18	郑夏磊	三等功	35	徐　亮	三等功
19	徐凯文	三等功	36	翁康翔	三等功
20	张文杰	三等功	37	李佳科	三等功
21	李　超	三等功	38	陈凯翔	三等功
22	郑　超	三等功	39	龚政辉	三等功
23	丰晓建	三等功	40	丰明毅	三等功
24	严展升	三等功	41	戚振宇	三等功
25	郑建辉	三等功	42	童益辉	三等功
26	朱跃跃	三等功	43	周金龙	三等功
27	赖小龙	三等功	44	许康波	三等功
28	李　瑞	三等功	45	周　越	三等功
29	江景嵩	三等功	46	余维佳	三等功

（吴之玮）

综　　述

2020年，面对突如其来的新冠肺炎疫情，在中央和省委、市委、中共柯城区委领导下，全区疫情防控和经济社会发展取得重要成果。全年，区政协及常委会坚持以习近平新时代中国特色社会主义思想为指导，深入贯彻习近平总书记赋予浙江建设“重要窗口”的指示精神，全面落实中央和省委、市委、中共柯城区委政协工作会议精神，发扬民主和增进团结相互贯通、建言资政和凝聚共识双向发力，发挥专门协商机构作用，紧扣中心大局，主动融入实践，谱写新时代政协工作高质量发展的新篇章，为圆满收官“十三五”、全面擘画“十四五”贡献智慧和力量。

【政治引领】 加强政治引领、画好同心圆是政协履职重要政治责任。坚持以政治建设为统领，通过召开政协党组会议、主席会议、常委会会议和组织委员履职实践、教育培训，引导各党派团体和界别委员增强“四个意识”、坚定“四个自信”、做到“两个维护”，增强政治自觉、思想自觉和行动自觉，为忠实践行“八八战略”、奋力打造“重要窗口”广泛凝聚共识，为建设四省边际中心城市广泛凝聚智慧，为建设“四个区”广泛凝聚力量。

【理论武装】 深入学习习近平新时代中国特色社会主义思想，加强对习近平总书记关于加强和改进人民政协工作重要思想的学习。把学习贯彻习近平总书记关于“努力成为新时代全面展示中国特色社会主义制度优越性的重要窗口”的政治嘱托作为重大政治任务，做到自觉践行、积极探索。深入学习贯彻中共十九届五中全会和省委、市委、区委全会精神，做到学懂弄通、做实做细，努力把学习成果转化为建言资政的能力，转化为凝聚共识的水平，转化为推进工作的强大动力，增强奋斗“十四五”、奋进新征程的责任感和使命感。全年召开政协党组（扩大）学习会议、主席会学习会议、常委会学习会议28次，组织调研视察学习和举办委员培训班学习35次。

【加强党的建设】 发挥政协党组把方向、管大局、保落实领导作用，做到政协重要工作、重要活动围绕全区中心任务进行。完善区政协党组、区政协机关党组织履职制度机制。贯彻全区机关党的建设工作会议精神，加强区政协机关党的建设工作，落实区政协机关党组向区政协党组汇报工作制度，发挥政协机关党支部战斗堡垒作用和党员的先锋模范作用。坚持党建工作与政协履职一同谋划、一同部署、一同推进，做到党的组织对党员委员全覆盖、党的工作对政协委员全覆盖。

重要会议

【区政协四届四次会议】 4月20—22日，区政协四届四次会议召开，186名委员出席会议。会议听取和审议区政协主席徐连土作的政协工作报告、副主席吴云林作的提案工作报告。会议通过徐连土所作的政协工作报告、提案委所作四届四次会议提案审查情况报告。会议选举柴文灯为区政协副主席，姜祥峰为区政协常委。

【区政协常委会会议】 是年，区四届政协召开常委会议 5 次，审议通过区政协四届四次会议有关事项，听取提案办理情况、专题调研、协商议政、民主评议等工作汇报，通过相关人事事项。

表 8　　2020 年区政协常委会会议一览表

会议名称	日　期	主　要　内　容
区四届政协常委会第十三次会议	1 月 3 日	审议通过政协第四届衢州市柯城区委员会常务委员会第十三次会议议程；区府办通报区政协四届三次会议以来提案办理情况；区经信局局长薛云、区市场监督管理局局长舒建明、区政协经济委主任吴学文、区政协教科文卫体和文史委主任余海云通报调研情况；审议通过相关人事事项；审议通过区政协四届四次会议相关文件（草案）；区政协主席徐连土讲话
区四届政协常委会第十四次会议	4 月 17 日	审议通过政协第四届衢州市柯城区委员会常务委员会第十四次会议议程；审议通过政协第四届衢州市柯城区委员会第四次会议议程（草案）；审议通过政协第四届衢州市柯城区委员会第四次会议日程（草案）；审议通过疫情防控期间开好政协第四届衢州市柯城区委员会第四次会议的若干意见；审议通过有关人事事项；区政协主席徐连土讲话
区四届政协常委会第十五次会议	4 月 21 日	审议通过政协第四届衢州市柯城区委员会第四次会议决议（草案）；审议通过政协第四届衢州市柯城区委员会提案委员会关于四届四次会议提案审查情况的报告（草案）；审议通过政协第四届衢州市柯城区委员会选举办法（草案）；审议通过政协第四届衢州市柯城区委员会常务委员会副主席、候选人建议名单；审议通过大会总监票人、监票人名单（草案）
区四届政协常委会第十六次会议	7 月 21 日	区委办副主任、区信访局局长揭根龙通报区矛调中心建设情况；委员代表和受邀代表与相关部门进行协商；区委书记朱素芳讲话；区政协主席徐连土讲话
区四届政协常委会第十七次会议	12 月 2 日	审议通过政协第四届衢州市柯城区委员会常务委员会第十七次会议议程；区府办通报区政协四届四次会议以来提案办理情况；民主评议区农业农村局、区卫健局的提案办理工作；学习《中共中央关于制定国民经济和社会发展第十四个五年规划和二〇三五年远景目标的建议》《习近平关于〈中共中央关于制定国民经济和社会发展第十四个五年规划和二〇三五年远景目标的建议〉的说明》《中共浙江省委关于制定浙江省国民经济和社会发展第十四个五年规划和二〇三五年远景目标的建议》文件精神（书面印发）；区政协主席徐连土讲话

职能履行

【聚力大花园建设协商建言】 围绕灵鹫山名山开发建设，开展政协委员“动起来”系列活动，多次组织委员走进运动汽车城、丛林飞越、森林营道项目实地调研，提出对策建议，供有关方面参考。围绕鲟鱼小镇建设，组织区政协委员到乌溪江“一江两岸”石室古街、鲟龙公司调研，形成《关于打造农文旅体融合的“鲟鱼小镇”、助力衢州城市南部旅游发展的建议》，在市政协常委协商会上作大会发言。围绕乡村振兴，组织委员调研民宿品质提升、旅游公共服务体系建设、农村“三位一体”改革工作，与区农业农村、文旅体等部门交流、商议相关对策举措，形成《关于加快柯城农业供给侧改革的建议》调研报告；组织区政协委员调研农村土地抛荒问题，形成《莫让美丽乡村失绿》调研报告转交相关部门。

【聚力基层治理协商建言】 年内，将“最多跑一地”改革作为“请你来协商”重点协商议题，围绕诉源治理、村规民约、乡贤作用发挥、村级组织“一肩挑”后基层治理等10个课题，组织委员到区法院、区矛调中心和有关乡镇、村实地调研。委员结合自身特长和岗位工作，开展调查研究，了解情况，分层面交流探讨，提出可操作建议。区委书记和区委副书记、政法委书记及相关部门负责人，面对面听取政协委员助力基层治理建议。区政协主席会议成员完成区委安排村社换届、“两难”问题信访等重点工作。

【聚力协调发展协商建言】 围绕“十四五”规划编制工作，组织区政协委员就服务业、教育事业、卫生健康事业课题开展协商，提出8个方面建议，得到区政府领导肯定。围绕服务业发展工作，组织委员到专业市场城、巨化片区调研商贸流通和物流服务业，形成《关于推进巨化片区生产性服务业发展的调研报告》，区长蒋国强作出批示。围绕智尚小镇建设，组织区政协委员到小镇会客厅、网驿项目、杰丰服饰开展调研、提出建议。围绕全域土地综合整治工作，组织区政协委员开展调研视察、监督协商，积极建言、全力助推。围绕企业科技研发课题，组织区政协委员到实达实、伟荣药化等企业调研，向相关部门提交《关于加大企业科技研发支持力度的建议》。

【聚力民生实事协商建言】 召开“老旧小区改造”协商会议，助力老旧小区改造工作推进。开展生活小区污水“零直排”协商活动，围绕排水管网运行和管养、污水“零直排”建设标准等5个方面问题协商建言，8条建议被职能部门采纳，2条建议被列入污水“零直排”建设标准，此做法被《美丽浙江建设（五水共治）工作简报》刊登推广。围绕助力七里乡上门畲族村特色发展议题，市、区两级政协联动协商，区政协委员为上门村捐赠帮扶资金50万元，协商结果被市委统战部纳入《推进民族乡村振兴工作会议纪要》，此做法和成效在中宣部“学习强国”、省政协《联谊报》和“同心苑”微信公众号广泛宣传。协助市政协到石梁镇中心小学开展“六送下乡”助教活动，资助近10万元体育器材、助学金等。将提案办理、大会发言作为服务民生的“直通车”，提案办理结果满意率连续3年达100%。对民生实事集中的区农业农村局、卫健局两个提案办理重点部门进行民主评议，助力民生实事工作扎实推进。在四届四次会议期间，有8篇涉及民生领域大会发言材料和建议，得到区委主要领导批示。

【省政协领导调研“最多跑一地”改革】 9月23日，省政协主席葛慧君带队到柯城区矛调中心、航埠镇监督调研社会治理领域“最多跑一地”改革工作。肯定柯城“最多跑一地”改革和区政协助力工作，从联动集成、数字赋能、源头治理、队伍建设等方面提出指导性意见，要求各级政协和政协委员积极助力“最多跑一地”工作落地见效，以实际行动为“最多跑一地”改革做贡献。

【助推民生福祉】 区政协把“五水共治”工作作为民主监督重点工作，组织政协委员发挥优势，深入开展调研视察、民主监督，同心同向参与“五水共治”工作，助力柯城成为全省唯一被国务院督查激励1000万元的县（市、区）。区政协委员方炜金因治水工作突出被省政府荣记个人二等功。广大政协委员扎根一线，实干践行为民尽责的委员情怀。区政协委员方向明发展来料加工和“旱田模式”，带领广大农户增收致富，获评全国劳动模范。区政协委员陈玮做好政协履职与本职工作，提交高质量提案40余篇，入选全省政协系统首批30名“最美政协人”。区政协委员刘卫平“乐做清芬盈室的使者”，入选“全面小康路上的浙江政协人”。银河幼儿园作为省政协“加快发展学前教育”民生协商论坛唯一远程连线点，向全省介绍“公办园输出管理和业务骨干帮扶民办园”做法与经验，得到省政协主席葛慧君肯定。执行“组团联村（社）”“周二无会日”工作要求，主席会议成员带头到挂联社区帮助解决困难问题、带头站好交通劝导岗。在创建全国文明城市省测、国测期间，政协全体干部与挂联社区的干部、志愿者并肩作战。广大政协委员以高度的责任心和严谨细致的工作态度，通过多种方式当好志愿者、做好点滴事，在创文“高分答卷”上留下“政协印记”。年内，区政协委员在市政协七届四次全会上作“加快启动灵鹫山名山建设”大会发言，提出《关于加快启动浙江灵鹫山名山建设的建议》提案，被确定为市政协重点提案，大会发言、提案获得市委、市政府主要领导重视，加快灵鹫山名山开发建设成为市、区两级党委、政府共识。市长汤飞帆专程调研灵鹫山名山开发建设工作，市、区两级分别成立领导小组。12月20日，灵鹫山名山开发建设项目正式开工。

【疫情防控】 新冠肺炎疫情发生后，政协常委会第一时间发出《致全区政协委员的一封信》，动员政协委员共战疫情、主动作为。广大政协委员投身抗疫一线，提出建议100多条，捐赠物资总价值近400万元，助力销售柑橘20多万千克。委员“村播”带货和助力专业市场城复工复市协商活动被省政协《联谊报》刊发，报送《关于加强复工企业对员工健康宣教及心理辅导的建议》社情民意信息得到省政府领导批示。区政协机关严格执行各项具体防控措施，干部全员下沉，开展“包区清楼”行动和卡口值守志愿服务。区政协机关退休老干部主动捐款、创作抗疫诗歌和书画作品。

【创新与奋战】 全年举办“最多跑一地”改革、常态化疫情防控等24场“请你来协商”活动，向区委、区政府及相关部门提出意见建议120多条，平台建设得到党政重视、群众欢迎、委员点赞。“最多跑一地”改革协商活动，被区委书记给予“想到了党委政府的心坎上，干在了老百姓的心头上”肯定；“常态化疫情防控”协商活动被区长点赞“帮了党委、政府的大忙”。探索建立“邻礼通·请你来协商”“线上+线下”平台。根据区委工作安排，区政协领导牵头推动的寺桥水库项目获省发改委批复、“五水共治”工作获 “大禹鼎”、灵鹫圣境项目开工建设。12月，灵鹫山上山道路开始施工。在古城双修、礼贤未来社区、杭衢高铁等征迁工作中，参与征迁的政协干部按期完成任务，展现政协团队力量，被区委、区政府授予集体三等功。

【专门委员会建设】 是年，围绕发挥专委会基础性作用的工作要求，加强专委会联系界别活动小组工作，调整充实专委会委员，为发挥政协统战功能，拓宽工作视野，延伸工作手臂，按照标准化建、规范化管、常态化要求，年内成立8家委员会客室，创新团结联谊工作平台、模式和载体。委员会客室充分发挥牵头委员作用，拓宽委员团结引领界别群众渠道，推动“一个委员”影响“一众人群”示范引领工作深入开展。

【提高委员履职能力】 借助微信公众号平台，宣传区政协委员履职活动，展现委员履职风貌。举办履职能力提升培训班，邀请专家教授讲授党的十九届五中全会精神，邀请区人民法院院长解读《中华人民共和国民法典》，邀请优秀委员讲述履职故事，增强委员履职能力。评选产生2020年度优秀提案15件、先进界别活动小组6个、优秀界别活动小组组长9名、优秀委员33名。完善大会发言、请你来协商、提案办理、民主监督成果跟踪落实反馈机制，构建起建言、落实、反馈闭环机制。完善区政协委员履职考评规则，健全履职档案、履职情况统计通报制度，激励完成“委员作业”。落实履职经费，为履行职责、发挥作用提供保障、创造条件。

【联谊与交流】 区政协肩负统一战线工作团结联谊责任，为民主党派和无党派人士在政协发挥作用搭建平台、创造条件，提升多党合作制度效能。各民主党派和无党派人士参加政协各类调研视察和民主监督活动，在政协全体会议、协商会议等平台建言献策。加强与政协系统纵向、横向交流交往，向省、市政协汇报柯城工作，邀请省、市政协领导和政协委员到柯城指导工作，与省内外政协交流学习履职经验，全年接待政协系统交流考察团32批。

（杨　祺）

纪委·监委

综　述

2020年，全区纪检监察组织在市纪委、市监委和区委领导下，增强“四个意识”、坚定“四个自信”、做到“两个维护”，牢牢把握稳中求进总基调，把握高质量发展总要求，把握一体推进方法论，把握“重要窗口”高标准。忠实履行党章和宪法赋予职责，各项工作坚定稳妥、扎实有效。区纪检监察工作取得新成绩。全年，衢州市全面从严治党民意调查显示，柯城区综合评价排名全市第一。

职能履行

【强化政治监督】牢牢把握“加强政治监督”首要职责，推行“365监督在线”工作机制，推动政治监督具体化、项目化、常态化。执行“四清单”“两档案”“两报告”工作制度，建立“四清单”工作台账44份，政治生态建设档案66份，领导干部廉政档案544份。聚焦疫情防控、复工复产、“六稳”“六保”重点任务，成立专项监督组参与一线监督检查，全区查处涉疫违规违纪问题30起，处理45人，其中党纪政务处分6人。开展“八大专项执纪监督”，紧盯区委“三个年”活动、“树正打歪·拔钉清障”百日攻坚行动、全域土地综合整治等，“六抓六比·八大竞赛”项目跟进监督，保障区委重大决策部署、重大项目建设和重点工作任务落地落实。区纪委被区委、区政府记集体三等功。聚焦扶贫领域，成立15个督查组开展“千人走万户”大督查大走访，对全区低收入农户和扶贫项目“全覆盖”排查。全区查处扶贫领域腐败和作风问题43起，查处问责72人，其中党纪政务处分9人。落实“三个区分开来”要求，推动容错纠错机制细化落地，旗帜鲜明为担当作为干部撑腰鼓劲，为12名受到不实举报干部澄清正名，澄清正名工作全省排名前列。

【聚焦责任落实】协助区委完善全面从严治党责任体系，推动党委主体责任、党委书记第一责任、班子成员“一岗双责”和纪委监督责任“四责协同”有效运转。综合运用责任清单、廉情分析、报告评议、约谈提醒、责任追究、书记话廉有效抓手，督促推动党组织和党员领导干部担负起从严治党政治责任。协助区委对党风廉政建设责任制落实情况开展专项检查，对15个乡镇（街道）和6家区直单位重点检查。用好问责利器，对落实“两个责任”不力问题严肃追责，问责处理47人。准确运用“四种形态”，强化监督执纪综合效果，全区运用“四种形态”处理784人次，同比上升43%，其中第一种至第四种形态分别占76.9%、16.8%、2.9%和3.4%。发挥牵头部门作用，推进清廉柯城建设，开展清廉示范点创建工作，建成市级优秀清廉示范点2家、清廉村居有礼示范点5家，以点带面、串点成线推动清廉柯城建设。

【践行执纪为民】紧扣创新创优“十大项目”，开展“清廉网格

365”智慧监督，提升基层治理效能，获选全国“清廉乡村建设与乡村治理现代化”十大优秀案例和全市改革创新最佳实践案例，被市委“十条军规”通报表扬。开展信访举报“三清三提升”活动、“制度规范落实年”和“四个三”专项治理工作，对农村基层重点信访举报件集中“清淤”“清零”，纪检监察信访举报呈现“三降三升”良好态势，即检举控告量、初信初访量、重复举报量分别同比下降34.2%、34.5%、33.3%，初信初访办结率、实名举报办理群众满意率、涉纪信访积案化解率分别同比上升7%、11%、19%。落实“最多访一次”，在全市率先开展纪检监察来访接待场所入驻矛调中心工作，打造标准化、智慧化、联动式、一站式纪检监察信访窗口，接待来访群众455批678人次，受理办理检举控告171件，得到省、市纪委领导批示肯定。推进强化清廉村居建设专项行动，查处集体“三资”管理、土地征收等领域侵害群众利益问题70起，党纪政务处分46人，分别同比增长30%、53%。开展村干部违规承揽或插手本村工程项目专项整治，查处问责33人，其中党纪政务处分18人；通报典型案例3起。完成扫黑除恶专项斗争决胜之年、收官之年任务，严肃查处涉黑涉恶腐败和“保护伞”及失职失责问题，专项斗争开展以来全区查处71人，其中党纪政务处分42人、移送司法机关6人。区纪委区监委被省委省政府授予“全省扫黑除恶专项斗争先进集体”“打伞破网”工作连续三年在全市排名前列。严肃村（社区）组织换届纪律，广泛宣传“十严禁”“十不准”纪律规定，严把候选人资格审查关，开展换届风气巡回督查，对涉及村（社区）换届信访举报快查快办，保障村（社区）组织换届工作平稳有序、风清气正。

【自身建设】 围绕省纪委省监委打造12项纪检监察标志性成果要求，以打造全省“标杆式”县级纪检监察机关为目标，开展纪检监察干部“五心工程”建设，加强政治历练、思想淬炼、实践锻炼、专业训练。疫情期间区纪委区监委参与一线“战疫”，被评为全市“包区清楼”行动先进集体。争取区委支持，将11名优秀干部充实到纪检监察队伍，通过公开选调、新进公务员分配调剂、军转干部安置方式新增纪检监察干部15人。加强教育培训，依托专题培训班、“周一夜学”“啄木鸟”论坛载体，常态化组织开展纪检监察业务培训和岗位练兵。加强纪检监察干部日常监督管理，建立健全全区纪检监察干部廉政档案，加强廉政风险防范和化解。强化内部监督管理，严格执行监督执纪工作规则、监督执法工作规定，完善区委机关办文办会办事规程，实施档案数字化建设。坚决防治“灯下黑”，受理反映纪检监察干部问题线索4件。

党风廉政建设

【正风反腐】 把“严”主基调长期坚持下去，驰而不息纠治“四风”，全区查处违反中央八项规定精神问题44起59人，党纪政务处分21人；其中，查处形式主义、官僚主义问题28起37人。开展统计领域数字造假问题、制止餐饮浪费行为专项监督，强化纪律保障。保持惩治腐败高压态势，推进不敢腐、不能腐、不想腐。全区纪检监察组织处置问题线索805件，同比增长46.6%；立案191件，同比增长36.4%；党纪政务处分175人，同比增长28.7%，其中乡科级干部10人；采取留置措施8人，移送司法机关10人。加强对基层纪检监察组织办案工作督促和指导，建立问题线索定期会商机制，开展案件集中攻坚行动，全区乡镇（街道）实现自办案件“清零”。做好查办案件“后半篇文章”，通过纪检监察建议书形式，督促发案单位查找管理监督薄弱环节和制度漏洞，开好专题民主生活会，完善制度规范。全年向13个单位发出纪律检查建议书、监察建议书15份。深化警示教育月活动，借助区乡村三级联开“万人大会”载体，加大典型案例通报和警示教育力度，释放越往后执纪越严强烈信号。在强大震慑和警示教育感召下，全区11名村干部主动向区纪委、区监委投案，退缴违纪违法款项250余万元。

【利剑作用新彰显】 牢牢把握政治巡察根本定位，紧扣“两个维护”根本任务，围绕“三个聚焦”监督重点，“一村一报告”为村级换届“把脉画像”“昼巡夜结”为民解忧办实事、专项巡察助推脱贫攻坚决战决胜、从严从实督查评估推动问题整改落地见效，高质量推进巡察全覆盖。全年巡察各级党组织139家，其中行政村（社区）122个，发现问题2063个，移交问题线索169条，党纪政务处分17人，清退资金121.7万元。八届区委应巡察党组织345家，完成巡察338家，覆盖率98%。高质量推进村（社区）巡察工作，实现全区270个村（社区）党组织一届任期巡察全覆盖。创新巡察方式方法，探索开展暗访式访谈、“个性化”问卷、“扫码式”举报、基层版“述职述廉”会、政治生态画像新途径，增强工作实效。做好巡察“后半篇文章”，出台《巡察整改日常监督暂行办法》，推动巡察监督与纪检监察监督贯通融合，召开村（社区）巡察集体约谈会，督促被巡察党组织整改落实。协助区委抓好巡视回访检查反馈问题整改工作，回访检查反馈9个问题全部整改到位。

【治理效能提升】 坚持党对反腐败工作集中统一领导，重大事项、重要工作第一时间向市纪委市监委和区委请示报告。发挥区委反腐败协调小组作用，健全工作机制，强化工作协同。巩固派驻机构选调录用、选拔任用、轮岗交流、教育培训、党建工作、经费保障“六个一体化”改革成果，强化统一管理。深化运用片区协作、联席会议、线索会商、情况通报机制，推进纪律监督、监察监督、派驻监督、巡察监督“四项监督”统筹衔接、贯通融合，凝聚监督合力。全区派驻机构处置问题线索88件；立案10件，同比增长42.9%；处分10人，同比增长100%。深化乡镇（街道）监察办“五统一”规范化建设，完成村（社区）监察工作联络站设立工作，建立日常工作管理、联系协作运作机制，发挥“家门口纪委监委”作用。全区乡镇（街道）纪检监察机构处置问题线索560件；立案150件，同比增长87.5%；处分135人，同比增长68.8%。

（吴宇俊）

民革柯城区总支

【概　况】 2020年，中国国民党革命委员会衢州市柯城区总支委员会（以下简称民革柯城区总支）在中共柯城区委、民革衢州市委会领导下，在区政协、中共柯城区委统战部关心、帮助支持下，在总支部党员们共同努力下，柯城总支部学习贯彻习近平新时代中国特色社会主义思想，以加强组织建设为基础，发挥党员尤其是民革界别政协委员主体作用，围绕区重点工作，立足经济社会发展大局，履职作为，基层基础建设、自身能力建设加强，社会服务影响力大，各项工作成效可喜。

【理论学习】 学习中共中央总书记习近平关于新型政党制度重要论述，引导民革党员增强“四个意识”，坚定“四个自信”，做到“两个维护”，强化在筑牢同心合作共同政治基础上，加强基层基础建设、思想政治建设。组织开展“同心筑梦”读书会活动，传达区委统战部活动精神。组织学习“习近平在企业家谈话会上的精神”和“习近平在党外人士座谈会上的讲话”等党内学习活动10余次。邀请民革市委领导、身边优秀民革党员作主题宣讲。加强基层组织建设。坚持质量和数量并重，质量优先原则，做好新党员发展工作。全年新发展党员1名，确定入党积极分子2名，柯城总支有党员17名。按民革市委制定《基层组织评估办法》，促进支部建设细则可依。组织赴民革衢州市巨化支部交流学习“党员之家”建设，促进交流发展。加强特色支部建设。有意识引导和支部无意识自发相结合，逐步形成支部特色。注重参政议政，为经济、政治、文化、社会、生态文明建设建言献策，注重社会服务，彰显民革责任担当，为“衢州有礼”建设贡献民革智慧。多名党员获系统内年度先进工作者、专业委员会委员等荣誉，展现党员团结向上、奋勇争先精神风貌，通过优势集聚，为民革界别政协委员更好履职助力。

【参政议政】 区两会递交提案和建议13篇，涉及经济、民生、城市建设等领域，其中2篇建议作为大会发言汇编成册，胡海姣委员代表柯城总支做《夯基筑新　推进柯城经济高质量发展》大会发言。市两会胡海姣委员递交提案4篇，其中《堵“两头”，强合力，保衢城“无诈”之城建设》《理顺三方关系，促进物业管理水平再提升》提案2篇被市政协选为主席协商办理提案、市重点提案；金晓锋提案《关于以“字画像”模式加大贷款扶持力度，为复工人员提供资金支持的建议》，祝文仙提案《关于将计划生育特困家庭保险理赔服务纳入医疗费“一站式”结算的建议》，周燕波提案《关于加强餐饮店消防安全建设的建议》，杜灵萍提案《关于加快推进青少年近视防控工作的建议》《关于加大基层医疗机构医务人员队伍建设的建议》等汇聚真知灼见，彰显民革柯城总支委员参与人民政协独特优势和作用。鼓励党员参与民革市委调研，拓宽思路，支部开展文明城市创建工作调研。参与区政协组织“请你来协商”活动，提交《关于常态化疫情防控下如何加强社区基层公共卫生基础设施建设的建议》1篇，参与副市长廉俊领办民革党员重点提案举行协商办理。结合民革省委、市委，区直相关部门平台资源，发挥党员优势，对区脱贫攻坚工作、“县乡一体、条抓块统”改革等工作进行调研。结合全区中心工作，支持引导党员珍惜履职平台，为人民监督，促进社会公平正义，和谐发展。

【服务社会】 坚持在想实招、办实事、见实效上下功夫，社会服务工作成效较好。身在医护一线民革党员，疫情期间勇于奉献冲在前，连续奋战在隔离点做好医护工作。自发组织捐款、捐物活动。捐赠物资口罩、消毒水、防护服等，价值2万余元，受益人数700人。参与创文工作。交通文明岗、捡垃圾、捡烟头、劝导不文明行为等志愿者中有党员身影。部分党员进社区，为城中村清理卫生死角、铲除墙上非法小广告、清理乱堆放杂物、清扫绿化带，齐力为创建全国文明城市添砖加瓦。组织开展讲座义诊活动。开展讲座11次，讲座内容包含冬春季、秋冬季传染病、爱眼护眼、营养、高血压、糖尿病等，期间线上讲座2次，参加1600余人，发放折页160余份。开展义诊咨询16次，宣传无烟日、预防接种日、肺结核日等，参与270余人，发放宣传折页230份。提供免费测血压、血糖400人次。组织爱心活动。关爱青少年、残疾人、空巢老人活动4次，受益人数200余人。多次参加最美天使急救团队活动。在衢州高铁站现场演示心肺复苏，传播急救知识。

（高　欣）

民盟柯城区支部

【概　况】 2020年，中国民主同盟衢州市柯城区支部委员会（以下简称民盟柯城区支部）在民盟衢州市委会和中共柯城区委统战部领导与关怀下，履行参政议政、民主监督职能，围绕政府中心工作，服务大局、立足本职，提高自身社会服务能力与本职岗位履职水平，为推动本地经济社会各项事业发展建言献策。参加扶贫帮困、救灾援助等公益活动，通过自身学习提高个人素质水平，盟内组织活动是积极分子，工作是业务尖子。

【理论学习】 加强理论学习，把握政治方向，提高自身履职能力。主动把学习放在首位，以更宽广的视角、更全面的综合理论知识、更高的目标要求自己，学习民盟盟史章程，学习统战理论和人民政协理论，发扬老一辈优良传统，履行民主监督、参政议政职能。参加省、市民盟组织学习会、讨论会和培训学习班。支部主委、盟员骨干参加省、市基层青年骨干培训学习，提高理论知识。围绕民盟市委会、区委统战部部署学习任务完成。参加上级安排活动，平时灵活组织支部活动，加强支部盟员间相互沟通学习，促进工作开展。

【参政议政】 坚持以人为本、以民为先要求，围绕区经济社会发展重大问题和人民群众关心热点难点问题，倡导深入基层、认真调研、注意倾听民意呼声、真实反映群众意愿，践行情为民所系、利为民所谋、言为民所建、计为民所献，建言献策。盟员政协委员认真履职，参加政协大会发言和政协社情民意调研视察，坚守履职为民理念，为改善民计民生献计出力。

【组织建设】 发展新盟员，吸纳人才，充实支部力量。通过介绍、推荐、考察等途径发展优秀新盟员，支部力量充实，特别是盟员结构改善，年轻化和人才多样化保证基层组织具备后续发展旺盛的生命力、战斗力。

（高　欣）

民建柯城区总支

【概　况】 2020年，中国民主建国会衢州市柯城区总支委员会（以下简称民建柯城区总支）在民建衢州市委会正确领导下，在中共柯城区委统战部关心和指导下，围绕全区大政方针和本会中心任务开展工作。调动会员积极性和创造性，凝智聚力，联系群众，调查研究，建言献策，反映社情民意，为促进区经济社会全面发展做贡献。

【理论学习】 开展“不忘合作初心，继续携手前进”主题教育和中共十九届四中全会精神学习，对建设社会主义现代化国家作出部署，对统一战线理论、作用进行论述。组织学习中国共产党第十九届中央委员会第五次全体会议、《中共中央关于制定国民经济和社会发展第十四个五年规划和二〇三五年远景目标的建议》、习近平总书记在深圳经济特区建立 40 周年庆祝大会上讲话精神等，学习省委提出“忠实践行‘八八战略’、奋力打造‘重要窗口’”新课题 10 个和衢州市委“1433”发展战略体系等决策部署，学习民建市委会《“不忘合作初心，继续携手前进”主题教育活动实施方案》。会员表示，听党话、跟党走，思想上、政治上、行动上，同以习近平总书记为核心的中共中央保持一致，做中国特色社会主义事业合格建设者。

【社会服务】 主动投入政府中心工作和社会公益服务工作。参与疫情防控。部分会员从大年初一开始入社区、入企业做好防疫物资发放、统计，做好防疫期间复工复产工作，捐款捐物。会员汪天明担任民建企业家协会秘书长职务，全年为民建会员联系银行贷款 15 笔、金额 8300 万元；银行转贷 24 笔、金额 9500 万元，提供法律咨询服务 20 余次，企业服务 28 次。

【企业服务】 发挥会员专长，做好服务企业、服务社会工作。商贸系统会员发挥商标工作者优势，通过商标品牌指导站指导协助企业联系办理商标注册、续展、转让、许可使用等事项。开展商标质押贷款行动，搭建银企交流平台，协助企业商标专用权质押贷款工作。银行系统会员担任衢州民营经济发展促进会秘书长等多个经济协会顾问，发挥自身优势，以协会为平台，帮助企业答疑解惑，了解企业实际需求，全方位开展金融支持企业工作，有效履行社会责任。经信系统会员发挥工作优势，参与企业复工复产工作，联系区防疫物资组对接片区企业防疫物资购买和调配。

（高　欣）

民进柯城区总支

【概　况】 2020 年，中国民主促进会衢州市柯城区总支委会（以下简称民进柯城区总支）在民进市委会正确领导下，全体会员与时俱进，求真务实，学习和贯彻省、市、区有关会议精神。民主监督、参政议政、参加政治协商、社会服务等方面取得成绩，为区经济发展贡献力量。

【理论学习】 参加市委会、中共柯城区委统战部、区政协各类培训学习，市委会组织“开明议政”活动，参政议政水平提升。3 月，会员刘美芳参加省委会骨干会员线上培训班。8 月，参加区委统战部组织读书会活动，总支主委张红萍作主题发言。9 月，新会员参加民进市会员在开化举行的新会员培训班。11 月，参加区委统战部工作总结会议，总支副主委方向明等多位会员因业绩突出受区委统战部部长表扬。12 月，参加区政协主题培训活动。学习贯彻中共十九届五中全会精神，通过线上集中学习《中国共产党第十九届中央委员会第五次全体会议公报》。会员表示，作为民主党派基层组织骨干成员，将领会中共十九届五中全会精神，在中国共产党领导下，把爱国热情转化为干事创业激情。

【参政履职】 主委张红萍撰写《推动柯城中药产业高质量发展的建议》；总支委员曾伟珍撰写《大数据助推精准扶贫、精准脱贫》；总支副主委许贤智撰写《差异化留人用人政策，进一步完善我区卫生人才队伍建设的建议》等调研文章。全年总支会员采写社情民意信息 20 多条，其中《关于将“北斗”卫星导航系统纳入中小学教材的建议》被民进中央采用。会员刘美芳在 8 月举行的民进市委会第三十一期“同心”大讲堂暨2020年反映社情民意信息工作会议中，作《因为相信所以看见——社情民意写作体验》经验分享。

【组织建设】 5月，承办“初心·笃行——爱民进创意跑”活动。来自衢州各县（市、区）民进会员们穿上蓝色队服，贴上活动标志，在森林公园开展创意跑活动，通过脚步，在衢城绘出一幅“75”字样，以此庆祝中国民主促进会成立75周年。活动获省委会最佳组织奖，浙江卫视“中国蓝”等多家媒体进行报道。是年，方向明、张红萍、姜利军、周琦珍、刘美芳等近10位会员事迹在衢州统战公众号进行宣传。通过会员活动，为社会贡献自己力量，激发会员活力，凝聚会员信心，增大会员影响力，吸引更多人才入会。民进柯城总支被评为民进全省组织建设工作先进单位。

（高　欣）

农工党柯城区总支

【概　况】 2020年，中国农工民主党衢州市柯城区总支委员会（以下简称农工党柯城区总支），开展坚持和发展中国特色社会主义学习实践活动、社会主义核心价值体系主题教育学习活动，组织党员学习中共十九大会议精神和习近平总书记重要讲话精神，围绕中共衢州市柯城区委、区政府中心工作，积极建言献策。

【理论学习】 学习贯彻中国农工民主党主席陈竺在中国农工民主党“不忘合作初心，继续携手前进”主题教育活动总结大会讲话精神，学深悟透，结合各自本职工作，全面巩固主题教育活动成果。围绕“产业兴旺、生态宜居、乡风文明、治理有效、生活富裕”乡村振兴战略，结合市委“3752”乡村振兴大花园建设顶层设计要求，做好乡村大花园建设，促进社会经济健康发展。

【参政议政】 把参政议政作为重点工作平台，撰写区政协、市政协大会发言和提案，参与区政协、市政协组织的各类调研活动和提案评议活动，全年翁水珍、刘国群委员撰写大会发言2篇。翁水珍、刘国群、郑利珍、周香球、胡芬芬、叶建阳、黄金虎等委员撰写提案8篇，其中翁水珍撰写的《加快全域土地流转，推进乡村振兴的建议》被列入区政协大会发言，提交《关于加快全域土地流转　推进美丽田园建设的建议》被评为市政协七届三次会议以来优秀大会发言二等奖，翁水珍委员提交《加快三产融合推进乡村振兴的建议》被列入区政协重点提案。翁水珍委员撰写“加快实施产业兴旺，全面推进乡村振兴的建议”被农工党省委会列入2020年参政议政重要课题。

【社会服务】 参与社会服务活动，利用医卫人员和农业科技人员优势，组织开展义诊活动、进社区和农业科技活动、进乡村活动，其中医卫支部组织义诊进社区、进企业服务3次，组织农业科技进乡镇活动1次，接诊人员109人次，发放各类技术资料1200多份。

【疫情防控】 疫情期间，在职党员响应组织号召，放弃春节假期，正月初三全部到岗，开展疫情对农产品影响调查，排摸农业龙头企业困难，帮助企业渡过难关。林静主委发挥党派作用，动员全体党员参与抗疫防疫工作，个人捐款3万多元，单位捐献防疫物资35万元；同时郑开良、郑利珍、刘国群等委员们参加社区疫情防控值班，胡芬芬、吴淑珍、吴先华等委员在医生岗位上全力以赴，有序应对疫情防控。浙八味集团董事长、医卫支部主委沈卫迅速贯彻落实市委、区委新型冠状病毒紧急会议精神，高度重视疫情防控工作，对防控工作全面部署，从除夕前夜得知疫情消息开始，集团公司董事长沈卫对接物资供应商，采购口罩、抗病毒药物、消毒水、酒精棉球、额温枪等防疫急需品。面对产能不足、库存不够困境，沈卫多方联系，四处筹集采购防疫物资，连续工作至数个凌晨，垫付货款，逐一落实防疫物资清单。抗“疫”关键时刻，采购口罩50余万只、消毒液2000余箱，超过400万元防疫物资被陆续送到市、区防疫指挥部等防疫一线单位（部门），彰显良心企业家深情厚谊。2月18日，针对全市企业复工求购防疫物品难问题，沈卫带领电商中心创新方法，与柯城、衢江农商行，专业市场管委会，双港街道等单位联手行动，开展“手拉手，浙八味集团牵手企业，急你所需，助力复工，网上办理防疫物品采购活动”。电商平台第一天上线转发1.37万余次，联系企业300多家，回访有效订单185个，塔建企业复工防疫物品网上采购平台。下单3.5万份，销售额突破120万元，推进企业复工生产106家，为市区机关单位27家供应防疫物资，为一线指挥提供保障。1月26日，沈卫冒着倾盆大雨，将价值10.5万元防疫物资捐赠给市防疫指挥部，驰援一线防控疫情。向柯城区、衢江区、常山县、四川省北川县，涉及公安、武警部队、学校、医院等系统合计捐献口罩5.4万只、其他防疫物品价值28万元。沈卫作为衢州市健康管理协会和柯城区中药材协会会长，在防疫期间发动会员捐款捐物，其中市健康管理协会捐款34400元；中药材协会向武汉驰援维生素C丰富的衢州椪柑70吨。

【组织建设】 委员沈月梅参加全市农工党员骨干培训班，党员郑开良、郑利珍参加农工党市委会履职能力培训班和全区统一战线工作能力提升班。全年新发展党员3名汪娟、徐水珍、叶飞，培养党员1名芮建颖。区总支部委员会被省委会评为2020年度先进基层组织，区医卫支部被评为2020年度先进集体；沈卫、翁水珍分别被省委会评为2020年度社会服务先进个人和参政议政先进个人。翁水珍、周香球、吉樟株评为市级优秀党员，胡芬芬、刘国群、黄志虎评为参政议政先进个人，沈月梅、郑利珍、吴淑珍评为社会服务活动先进个人。沈月梅撰写的《做活移动端　做强短视频——县级融媒体中心建设的实践与思考》刊登于《中国报业》杂志，翁水珍撰写的《关于推进柯城区数字农业发展的对策与思考》发表在《农家参谋》刊物。

【打造“农工党之家”品牌】 以“健康中国”“美丽中国”为履职主线，立足区发展中医药健康产业，围绕打造全市及全国农工党员之家目标，依托衢州市柯城浙八味中药产业发展有限公司，结合第七届中医科学大会筹建农工党专家楼，打造“柯城农工党之家”。

（高　欣）

九三学社柯城区基层委

【概　况】 2020年，九三学社衢州市柯城区基层委员会（以下简称九三学社柯城区基层委）在九三市委会指导下，在区委、区政府领导下，在区统战部支持下，高举中国特色社会主义伟大旗帜，践行社会主义核心价值体系，发扬与中国共产党风雨同舟、荣辱与共光荣传统，弘扬民主与科学精神，以建设高素质参政党为目标，履行参政党职能，加强自身建设，各项工作任务完成。

【思想建设】 把思想建设放在工作首位，采用学习与交流，培训与研讨方式，提高社员政治觉悟。以会代训，推动学习活动常态化。组织全区社员学习中国特色社会主义理论，学习中共中央、省市区重要会议及相关文件精神。结合工作谈心得、谈体会，理论联系实际，思想转化行动。培训研讨，开展学习活动。全年结合形势，组织两会精神研讨会、座谈会，社员做心得体会交流发言。推荐社员参加中共衢州市委统战部组织党外干部能力素质培训班。通过学习交流，增强维护中国共产党领导多党合作和政治协商制度自觉性。利用载体，提高学习成效。以九三学社成立75周年为契机，开展学习教育活动，以社章社史为重点，组织全体社员观看专题片《为了民主与科学》，重温历史，感受先铁肩担道义，为民族独立与进步而努力奋斗历程。柯城基层委在社委省纪念建社75周年活动中被评为先进基层组织，被社市委评为新闻宣传先进集体，方炜金被评为社省委优秀社务工作者。

【参政议政】 调动社员参政议政积极性，发挥整体优势，建言献策，参政议政水平提高。参与政治协商，发挥参政党职能。全年，组织社员参加区政协请你来协商“污水零直排”建设调研工作，参与区委统战部关于灵鹫山森林运动小镇建设情况等考察活动，组织社内政协委员视察无障碍社区、残疾人家庭无障碍改造工程等民生保障工作。重点课题调研，奠定参政议政基础。结合区经济社会发展现状，创新工作方式，立足本职工作，把调研工作做深做细。吴文明参加研究的课题“柑橘新品种选育引进筛选试验与示范推广”获省农业丰收二等奖，参与撰写的《大棚延后栽培椪柑品质动态变化研究》发表于国家级专业期刊《中国果菜》第39卷，撰写的《设施栽培对柑橘黑点病的影响》及《有机叶面肥对柑橘生长和果实品质的影响》两篇论文发表在省级专业期刊；杨慧峰开展的项目化学习方案《走进抗疫英雄——钟南山》被评为全省优秀方案，在“浙江教研”微信公众号首篇推出；主持2020年衢州市教育科学规划课题“依托场馆，亲近与传播儒学文化的实践与研究”获一等奖；柯城基层委参与撰写和报送的“推进‘最多跑一次’改革在公共服务领域深化 不断提升公共服务水平”“关于我市企业科技创新存在的问题和对策建议”分别被九三学社市委评为2019—2020年度优秀调研课题一等奖和优秀奖。科学谋划凝心聚力，建言献策取得新成绩。医卫支社主委陈玮撰写的社情民意信息《关于加强复工企业对员工健康宣教及心理辅导》得到省政府主要领导批示；郑林树撰写的《我市企业科技创新存在的问题及对策建议》在市政协会议上代表衢州市九三学社作发言。

【社会服务】 坚守岗位，责任担当。为民初心，服务社会。做到本职工作与履职工作“两手抓、两不误、两促进”。疫情期间，发挥医卫界社员多界别优势，调动积极性，为国担责。区疾控中心、区人民医院等医卫系统社员响应号召，放弃春节假期，日夜奋战防控一线。陈玮医生临危受命，担任医院新冠肺炎医疗救治专家组副组长；郑忠法主动承担柯城人民医院发热门诊患者初筛工作；陈周敏第一时间请缨进入隔离病房参与新冠患者诊治工作；郑建军抽调至区新冠肺炎疫情防控应急指挥部，负责每日疫情数据摸底、排查、收集、统计、汇总、上报等工作，为合理有序准确制定疫情防控决策提供科学依据，被社省委评为“抗击新冠疫情”先进个人。不畏艰苦，联防联控践行责任担当。全年13名社员主动下沉社区，参与小区封闭管理，进行人员排查、信息收集、宣传教育、服务保障等工作，充实基层疫情防控力量，织密织牢街道、社区疫情防控网络。吴燕芳、廖雪芳、杨慧峰云端开课50多节，批阅作业5000多份，为孩子们提供最佳学习效果，开展云端班会、云端家长会。吴祖珍组织开展“爱心理发”活动，市美容美发协会志愿者上门为奋战防疫一线干部职工理发，为志愿者做好后勤保障工作。由主委徐成旺、副主委方炜金担任柯城区治水办（河长办）负责人、专职副主任，推进“五水共治”，落实“河（湖）长制”，率先在全省实现“清三河”和“剿灭劣V类水体”；2月公布2019年“五水共治”公众满意度成绩位列全省第二、全市第一；石梁镇、信安街道获省“五水共治”百优乡（镇、街）。区河长制工作成为全省唯一获国务院办公厅关于对2019年落实有关重大政策措施真抓实干成效明显督查激励的县（市、区），并获1000万元奖励，被授予省“五水共治”（河长制）工作优秀县（市、区）“大禹鼎”。主汛期间，向水而行，坚守一线，冲锋在前，利用专业特长指导抗汛救灾，为企业送去灾后技术指导。入冬，医卫支社到农村开展送医下乡暖冬行动，专家社员为当地百姓提供义诊服务；组织开展以“安全用药，战役同行”为主题知识竞答、过期药品回收兑换等活动，受到当地百姓欢迎。柯城基层委被社省委评为（社会服务）先进基层组织，9名社员被九三学社市委评为2019—2020年度先进社员。

（高　欣）

工商联

【概　况】 2020年，区工商业联合会坚持“围绕中心、服务大局”原则，发挥工商联统战性、经济性、民间性优势，履行职责，担当作为，推动工商联工作取得新进展。

【疫情防控】 作为区新冠肺炎疫情防控领导小组成员单位，严格落实24小时值班制度，全体干部参与一线防控，前往大南门村开展“包区清楼”工作。助力企业复工复产，向企业传达有关政策，做好企业家思想引导，收集企业困难和需求并及时汇报区委、区政府，与区法院携手制作企业应对新冠肺炎疫情及复工复产法律问题实务操作手册并送至会员企业。帮助4家企业申报通过省参与防控疫情重点企业，得到融资优惠政策。通过商会、会员企业为全区疫情防控提供物资保障，采购10万元消杀用品和抗病毒药品、18万只口罩。衢州义乌商会、柯城区开发区商会、柯山商会、航埠商会等95家会员企业及个人向区红十字会捐款65万元。

【亲情直通车】 开展由省工商联牵头谋划、省市县三级联动实施“亲情直通车—政企恳谈会”活动，5月、9月、10月分别以“强信心、保增长”“践行‘两山’理念　助力绿色发展”“服务‘六稳’‘六保’，护航民企发展”举行政企恳谈会，帮助民营企业对接解决实际问题，助推党委、政府及相关部门重点任务落实。

【脱贫攻坚】 深化东西部扶贫协作，新增11家区工商联执委企业与北川县签订“万企帮万村”结对帮扶协议，36家执委企业参与。疫情期间，执委企业向北川捐赠1.3万只医用口罩、70吨柑橘。新增挂牌督战结对帮扶对象——四川省凉山州布拖县补特村，研究制定帮扶方案，发动区商会与该村签订结对协议，5月26日在全市率先将10万元帮扶资金落实到位，该笔资金用于设立公益岗位，帮助贫困人员增收。另有执委企业捐赠100件羽绒服。落实区内结对帮扶工作，工商联干部与花园街道叶蓬村5户低收入农户结对，上门走访了解困难群众生活状况、享受政策情况和困难需求，发放政策明白卡，宣传、解读有关政策，做到精准帮扶。

【商会建设】 推进寓外商会筹建，9月下旬至12月，用三个半月时间建成成都、重庆、温州、深圳和北京寓外商会并召开成立大会。

（周　丹）

群众团体

工会

【概　况】2020年，区总工会坚持以习近平总书记关于工人阶级和工会工作重要论述为指导，把握“增三性、去四化、强基层、促创新”工作思路。围绕中心、服务大局，内挖潜力、外树形象，忠诚履职、积极作为，全力做好党政所需、企业所急、职工所盼、工会所能工作，取得新进展、新成效。

【复工复产】开展“组团联企”。组织工会干部开展联防联控联企服务，对衢州八达纸业、衢州远方化工等5家企业复工复产工作，帮助八达纸业争取附加额外气价减免优惠，动员火宏凯泰汽车城为市场内商户减租免租375万元，帮助15家企业发布实时招聘信息，稳步推进企业复工复产。以疗养新政助推消费升级。根据市总工会及市、区消费专班部署，及时调整全区疗休养政策，引导区内消费，提振市场信心，助力柯城经济发展。全区上报疗休养单位137家，参加疗休养6948人，带动区内消费1300余万元。减征工会经费。为加大对小微企业和职工帮扶力度，实施企业上缴工会经费缓减20%和小微企业工会经费全额返还政策。全区符合政策可享受返还企业达2500家，为小微企业减免工会经费300万元。

【产业工人队伍建设改革】成立区推进新时代产业工人队伍建设改革工作协调小组，发挥协调小组综合协调和联系服务作用；出台《新时代柯城产业工人队伍建设改革实施方案》；制定《推进新时代柯城产业工人队伍建设改革工作协调小组工作规则》《推进新时代柯城产业工人队伍建设改革工作协调小组办公室工作细则》；抓试点工作，确定实达实集团有限公司和衢州火宏凯泰国际汽车城分别为市、区试点企业；制定《新时代柯城工人队伍建设改革（试点企业）工作清单》，为企业提供便于操作、量化、细化具体指标。

【素质提升】建立以赛代评、以赛促评“评价模式”，推动竞赛选拔与技能评价衔接，对符合条件直接晋升职业技能等级，激励职工重技能、塑匠魂。联合衢州中专、衢州工程技术学院直接送教下企，通过线上与线下相结合便捷职工学习，为职工素质提升提供沃土。全年，组织8期1000人职工技能培训，基层工会开展技能培训100余场，参加培训职工突破6000余人次。开展农民工“求学圆梦行动”。对符合条件并通过审核优秀农民工按每人500元标准一次性补助。经审核，27名农民工获补助资金1.35万元。

【劳模工匠】树先进典型。组织开展衢州市“工人先锋号”评选推荐活动，做好上报推荐工作。经评选，区卫生健康局应急工作团队、市公安局柯城分局疫情防控处置突击队、浙江佰意智造服饰有限公司生产中心裁床组被评为“衢州市工人先锋号”。组织

图 22　11 月 24 日，方向明被评为 2020 年全国劳动模范

做好全国劳模推荐评选工作，经区总工会推荐，方向明被评为 2020 年全国劳动模范。成立劳模工匠志愿服务队。依托劳模工匠不同特长与专业，组编成医护、农业、法律、文化等劳模（工匠）技术服务队，组织 30 名劳模和工匠技能人才进企业、下基地，开展技术指导、难题攻关、技能培训等服务，帮助企业破解技术难题 18 个，促使衢州市佳和蓝莓科技和衢州早田农业 2 家公司达成合作意向，为企业提质增效。

【职工维权】　开展“尊法守法·携手筑梦”服务农民工公益法律服务行动，解决农民工权益维护问题。特聘请浙江天赞律师事务所专业律师 5 名组建法律服务团，加强法律援助队伍建设，为企业职工维权提供坚强后盾。安排专人工作日在区矛调中心工会窗口进行现场办公，免费为职工劳资纠纷提供法律服务和诉讼代理。区职工服务中心（矛调中心窗口）全年接待职工法律咨询 45 件，涉及职工 108 人。其中涉及劳动纠纷 8 起，工伤 3 起，欠薪 3 起 31 人，涉及金额 40 万余元。

【构建和谐劳动关系】　完善政府、工会、企业共同参与协商协调机制，定期研究解决有关劳动关系问题。加强和谐劳动关系创建，推动企业劳动争议调解规范化建设，分类实施企业集体协商，实现工会企业集体协商建制率动态保持在 80%以上，规模以上工会企业开展年度集体协商、签订工资专项集体合同保持在 90%以上。深化“助企业、稳就业、促创业”专项服务活动，安排 4 万元职工转岗就业培训专项资金，重点用于生产经营困难企业中下岗、转岗职工和家政服务业困难人员开展就业、再就业技能培训。

【困难职工帮扶】　做好困难职工解困脱困工作，唱响职工帮扶“四季歌”。冬送温暖：筹集送温暖资金 29.8 万元，慰问职工 800 余人。春送岗位：优化“线上+线下”招聘渠道，实现就业和用工需求精准对接。线上发布实时招聘信息，线下举办“就近就业、春风行动”招聘会，吸引 24 家用人单位进场招聘，提供就业岗位数 559 个，达成就业意向 86 人。夏送清凉：为 4000 余名高温下奋战在一线劳动者送去清凉用品，价值 29.8 万元。金秋助学：投入助学资金 2.56 万元对 4 名困难职工（农民工）子女助学救助，解除困难职工后顾之忧。职工医疗互助保障：完成报销人数 3300 人，报销金额达 34.72 万元，为职工架起抵御疾病风险第二防线。

【服务职工】　办好劳模免费体检、职工疗休养、一线职工健康体检等实事项目，扩大职工帮扶受益面和工会组织影响力。及时调整设立专项疗休养资金，为全区 46 名受市委、市政府和区委、区政府表彰的抗疫一线先进职工和一线医护人员提供疗养服务。做实叫响工会特色服务品牌。在全区窗口单位、沿街商铺建设 18 个“劳动者港湾”户外驿站；在学校、企业、商场建设 38 家“妈咪暖心小屋”，让广大劳动者感受到工会温馨关爱。实达实工会爱心托管班被评为“全国工会爱心托管班”，七里乡桃源村被列为“省级疗休养基地”。

【疫情防控】 设立防疫专项补助资金和专项慰问资金，为5家基层工会下拨防疫专项资金22万元。走访慰问医护人员、公安民警、综合执法、交通运输等抗疫一线职工1012人，送防疫物资15.81万元。组建“红细胞”帮帮团，对5位一线医务人员家属一对一联系， 通过私人订制个性化服务清单，帮助解决工作和生活中困难，当好职工娘家人。发挥工会力量，动员和组织全区各级工会干部参与疫情防控和企业复工复产。区总工会全体机关干部率先垂范，第一时间加入全区一线志愿者队伍，支援双港街道开展疫情防控志愿服务。疫情期间，做好五湖村居民信息排摸，政策宣传、舆情引导和小区封闭管理工作。2月3日至3月28日，历时54天，每天检查登记进出车辆信息，核对进出小区人员身份，测量居民体温，10小时不间断值勤。

【扶贫结对】 对接航埠镇横源塘村28户低收入农户扶贫工作。全体工会干部分成5组常态化到建档立卡贫困户家走访慰问，了解家庭经济、住房安全及脱贫意愿情况，分析原因，制订精准扶贫计划，整合资源，为贫困户送去粮油生活必需品，为3户低收入农户解决就业问题，为2户农户争取房屋修缮资金补助，帮助5户贫困户实现脱贫。

【引领活动】 在全区企业职工中，开展“奋力打造四个区、助力美丽大花园”“8090新时代理论宣讲团”工会小分队宣讲比赛，发挥劳模工匠宣讲团、工会“8090宣讲小分队”、职工流动大讲堂作用，推动市委、区委和省总决策部署进企业、进车间、进班组，引领全区广大职工群众听党话、跟党走。开展“红五月”活动，推进企业职工文化建设。引导职工参加衢州产业工人短视频挑战赛，制作并向市总推荐参赛作品61个。组织职工参加 “浓情端午、粽情欢乐，共学传统文化”活动、“女职工权益保护法律法规”知识竞赛、“安康杯”知识竞赛、抗疫征文比赛、职工气排球比赛等活动；开设工会“云课堂”，根据职工需求，邀请专家、老师通过“云课堂”授课，为职工打造便捷、安全、有效线上学习平台。至年底，云课堂开课4期。加强职工文化阵地建设，组织开展送文化进企业、进社区活动，多形式多渠道满足职工精神文化需求。为柯山公安工会送去图书2211册，价值3.7万元，送去跑步机、轨道车等健身器材4台，价值3.26万元。

【舆论引导】 加强工会媒体宣传，强化对工会微信公众号意识形态阵地正确引导和有效管理，主动发声，制作微信75期，在国家级报刊上发表1篇、省级报刊上发表7篇、市级报刊上发表22篇、区级报刊上发表6篇。扩大“新两大员”队伍，强化网络舆情监测，定期开展舆情分析，增强工会组织传播力、引导力、影响力。

【工会组建】 加大企业建会力度，职工25人以上企业工会实现应建尽建。加强区域性行业性联合工会建设，推进“两新”组织八大领域建会和货车司机八大群体入会工作。依托基层工会组织和工会会员实名制数据库，组织开展

图23 11月27日，在衢州新凤朝国际大酒店召开全区产业工人队伍建设改革工作现场推进会

全区工会组织大调查。推进“强五力、增三性”基层工会争创、群团改革试点创建工作，通过召开现场会，选树培育先进典型途径，推动基层工会改革工作提质增效。

【工会经费管理】 提升工会系统财务规范化建设，依法合规收管用好工会经费。推动落实全总、省总加强基层工会经费收支管理有关规定，依法保障会员职工正常福利待遇。持续深化“1+1+1”工会经费专项督查、年度专项审计和工会经审巡视审查，对区供销社、区应急管理局、区法院等40家工会开展经费专项审计，强化工会经费支出指导与监管，发挥内审监督作用。

【队伍建设】 建立全员网格包干制，将全区18个乡镇、街道和1个管委会根据地理位置分为3个大网格体系、27个中网格、57个微网格，实现网格化管理全覆盖，每名工会干部担任1—2个乡镇、街道网格员，负责与网格内企业日常服务联系，无缝对接。常态化制度化开展“当一周工人、体工会初心”活动，推动工会机关工作重心回归企业、回归工人，工会工作重点着眼企业、着眼工人，工会干部到企业去、到工人中去，锻造与“重要窗口”相匹配高素质专业化工会干部队伍。加强工会干部培训。举办工会干部培训班、工会主席培训班、工会业务培训活动5场，培训200余人次，提高工会干部履职能力。

（林瑶瑶）

共青团

【概　况】 2020年，全区有团组织784个，其中基层团委26个、团工委10个，团总支1个，团支部546个，团员1.79万名。全区现有少先队大队35个，少先队员2.5万名。

【共青团改革工作】 优化团区委班子。按换届、改革同步推进思路，根据要求1月16—17日组织召开区第九次团代会，选举产生第九届团区委会委员23人、常委9人，其中基层一线青年比例分别为91.3%和77.8%。实行团领导班子专挂兼制度，面向社会、一线选拔优秀干部和青年人才。经团代会选举产生书记1名、专职副书记1名、挂职副书记1名、兼职副书记1名，在保持专职成员精干高效同时，补充挂职和兼职成员，增强领导班子代表性。推进团代表履职。根据《关于加强团的全国和地方各级代表及其委员会成员作用发挥的意见》文件要求，4月30日，区团代表联络站揭牌成立。联络站建立“1+3+X”团代表履职机制，为各级团代表履职提供平台，为全区团代表和团干提供交流学习场地，为团工作提供资源支撑和“青年大本营”。联络站建成既为全区优秀团代表履行代表义务提供温暖港湾，也为社会各界团员青年解决困难问题提供窗口。至11月，联络站接待各类青年咨询16次，解决问题12个。提升学生团员队伍建设。坚持团员标准，严格入团程序，开展入团仪式，加强团前教育，严把关口，控制增量，提升质量，实现初中阶段毕业班团学比控制在30%以内。对毕业的中学生，紧抓“学

图24　1月16—17日，中国共产主义共青团衢州市柯城区第九次代表大会召开

社链接”率，确保学生团员关系转接率90%以上。

【青年志愿服务】 青年志愿者服务社区专项行动试点工作有成效。作为省青年志愿者服务社区专项行动试点区，摸排社区志愿服务需求清单180余项，整合梳理全区志愿服务队伍105支，提供服务资源清单220余项。通过领航团组织和团员进社区报到项目，调动辖区内团员青年参与度、活跃度。全年，团员进社区报到4500余人次，提供志愿服务5000余人次。全国文明城市创建工作有作为。牵头负责城区路口23个、交通劝导岗点位144个，每天组织巡逻队补台补位，做到全年零缺岗；组织突击队员120余名配合交警部门做好动态迎检；迎检期间根据市创建办指派，负责酒店驻地保障、服务等工作，相关工作任务完成。

【思想引领】 结合“3·5”学雷锋日、清明节、“五四”青年节、“六一”儿童节等时间节点，开展“传承雷锋精神·致敬抗疫先锋”“3·5”学雷锋活动、“缅怀革命英烈·致敬战疫先锋·倡导文明祭扫”线上升旗仪式、“运动柯城·青春筑梦”“‘音’你而美·柯暖北川”网络慈善音乐会暨“六一”圆梦微心愿活动，加强青少年价值引领。以“3·5”学雷锋日为契机，打造“我请战‘疫’雷锋上头条”H5平台产品，累计参与8.2万余人次；拍摄以区一线抗“疫”人员事迹经历为蓝本的纪录片——《请叫我雷锋》播放量超10万次，提升青少年光荣感、幸福感和归属感。开展2019年度区级先进团组织和优秀个人、最美志愿团队和个人，“从小学先锋·长大做先锋”新时代好少年评选和表彰活动，培养和树立先进典型代表，引导青少年听党话、跟党走。

图25 3月5日，团区委向一线抗击疫情的社区工作人员送口罩、公勺公筷

【脱贫攻坚】 依托“亲青筹”平台向全网发起募捐活动，募得钱物1.77万元，帮助北川3所贫困小学解决实际问题；区青创协会购买北川特产2万元助力扶贫攻坚。围绕“全面小康决胜年、招商引资攻坚年、重大项目推进年”活动，开展“打赢增收攻坚战、决胜全面小康年”扶贫结对帮扶工作，走访慰问所结对帮扶低收入农户家庭16户，帮助贫困户解决问题3个。

【青年创业】 发掘“多肉王子”徐晓华、“返乡青年”芮建颖、“青年浙商”金雄威等优秀创业青年典型，结合新时代脱贫攻坚优秀青年网络主播、青春助力乡村振兴带头人“青年奖”、青年浙商“十百千”等评选活动，培育有影响力、代表性青年。联合区总工会、区妇联承办第一期“柯城区乡村振兴讲堂·村播直播培训班”，为80余名创业青年提升专业直播技能打基础。对接柯城农商行，做实创业担保贷款政策，为青年创业提供贴息贷款，确保青年创业资金。

【“8090新时代理论”宣讲】 作为工作领导小组牵头单位之一，以“青年群体齐参与、课程设计出精品、能力建设有提升、思政育人见成效”为工作目标，开展乡村振兴青年讲师训练营、宣讲月度PK赛、青少年“真善美”思政微课大赛等活动，至年底，全区各层面开展宣讲1000余场次，服务村级组织换届、扫黑除恶、树正打歪、文明城市创建等中心工作。

（巫欣琳）

妇　联

【概　况】 2020年，柯城区妇联围绕区委、区政府工作大局，坚持党建带群建，强化“窗口意识”，找准妇女工作切入点、结合点、着力点，团结动员全区广大妇女在“四个区”建设中勇于担当，主动作为，贡献巾帼力量。区家庭教育指导中心获评首批“全国家庭教育创新实践基地”；疫情防控工作突出，获市级集体三等功、衢州市抗击新冠肺炎疫情先进集体；获浙江省巾帼建功先进集体、衢州市三八红旗集体；举办全市“一米菜园”比学赶超现场会；“一米菜园”创建成效受到区委、区政府通报表扬一次；东西部扶贫在北川建立全省首个妇女居家灵活就业巾帼扶贫车间；全国妇联书记处书记章冬梅先后两次赴柯城调研，对“一米菜园”创建特色经验给予肯定。

图26　6月17日，柯城区举行全市“一米菜园”比学赶超现场会

【巾帼建功】 全员上阵，发动各方力量支援疫情防控。1月25日起，全体干部取消休假，参与防疫工作。发挥群团优势，制作音频、微信、美篇等宣传防疫知识，加入心理援助队伍，接听来电开展心理疏导，参与社区卡口排查、测温、巡查、跑购物资等工作；发挥优势，发动妇女干部主动担当，以女性特有的坚韧、勇敢和大爱，投入抗疫。发动全区女企业家组建女企公益突击队，发起捐赠倡议，面对市场上防疫物资短缺情况，通过各种渠道寻找购买物资。捐赠至区人民医院、专业市场及街道。深化“一米菜园”建设，创新“1343”工作模式，营造妇女带头创建，家庭积极参与，区域风貌提升，乡村产业发展的良好局面。“一米菜园”创建实效明显。沟溪乡余东村“六园”共建、五十都村产业融合、万田研学模式、石室乡共享菜园、信安“云上菜园”建设各具特色。全市“一米菜园”比学赶超现场会在区举办。创建经验分别在“学习强国”及《中国妇女报》《农民日报》《浙江日报》刊登。接待江苏、江西、安徽、丽水、金华、余杭等三十余批市、县参观者考察学习。全国妇联书记处书记章冬梅专程到柯城区调研，肯定沟溪工作。全区开展“一米菜园”创建工作（占所有可创建行政村的82.8%）行政村126个、示范村30个，盘活利用拆后土地10万平方米，带动农户增收200余万元，市级考核指标超额完成。沟溪乡五十都村、七里乡大头村获2020年度衢州市“一米菜园”示范村。姜家山乡三山村、九华乡妙源村获2020年度衢州市“一米菜园”优秀村，参赛村数与获奖村均在全市领先。推动“公筷公勺”进家庭。立足家庭，助力有礼“八个一”行动。举办全区“践行‘八个一’，共创‘有礼城’”暨区妇联“‘食’尚新风·‘筷’进万家”活动。通过“线上+线下”、议事、承诺、公示、打卡、评选等形式，在全区家庭中掀起“餐桌革命”。全年举办各类推广活动30余场，使用“公筷公勺”推广活动宣传覆盖家庭

62863个，签订承诺书20373份，发放公筷公勺5万余副。组建勤“筷”妈妈、乡镇（街道）“巾帼有礼团”等宣讲团10余支。以家庭文明创建、巾帼志愿服务为抓手，发挥“半边天”作用，倾力为全国文明城市创建注入巾帼力量。建立区、乡、村三级妇联工作机制，组建各具特色巾帼志愿服务队近180支在基层一线，服务中心、服务大局。以退休女性为主体的千人“衢化大妈”志愿服务团队、荷花街道“红色娘子军”志愿服务队、府山街道女子“拍拍团”志愿者服务队、沟溪乡“夕阳红”志愿服务队等，各种形式多样巾帼志愿服务队在创文行动、抗洪抢险救灾、重大项目征迁等活动中，活跃着她们身影，以实际行动践行志愿者服务精神，为区经济社会发展贡献“半边天”力量。浙川东西部扶贫协作项目——妇女居家灵活就业扶贫车间在北川羌族自治县巴拿恰交付使用。区妇联以建立扶贫车间为抓手，为巾帼脱贫搭建“输血”和“造血”桥梁，帮助北川广大留守妇女、贫困妇女掌握一技之长，实现贫困户外出就业有保障、居家照样有钱挣的致富愿望。采取“两地政府牵线搭台、扶贫车间订单加工、企业成品回收”模式。依托各级平台，为妇女居家灵活就业扶贫车间长期提供培训和订单支持。全年提供生产设备资金2万元、订单支持36.36万元，开展线上线下培训7场、培训人员350人次。

【维护妇女儿童权益】 树立“大维权”理念，婚姻家庭纠纷人民调解委员会入驻区矛盾纠纷调解中心，打造“和姐”品牌工作室。做到婚姻家庭矛盾纠纷“只进一扇门”“最多跑一地”。全区建立乡镇（街道）和村（社）妇女维权工作站288个，女法官工作站3个。依托网格力量，加大排查力度，全年排查矛盾纠纷1150余件，化解率95%。至年底，举办公益讲座及现场咨询729场，发放宣传手册5000余份，惠及家庭2万多个，提供咨询服务600余人。

【妇联基层组织建设】 全区所有村（居）妇联改革换届工作完成，探索基层治理新模式。为打通服务妇女“最后一公里”，全方位激活基层妇联组织“神经末梢”，按哪里有妇女，哪里就有妇女组织原则，成立和规范妇女组织，全面扩大妇女组织覆盖面。是年，区妇联围绕中心工作，建设各具特色“妇女微家”15个，重点打造“吴大姐的创业微家”“荷花街道妇女微家”。“吴大姐的创业微家”带动留守妇女学习编织技术，解决部分妇女就业问题。通过“妇女微家”纽带，扩大妇联组织服务半径。引领全区妇联干部、巾帼志愿者参与妇女工作，推动妇联组织向最小单元网格、楼栋扎根，形成妇联干部融入全科网、网格志愿服务融入基层治理、社会组织融入社会服务模式，夯实妇联工作基础。全年全区妇联组织落实“四必访”制度（村里的困难家庭必访、危重病人家庭必访、空巢老人及留守儿童家庭必访、信访户必访），收集整理“四必访”对象923人，走访748人（户），建立档案556人（户），为群众办实事1624件。

【最美家庭创建】 凝聚向善、向上力量，传承好家教、好家风，积极开展寻找“最美家庭”评选活动，推荐上报全国、省、市级“最美家庭”18户，省、市级抗疫“最美家庭”7户，推进家庭文明建设。全区建成社区家长学校56所，开展家庭教育120余场，培训8200人次。区妇联家庭教育指导中心被命名为“全国家庭教育创新实践基地”。

【妇女儿童工作】 牵头落实省、市、区为民办实事项目——“儿童之家”建设，高标准完成省示范“儿童之家”1所、市级“儿童之家”5所，区级“儿童之家”18所，为留守儿童打造温馨家园。全面凝聚“三留守”人员关爱工作，把加强和提升农村“三留守”人员管理和服务水平作为创新妇联工作重要课题，按“老有所养”“幼有所教”“困有所帮”工作思路，发挥妇联执委桥梁纽带作用，以建设“三大家庭”为载体，加强农村“三留守”人员的管理和服务。全年走访困境妇女儿童、孤寡老人748人。

（江　艳）

科　协

【概　况】 柯城区科学技术局与区科学技术协会合署办公，对外挂科技局、科协两块牌子，一套班子，一个独立核算单位。2020年，区科协围绕应急科普、全民科学素质工作，整合多方资源力量做科普、动员基层组织做科普、创新形式做科普、完善公共服务体系做科普。深化科技为民服务，打造普惠创新、全面动员、全民参与的社会化大科普格局。

【疫情防控】 疫情期间，发挥科协系统上下联动优势，在全区91个科普e站上、基层科协工作钉钉群、各乡镇（街道）微信公众号、户外大屏等更新宣传由中国科协发布的《预防新型冠状病毒肺炎科普小知识》科普视频。第一时间与上级部门取得联系，争取科普资源倾斜，获取上级部门编印“科学防护，战疫必胜”科普宣传折页1万余份、“新冠肺炎防控企业复工员工防护指南”1000余份。同时自行编印宣传册2万份，全面发放给各乡镇（街道）基层科协和务工返岗人员。

【全民科学素质行动】 广泛动员全民科学素质工作领导小组各成员单位举办全国科普日活动，围绕科普日主题，遵循科普对象精准化、科普内容精准化原则，组织开展系列科普活动36个。发挥科普e站“本地动态”模块作用，在展示站点基本情况、工作动态等信息基础上，新增医疗保障局等部门业务知识，方便居民查阅了解所在辖区医疗保障相关办事流程，丰富科普平台内容，实现科学普及零距离，全民科学素质行动作为柯城区健康浙江建设特色亮点参与宣传片拍摄。

【阵地建设工作】 加强企业科协建设，新建浙江金明生物科技有限公司等企业科协10家，组织科技工作者为企业创新和发展服务。疫情期间，衢州鲟龙水产食品科技开发有限公司（鲟龙科技）企业科协对接武汉市商务局，将复工生产后加工第一批卡露伽鱼子酱产品和鲟鱼鱼肉切片产品运往武汉，定向捐赠产品给武汉医护人员。是年，中医药博物馆、衢化街道科普服务中心等科普场馆获评市级科普教育基地，柯城区仙铭家庭农场获评市级科普惠农先进单位，谢富昌获评市级科普带头人。新建企业科协10家，新成立衢州市柯城区天文协会和近视防控研究会。

图27　区科协在2020年全省基层科协改革工作会议上作典型发言

【农函大工作】 新增农函大教学点9家，组织开展实用技术培训6期，培训内容涉及蔬菜种植技术、柑橘生产标准化技术等领域。尝试以网络视频直播方式进行线上实用技术培训，2月18日、10月20日，衢州市倾国电子商务有限公司农函大教学点借助抖音平台，分别举行多肉植物养护技术等内容网络视频直播培训，观众每场均达1000余人。

【科普宣传活动】 以推进《全民科学素质行动计划纲要》实施为重点，精心组织科普进社区、进乡村文化礼堂、进学校活动。为助力打造“八个一”城市活动，设计“八个一”为主题内容科普展板，进西港社区、朝阳社区开展共创有礼城科普志愿服务活动；8月，以全民科学素质调查为契机，深入姚家村、坊门街社区、安装社区开展科普知识普及专题培训。全年联合市科协、市农科院等部门深入万田乡、沟溪乡、七里乡、华墅乡开展卫生健康科普义诊、农技知识咨询、果蔬种子赠送等科技下乡活动，累计50余场次。

【科普项目申报】 为激发基层科协组织服务创新能力，培育科普阵地，开展科普项目申报制工作，组织各乡镇（街道）科协、村（社区）、企业科协等主体根据实际申报建设类科普项目，要求申报项目有明确绩效目标。至5月31日，申报建设类项目13个，通过实地调研摸排确定建设类项目6个，拟新建市民垃圾分类中心等主题科普馆，完善普惠共享公共服务体系。

【科技服务队伍建设】 发挥院士专家、“三长”作用，带动医疗、教育、农业、企业等领域资源向农村社区倾斜、向基层一线倾斜。疫情期间，沟溪乡卫生院院长组织全体职工有序开展疫情宣传工作，以家庭网格为主体，利用乡政府视频网络，在各村召开防疫视频会议，并在儿保微信群中传

图29 12月5日，举办首届区级青少年科技创新大赛

播健康知识，同时下沉村网格，在宣传橱窗张贴防疫画报，张贴海报48幅，召开视频会议3场。5月，参加浙江省科协主办2020“全国科技工作者日”主场活动暨“十佳科技追梦人”揭晓仪式，新世纪学校老师陈昱安入选“十佳科技追梦人”，衢州鲟龙水产食品科技开发有限公司总经理夏永涛入选“百名科技追梦人”。11月，鲟龙公司成立科技研究院，中国科学院院士桂建芳担任首任院长。

图28 5月29日，柯城区两名科技工作者入选省十佳“科技追梦人”

【青少年科技创新大赛】 10—11月，举办区级青少年科技创新大赛，涉及科技小制作、科技创新成果、科技实践活动、儿童科幻画等项目，根据大赛规则，经过评审，评选一等奖20名、二等奖36名、三等奖55名、优秀奖50名。组织评选结果优秀作品展，指导学生参加上级部门举办的青少年科技创新大赛。

（王 红）

侨 联

【概 况】 2020年，柯城区侨联围绕区委、区政府中心工作，主动做好涉外疫情预申报系统管理工作。发挥侨界优势，推进侨联改革工作。

【侨联群团改革工作】 协助建立侨联群团改革工作领导小组，制定侨联改革实施方案。准备“大侨务”体系构建工作。

【提升侨联服务能力】 以信安街道成立全省首个侨界空巢老人服务中心为基础，指导完善“12345”工作机制；将“侨界空巢老人服务中心”阵地平台提升工作列入计划，探索构建“侨界空巢老人服务中心+街道侨联+艺术团”组织工作体系，指导成立街道侨联，成立全市首个街道侨联艺术团提升“关爱老侨、情暖空巢”品牌影响力；在府山街道城站社区推动“侨管家”志愿者品牌建设；在巨化街道推动侨界空巢老人服务中心品牌落地生根；在荷花街道荷西苑社区建立侨胞之家。开展《基层侨联组织工作条例（试行）》（以下简称《条例》）宣传贯彻工作。全区发放《涉侨法规政策选编》《条例》单行本、图文册等宣传文本700册。组织推荐侨界代表、委员人选，激发侨界人大代表、政协委员提高参政议政热情。全区侨界政协委员2名，围绕区委、区政府工作重点及侨界关注热点，开展调研，提出建议。

【发挥侨界优势】 抓好特色平台建设，创建侨界创业创新基地，侨界服务新农村建设基地和侨界文化交流基地。组织浙江智熔科技有限公司参与长三角侨界精英创新峰会活动。推动投资超10亿元德国的袋泡茶项目洽谈工作。

【疫情防控】 做好涉外疫情预申报系统管理工作。在18个乡镇、街道创建涉外微信群，组织人员定期向广大华人华侨等涉外人员推送《致境外衢州籍侨胞的温馨提示》，宣传防疫知识和政策；开通24小时热线电话，解答各类疑问。开展侨企“三服务”活动，对三源汇能电子有限公司、恒业汽配等涉侨规上企业7家进行重点走访，联合其他部门帮助侨企解决防疫物资缺乏、物流难、用人难等问题达10余个。

（高　欣）

文　联

【概　况】 2020年，区文联围绕区委、区政府中心工作，在兴创作、办活动、带队伍、促交流、抓帮扶、助脱贫方面寻求突破，积极思考、主动作为，推动文化产业发展，促进文艺精品创作，推进全区文化事业发展。为弘扬民族精神和时代精神、满足广大人民群众文化需求做出贡献。

【深化改革】 围绕区委、区政府中心工作，组织开展形式多样主题实践活动，用文艺力量引导人、凝聚人、鼓舞人、讴歌人，为“首善之区、幸福之区、活力之区、奋斗之区”建设聚力赋能。研究制定《柯城区文联深化改革实施方案》，谋划和推进实施文艺精品扶持工程，力争打造具有柯城特色文艺精品。构建全区文艺人才数据库，加强骨干文艺人才培训，组织文艺骨干参加省以上专业培训30余人次，下辖协会10支，会员689人，其中国家级会员12人、省级会员50余人。落实“深入生活、扎根人民”长效机制，深化“双百千村”文艺工程，全年全区文联系统组建文艺小分队20多支，深入开展主题创作、文艺惠民活动500多场次，直接受惠群体超万余人次。推动文艺家协会建立创作基地，鼓励社会力量创建工作室、书画院等文艺阵地，提升柯城文化服务水平。

【“农民画”知名度再显】 9月21日，在中国（余东）乡村美术馆举办“决胜全面小康”全国农民画研讨会，中国美协分党组成员、秘书长马峰辉30余名美术界领导、专家莅临活动现场。中央电视台、《人民日报》、《光明日报》、“学习强国”、新华网、人民网10余家国家级媒体刊发活动稿件40余条。以“举办决胜全面小康——全国农民研讨会”为契机，全面启动余东乡村未来社区建设，提升余东农民画知名度、美誉度和影响力。全区农民画协会以余东农民画为主抓手，走出以特色传统文化引领“文旅农”深度融合新路子，在文化赋能乡村振兴、提升群众文明素质和区域文化影响力方面发挥重要作用。

【乡村音乐会】 7月，连续举办三年乡村音乐会再次唱响桃源七里星空，长达4个月欢唱，跨越全区4个乡村，举办15场次，柯城音乐舞蹈家协会艺术家通过举办古典音乐专场、民乐专场，带给游客视听盛宴。11月7—8日，为期两天的橘子音乐节吸引观众万余名，区音乐舞蹈家协会利用本土文艺作品，在橘子音乐节上一展柯城风采，助力乡村振兴。音乐会网络直播观看人数20余万人次，微博新热搜榜浪浏览量64.3万人，提升柯城文化艺术品位，丰富美丽乡村建设。为乡村及全区经济发展注入动力。

【文艺沙龙】 按省、市委文件中对文联服务管理职能要求，成立文艺之家，在区文化馆设办公室，强化管理。搭建创作交流平台，启动《文艺沙龙》建设，为广大文艺工作者和文艺爱好者创作、交流、展示和文艺活动搭建平台，使其成为联络感情、沟通信息、艺术交流、成果展示重要阵地。结合市文联“双百千村”工程，加大文艺帮扶力度。建立文艺家协会结对农村文化礼堂机制，发挥文艺家协会专业优势，挖掘和提升农村传统文化，打造省级、市级书法村、美术村、摄影村，培育文艺队伍。发动协会，通过送文化下乡、送文化进礼堂活动，开展戏剧表演、书法、排舞等公益培训50余场次，组织专业教师到艺术村帮扶活动，发挥协会带动作用，为民间团队输送能量、提升团队专业素养。余东农民画创作协会在“决胜全面小康”第二节全国农民画作品展中，9幅作品获入围奖，3幅作品获入会资格（最高奖励）；柯城作协参与赵抃清献公1031年祭祀活动，并创作赵抃传《琴鹤清风》，创作并演出情景剧《赵抃请客》、广播剧《大宋廉史能臣赵抃》、儿童故事《小黑子》；区书法家协会创作花鸟主题画作数幅，并赴中国（余东）乡村美术馆、金华未名画廊展出。

【文艺助力主题教育】 疫情期间，区文联、各协会通过微信、抖音互联网平台，开展防疫抗疫作品创作，创作歌曲、书画、摄影、文学诗词作品220余个，音乐舞蹈家协会于疫情期间录制舞蹈健身视频并上传网络，获居民们好评；摄影家协会创作《战疫里的逆行者》10余幅作品在“浙江文艺”公众号登出；戏曲家协会创作影像作品《坚信爱会赢》在《浙江文化馆》公众号登出。利用文艺特色优势，结合廉政文化，以“草根非遗”文化艺术馆为根据地，展开廉政文化文艺活动。区作协创作并表演儿童故事《赵抃努力读书》；区民协展开廉政主题剪纸作品展，并组织剪纸课堂；音乐舞蹈家协会组织开展《歌赵抃，颂廉政》主题音乐舞蹈展演；书法家协会在清风廉政展厅开展廉政主题书法展。协助办好乡村音乐会、橘子音乐节及《我们的村晚》等活动。同时，拓展协会文化服务功能。区民协抓住第一个“中国农民丰收节”关键点，挖掘、整理二十四节气中秋分民俗习俗，在九华乡妙源村策划首个农民丰收节活动，组织开展秋分民间习俗座谈会、祭秋、庆丰收活动；区作协制作长篇小说《徐徽言传》；区美协围绕文明城市创建，开展“有礼衢州、大美柯城”为主题专题写生活动；区摄影家协会以“南孔圣地，衢州有礼”为重点，开展摄影创作、采风和图片征集。创作带有柯城本土乡风民俗文艺佳作。

（金　萍）

社科联

【概　况】 2020年，区社科联坚持以习近平新时代中国特色社会主义思想为指导，围绕省、市社科联相关工作部署要求，引领和凝聚广大社科工作者，紧扣中心、突出重点、服务大局，开展社科理论学习、科普宣传、基地建设和课题研究工作，营造良好学习、宣传氛围。

【理论引领】 定期制订社科联学习研究计划，编印《柯·学堂》活页文选4期，提供上级社科理论研究成果供党委（党组）理论学习中心组学习，对接邀请省市专家开展“加快建设四省边际中心城市，唱好大小两个‘三城记’”专题讲座。深化主题教育成果，推进社科基地融入“初心之行”主题教育学习宣教，借助“学习强国”平台，鼓励引导广大党员干部参与社科理论学习中。疫情防控期间，及时编印《浙江社科要报》第46期《确保“两手都要硬、两战都要赢”须增强县域政府“四力”建设》专题文章，供区委理论学习中心组学习，发挥社科联在推动理论学习中重要作用。

【社科知识普及】 发挥省市社科基地示范作用，推动全区社科基地建设，全区省级社科基地2家（府山街道坊门街社区、航埠镇墩头村文化礼堂）、市级社科基地2家（荷花街道兴华社区、衢州市八戒艺术实践基地）、新申报市级社科基地2家（杜立特行动纪念馆、石梁永禅文化书画实践基地）。以社科普及周为主载体，社科普及基地为主阵地，将社科相关活动与疫情防控、文明城市创建、理论宣讲、全民读书周工作相结合，推动社科普及工作常态化开展。推动区青简社地方文献馆开馆。组织各社科普及基地开展防疫社科知识宣传，做好服务于复工复产复学疫情防控应急科普工作。“8090新时代理论宣讲”工作开展以来，区社科联参与其中，组织社科专家为宣讲员进行磨课指导，并组织宣讲员到各社科基地开展宣讲活动。

【课题研究】 围绕党的创新理论，结合区域发展实际，开展社科类课题研究，做好省市哲学社会科学规划课题申报，申报市课题6个。组织开展“两山”理念提出15周年理论研讨会征文和《习近平谈治国理政》第三卷征文活动，收到各类社科理论文章50余篇。牵头开展全面建成小康社会“百城千县万村”柯城5个调研点活动，完成调研报告5篇。聚焦区域特色文化，启动省级文化传承生态保护区相关课题研究。聚焦围棋文化建设，与衢州学院合作建立烂柯围棋文化研究博士工作站，推动相关课题研究。

（王　龙）

残　联

【概　况】 2020年，全区各级残联在区委、区政府领导下，全面贯彻党的十九大和十九届五次全会精神，深入学习贯彻习近平新时代中国特色社会主义思想，践行“八八战略”，落实上级部门决策部署，加强残疾人基本民生保障，提升残疾人基本公共服务水平，优化残疾人融入社会环境，不断增进残疾人民生福祉，促进残疾人事业全面发展。结合事业单位改革，优化机关和下属事业单位职能设置，将区残疾人就业服务部更名为区残疾人综合服务中心，充实康复服务职能。年初，区残疾人工作专职委员待遇在全市率先落实，全区19名乡镇（街道）残疾人工作专职委员工资待遇参照社区工作者标准执行，提高待遇调动和激发乡镇（街道）残疾人专职委员工作积极性。

【社会保障】 是年，全区残疾人困难生活补贴享受人员3970人次，发放金额909.22万元；重度残疾人护理补贴享受人员6883人次，发放金额1705.82万元。全区完成拆建、修缮103户残疾人危旧房。对受疫情影响较大“残疾人之家”、残疾人康复服务机构、辅助性就业机构及特殊困难残疾人家庭给予各类补助48.69万元。为11392名持证残疾人办理残疾人意外伤害综合保险，实现全覆盖。为92名符合机动轮椅车燃油补贴补助的残疾人，补助3万余元。全年办理残疾证1191人，其中上门鉴定办证服务220余人，为残疾人免除残疾鉴定费3.1万元。

图30　7月7日，区残联领导慰问七里乡低收入残疾人农户

【公共服务】 年内完成新新街道、白云街道、黄家乡、万田乡、九华乡“残疾人之家”新建任务，实现万人以上乡镇（街道）“残疾人之家”全覆盖；完成荷花街道、沟溪乡、姜家山乡、黄家乡、新新街道和万田乡三星级“残疾人之家”6家星级建设提升工作。为区困难残疾人家庭114户进行无障碍改造项目，完成年度目标任务并超额完成41户。携手高德地图，完成高德地图中市区范围内51所无障碍公厕标记、认证、认领和管理。推进省级无障碍社区创建工作，荷东苑社区创建省级无障碍社区。

【教育就业】 全年为18名残疾人大学生减免学费和住宿费18.77万元，对7名残疾学生及困难残疾人家庭子女给予1.5万元一次性补助，对74名在特殊教育学校（小学至高中段）就学的贫残疾学生给予6.35万元补助，为20名区润智学校残障儿童（少年）开展送教上门服务，补助12万元。推荐8名残疾人参加省残联举办的网红直播培训班，34名残疾人参加市残联举办的冰壶、阿里面试、网红产品推荐、网红美食、多肉养殖等培训。组织残疾人参加市残疾人专场招聘会，10余名残疾人达成初步就业意向，全年新增就业168人，新增培训364人。应届毕业生7人，升学2人，其余5人均就业。对3名残疾人一次性就业创业补助0.9万元，贷款贴息申报补贴13人，补助4.93万元。

【脱贫攻坚】 是年，8名党员干部与七里乡少岭坞村17户低收入农户结对，实现结对脱贫全覆盖。9月21日，选派1名干部前往北川县进行一周的任务指标对接和台账收集整理工作。11月2日，区残联主要领导与市残联到四川绵阳市进行为期4天的对接帮扶工作，帮扶北川羌族自治县残联扶贫协作项目资金12万元，实施帮扶贫困残疾人脱贫269人。继续对接省内结对单位余杭区残联，做好“山海协作”工作，将余杭区捐赠的20万元帮扶资金，全部用于区残疾人发展事业。

【康复服务】 是年，对全区90名残疾儿童进行抢救性康复（其中听力言语训练17名、多重及肢体儿童康复训练14名、智残儿童康复训练44名、孤独症儿童康复训练15名）。1390名持证重性精神病患者基本用药享受政府兜底免费服务，实现精神病免费服药全覆盖。发放辅具器具247件（其中助听器90台、轮椅150辆、护理床4张、气垫床3张）。残疾人责任医生签约覆盖率均达90%。累计开展“家庭病床”服务5905次（其中责任医生服务2640次、协调员服务3265次）。

【动态更新】 全区调查持证残疾人11769人，调查完成率100%。其中入户调查11624人，电话调查11人，查无此人20人，已搬迁14人，空挂户28人，外出15人，注销56人，迁移1人，入户调查率99.86%。经过对残疾人全面小康实现程度14项指标进行测算，全区残疾人全面小康实现程度达“十三五”规划目标值。

【文化、体育】 年内，为15个乡镇（街道）500余名残疾人家庭送去体育康复器材884件，价值10万余元。组织残疾人艺术团下乡演出10场次。组织55名残疾

图31 5月17日，启动“千户万灯”公益项目，施工团队在修缮残疾人住房

人进行轮椅乒乓球健身操、冰壶等健身活动比赛。组织36名残疾人参与省市级书画摄影大赛。组织21名工作人员参加残疾人体育康复指导员培训班学习。

【社会助残】 年初，组织慰问工作小组赴各乡镇（街道），进村入户开展节前慰问残疾人工作，走访慰问困难残疾人家庭332户，发放慰问金20.24万元。携手国网衢州供电公司启动“千户万灯”公益项目，为全区部分困难残疾人家庭提供室内用电线路改造，提高安全用电水平。至年底，完成邵阿叔家线路优化改造。

（吴　名）

红十字会

【概　况】 2020年，在区委、区政府正确领导下，在有关部门和社会各界支持帮助下，坚持以习近平新时代中国特色社会主义思想为统领，发挥政府人道主义救助领域助手作用。各项工作取得新突破，实现新发展，柯城红十字事业在发展中前进。

【组织建设】 结合实际，按基层组织建设三年行动计划，谋划符合群众需求，操作性强，服务效果好的基层服务提升项目。坚持“先建设，后规范”建设思路，从小到大，由大到强，以点带面，发挥示范带动作用，增强后续项目关联性和持续性，实现再提升。全年，在石室乡荆溪村开展基层组织建设试点工作，建立村级红十字会，投入资金8万元，打造荆溪村红十字主题文化村，做强文化板块，建设红十字文化长廊、文化广场等，结合文旅活动宣传、普及红十字知识、应急急救知识，建立应急救护培训站和应急救援训练基地，开展红十字救护培训进乡村工作。荷花街道兴华社区、信安街道金河湾社区成立社区红十字会。通过与结对社区谋划商讨，拟在金河湾小区实施“博爱楼道，应急救援在身边”项目，拓展急救知识深度和广度，力争在社区培养群众性应急救护队伍。

【学习教育】 召开年度学习计划专题部署会，制订全年理论学习计划。结合“两学一做”学习教育常态化、制度化，创新学习模式，利用周一例会制和主题党日，不定期开展学习活动，紧扣“理想信念”主题，开展革命传统教育、警示教育、廉政教育、责任意识教育和忧患意识教育活动，增强党员干部宗旨意识。坚持专人领学和专题发言方式，从全面学习向专题研讨深化，提高党员干部政治鉴别力。同时，组织全体党员深入基层调查研究，把学习和调研结合起来，把学习和解决群众实际困难结合起来，把学习和加快区红十字事业发展结合起来，理论指导实践，实践丰富理论。全年开展集中学习10次，领导讲党课2次，多人交流发言。

【人道救助】 将红十字人道、博爱、奉献精神嵌入民生工程，推动救助工作进农村、进社区、进学校、进机关、进企业，把党和政府温暖送到千家万户。开展“红十字博爱送万家”活动，走访贫困户，为困难群众送爱心。宣传“天使阳光基金”“小天使基金”救助工作，给14周岁以下先心病、白血病特困患者带去希望。区委、区政府统一部署，与13户低保户结对，通过定期开展扶贫结对走访工作、帮助低保对象寻求就业机会、干部自发出资为低保户采购生活必需品等“造血”与“输血”相结合扶贫措施，精准扶贫目标任务全面完成。

【疫情防控】 疫情期间，发动全区机关单位、企业团体、商会协会及社会个人捐款捐物。广大爱心团体和个人积极响应，迅速行动，大批疫情防护用品、消杀药品及饮料食品供给疫情防控第一线，缓解疫情防控初期防控物资严重不足状况，保障一线人员防疫防护所需。组织志愿队伍在防疫关卡处测量体温，对人口密集处开展消杀工作，区雄鹰红十字救援队参与防控任务2747次。对预备复工复产企业进行消杀，为加快款物募集、捐赠、分拨节奏，制定疫情期间捐赠款物管理与使用制度，将捐赠款物分成定向、非定向两类，区分医用和非医用物品。定向捐赠款物按捐赠人意愿，及时做好调拨，非定向捐赠款物会商防控指挥部后统筹安排使用。防疫时期，行之合规、行之有效。

强化社会监督、内部监督、审计监督和纪律监督，织密织牢、环环相扣、层层递进、系统科学社会捐赠监督体系，实现捐赠款物闭环管理全链条监督。全年接收社会捐赠款物 398.15 万元、其中资金 236.51 万元，物资价值 161.64 万元（不含捐赠人未报价物资），全数捐赠，捐赠款物无结余。

【救护培训】 以保护人的生命与健康为宗旨，突出救护重点，抓住救护关键，开展应急救护工作，形成以救护培训、无偿献血、造血干细胞捐献为内容生命救护体系。加强应急救护培训工作，将应急救护培训纳入区管干部进修班、新录用公务员入职培训等干部培训课程，把救护培训作为爱心企业回访服务重要内容，利用寒暑假在社区家长学校和未成年人活动中心开展有针对性救护培训。采用救护培训进礼堂、乡村振兴讲堂等形式，扩大群众性应急救护培训覆盖面。开展无偿献血和造血干细胞捐献活动，围绕社会公共服务需求，在公共场合、大型文体活动场所等人员密集处安装自动化体外心脏除颤器（AED），百姓身边构建救护网。全年开展救护培训 10297 人次，其中救护员培训 997 人次，普及培训 9300 人次，配备 5 台 AED。

【宣传关爱生命理念】 通过媒体宣传、阵地宣传等形式，在社区、学校、广场、医院等场所传播关爱生命理念，深入人心。全年全区新增人体器官捐献 4 例。

【应急救援】 重大自然灾害和突发公共事件发生时，区红十字会第一时间向灾区和受灾群众提供急需生活物资和必要帮助，保障人民群众生命安全。汛情期间，受强降雨影响，多条河流超警戒水位，城区、部分乡镇出现内涝，为保障当地群众安全度汛，救援队投身洪涝灾害救援，连续 22 个小时奋战在航埠、石梁等乡镇防汛一线，转移群众 500 余人。特别是“6 · 4”九华乡大侯村泥石流灾害发生时，及时疏散转移村民 109 户。区红十字会获区政府集体嘉奖，2 名队员获个人嘉奖。

【对外交流】 开展社会力量帮扶，对口援助北川，架起东西部帮扶连心桥。与人社局开展为北川来柯务工人员送棉被、送防疫品活动。全年向北川拨付援助资金 2 万元，完成 1 万元西部消费扶贫任务。

【人道传播】 依托红十字基层组织建设三年行动计划，在基层组织网络落实宣传工作，弘扬“红十字精神”，增强社会对红十字会认同感，提升社会公信力，为红十字事业健康发展营造良好环境。结合主题日、主题活动开展宣教工作，举办“衢州有礼 · 红十字在身边”区红十字志愿服务队宣传活动及第 21 个世界急救日“疫情下的急救”活动。组织党员干部参加红十字志愿服务活动，传播正能量，为构建社会和谐稳定营造良好氛围。利用应急救护培训课堂对外传播红十字知识，利用新旧载体及时宣传，制作宣传画册、宣传折页等，传播红十字精神，丰富和提升红十字品牌内涵、形象。

（孙楚瑜）

政法委与综治

【概　况】 2020年，全区政法、平安战线深入贯彻落实党的十九大、十九届四中全会及习近平总书记在浙江调研时的讲话精神，按照政法工作会议及市委、区委决策部署，以维护社会安全稳定为前提，以推进社会治理现代化为重点，深入推进平安建设、风险防范、基层治理等重点工作，打赢扫黑除恶专项斗争决胜战，完成重要节点、重大活动维稳安保任务，全力护航、重大项目推进、村级组织换届、全域土地综合整治等中心工作，为打造“四个区”，建设“重要窗口”和争创四省边际社会主义现代化先行区保驾护航。

【涉稳风险化解】 统筹推进疫情防控工作和维护稳定工作，按照“两手都要硬、两战都要赢”的要求，政法系统全体干警主动下沉各类站点、关卡，守住高速路口、交通枢纽等区域“大门”，守好村社小区、网格楼栋等城市“小门”，强化联动联控，做好涉疫事项信息核查、分析研判。全年核查各类数据3.6万余条，强化涉疫风险隐患摸排化解，发现并处置因复工复产、隔离安置、村社管控、租房入住等引发的社会面矛盾纠纷400余起。建立完善重大决策社会风险评估机制，加强对重点工作、重大项目涉稳情况预判和管理，对全区65个项目进行重大决策社会风险评估备案工作。加强人民防线组织建设，在“4・15”全民国家安全教育日、反间谍法宣传周期间开展主题宣传教育活动，发放宣传材料1000余份，制作宣传展板21块，提高全民防范意识。通过深化落实各项体系，压实属地责任，落实网格管控、完善应急预案等措施，形成整体合力，化解涉众事件，完成两节、各级两会以及省委书记车俊到柯城区接访群众以及国庆、党的十九届五中全会等重要节点、重大活动安保任务。聚焦信访矛盾化解、重大项目推进、村级组织换届、全域土地综合整治等重点工作，公检法司联动、纪组宣统联合，开展“树正打歪、拔钉清障”百日攻坚。发挥统筹协调职能，组织公安、法院、区扫黑办等相关职能部门机构，对全区范围内涉及村级党组织换届人员任职资格条件把好资格联审关。实施“五色”动态管理，完成教育转化全国试点工作。提升区级关爱工作室——兰花热线润心工作室，建立完善区级帮教能手专家库，打造2支关爱帮扶教育转化团队。

【平安柯城建设】 2020年是柯城区平安夺银鼎决胜年，区平安办发挥统筹协调职能，在狠抓长效机制、创新方式方法、夯实基层基础上下功夫，以高标准、严要求、实做法推进平安建设。打好扫黑除恶专项斗争决胜战，坚持边打边治边建，有力有序推进“十大专项行动”“六清”行动“清风护航”专项整治等重点工作，全面推动“四大转变”，实现“五个确保”。完善区级平安考核，建立平安创建部门“一把手”主体责任制、领导班子“一岗双责”制以及平安柯城建设约谈制等制度，按照考核指标列问题短板清单，细化分解平安考核指标，落实责任和措施。由区平安办牵头，每月组织综合性暗访，部门对照“平安暗访项目检查清单”，开展常态化行业自查暗访。年内组织8次综合性暗访和专项督查，检查100余处场所，发现问题或隐患场所60余处，均进行整改。以问题为导向，针对平安创建重点难点、易失分项，结合省、市平安暗访和重大活动期间暗访检查发现的问题，开展问题隐患督查检查工作。年底前，全部完成整改省暗访督查发现的14个问题。利用乡村振兴讲堂、“周二无会日”、红色物业联盟、“三通一智（治）”、钉钉工作群、“8090新时代理论宣讲团”等载体平台，通过网格宣传、主题宣传和社会面宣传等方式，开展电信网络诈骗犯罪防范、交通安全、反邪教等知识宣传，发放反诈骗宣传册5万余份、组建1300余人微信反诈志愿者联盟工作群，营造全民共同参与平安创建浓厚氛围，提升“平安三率”。

【基层治理工作】 以“党建治理大花园”为主线，围绕“中国基层治理最优城市”目标，落实省、市、区委的决策部署，加强区级矛调中心建设，做优做实“141”基层现代化治理体系，提升基层社会治理现代化水平。有效推进矛调中心资源大整合，努力实现矛盾纠纷化解“一站式”管理、“一窗式”受理、“一条龙”服务。至年底，区矛调中心实现整合20个部门（单位）、9个区级中心和10个行业调委会入驻，设立8个运行模块，20多个调处功能室，全区越级访人数、诉讼案件明显下降。强化区、乡、村三级社会矛盾纠纷综合调处架构体系。建立疑难事件周清单交办机制，强化矛调中心疑难事项处置能力。建立基层治理“两难”问题三级钉钉群，加强各级节点分析研判能力，形成纵向打通贯通，整体高效协同的回路闭环。升级改造“基层治理四平台”信息建设系统，完善系统安全管理。推进网格地图绘制和统一标准地址库建设工作，依托专业测绘力量，采用统一数据标准，实现村（社）、网格地图边界精准落图，开展标准地址库建设、社会治理信息落图工作。绘制完成全区272个村（社）、903个网格地图边界。发挥网格化管理与群众零距离优势，加大《衢州市城乡网格化服务管理条例》宣传贯彻力度。规范网格工作事项准入，完善网格考核管理，开展网格考核与经费发放专题调研，规范网格工作考评和待遇报酬落实，全年区财政拨发网格经费1325.52万元，各乡镇（街道）均落实网格经费考核发放，并配套发放网格经费742.22万元。承办全市市域社会治理现代化暨红色物业联盟治理篇现场会、村（社区）党组织书记第二次工作例会暨网格员队伍建设推进会，展现柯城区做实“主”字形体系做法，推进市域社会治理现代化试点工作。制定《柯城区关于坚持和完善“党建统领+基层治理”体系加快推进市域社会治理现代化的实施方案》，坚持党建引领、围绕重点工作、推进多元共治、深化五治融合、强化科技支撑，打造市域治理柯城样本。

（黄琼杰）

法治政府建设

【概　况】 2020年，柯城区加强法治政府建设，依法履行行政复议职责。贯彻执行《中华人民共和国行政复议法》等法律法规和上级有关文件精神，按“最多跑一次”为民服务理念，全市率先将行政复议局入驻矛调中心，建立健全无纸化办案工作机制，畅通受理渠道、优化工作流程，保障和监督行政机关依法行使职权，妥善化解行政争议。

【行政复议和行政应诉】 全年收到行政复议申请60件，申请受理前化解34件，受理23件，不予受理2件，因申请人无正当理由逾期不补正1件，视为放弃行政复议申请。组织参加一审行政应诉案件87件，其中法院审结64件，在审23件，败诉3件，败诉率4.69%，同比下降67.92%，败诉率全市最低，排名第1。完善法治政府考核，在“法治衢州”考核中区位列全市第3名，“法治浙江”考核首次进入全省前45名。当好中心工作“法治参谋”。加强行政规范性文件及行政合同管理，严格落实行政规范性文件“三统一”规定，做好规范性文件合法性审查及备案工作。

【行政规范性文件合法性审核和备案】 全年审查涉法文件39件，其中行政规范性文件23件，提出合法性审查意见157条。完善区行政合同管理制度，健全区级行政合同“法律顾问+法制人员”双重审核机制，重大项目全过程服务。全年对85个行政合同进行合法性审查，提出合法性审查意见392条。

（姚　琦）

柯城公安

【概　况】 2020年，衢州市公安局柯城分局（以下简称柯城公安）围绕改革强警，打造现代警务模式“柯城样板”。建成全市首家县级公安机关执法办案管理中心，同步建设刑事侦查中心，在全省创新打造“双中心一体化”侦查办案新模式。传统侵财案件破案率从26.7%提升至37.7%，新型涉网案件破案率从2.5%提升至15.6%，派出所采取刑事强制措施人数占比从86%下降至34%。升级“情指行”合成作战中心，在全市试点研发运行“警情通”智慧平台，在前三年有效警情保持年均5%增速情况下，逆势下降8.17%，降幅居全市首位。副省长、公安厅厅长王双全对柯城公安“双中心一体化”改革、“警情通”智慧平台建设予以肯定，省内外单位30余批次到柯城考察学习。是年，柯城公安被评为全省平安护航新中国成立70周年成绩突出集体，全省公安机关执法质量优秀单位。

【抗击疫情】 疫情期间，在市、区党委、政府和市公安局党委坚强领导下，全警动员、全力以赴，全年处置涉疫类警情940起，协助摸排人员3262人次，核查密切接触人员389人次，完成7个集中隔离点安保任务。疫情防控处置突击队被树为市、区两级正面典型，获评全市抗击新冠肺炎疫情先进集体，被记集体三等功。

【护航区域发展】 开展“树正打歪、拔钉清障”专项行动，全年查处相关案件60起，对5人采取刑事强制措施，行政处罚62人，为区域发展营造风清气正社会氛围。投入警力2万余人次，完成创文省测、国测迎检任务，以公安零扣分助力创建全国文明城市。贴靠护航全区村社组织换届选举，出动警力2230人次，开展安保260场，保障换届选举期间治安平稳，村社“一肩挑”人选100%当选。

【创新侦查模式】 刑事侦查中心，执法办案管理中心“双中心”融合，破案效能和执法质量提升，传统侵财案件破案率从26.7%提升至37.7%，新型涉网案件破案率从2.5%提升至15.6%，派出所办理刑事案件占比从86%下降至9%，获评全省执法质量优秀单位。执法办案管理中心被省公安厅选为三个样板地区之一，全省现场会上作交流；“双中心一体化”在全市公安机关改革创新大赛中获三等奖；柯城公安在《法治日报》举办的第六届社会治理创新博鳌论坛上获评2020建设平安城市优秀公安组织。

【创新“警情通”智慧平台】 年内，创新研发并在全市试点运用“警情通”智慧平台，对警情实施标准化管理、智能化分析和精准化推送。开展“降警情、控发案”专项工作。在前三年有效警情保持年均5%增速情况下，全年有效警情逆势下降8.17%，降幅居全市首位。

【深化“融警务”机制】 在全市公安机关“融警务”机制下，推出以“平安联盟、警格联动”为主线“双联”警务，新建水亭门、马站底、清莲里联勤警务室，建成智安小区26个，王宁调解团队入驻区矛调中心，派出所和基层网格形成联动，推动基层治理能力提升。在第三方测评中，群众安全感和对公安工作认可度排名全市第2。

【大案要案侦破】 是年，侦破盗掘省级文物保护单位“荥阳侯夫人墓”案件，打掉横跨多省份专业盗墓团伙；侦办“4·20”特大“杀猪盘”案件，抓获违法犯罪嫌疑人142人，是全市公安机关一次性抓获人员最多的电信网络诈骗案件；侦破全市首起非法销售“烟弹”案及“1·20”特大金器被盗案、“5·13”故意杀人案、“7·10”爆炸案、“7·22”放火案等重大案件。

【重大设施项目谋划】 年内，业务技术用房提升改造项目获市发改委立项批复，投资800万元，成为柯城公安建局以来一次性投资规模最大修缮类项目，预计2021年开工。完成城北派出所、巡特警警务实战基地项目建议书编制，被区发改委列入前期类项目并初步确定选址，预计2021年转为实施类项目。石梁公安综合楼建设项目完成重新选址和方案优化。府山派出所提升改造项目通过省财政厅、省公安厅“枫桥式公安派出所”专项资金竞争性分配省级评审，获200万元省补经费。

【警史馆建成】 以建局35周年为契机，建设柯城公安分局警史馆190平方米，融合传统手段和现代科技，展示35年来奋斗历程和发展变迁，建成荷花派出所警史馆。12月31日，举行建局35周年纪念活动暨开馆仪式，市公安局和区委主要领导，历任柯城公安分局局长、政委和在柯城公安分局工作过的领导干部出席活动。

【干部队伍建设】 4月，开展中层干部队伍集中调整优化，提拔中层正职干部16名、中层副职干部24名，对73名股级干部岗位调整，提拔交流人员占全局股级干部的78.5%。调整后，中层正职干部队伍平均年龄从42.1岁下降至39.6岁，中层副职干部队伍平均年龄从37.3岁下降至33.8岁，一批政治立场坚定、担当意识强烈、纪律作风严明且群众公认度高、表现突出的年轻人脱颖而出。

【落实从优待警】 年内，出台倾斜派出所8项措施，实现派出所民警与属地乡镇（街道）同考核、同待遇，与市人民医院、市中医院、区人民医院签订警医合作协议，开通民警、辅警重大疾病就医“绿色通道”。出台“萌警关爱计划”，连续3年开办“警娃暑期代管班”，举办首届“警察亲子运动会”。

（孙　曼）

柯山公安

【概　况】 衢州市公安局柯山分局（以下简称柯山公安）成立于1999年12月26日，前身系1958年10月成立的浙江省金华专员公署公安处驻衢州化工厂地区公安分局。1966年“文化大革命”期间实行军管，更名为衢县公安局衢州化工厂派出所。1984年10月恢复建立衢州市（县级市）公安局衢化分局，1986年5月改为衢州市（地级市）公安局衢化分局。1999年12月企业公安转制更名为衢州市公安局柯山分局。2020年，柯山公安设19个机关职能部门和花园派出所、航埠派出所、城南派出所、石室派出所、城站派出所5个派出所，民警172人，辅警196人，警力与人口占比为1.7‰。辖区位于衢州市城区南面城郊接合部，面积270余平方千米，东至石室乡新东村与衢江区接壤；南至华墅乡龙泉头村与江山市接壤；西至航埠镇北一村与常山县接壤；北至柯城区双港街道礼贤街，管辖1镇4乡3街道（航埠镇、沟溪乡、华墅乡、石室乡、黄家乡、双港街道、花园街道、衢化街道），123个行政村社，常住人口179168人，同比下降2.7‰；流动人口38072人，同比上升75%；常住人口出生人数1509人，出生率8.42‰；死亡人数1604人，死亡率8.95‰，人口自然增长率-0.53‰。是年，柯山公安围绕衢州市公安局党委战略部署，谋划工作，以“六大体系”（风险防控体系、合成治理体系、执法规范体系、服务供给体系、精细督考体系、党建带队建体系）为牵引，打造现代警务模式“柯山样板”，维护社会大局稳定、促进社会公平正义、保障人民安居乐业，为打造“全国治安首善之地”贡献力量。获2020年度全市公安机关综合实绩考评第一，全警大比武位居全市第一，在全省公安系统执法、信访、队伍正规化“三大考核”连续两年全面创优，再次实现业务、队伍“双丰收”。全年辖区有效警情10821起，同比下降1.72%，其中有效刑事警情同比下降44.03%；打击各类违法犯罪嫌疑人988人，同比上升1.80%。

【疫情防控及矛盾化解】 2020年，完善“四联三防”建设，开展防暴恐演练6次，辖区未发生暴恐案事件。疫情期间，24小时驻守市火车站防疫核查点，查获无症状感染者1人。城站派出所被市委市政府评为全市抗疫先进集体，被省公安厅记集体二等功1次、被市政府记集体三等功1次；民警程利丰被评为衢州抗疫先进个人。以“枫桥式公安派出所”创建为载体，深入推进“最多跑一地”改革，按照“多层面、一体化”思路主动融入区矛盾调解中心，建立健全矛盾纠纷多元化解、三级联调等工作机制。全年，化解各类初信初访案件25起，信访积案6起，涉警初信初访、越级信访、公安类信访总量同比分别下降38.6%、50.0%和30.8%。

【反恐防恐宣传教育进校园】 12月15日，柯山公安会同市局反恐怖支队、特警支队到航埠小学开展“反恐防恐、你我同行”反恐怖宣传教育进校园活动，进行反恐演练、反恐宣讲、枪械及警务用车展示，进行反恐防恐宣传教育，提高全校师生处置突发恐暴事件能力。

【危险化学品安全生产反恐应急处置综合演练】 为提高危险化学品密集区域、企业单位和公安机关协同处置突发暴恐事件能力，强化应急救援协调联动机制，9月30日，柯山公安在辖区企业开展“2020年巨化·柯山警企危险化学品安全生产反恐应急处置综合演练”。演练模拟暴恐分子携带不明物体进入涉恐重点目标重大危险源储存区域，试图实施破坏，现场保安人员先期应对，企业和公安机关协同处置，在制服暴恐分子后，成功处置危险化学品泄漏事件。

【护航发展】 2020年，以“树正打歪、拔钉清障”专项行动为载体，打处阻碍创文、重大项目建设及无理访等。护航辖区123村（社）顺利换届，得到上级领导批示肯定。坚持主动警务理念，以“项目警官制”为载体，主动融入项目工作专班，排查、化解、稳控各类涉稳风险隐患。根据推进难度，实行“一警一项目”“多警一项目”“一项目一评估一对策”的工作模式，全力护航项目建设。年内，护航杭衢高铁、上海“三间”等6个党政重点项目工程百分之百签约、征迁。深化“最多跑一次”改革，重点推进“一窗通办”，搭建“1+8+X”服务架构，推动公安窗口全部融入辖区8个乡镇（街道），将治安、出入境等服务事项下放一线，全面实现“一窗融合”“一窗通办”。开展“三服务”活动，坚持靠前服务理念，成立“群雁护企”服务团，开通“警务直通车”，按照“一月一主题”，开展涉企服务系列主题活动，全程助力企业复工复产。相关工作得到市委常委、智造新城党工委书记、管委会主任刘根宏和副市长、公安局局长王顺大批示肯定。

【村级组织换届选举安保】 2020年，围绕党委政府决策部署，以“三个三”举措开展护选行动，投入安保警力1790人次，参与选举保卫259场次；对1702名候选人资格审查，发现23人不符合参选资格；核查贿选线索7条，训诫230人，查办2起案件；为选举工作营造和谐有序的社会治安环境。

【惩治违法犯罪】 年内，持续推进扫黑除恶专项斗争，建立健全乱象乱点整治等工作机制，推动专项斗争常态长效。破获“10·9”非法经营假烟、伟荣药业被假冒注册商标、佰意智造服饰有限公司被诈骗等涉企案件。依托反诈联席会议机制，落实职能部门主体责任，采取每日警情通报提醒、受害者追踪回访、开展座谈宣讲等方式，提高宣传精准性、时效性和覆盖率。全年电信网络新型违法犯罪发案同比下降13.91%；电信网络新型诈骗初侦初查率、百警破案数、百起立案抓获数均位列全市第一。坚持“融警务”理念，紧盯辖区突出问题症结，针对易制毒企业聚集的实际，研发全国首个易制毒化学品监管服务App（“E毒通”协同应用平台），探索易制毒化学品生产、经营、运输、出入库全时空可追溯管控。该项创新得到市委副书记、市长汤飞帆的批示肯定，省禁毒委将柯山公安确定为全省易制毒管理试点单位。积极推进“智慧公安”建设，新增人脸等前端感知设备400路；新建智安小区10家、智安单位10家；建成全市首个智安小区管理应用平台，有效提升预测预警预防能力。

【破获信息网络犯罪案件】 10月29日，成功破获一起帮助信息网络犯罪活动案件。经查，9月底，李某某（男，54岁，黑龙江哈尔滨人）在明知他人可能实施电信网络诈骗的情况下，仍以200元的价格将自己名下的一张银行卡出售提供给他人使用，后被他人用于网络诈骗转账。10月20日，衢州高新园区某公司被诈骗50余万元，其中43余万元被骗资金转入李某某银行账户后被支取。该案犯罪嫌疑人李某某已被刑事拘留，退回赃款35.7万元。至年底，案件在侦办中。

【警务效能建设】 年内，以执法规范化提升年活动为契机，全力推进一体化“单轨制”办案改革，加快建设执法办案管理中心，推动执法信息化建设，提升执法效能。健全二级执法管理体系，实施“五查五看一注重”工作法，落实日清周评月通报制度，切实加强民警执法监督，守住执法这一生命线。针对伤害类案件，持续开展日常检查，突出问题专项整治。近五年伤害类案件办结率95.7%，位列全市第一。实施执法星级评定办法，按照“5+X”的项目认证评定民警执法等级，推动民警执法主体能力素质提升。全年执法质量考评全市第二，被推荐参评全省县级公安机关执法质量优秀单位。坚持大督考理念，构建党委—督考—支部“王”字形精细督考体系，建立“党委抓督考、督考抓警种、警种抓职能、支部抓自身”闭环流程。做优党委主导的“顶线”、做强督考主推的“中线”、做实支部主责的“底线”、做通制度管理的“竖线”，组建21人督导员队伍，明确各级职责分工、时限要求，形成体系抓督考、整体抓落实良好局面。督察大队在全省评比获第6，是全市唯一获评大队。是年，以“铸魂工程”为内核，做实做细党建3大类9大项举措，聚力打造“五要四先”党建工作品牌，明确局党委班子做到“十项表率”，带动形成全局团结奋斗、勇于争先的浓厚氛围。打响群雁文化品牌，出台《“首善柯山·群雁公安”文化建设实施方案》，推动群雁信念教育等“八大行动”27项举措落地见效，让齐飞、奋飞、高飞的“群雁精神”和忠、勇、精、正的“警员信条”成为全警价值追求。该项工作得到省公安厅党委副书记、常务副厅长毛善恩肯定，在《浙江警学》刊发推广。以“提能工程”为根本。深化“素质能力跃升年”活动，出台《实战大练兵十条规定》，严格落实“周学月考季比武”制度，开展每周一训以及送教上门。优化“人才实训基地”培训，建立新警雏雁基地，实施实战化跟班机制。组建20人“尖子”教官团队，细化制定计划、组织、实施、保障4大类27条责任清单，从严从实从细抓好比武工作。取得大比武四个单项（警种比武、派出所对抗赛、飞行考核、警衔晋升）第一，以绝对优势夺得全市公安机关大比武总分团体第一。以“暖心工程”为保障。坚持“严”的主基调及“严管就是厚爱”理念，严格执行中层“亮灯”办法，针对“小错不断”“大错不犯”问题，出台民（辅）警十条严管规定。对14名中层进行亮灯；刚性执行规定处理12人，扣除考核奖7000元，连续两年实现全警“零违纪”。开展教育整顿“6＋6”活动，用60天“除隐患、冲绩效”行动，推动教育整顿做深做细做实。持续做深暖警惠警，开展美丽警苑、活力警队、幸福警营“三警”建设，推出健康跟踪、洗车等爱警惠警10项举措，提升全警幸福感和获得感。5月31日，组织开展庆“六一”“警徽闪耀·雏鹰展翅”警营开放日活动。设置消防体验、亲子互动游戏、警务方阵演示、枪械展示、警犬训练项目展示及禁毒宣传等项目。

【侦破销售假冒制冷剂案件】 6月，破获嫌销售假冒“巨化牌”（驰名商标）制冷剂案，在河北省、河南省抓获犯罪嫌疑人2名，查扣价值

30 余万元假冒产品，扣押非法所得 7 万元。该案件的侦破，得到市委常委、巨化集团公司董事长胡仲明批示肯定。经查，2019 年 3 月至 5 月，犯罪嫌疑人向某大量购买低价无牌制冷剂，灌入贴有巨化牌注册商标的外包装瓶罐，低价销售给犯罪嫌疑人崔某进行市场零售。2 名犯罪嫌疑人均被采取刑事强制措施，案件在侦办中。

（陈剑雄）

检　察

【概　况】 2020 年，柯城区检察院坚持以习近平新时代中国特色社会主义思想为指导，学习贯彻党的十九届五中全会精神和习近平法治思想，紧扣市委建设“四省边际中心城市”和区委打造“四个区”重大部署，围绕“讲政治、顾大局、谋发展、重自强”新时代检察工作总要求，以“深化法律监督，彰显司法权威，维护公平正义”为工作主线，全力保障大局，聚焦主责主业，突出创新创亮，努力推动检察工作高质量发展。

【助力抗疫阻击战】 面对突发新冠肺炎疫情，全院干警主动投身战役一线，“检察蓝”化身“志愿红”，践行检察人的初心使命。依法从严从快办理妨害疫情防控犯罪 5 件 6 人。贯彻宽严相济刑事政策，办理贵某某妨害传染病防治一案，鉴于其认罪悔罪，并主动捐献血浆，依法对其作出不起诉决定，此案获评全省诉源治理专题优秀案件。为防止新冠肺炎病毒通过污水传播扩散，联合相关部门对区域内污水处理厂开展检查，建立应急机制。开展“组团联企”“三服务”活动，助力企业复工复产，院领导实地走访挂联企业 12 次，协调解决防疫物资、贷款紧缺等难题，宣传惠企政策，为落实“六稳”“六保”提供检察助力。

【平安建设】 贯彻总体国家安全观，依法严厉打击危害国家安全、涉众涉网、食品药品、黄赌毒等犯罪。全年受理审查逮捕案件 213 件 287 人，作出批准逮捕决定 148 件 192 人，作出不批准逮捕决定 66 件 107 人，不捕率 35.8%；受理审查起诉案件 584 件 883 人，审查后，向法院提起公诉 390 件 584 人，作出不起诉决定 141 件 194 人，不诉率 24.9%。落实平安稳定责任，办理非法吸收公众存款、集资诈骗等涉众型刑事犯罪，坚持案件审查、追赃挽损、风险防控“三同步”，确保“三效果”有机统一。全力保障村社组织换届工作，通过优化协作机制、审核内容、工作流程，严把审核关，组织审核村社换届“两委”人选 4000 余人次，参与联合会商 10 余次。

【扫黑除恶】 严格落实“两个坚决”，完善工作机制，提升办案质效，提前实现两个“清零”目标。结合“十大专项行动”，推动源头把控，做好案件后半篇文章。参与招投标领域专项治理，对近五年办理的串通招投标等案件进行梳理和“回头看”。开展守护美丽大花园专项检察行动，针对砂场未经用地审批非法占有农用地等问题向行政执法部门及 4 个乡镇街道发出检察建议，及时铲除黑恶势力滋生土壤。针对履职中发现酒吧、歌厅等娱乐场所管理漏洞，依法向相关执法部门发出检察建议并监督整改。

【优化营商环境】 贯彻落实省检察院《关于发挥检察职能作用优

图 32　9 月 25 日，检察官为学生及家长以微信诈骗案例进行法治教育

化营商环境促进民营经济健康发展的意见》精神，主动履行检察职责，保护涉案企业合法权益，全年办理涉企案件18件29人，其中立案监督衢州凯泰公司合法权益受损一案，为企业止损人民币3亿元，及时挽救该公司。针对非公有制经济领域刑事案件及非法集资犯罪频发现象开展类案分析研究，形成《柯城检察非公有制经济领域刑事检察专题报告》《非法集资犯罪频发应高度关注——柯城区检察院近三年办理非法集资类案件分析报告》，为党委、政府提供决策参考。

【矛盾化解】 落实司法为民理念，运用“三个一”模式规范办理信访事项，坚持一周一会商、一访一档案、一案一督办，加快信访件流转，跟踪信访件处理，落实信访事项首办责任制，促进矛盾纠纷源头治理。创建“检蓝”工作室，与区“兰花热线”工作室合作，办理故意伤害、交通肇事等矛盾突出的刑事案件，检察机关当好“老娘舅”，确保赔偿和解自愿、公平。加大司法救助，助力脱贫攻坚力度，全年办理司法救助案件17件，发放司法救助金14.5万元，涉及贫困人员8人，彰显司法温情。办理刑事申诉案件5件，对不支持申诉案件，做好释法说理，促进息诉罢访。全面推行案件公开审查听证、宣告制度，举办听证会8场，邀请人大代表、政协委员等42人次参与听证讨论，助推诉源治理。

【刑事诉讼监督】 秉持客观公正立场，做犯罪追诉者，无辜保护者。强化法律监督意识，持续抓好立案监督和侦查监督。全年立案监督8件12人，追诉漏网犯罪嫌疑人17人，追捕6人，其中4人被判处10年以上有期徒刑，发出纠正违法通知书16份。强化刑事执行检察，会同法院、公安、司法行政机关会签《柯城区社区矫正工作责任清单》，规范单位之间衔接配合，确保社区矫正工作顺畅开展。着力整治执法不规范问题，开展超期羁押、剥夺政治权利执行等专项检察，发出纠正违法通知书23份。培育精品案件意识，在办理黄某某涉嫌合同诈骗一案中，发现并监督公安机关立案追究叶某某合同诈骗犯罪，后叶某某被法院判处有期徒刑13年6个月，该案获评全省精品案件。

【民事诉讼监督】 坚持实体违法监督与程序违法监督相结合，对人、对事监督并重，形成多元化监督格局。针对虚假诉讼损害社会诚信问题，与公安、法院、司法密切协作，开展打击虚假诉讼专项监督。全年受理生效裁判监督案件32件，审查后向区法院发出虚假诉讼类再审检察建议11件，均获改判。其中，办理黄某某与颜某某等5人民间借贷案时，运用侦查思维，查明涉案1200万元借款系借贷双方恶意串通，办虚假诉讼案件，移送公安机关立案追究刑事责任4人。强化执行活动监督，发出执行监督类案检察建议3份，对2起执行难度大、容易引发社会矛盾的腾房案件现场执行监督。规范诉讼程序，深化审判程序和审判人员违法监督，发出检察建议3份，共同维护司法公信。

【行政诉讼监督】 发挥行政检察维护司法公正，促进依法行政职能作用。办理行政诉讼执行监督案件2件，各类非诉执行监督案件20件。推进依法行政，与相关行政部门制定《关于建立行政争议实质性化解工作制度的若干规定》《关于加强行政非诉执行工作的若干规定》，强化行政执法、行政诉讼与行政检察衔接机制，完善联席会议、线索双向移送、检察建议备案审查与跟踪落实等协作机制。参与行政争议实质性化解案件3件，效果良好。精品案件办理历史性突破，办理的1件行政诉讼监督案件被评为全国检察典型案例（全国仅6件）。

【履行公益保护使命】 办理行政公益诉讼诉前程序案件68件，发出诉前检察建议23份，被监督行政机关回复期内采纳并整改，其中10件被省检察院审定重大案件。注重结合社会综合治理，以双赢、多赢、共赢为目标，建立多方参与、协同共治“磋商会议”机制，促进职能部门综合施策。针对餐饮店超范围经营、未依法登记网络销售，基本医疗保险基金监管不及时、不规范等问题，通过诉前磋商推动相关行业部门规范管理。稳妥探索公益诉讼新领域，从英雄烈士保护和文物保护领域入手，针对八烈士墓管理不到位及未经批准工程建设损害文物本体等问题，分别向相关部门发出诉前检察建议并跟踪监督、落实整改。推动引领性工作开展，以点带面提高监督深度和广度，办理"'二战'文物——国民政府空军第十三总站新塘山石室遗址保护公益诉讼案"获《浙江法制报》头版报道，电动自行车消防安全综合治理行政公益诉讼案获评"公益诉讼三周年"省级精品案例。

图 33　6 月 4 日，区检察院举行未检开放日活动

【做好未检工作】 以努力挽救涉罪未成年人为目标，全年办结未成年人犯罪 58 人中，未逮捕 50 人、不起诉 27 人，非羁押率和非刑罚率高于普通刑事犯罪 50.41%、21.61%。以零容忍态度打击侵害未成年人恶性犯罪，依法从严从快逮捕、起诉 7 人。加强涉未成年人法律监督，追捕 1 人、立案监督 1 人、撤案监督 9 人。针对未成年人群居宾馆实施犯罪情况，发送检察建议督促行政执法部门依法落实监管责任，规范旅馆业留宿未成年人制度。落实观护帮教，联合区人社局等 7 家单位出台《"青鸟之翼"未成年人社会综合帮扶机制》，督促开展涉罪未成年人公益服务、法治学习。全年开展法治讲座 10 场，利用线上、线下互动方式参与学校法治课堂为学生答疑解惑，为全区中小学发放精品法治网课。

【推进反腐工作】 配合是政治要求、制约是法定责任，加强与区监察委工作衔接，联合出台《关于职务犯罪案件依法移送审查起诉衔接工作的实施办法（试行）》，形成反腐败工作合力。全年审查批捕、审查起诉职务犯罪案件 6 件 8 人，其中张某某贪污案获评 2020 年度全省职务犯罪检察精品案例。稳妥履行 14 个罪名侦查职责，查处司法工作人员职务犯罪 1 件 2 人。

【落实司法责任】 以司法规范化水平提升年为抓手，细处着眼、实处着手，加强司法理念教育和素质养成。以"1+1+1"人员架构完善办案组织，配齐配强办案力量。以建立案件起诉前备案审查和不断完善案件质量评查、廉政风险防控、案件流程监控等抓办案质量，确保"有权必有责，用权受监督"司法责任制运作。

【推进认罪认罚从宽】 注重实践，制定出台《认罪认罚从宽制度量刑工作规范与监督细则》《关于部分常见罪名量刑的会议纪要》，规范认罪认罚量刑工作。全年办理刑事案件认罪认罚适用率 87.97%，量刑建议采纳率 98.08%。探索认罪认罚从宽制度在黑恶案件中运用，办理翁某某等 10 人套路贷犯罪案为全市开展扫黑除恶专项斗争第一起全案适用认罪认罚从宽案件，政治效果和法律效果良好。认罪认罚从宽制度下公诉案件分流机制研究被省检察院立项为重点课题，并在全省检察理论研究年会上作经验介绍。

【检察产品供给】 深化检察环节"最多跑一地"改革，按"服从大局、统分结合、融合发展"要求，"12309"检察服务中心入驻区信访矛调中心，对信访事项采取案件化办理。发挥公益损害与诉讼违法举报中心、"12309"检察热线连接基层治理四平台及政务咨询投诉热线，及时回应群众关切和需求。全面推进移动检务平台运用，实现司法办案从受理到结案全流程重要节点实时公开，实现点对点远程申请和办理，为人民群众和诉讼参与人有序参与司法活动提供便捷。

【队伍建设】 是年，增强干警“两个维护”政治定力。用习近平法治思想，巩固“不忘初心、牢记使命”主题教育成果。贯彻落实《中国共产党政法工作条例》，主动向区委请示报告重大事项、重要案件。深化“大学习大调研大抓落实”活动，开展“四大检察”全面协调发展专题调研，完善转型发展思路，引领检察工作沿着正确政治方向前进。紧扣监督能力，从人才培养、激励保障、业绩评价、智慧辅助及规范化建设，科学构筑队伍素能提升路径体系，打造作风过硬、本领高强专业检察队伍。运用“浙检大讲堂”“控辩大课堂”网络视频学习教育平台，开展“一对一”“传帮带”活动，提高干警司法办案专业化技能。办理精品案件数居市检察系统前列，参加全市检察机关刑事论辩赛表现出色，获最佳组织奖、最佳辩手奖。

【接受监督】 接受人大监督，提升干警履职本领。主动向区人大及常委会报告检察工作，对审议意见、作出的决定及时研究、认真落实。健全与代表日常联络机制。配合区人大常委会对3名检察官开展履职评议，组织新入额检察官、新入职检察干警参加宪法宣誓仪式。接受法院、公安、监察委监督制约。接受政协民主监督和社会舆论监督，主动邀请政协委员、人民监督员参与检察开放日活动，发送检察工作资讯141篇。通过“柯城检察”微信公众号和正义网、《浙江法制报》等媒体发布新闻信息370余条。

（赖丽群）

法　院

【概　况】 2020年，柯城法院履行宪法法律赋予职责，推进“服务大局强化年”“诉源治理强化年”“制度执行强化年”活动，服务中心大局，狠抓执法办案，被授予“全省突出贡献法院”“全省法院诉源治理成绩突出集体”等称号。全年新收案件14517件，办结14781件，同比分别下降13.18%和10.56%，一审民商事收案同比下降12.88%，诉源治理成效明显。员额法官人均结案388.97件，居全市法院第1位，较全省均值多85.19件。

【刑事审判】 受理刑事案件368件，审结399件，同比分别下降42.32%和34.8%。有罪判决604人，其中判处三年以上有期徒刑154人，对275名具有从宽情节被告人依法判处缓刑。依法“从严从快”审理涉黑恶案件，办结涉黑恶案件12件94人，判处五年以上有期徒刑14人，6月底前在全市率先实现涉黑恶案件积案清零、黑财清底。严惩严重影响社会治安和群众安全感犯罪，审结故意伤害、强奸、抢劫等暴力型犯罪案件及盗窃、抢夺、诈骗、危险驾驶等犯罪案件216件251人。审结非法吸收公众存款等涉众型经济犯罪案件14件，涉案金额4亿元，涉及受害人2700余人，发布非法集资犯罪案件审理情况司法白皮书。加强人权司法保障，为248名被告人指定律师出庭辩护。

【民事审判】 受理民事案件7649件，审结7735件，同比分别下降12.88%和11.21%，解决争议标额21.89亿元。坚持以调为主、调判结合，调撤率72.29%。深化家事审判方式改革，与区妇联联合在3个人民法庭实现辖区内法律娘家人服务站暨女法官工作站全覆盖，审结婚姻、继承等家事纠纷案件492件。妥善化解人民群众关心住房、就业、教育、医疗、养老等民生领域矛盾纠纷，审结涉人身损害、医疗及消费者权益等案件1198件。审结房屋买卖、租赁、中介等纠纷案件306件，促进房地产市场健康发展。

【行政审判】 受理各类行政诉讼案件369件，同比下降1.07%；审结408件，同比上升36.45%。审查行政非诉案件47件，准予执行率95.74%。坚持“能调则调、当判则判”审判理念，妥善解决行政争议，调解、撤诉171件，撤诉率41.91%，位居全省前列；判决区行政机关败诉2件，败诉率4.44%，同比下降13.47%，首次低于10%，实现省委要求败诉率不超过10%目标。府院良性互动，助推法治衢州建设，发布衢州市行政诉讼集中管辖助推法治政府建设十个典型案例，向区委报送关于涉区行政案件审理情况报告，助推依法行政意识和水平提升；发送司法建议26条，区行政机关负责人出庭应诉率100%。

【执行工作】 全年受理执行案件6023件，执结6111件，同比分别下降11.43%和10.11%，执行金额15.48亿元。推动全面依法治区委员会出台《关于加强综合治理从源头切实解决执行难问题的实施意见》，完善综合治理执行难大格局。推进“公正”+“公证”深度融合，探索将执行辅助事务外包，派驻公证人员参与执行案件受理、恢复2437件。联合八部门出台履行激励机制，健全“自动履行为主、强制执行为辅”长效工作机制。全省首推疫情期间公告敦促履行法定义务做法，开展线上约谈、调查等执行工作，促使370余人主动申报财产，执行金额1.53亿元。加大惩戒力度，依法限制高消费5146人次，限制出境2890人次，罚款594.1万元，司法拘留63人次，公开宣判拒执罪4件，提高震慑力。助力“无欠薪”区建设，加强涉民生案件专项执行，全年追索劳动报酬450.38万元。

【服务大局】 坚持“党委中心大局工作推进到哪里，司法服务保障就跟进到哪里”，推进“树正打歪、拔钉清障”百日攻坚专项行动；依法对社会高度关注历时10余年原小南门征迁其中两户进行强制腾房并交付政府予以现场拆除，为该区块征迁全面清零发挥震慑和推进作用。做好村级组织换届保障工作，审查候选人4987人次，服务保障乡村振兴战略。践行“绿水青山就是金山银山”，全面推动“三合一”环资审判改革，环境资源旅游审判庭揭牌运行，审结环境资源案件110件，为“活力新衢州、美丽大花园”及全域生态旅游建设重大决策部署贡献力量。深入贯彻区委脱贫攻坚部署，结对帮扶低保低边困难农民65户，帮助群众解决困难问题20个。

【防疫办案】 制定发布《关于充分发挥审判职能作用为依法防控疫情提供司法服务和保障的意见》，组织200余名党员干部职工参与社区疫情防控，开通疫情防控“法治大喇叭”，走街串巷开展防疫法治宣传。从严从快打击妨害疫情防控违法犯罪行为，依法快速审结全省首例“强闯疫情防控检测点”刑事案件，5个案例入选各级法院服务保障疫情防控典型案例。妥善化解因疫情引发金融借贷、货物买卖、房屋租赁等合同纠纷，审结涉疫情刑事案件5件、民事案件22件，1个案例被最高人民法院《司法案例研究信息》采用，获得最高人民法院领导高度肯定和重要批示。

【优化营商环境】 助力企业复工复产，为急需恢复生产涉疫情防控企业、困难企业提供紧急修复信用、暂时解封财产等帮助，编写发放《企业应对新冠肺炎疫情及复工复产法律问题实务操作手册》3000余册。树立法治是最好营商环境理念，加强破产案件办理便利化程度，发布破产审判白皮书，新收破产案件17件，审结10件，化解不良债权1.76亿元，盘活土地资源4公顷，厂房21628.75平方米。依法引导凯升公司进入破产清算程序，审慎有序阶段性化解凯升广场320户业主群体性纠纷。重视金融风险防范化解，构建金融纠纷快速化解“一件事”机制，配强金融审判团队，依法妥善快速处理涉金融纠纷案件1107件，维护区域金融安全。

【参与社会综合治理】 推进“网格+法院”建设，衢州“邻礼通”与“网上法庭”深度融合，实现“双向互动”，推动法院诉讼服务中心与区社会矛盾纠纷调处化解中心深度融合，协同发力，法院6项功能全部进驻。诉前调解中心成立化解案件2723件，诉前化解和民事可调撤率89.81%，排名全省第7位。航埠法庭大力指导人民调解，打造“章仕隆调解工作室”品牌，促进党建统领大联动，探索新时代“枫桥经验”。6月30日，省委常委、政法委书记王昌荣在全省县级社会矛盾纠纷调处化解中心建设互学互比视频交流会上肯定柯城“航埠经验”，并要求在乡镇层面予以推广。

【推进“当事人一件事”改革】 石梁人民法庭推行立审执一体化，统筹解决“当事人一件事”改革，从诉前调解、立案登记、督促履行、强制执行、信访接待等方面提出23点工作举措，梳理群众看得懂“当事人一件事”目录清单，促进调、审、执、访深度融合。2020年，石梁法庭服判息诉率97.35%，诉前化解和民事可调撤率93.94%，自动履行率85.12%，平均审理天数10.07天，实现“三个80%”和“两个好于”目标。市中院院长危辉星两次批示肯定，并发文在全市推广。

【落实司法责任制】 发挥院庭长监督管理职责，细化重大敏感等“四类案件”监管机制，严格落实领导带头办案规定，发挥院庭长办案示范作用，院庭长办结案件4620件，占结案总数31.29%。开展打击虚假诉讼专项行动，查处虚假诉讼7件。开展民间借贷协同治理，更新职业放贷人名录。开展打击扰乱诉讼秩序行为专项行动，对持刀威胁并咬伤执行人员被告人判处有期徒刑7个月，对拒绝、妨碍人民法院调查取证行为罚款10万元，彰显司法权威不容侵犯、诉讼秩序不容亵渎的决心。

（周哲斌）

司法行政

【概　况】 2020年，柯城区司法局做好常态化疫情防控工作，坚持党对司法行政工作领导，围绕全区重点工作，以平安建设为平台，以法治政府建设为重点，履行司法行政职能，发挥人民调解作用、开展普法与依法治理、推进社区矫正规范化、提升法律服务质效、完善依法行政制度体系。全面强化依法治区，推进“法治柯城”建设，为助推“主城区”担当，打造“四个区”，争创四省边际现代化先行区提供法治保障。

【人民调解工作】 航埠“三化”型矛调平台建设，得到省委、政法委书记王昌荣和省司法厅领导肯定，要求全省推广“航埠经验”。全区人民调解组织受理矛盾纠纷2343件，调处2343件，调处成功2341件，调处率、成功率分别为100%和99%，其中司法确认28件，疑难复杂案件391件，涉及金额1379.4万元。全区律师事务所办理案件2218件，同比增长149.2%，其中，律师代理涉黑涉恶案件148起，175人次，包括省扫黑办挂牌督办案件5件（涉黑案件3件、涉恶案件2件），市扫黑办挂牌督办案件3件。收到法院涉黑涉恶案件派员旁听庭审通知单13份，参加旁听庭审18场，派员旁听29人次；咨询和代理法律文书193人次，同比增长10.3%；业务收费2895.6万元，同比增长88.5%。

【普法与依法治理】 围绕中心工作推进普法教育。树立“重点工作普法先行”理念，将法治宣传教育与区委、区政府中心工作紧密结合，做到“中心工作推进到哪里，法治宣传就跟进到哪里”。发挥“法律服务团、法律明白人”示范引领作用，重点围绕“树正打歪、村社换届、土地征迁、农房整治”，开展法律法规宣传教

图34　12月10日，2020柯城区专职人民调解员培训班召开

图 35　11 月 21 日，推广基层矛盾纠纷化解“航埠经验”

育工作。全年开展法治宣传 120 余次，解答法律咨询 1000 余人次，提供村（社）务法律体检 50 余次，帮助修订、完善村规民约、合同、协议等 48 件。多层次推进基层依法治理。坚持“以创促建、以创提质”理念，推进基层民主法治建设。是年新创省级民主法治村 15 个、市级民主法治村 47 个。花园街道上洋村修改村规民约，提高村民对村务参与度，被国家、省、市多家主流媒体宣传报道。衢化街道塔坛寺村成立党员议事会，发挥“党员带头”“民主协商”作用，助推农房整治“整村推进”。开展法治文化阵地建设。打造法治公园、法治广场、法治长廊等法治文化阵地，推动法治融入百姓日常生活。位于市青少年宫青少年法治教育综合实践基地建成并投入使用；联合区文旅体局开设 24 小时法治书屋

图 36　11 月 18 日，双港街道双水桥社区法治讲堂举行

“崇法苑”投入使用，创作以法治为主题余东村农民画，夯实基层法治阵地建设。

【社区矫正工作】 贯彻落实社区矫正法，严格特殊群体管控。至年底，全区在册社区矫正人员 316 人，无脱管、漏管和严重再犯罪，无参与群体性事件。有效推进全省社区矫正执法规范化试点工作。社区矫正中心总面积 600 多平方米，“三区十室”功能区完善，达到《浙江省政法基础设施建设“十三五”规划》关于“在册矫正对象数量 300 名，建筑面积不低于 500 平方米”标准，为提升社区矫正执法规范化提供保障。监管措施信息化。用“智慧矫正”赋能社区矫正执法，加大信息化核查力度，对个别严管级对象则进行“手机定位+电子腕带”双重电子监管，确保矫正对象定位率 100%。创新监管措施，“钉钉监管＋视频报到”双管齐下，利用钉钉每天人脸视频报到 2 次，实现 24 小时全天候监管，有效防止人机分离、脱管漏管现象发生。利用大数据对社区矫正对象开展再犯罪风险评估，按风险高低进行“红、黄、绿”三色标识和动态管理，并在监管系统上实时显示，实现“看得见、控得住、管得好”。建立完善区级社区矫正数据仓建设，集中力量整理三年 500 余份纸质档案。

【法律服务工作】 完善法网平台建设，优化法律援助办事流程，

强化法律顾问督查考核，推动公共法律服务体系建设全覆盖。全年提供法律援助591件，其中民事249件、刑事337件、行政5件；提供法律咨询922件，其中来访来电咨询734件、微信小程序咨询188件。开展“线上+线下”服务。坚持“让数据多跑路，群众少跑腿”，发挥“网络、热线、实体”三大公共法律服务平台作用，依托“‘12348’法律服务热线、法律援助平台、微信小程序”等线上终端提供法律咨询。利用“专职律师下沉+网格法律站点”形式，为农民工提供便捷、高效法律服务，保障农民工合法权益，引导正确维权，及时消除矛盾隐患。全年为农民工提供法律咨询341批487人/次，提供“追索劳动报酬、工伤赔偿、劳动争议”法律援助228件，涉及金额289万元。助力企业复工复产。优化援助律师队伍建设，加大法律服务供给。开通企业复工

图37　区专业市场法律顾问网络工作站

复产法律服务绿色通道，通过微信公众号为企业提供复工复产法律知识。疫情期间，为浙江好梦来集团有限公司提供复工期间合同审查；为衢州朗馨养老服务有限公司起草公司薪酬制度；对浙江海豹制漆有限公司因疫情影响订单交付法律问题提供咨询。创新法律服务供给方式。让困难群众获得优质法律援助，建立“援调机制”“初审机制”“律师参与法律援助工作积分机制”“全域通办”机制，在各村（居）法律援助工作点建立代办点，使群众就近享受优质高效法律服务。依托区矛调中心实体平台，将法律援助和调解职能有机融合，实现优势互补，丰富法律援助形式。

（姚　琦）

人民武装

【概　况】 2020年，柯城区人武部以强军目标为统揽，坚持党委统一领导，开展思想政治工作。以战领建、按纲抓建，抓实主责主业，提高应急应战能力，完成各项任务。被省军区评为全面建设先进单位。

【战备规范化建设】 将区本级战备工作规范化、应急力量“三化”和乡镇街道基层规范化达标任务相结合，上下联动，坚持“实战行动”“应急联动”，提升区、乡两级战备建设水平。结合民兵整组工作、上级拉动点验及时补充完善各类战备物资器材，优化战备库室格局，推进区、乡两级战备规范化建设。抓实民兵编组整顿。完成全区潜力统计完成全区编组基干民兵队伍。年终召开全区迎接深化民兵调整改革检查考评部署会，对照军委国防动员部下发《民兵组织整顿工作实施办法》《基层人民武装部建设要则》《民兵基层建设要则》和《深化民兵调整改革检查考评实施细则》做好迎检准备。按国防动员部和省军区“三个一线”工作要求，推动区、乡两级人武部党建工作落实，健全不同类别民兵分队党组织，突出民兵应急连党支部、重点专业保障分队党支部预建，党员比例30%以上、干部党员100%。

【战备训练】 抓实基础训练与演练。聚力落实按纲施训，完成各项大纲规定训练内容。按计划组织应急连开展实战化演训，在衢江区战神训练基地组织参加市、区两级指挥所开设视频拉动演练，信安街道沙湾村组织参加区防汛防台军地联训联演，组织支援航埠抗洪抢险救灾，各乡镇（街道）应急排参加各单位组织防汛自救。强化专业岗位练兵。突出重点目标防护抢修连、假目标设置连，物质保障连、交通巡线连、网络信息侦查排部分兵力共同基础科目集训、基地化轮训暨同步参加全市第三届民兵岗位练兵比武竞赛。在衢江区战神训练基地开展为期7天，对口保障军兵种民兵分队训练。保障配套基本形成，内容拓展深化，作风更加务实，质量持续走实。经受大项任务和应急任务检验。坚守“平时服务、急时应急、战时应战”宗旨使命。带领广大民兵组织参与地方“五水共治”“创文创卫”等双拥共建活动20余次，各乡镇街道结合民兵整组训练开展共建活动；带领应急分队参与辖区抗洪抢险、水上救援等应急行动15批次，救出危难人员8人，转移受灾群众500多人次，帮助受灾厂区与群众抢救搬运大量物资器材，救援行动两次在《解放军报》《中国国防报》《中国民兵》刊登报道，在央视《新闻联播》《综合新闻》《财经频道》等栏目连续播出；面对新冠疫情，宣传报道全区民兵活动，在《中国民兵》、中国网、浙江新闻、浙江在线、省军区要讯、《钱塘兵事》等国家级、省市县级媒体刊发40篇，宣扬战“疫”典型和弘扬战“疫”精神。拓展“民兵+民间”联合演训路子，担当市、区防汛防台主力军，提升民兵抢险救援能力。

【夯实国防动员主业基础】 凭借主城区资源优势，发挥军民融合协调职能，强化军地联动，深挖潜力资源，落实分区党委提出打造特色国动体系指示要求。促进国防动员信息化。全年，深入学习贯彻省委书记车俊在纪念洞头先锋女子民兵连建连60周年暨全面打造新时代民兵建设重要窗口会议上讲话精神，举一反三运用钉钉平台打造新时代国动人和民兵队伍教育管理智能化“特色品牌”。瞄准聚焦“互联网＋”思维在国防动员运用领域优势，主动对接地方大数据办公室，以“浙政钉”升级为契机，采取军地联合搭建国防动员委员会、柯城民兵钉钉架构保密交流平台，破解三个难题即指挥交流“低频”难题、民兵教育管理 “低效”难题、人员与信息更新“低速”难题。巩固国防教育特色化。加强军属大走访、十大英模进乡镇社区、“八一”光荣榜、学校社区军人荣誉墙、国防教育讲师团等工作经验总结，协调宣传教育部门发动基层单位，将好做法固化为常态机制，与相关单位对接协调，指导和协助开展学生军训、国防教育授课等系列活动，发挥各单位主观能动性，形成特色国防教育体系。开展征兵工作。用一流征兵宣传、一流体检站开设标准、一流政治考核团队和一流役前训练机制确保征兵工作良好态势。结合运用传统媒介和网络媒体，通过发布图文、视频宣传片，在宣传阵地吹响征兵动员集结号。全区适龄青年登记率100%，征集新兵中，党团员占71%；大专以上学历占总数的86%。大学毕业生占总数的33%，“五率”排名全市领跑。

【落实党管武装工作】 深入学习领悟，筹划落实党管武装工作。定期召开议军会、武装工作会，研究解决武装工作事项。12月23日，区委常委会召开议军会议，强化党管武装。在基础建设、事业机构改革、家属随军就业安置等事项上，区委、区政府给予支持；坚持军地联合考察，向区委推荐使用提升或交流专武干部到乡镇街道或机关部门主要领导岗位；在基层战备规范化建设和应急连队伍建设上，地方党委政府加大建设投入力度，以实际行动切实贯彻党的十九大精神，强化党管武装工作。建立健全各类组织，紧跟工作思想，把握建设方向，围绕党委核心，吸纳干部文职和职工骨干参与其中，上下一条心、拧成一股绳。形成工作有牵头、事事有人抓良好工作氛围。坚持“三会一线”制度，即党委会统住大项工作和方向；首长办公会统住月工作；周一交班会统住周工作。每日工作通过“作战勤务值班室一条线”下达任务。用“四靠”推进建设。即靠“职责清单”抓重点工作落实；靠“典型宣传”抓全员担当；靠“导师带徒”抓能力提升；靠“借势借力”抓工作推进。疫情防控任务与年度国防动员工作全面展开，统筹科学，确保“两手抓”“两战赢”。

【规范窗口单位及营区软硬件建设】 推进规范化窗口单位建设，按正规化“1566”建设路径向着“一个目标”（抓规范打基础，高质量推进全面建设目标）；贯彻“五个原则”（坚持政治引领、依法抓建、体系抓建、精准抓建、长效抓建）；突出“六个规范”（规范战备训练、政治工作、动员组织、机关办公、日常管理、后装保障）；抓实“六个方面”（明确内容要素、责任主体、工作流程、制度规定、配套保障、验收标准），构建与备战打仗相适应“四个秩序”，硬软件规范建设更上台阶。作战值班和会议系统信息化升级改造，野战炊事车和部分民兵应急连装备器材采购与升级换代均走在全市前列。营院国防动员国防教育文化建设与亮化工程项目全面落实落地。抓实军事职业教育、阅览室、接待室及机关营院等正规化建设。基础建设夯实，形成具有普遍代表性、现实针对性、精准操作性实践成果，巩固和提升国防动员保障能力。

【提升后勤保障能力】 落实战备要求，购置野战炊事车投入，搭建完成车棚。补充采购民兵应急连综合勤务、反恐维稳、防汛抗洪和森林灭火及部分通用装备器材，围绕武器弹药“建、用、储、管”制度规定，完善基础设施配套建设，各项秩序正规管理，对各类枪支弹药全面清查整治，按新试行《浙江省兵器室管理暂行规定》，组织兵器室规范化整治，枪柜弹药柜调剂采购到位，武器弹药调整补充完毕。依据《军分区后勤重点行业领域整肃治理实施方案》通知精神，高度重视，学习领会，围绕后勤重点行业领域八个方面，梳理7个问题清单并进行整改，做到彻底纠治、标本兼治，确保整肃治理在末端落实见效见底。党委“一班人”思想统一，坚持大事大抓、强力推进，以“刀口向内、自我革命”的勇气，全面检视反思，深查严纠问题。成立专项清理整治领导小组，下设办公室，由保障科牵头负责整肃治理工作。明确主要领导为第一责任人，班子成员履行“一岗双责”，经办人员负直接责任，确保上下联动、形成合力。统筹落实“强化廉政主管责任、纯正后勤行业生态”专题教育，突出新规新令及后勤重点行业领域权力运行制约和监管规定学习宣贯，发挥教育固本培元功能，培育崇廉尚洁行业风气。根据实际情况，重点突出财务、军需能源、采购、装备等行业，推进医疗卫生、运输投送、军事设施建设整肃治理，全面彻底整肃行业问题。

【防控新冠疫情】 疫情防控期间，贯彻习近平总书记“坚定信心、同舟共济、科学防治、精准施策”总要求，针对辖区疫情防控形势，严防死守，疫情防控取得阶段性胜利。筹措防疫物资，构建“三门两联”防控体系，抓实“管控、隔离、分餐、封闭”四项举措，营区大门和机关楼门禁处分别安装人脸识别与红外线自动测量体温登记系统，实现自动智能体温登记报警并实时监控。疫情就是命令，防控就是责任，迅速组织动员辖区民兵、转业干部、退役军人展开疫情防控，值守辖区重要防控点位、派发防疫资料、劝阻聚集、交通管制、检查点值班执勤等工作。1月21日，各乡镇街道人武部组织民兵投入到疫情防控阻击战中，以党员联户为基础，以楼道为单元，协助村（社）干部协同作战开展地毯式摸排。通过电话、微信、视频及入户等方式进行逐家逐户摸排，一户不漏，对村（社）进出口、主干道及重点路段加强管控，通过悬挂横幅，借助小喇叭、宣传车等载体，在辖区宣传病毒防控措施和预防知识，引导群众不信谣、不传谣、不串门、不集会、不聚餐、不拜年，出门佩戴口罩，促进疫情防控工作顺利推进。2月，各乡镇街道人武部发布应急基干民兵集结令，落实区人武部命令和乡党委、政府工作部署，及时动员辖区民兵连，担当战疫先锋，各个卡口路段、街头巷尾、小区楼道，测量体温、排查人员、登记信息、对公共场所消毒、为居家隔离人员送餐和生活物资，处处有民兵踪迹，展现柯城民兵新时代应有思想素质和战斗精神。至2月8日，出动民兵，分赴辖区点位，助力地方政府加强疫情防控。针对新型冠状病毒肺炎疫情形势日益严峻，防疫物资紧缺现状，与5家市区医院、10余家药店及多家医疗物资供应商对接联系，采购筹措口罩、消毒液、防护服、护目镜、体温枪（计）等应急防疫物资。加强与驻地疫情防控指挥部、区商务局、区应急管理局协调对接，将区人武部纳入地方疫情防控物资保障群，统筹分配各类应急防疫物资。坚持每人体温“一日三测三报”，实行就餐分散制、盒饭制，副食品配送做到见物不见人。与区红十字救援队、民泰公益等机构达成应急防控疫情保障协议，免费配送消毒液及为营区定期消毒，有效保障疫情防控工作落地见效。每周一会制度，传达学习疫情防控有关文电精神，小组成员汇报分析疫情防控形势，贯彻部党委决策情况，加强各项制度落实。3月11日，召开疫情防控领导小组会，会议强调，疫情防控形势依然严峻，要坚持单位人员上下班出入营区体温检测登记和分餐制、办公一个房间只能有一个人办公原则、采取每日汇报外出活动轨迹、出入营门审批和个人防护措施等制度，对外来人员要严格按规定落实登记。研究通过《柯城区人武部统筹推进疫情防控和年度重点工作，开展“订职责清单、签履职承诺、晒工作成绩”活动方案》，提高全体人员使命担当和执行力。

【保障营区建设及应急装备经费】 根据区委常委议军会议精神，结合省军区、军分区安全督查和综合检查指出问题，加强全面建设经费需求。区委、区政府坚持以习近平强军思想为指导，重视国防动员和后备力量建设，区委书记徐利水率相关部门领导到现场办公，由区政府代建或采购，采取交钥匙工程组织实施，解决实际问题，有效推动新时代区国防动员事业创新发展。

图 38　9 月 30 日，航埠镇基干民兵接受战备拉动点验

【机构编制改革工作】 3 月 29 日，中共衢州市柯城区委机构编制委员会下发《关于印发衢州市柯城区国防动员事务管理中心机构编制规定的通知》，衢州市柯城区人武部军械装备仓库更名为衢州市柯城区国防动员事务管理中心。衢州市柯城区国防动员事务管理中心为中国人民解放军浙江省衢州市柯城区人民武装部所属公益事业单位，机构规格相当于股级，主要承担国防动员准备、国防后备力量管理、兵役征集行政辅助工作；协助开展国防教育，提高全民国防意识等工作；国防设施设备检查、管理、保护工作；完成人武部交办其他任务。设主任 1 名、副主任 2 名，由区人武部统一管理，3 月 29 日施行。

【民兵干部岗位轮训】 4 月 1 日至 26 日，区人武部分 3 批对专武干部进行岗位轮训，集中轮训按全员覆盖、分期轮训总体思路，采取理论学习、基础训练、研讨交流方法组织实施，通过集训教方法、理思路、明要求，抬高政治站位强化使命担当，学习训练强化专武本领，确保全年专武干部岗位集训达到《军事训练大纲》要求。贯彻习近平主席训令，聚焦主责主业，落实上级有关军事训练系列指示精神，以《民兵军事训练大纲》为依据，突出基本理论、专业技能、业务知识学训等重点，提升民兵干部骨干（教练员）军政素质和业务能力。5 月 18 日至 22 日，全区行政村（社区）民兵干部骨干及教练员进行军事理论、基本技能、业务工作、轻武器实弹射击等科目训练。

【基干民兵点验会】 加强国防和和后备力量建设，检验民兵队伍建设情况，5 月 26 日，航埠镇召开基层民兵点验大会，全镇基干民兵接受点验。新形势下加强民兵队伍建设，全体基干民兵明确职责，居安思危，牢记义务，努力使自己成为“召之即来、来之能战、战之能胜”合格民兵，为国家、为人民做出应有贡献。9 月 30 日，区人武部组织全区基干民兵战备拉动点验。

【推进正规化建设】 依据《衢州军分区推进正规化建设实施方案》，成立推进正规化建设领导小组，负责正规化建设统一领导，下设办公室，负责整体方案筹划、工作计划制定、过程检查督导和综合协调职能及督促各科室正规化建设展开和推进工作。围绕新体制新职能新使命，聚焦备战、适应改革、体系完备、标准统一，按军分区党委提出规范战备训练、政治工作、动员组织、机关办公、日常管理、后装保障等“六个规范”，构建与备战打仗相适应正规化秩序。按筹划准备、展开建设、巩固提高、检查验收组织实施。筹划部署阶段（6 月 5 日前），建立健全组织，军事科拟制总体实施方案，提交 6 月初党委会研究，组织动员部署，下发实施方案，明确责任分工、标准要求和完成时限。机关各科室结合实际汇总上报建设采购清单及经费预算，纳入党委会或首长办公会研究。展开建设阶段（6 月 8 日后），机关各科室根据党委会或首长办公会研究通过预算后对照建设清单、职能划分和责任主体，分科室分工负责到人抓各项建设，进展情况纳入月初办公会专项汇报内容。巩固提高阶段（7 月 25 日前），对照军分区推进正规化建设标准，结合人武部正规化建设领导小组检查指出问题，整治整改，完善各类设施场所，规范各项运行秩序。检查验收阶段（8 月 5 日前），组织正规化建设项目检查验收，逐个项目查漏补缺，做好迎接上级检查验收准备。

【全区党管武装暨国防动员、国防教育工作会议召开】 6 月 15 日，全区党管武装暨国防动员、国防教育工作会议在老年大学报告厅召开，320 余人参加会议，表彰 2019 年度武装工作先进单位和个人，总结部署全面工作，传达学习市委、市政府军分区贯彻《关于构建完善新时代浙江国防动员体系意见》若干举措的通知。区委书记朱素芳肯定全区武装工作成绩，并从强化党建统领，切实扛起党管武装担当；聚焦主责主业，全面提升党管武装质量；强化责任落实，凝聚党管武装合力四个方面，对区党管武装及国动国教事业提出新的更高目标要求。

【防汛防台应急综合演练】 市人民政府防汛防旱指挥部通知要求，6 月 29 日，区人武部组织民兵参加防汛防台应急综合演练。市防指领导和全体成员、区防指领导和全体成员、其他县（市、区）防指领导和成员，及各乡镇街道分管领导参加观摩。

【抗洪抢险】 7 月 8 日，柯城全境一夜暴雨，上游洪峰过境，航埠镇境内出现险情，按区防汛指挥部指示，区民兵在航埠镇政府待命值守。次日凌晨，航埠镇多地洪水灾情严重，学校、厂房和北一村、北二村大多数被淹，人民群众生命财产受到严重威胁，区人武部迅速行动，部长田志伟带队组织部机关人员，结集民兵应急排和民兵水上应急力量，携行 1 艘冲锋舟 3 艘橡皮艇等抗洪抢险装备，赶赴航埠镇驰援救灾行动。转移群众、抢救受灾企业和村舍人员生命和财产、道路清障、清理管道、加固防洪坝、帮助家家户户受灾群众房前屋内排水和清理淤泥。从早 7 时到晚 11 时，持续奋战抢险救灾一线 16 个小时，转移受灾群众 220 余人，救助老人 1 名，加固防洪坝沙袋 800 余个，帮助航埠工业园区抢救搬运物资 180 余吨，抢运器材装备 1200 余件，转运护送厂区员工 348 名，参与转运护送幼儿园师生 150 余名。民兵干部骨干和民兵党员个个冲在抢险队伍前列，受到广大人民群众高度赞誉，市、区两级电视台到现场对民兵进行采访报道，央视新闻频道也进行报道。

【征兵工作暨正规化推进】 8 月 12 日，衢州军分区司令员林建敏率动员处处长郑建辉一行到区人武部检查征兵工作暨正规化推进情况。实地检查作战值班室、兵器室、办公室、荣誉室、网络学习室、图书阅览室和战备器材库等场所正规化推进情况，听取征兵工作情况汇报，区人武部部长田志伟汇报征兵情况和矛盾突出问题，政委刘丰汇报如何按标准选拔优质兵源、市统一定兵指导原则、科学谋划役前训练、送兵后及时组织回访四点建议。林建敏听取汇报后指出，正规化建设开展以来区人武部营院有新变化，从进大门到办公楼亮点多，正规化建设推进有力度，基础工作落实到位，政治氛围布置浓厚，体现主城担当，树立起窗口意识、特色意识、争先意识。同时强调，要抓住主责主业重点，建强党委班子，稳定干部、文职和职工队伍，攻坚克难守住安全、保密、勤政廉洁等底线，构建和谐向上良好氛围，领导干部带头做榜样，引领纯正风气，关心关爱同志，解决实际困难。

【专题议军会议】 12 月 23 日，区委召开专题议军会议。区委书记、人武部党委第一书记朱素芳和区四套班子领导、区人武部部长田志伟、政委刘丰，及区人武部全体党委委员、相关局办单位负责人参加

图 39　12 月 23 日，区委常委会议军会议召开

会议。会议学习贯彻习近平新时代中国特色社会主义思想和习近平强军思想，学习习近平关于国防动员与后备力量建设重要论述，研究加强国防动员和后备力量建设重点举措，审议并原则通过《加强新时代柯城区后备力量基层建设实施意见》，推动区党管武装工作再上新台阶。向区委专题汇报2020年度国防动员和武装工作。朱素芳指出，全年区人武部聚焦强军目标，紧扣使命任务，听党指挥，狠抓主业，双拥创建活动稳步推进，特别是在疫情防控、抗洪抢险、山林灭火、文明创建等大战大考中克难攻坚、担当有力，展现超强政治意识、大局观念。会议强调，要聚焦强军兴武，切实履行党管武装政治责任；要聚焦备战打仗，持续提升国防动员实战能力；要聚焦军地协同，着力构建军民深度融合格局；要聚焦双拥共建，巩固军政军民团结良好局面。

（毕卫东）

人民防空

【概　况】 2006 年 6 月，柯城区人民防空办公室（民防局）成立，为区人民政府直属单位。2007 年，根据区国防动员委员会文件规定，全区所有乡镇街道均设立人防机构。2008 年，区人民防空组织指挥部成立。2009 年，建立社区人防组织指挥体系。2019 年 3 月，根据区机构改革方案，区人防办职能并入区住建局，区住建局加挂区人民防空办公室（区民防局牌子）。2020 年，全面执行人防结建政策。辖区人防工程规模增长，经审批在部分民用建筑项目中建设防空地下室，易地建设人防项目。

【人防应急准备】 2020 年，全区平时加强人防专业队快速反应和应急保障能力训练，依据紧急出方案，特情处置预案，各种保障方案及有关保障方案处置突发事件。平时由专人管理警报器和民防指挥车，定时检查保养、维修，为检验民防通信综合保障能力，提升民防通信专业水平。年内，结合全民国防教育日、“5 · 12”防灾减灾日、“7 · 28”唐山地震纪念日等时段，组织防空警报设施试鸣，人防警报完好率、鸣响率和主城区覆盖率均达 100%。

【人防宣传】 落实重要节点人防宣传活动。举办“3 · 1”国际民防日、“5 · 12”防灾减灾日、“9 · 18”国防纪念日和新中国人民防空创立 70 周年宣传活动。5 月 12 日，在万田乡文景苑社区开展“提升基层应急能力、筑牢防灾减灾的人民防线”为主题的防灾减灾宣传活动，通过展板、橱窗等寓教于乐的多种形式，将防灾知识与践行“八个一”相融合，提高居民防灾减灾意识。10 月 14 日，为庆祝新中国人民防空创立 70 周年，区人防办联合白云街道在衢州广电传媒集团举办“铸盾护民七十载　‘窗口’担当谱华章”暨幸福社区“护民七十载，人防助幸福”文艺会演，在衢州市电视台三套播出并在《衢州晚报》刊登相关内容，宣传人防工作始终以人民为中心，改革创新、锐意进取，构建现代人民防空体系，开创人防事业新局面。

（蒋佩佩）

发展和改革

【概　况】 2020年，柯城区发改局围绕区委、区政府中心工作，以“三个年”活动为抓手，推进疫情防控和经济社会发展，确保实现“两手抓、两手硬，两战赢、两领先”。全区实现地区生产总值236.48亿元，按可比价格计算，同比增长3%。三次产业发展良好。第一产业、第二产业、第三产业增加值同比分别增长1.8%、2.4%、3.2%。农业生产保持稳定，工业经济低位增长，服务业主导作用凸显。三次产业结构由上年3.5∶18.9∶77.6调整为3.5∶19.1∶77.4。三大需求协调推进。全区固定资产投资总额102.6亿元，实现投资同比增长4.1%，比一季度回升17.4个百分点，投资增速低开高走，回升企稳态势明显。交通投资和生态环保投资实现增长10%以上。生态环保投资同比增长37.5%，增速第一；交通投资同比增长24.5%，增速第二；高新投资同比下降10.2%；民间项目投资同比下降42.2%；制造业投资同比增长3.6%。消费平稳增长，社会消费品零售总额207.51亿元，增长0.3%。全年完成出口额22.5亿元，增长7.6%。财政收入、一般公共预算收入分别20.21亿元、13.32亿元，同比分别增长1.6%、3.7%。居民收入稳步增长，城镇居民人均可支配收入5.29万元，增长4.8%，农村居民人均可支配收入2.81万元，增长9.0%。

表9　　2020年柯城区国民经济和社会发展主要预期目标一览表

指标名称	计算单位	2020年目标	2020年实绩	
		比上年增长	绝对值	比上年增长(%)
1.地区生产总值(按可比价)	亿元	7%左右	236.48	3.03
2.投资(同比)				
民间投资	%	10%以上	—	－42.2
交通业投资	%	10%以上	—	24.5
生态环保和公共设施业投资	%	10%以上	—	37.5
高新产业投资	%	10%以上	—	－10.2
3.社会消费品零售总额	亿元	8%	207.51	0.3
4.外贸出口总额	亿元	保持正增长	22.5	7.6
5.一般公共预算收入	亿元	7%以上	13.32	3.7
6.居民收入				
城镇常住居民人均可支配收入	元	10%左右	52862	4.8
农村常住居民人均可支配收入	元	8.5%左右	28138	9.0

说明：1. 2020年实绩为初步统计数据，最终以统计年鉴数字为准；
2. 地区生产总值绝对值为当年价，增幅按可比价计算；
3. 城镇登记失业率统计范围限于在就业服务机构进行失业登记的城镇失业人

图 40　为疫情防控物资生产企业争取政策资金支持

【复工复产】 成立疫情防控工作生活物资保障组。走访粮油企业、药店、超市，对本区域物资保障做到一日一研判，市场供应、价格稳定及水电气煤油等能源安全供应。服务企业，做好复工复产、政策要素争取等工作。按复工复产及“三服务”要求，实地走访企业及项目单位 120 余家，印制政策汇编至企业，了解企业和项目复工复产难题，协调解决。帮助 30 家区级企业列入国家级（9 家）和省级（21 家）疫情重点保障企业名单，享受银行优惠贷款资金 9007 万元，其中 12 家企业享受财政贴息 133.74 万元。24 家企业列入疫情防控重点保障物资生产企业名单，享受退税优惠 528.54 万元。为浙江佰意智造服饰有限公司开通审批绿色通道，以创时间记录和信用贷金额记录方式，帮助企业获信用贷款 500 万元。下沉社区开展“包区清楼”工作。2 月 2 日，在岗党员干部 22 人下沉衢化街道昌苑社区。针对社区防疫物资紧缺情况，全局干部捐赠物资，赠予昌苑社区红外线测温枪 2 把、口罩 900 只、84 消毒液 4 瓶等紧缺物资。做好社区出入人员排查、住户摸排工作，获区委组织部通报表彰，获评“包区清楼”行动先进集体。

【决战全面小康】 项目建设提速提效。4 个省市县长工程落地率 50%，常山港治理工程列入争取国家土地计划指标独立选址省重点项目。10 月 23 日，三问家居智造家纺家居产品建设项目亮相浙江省扩大有效投资重大项目集中开工活动中，柯城区项目连续 3 年成为全省扩大有效投资重大项目集中开工活动的衢州分会场，为全市 6 个县市区唯一。72 个省市集中开工项目，完成投资 40.76 亿元，实现开工、入库、投资 3 个 100%，开工速度领跑全市。项目谋划提质提量。10 月 16 日，举办重大项目谋划擂台赛，全区谋划项目 335 个，总投资 4736 亿元。制定《柯城区 2020 年债券类项目谋划转实施攻坚作战图》，每周一通报、半月一协调，力促新谋划 14 个总投资 30 亿元债券类项目开工建设，打赢谋划项目“政策红利转实物投资”攻坚战。有效投资扩大。全区固定资产投资增速 4.1%，投资总量突破百亿元大关，位列全市第一。年初区固定资产投资连续实现 5 连升，10 月固定资产投

图 41　10 月 23 日，全省扩大有效投资重大项目集中开工活动在柯城区召开

资增速连续位列全市6个县(市、区)第一，其中生态环保、城市更新和水利设施投资增速37.5%，为全市唯一实现正增长指标、高于全市53.6个百分点。MEI指数评价中固定资产投资指数连续3个月领跑全市，上半年2次专班推进指数评分中，投资专班推进指数评分列全省第21、第22位。高水平全面建成小康社会如期交出高分答卷。全区以总分433.4分的优异成绩位居全市第一。28项测评指标中，19个指标排名全市第一，多个指标位居前三。开展“三个年”活动，履行“全面小康决胜年”职能，做好“决胜高水平全面小康”头等大事。全市率先完成机制体制建设。牵头单位按“月度监测、双月会商、季度分析和业务督导”要求，形成工作闭环、条目清晰、资料完整、可追溯监测清单，每季研判形成分析报告。全市率先制定实施方案。对标对表上级要求和监测体系，从补短板、强弱项思路出发，对区级指标分类指导，力争优势指标创亮点，短板指标补差距，弱项指标争进位。制定“十五大领域、二十四项任务”分解到乡镇（街道）攻坚。全市率先形成工作抓手。以“六抓六比·八大竞赛”活动为载体，牵头全面小康补短板专班，针对短板指标，执行半月工作战报机制，推广各部门（单位）、乡镇（街道）典型事迹和优秀做法，营造互学互鉴、互促互补、比学赶超氛围。

【争取政策支持】 全区申报地方政府专项债项目24个、申报抗疫特别国债项目32个。全年获专项债券支持项目9个，下达资金9.9亿元；获抗疫特别国债支持项目7个，下达资金1.61亿元。获债券资金支持项目14个（3个重复支持）。老旧小区改造项目获保障性安居工程中央预算内投资732万元。上报区中医医院建设项目等事关民生实事，争取中央资金3.87亿元，获专项债和特别国债6.82亿元。会同卫健部门谋划申报区聪明树婴幼儿照护托育服务设施等10个普惠托育项目列入普惠托育服务专项行动计划，总投资1265万元，获中央资金542万元，项目数和资金位居全市第一。省小城市培育考核奖励资金850万元。开展市新能源汽车推广应用和充电基础设施建设省财政奖补资金争取。经申报、初审、复审、公示，下达省财政奖补资金，全区兑现补助76.94万元。寺桥水库项目列入国务院委托授权审批用地重大项目清单，争取土地指标133.33公顷，获省公建支持资金1000万元，与国开行达成融资意向，预计争取15亿元国开行补短板应急专项资金支持。

【服务业发展】 紧盯规上服务业企业营收。5月，省争先创优月度MEI指数评价中，规上服务业营收指标柯城区以28.45分全市排名第一，为全区“争先创优”贡献力量。做好服务业发展政策制定。7月，制定出台《衢州市柯城区人民政府关于促进服务业高质量发展的若干政策（试行）》，政策涉及强化帮扶、升规奖励、转企奖励等9大项、33小项奖励政策。做好市大商贸和服务业政策资金兑现，简化资金兑现流程，通过市政策信息服务平台提交，实现企业“零跑腿”。全年兑现奖励资金3批次，金额744万元，涉及企业86家。抓服务业升规工作。根据区块发展差异合理设置服务业小升规工作任务，全年新增规上（限上）服务业企业115

图42　11月12日，柯城区服务业发展大会召开表彰仪式举行

家。形成构建齐抓共管局面。通过制定服务业升级战双月竞赛排名办法、召开服务业指标分析会和任务分解落实会，召开全区服务业发展大会等，在全区营造齐抓服务业氛围。

【改革创新】 谋划“两山银行”改革试点，搭建“两山银行”运营平台。建立制度支撑体系，打造“两山银行”服务体系建设，突出区特色多元转化通道、农民用画笔描绘“绿水青山就是金山银山”“一村万树”打造区特色生态景观、运动小镇植入突出国际特色、张良族居地深挖文化渊源、人类非遗九华立春祭等。大花园示范建设争先进位。作为全省大花园核心区衢州市主城区和主平台，确立以运动振兴乡村为特色大花园典型示范建设，打造田园版“溪山行旅图”。全年区列入全省第二批大花园典型示范建设单位。突出“运动柯城”特色IP，深化“动”文章，彰显联动布局之范、生态灵动之美、产业跃动之势、康养运动之风，“运动柯城”成为浙江大花园最美核心区最具动感和发展活力板块。围绕全省大花园建设标准要求，谋划重大平台、引入重大项目、引领改革创新，高起点建设国家级旅游度假区，名山公园建设达新高。奥陶纪景区和中国运动汽车城相继落户，运动振兴乡村迈向快车道。“一村万树”绿色期权和新时代美丽乡村集成改革试点的推广，为打通“两山”转化新通道提供柯城经验。开展GEP（生态产品价值总值）核算。加快构建以生态系统生产总值（GEP）为核心“两山”转化评估体系，科学评估生态产品价值，制定GEP核算柯城标准。

【规划编制】 区“十四五”规划编制工作于2019年10月启动，工作任务分前期研究、形成基本思路、编制规划纲要、规划纲要（草案）、审议发布四个阶段。制定印发《关于开展柯城区“十四五”规划前期重大课题研究的通知》及《柯城区国民经济和社会发展“十四五”规划编制工作方案》，委托浙江省经济信息中心进行规划思路和规划纲要编制。明确区“十四五”专项规划编制目录11项，统筹指导推进行业主管部门开展相关专项规划编制工作。收集行业主管部门专项调研成果。会同编制单位开展实地调研，组织召开座谈会集中研究讨论10余次，听取意见建议，完善区“十四五”规划思路与纲要。通过举办“十四五”全区项目擂台赛、服务业发展大会，实地调研区主要领导关注重点项目及平台，谋划申报2021年第一批地方政府专项债券、一般债券等措施，完善、更新区“十四五”重大项目库，强化项目转化落地，争取更多项目纳入省、市“盘子”。全年梳理重大改革事项25条、重大平台18个、重大政策14条。委托浙江经略规划设计咨询有限公司进行区服务业“十四五”规划编制工作，围绕航埠、衢化、双西港片区及专业市场城等平台开展研究，组织实地调研及集中座谈研讨、征求单位意见做好编制工作。

【争先创优】 凝聚攻坚力量，以战时状态、作风、思维抓投资专班、政策专班运作及服务业指标提升等。投资专班、政策专班对标对表，列清单、抢时间、赶进度、补损失，精准细化目标，明

图43　10月16日，柯城区举办重大项目谋划“擂台赛”

确责任落实，为区在全省“争先创优”活动中夺取高分报表贡献力量，获区委、区政府通报表扬。其中：全区固定资产投资，1—4月，居全市第1名、全省第24名1—5月居全市第1名、全省第20名；投资专班，1—4月居全市第1名、全省第21名，1—5月居全市第2名、全省第22名；政策专班，1—4月居全省第17名，1—5月居全市第2名、全省第28名。规上服务业营业收入超满分，为全市第一名。

【聚焦民生福祉保民安】 综合供能服务站项目站点进度有条不紊，其中，通城站、上洋站、双塘站于年底投运，七里站、缪村站、常河站在建中。经申报、初审、复审、公示，下达省财政奖补资金。全区获财政补贴76.94万元，其中车辆补贴25辆，补贴49.57万元，充电基础设施补贴27.37万元，由区浙石油综合能源公司获得。全年受理备案衢州云澜府、金茂府、书香苑等8个住宅小区前期物业服务收费。抓油气管道安全保护工作，组织60余名管道沿线乡镇（村）分管领导及业务人员参加管道安全业务知识培训，开展管道安全巡查7次，其中联合检查3次，现场对2个第三方施工项目提出明确要求，确保施工安全。是年，完成全区救灾物资储备方案制订、救灾储备资金争取、救灾物资调拨体系机制建设等工作，全市率先完成减灾救灾物资储备应急准备。九华乡大侯村突发泥石流地质灾害时，紧急调集和配送救灾物资合计20余万元，解决区应急救灾和九华乡紧急转移疏散安置工作，保障人民群众生命安全。

【营商环境优化】 营商环境工作持续优化。牵头组织开展建筑施工许可评价工作（营商环境评价），会同区住建部门走访相关企业，对相关指标进行分析指导。优化权力事项库，提高工作效率和群众便利度。继续推进一般企业投资项目“最多80天”和企业投资低风险小型项目审批“最多20个工作日”改革试点工作。经过区级多部门协作，全年3.0系统监测赋码项目“最多80天”实现率100%。投资在线审批监管平台3.0运用有序开展。全区所有非涉密投资项目实现项目从立项、规划许可、施工许可到竣工验收全流程网上审批、全过程监管、多部门协同和多层级联动，用“数据跑”代替“企业跑”。

（包欣欣）

统　计

【概　况】 2020年，区统计局以提高统计数据质量为核心，以增强统计服务能力为抓手，以加强干部队伍建设为保障，围绕区委、区政府决策部署做好优质服务，面向社会公众需求做好开拓服务，着眼全区经济社会发展做好主动服务。

【统计执法】 贯彻统计法律法规和统计报表制度，落实《浙江省关于深化统计管理体制改革加强统计工作的实施意见》《浙江省统计违法违纪行为处分规定》，遵守《浙江省统计局系统执法检查规范》《浙江省统计严重失信单位管理办法（试行）》《浙江省统计局系统行政处罚裁量实施细则》等管理规定，规范具体行政行为，落实“双随机、一公开”检查办法。全年针对28家单位开展统计执法检查，发现问题单位1个，查处单位1个，立案1个，实施行政处罚1个，罚款0.2万元；以“9·20”中国统计开放日、“12·4”国家宪法日及业务培训会为契机，将《中华人民共和国统计法》《统计法实施条例》《统计违法违纪行为处分规定》《全国人口普查条例》列入宣传、学习主要内容，警醒基层统计人员，推动统计基础规范化建设。

【统计服务】 关注经济运行新情况，及时发现倾向性、苗头性问题，针对突出矛盾，提出对策建议，强化预调和微调。做好GDP、工业、农业、能耗、固定资产投资、贸易业、服务业等月（季）度经济运行监测，及时针对GDP、固定资产投资、服务业增加值等主要经济指标做好分析研判，做好统计数据事前预警分析和事后综合研判；运用“线上”“线下”平台及时发布统计数据信息。做精做优《柯城统计月（季）报》《柯城统计年鉴》《柯城统计专报》

《统计信息》《统计分析》《柯城统计简报》等统计产品。全年撰写《柯城统计专报》8期（其中，3期获区领导批示），发布《统计信息》50期、《统计分析》17期、《柯城统计简报》11期，发挥统计监测分析作用，为区委、区政府决策部署提供精准依据。

【第七次全国人口普查】 全区15个乡镇（街道）、2个管委会，217个村（社区）普查机构组建工作完成，强化宣传引导，营造浓厚舆论氛围。自制时长2分钟“七人普”沙画视频，将其投放至乡镇（街道）、村（社区）服务大厅内电子屏幕媒介持续滚动播放，获取群众关注。同时，以“8090新时代理论宣讲团”进村社、进校园形式，向广大居民、学生群体宣传普及人口普查知识，引导大众认识普查、走进普查、支持普查，深化业务培训，锻造普查精兵强将。9月，完成全区17个区块2015名“两员”（普查员、普查指导员）“小班化”培训，就普查方案细则、摸底、登记、比对复查、行职业编码、采集端操作等进行模拟演练，培养业务理论精、专业能力强、综合素质高普查业务骨干。至年底，全区完成第七次全国人口普查短表登记221574户、长表登记15055户。

（方敏励）

审　计

【概　况】 2020年，全区审计工作围绕区委、区政府中心工作，全面履行审计监督职责，努力服务地方经济社会发展，发挥审计工作免疫系统功能和公共财政卫士作用，在规范财政经济秩序、完善财政财务管理、保障改善民生、推进依法行政、推动反腐倡廉等方面发挥积极作用。聚焦聚力推进全面小康决胜年、招商引资攻坚年、重大项目推进年“三个年”重大决策部署。谋划审计项目，结合审计工作，重点聚焦预算执行和财政政策落实、重大政策措施落实、重大项目落地、权力运行和责任落实“四大板块”开展审计工作。全年安排审计项目15个，与财政同级审同步开展审计专题3个。查出主要问题金额3608万元，其中：未按规定纳入预算273万元，资金落实不到位194万元，未按进度支付工程款15万元，违规收费30万元，其他资金2101万元。全年移送司法机关、纪检监察机关和有关部门处理事项6件。柯城区审计局获2020年度全省审计机关考核优秀单位、2020年度全市审计机关考核第一名，获全省优秀审计项目表彰1个。全年审计报告和专报获区委、区政府主要领导批示16篇次。

【领导干部经济责任审计】 完善《柯城区党政主要领导干部经济责任审计实施办法》，重点突出对经济决策权、执行权、管理权和监督权等关键岗位领导干部审计。健全完善领导干部经济责任审计工作机制，加强领导干部经济责任审计联席会议制度、离任交接制度、经济责任审计告知制度，规范领导干部经济责任审计操作规程。探索经济责任审计结果公开和经济责任年度报告制度。全年完成九华乡、林业局、建投公司3家单位4名党政主要领导任期经济责任审计项目。建立健全与区纪委、监委、检察院等部门单位监督协作机制，全力配合区委巡察工作，主动融入干部监督格局。

【政府投资项目审计】 强化服务职能，规范政府投资行为。以助推政府投资项目规范化管理为目标，开展课题调研，将全区投资项目变更、签证纳入规范化管理轨道。主动对接区重点项目、重点工程，对常山港综合治理工程开展预算执行审计，对斗潭片区危旧房改造项目、衢化棚改项目、航埠低碳社区等建设项目开展跟踪审计，重点关注项目审批、征地拆迁、工程招标、物资采购、工程结算、资金管理等重点环节和重点内容。审计中揭露和查处工程建设领域存在突出问题和风险隐患，深刻揭示政府投资建设项目管理上存在体制机制性障碍、重大管理漏洞，发挥投资审计监督和保障作用。

【审计服务中心工作】 加大对转移支付资金和民生资金审计监督力度，重点关注各项惠民政策落实情况，服务全面小康决胜年。提升人民群众安全感、获得感、幸福感，开展区本级财政执行审计，重点关注集中财力办大事政策落实，落实政府过“紧日子”要求和防范化解地方隐性债务风险情况，助推打好防范化解重大风险攻坚战。开展东西部扶贫协作情况专项审计聚焦结对帮扶工作协调机制和制度建立健全、措施推进落实、资金筹措和拨付、派驻工作组工作及经费使用等内容，保障各项精准扶贫政策落地见效，助推打赢脱贫攻坚战。开展新冠肺炎疫情防控资金和捐赠款物专项审计，坚持审计项目审计组织方式“两统筹”，运用以往审计中积累经验，精心安排和组织实施相关审计项目，促进疫情防控资金物资规范和高效使用，助力打赢疫情防控阻击战。全年，促进全区增收节支 3250 万元，其中：上缴财政 58 万元，归还原渠道 1668 万元，减少财政拨款或补贴 194 万元，其他资金 1330 万元。

【审计整改及落实】 2020 年，围绕抓决策落实、保政令畅通开展审计整改督查。明确由区委审计办牵头，抓审计整改事项和领导批示事项整改落实，加强与区委办、区人大、区府办、区纪委协作配合，多次和涉及整改部门(单位)、乡镇（街道）指导联系，全年审计促进整改落实有关问题金额 140 万元，审计后挽回损失 248 万元。通过区政府会议形式牵头布置审计发现问题意见反馈和整改落实工作。如：经对接，2019 年度全省审计工作中涉及柯城区 4 个问题，全部整改到位；2019 年度全市审计工作报告中涉及柯城区 15 个问题，全部整改到位。

【审计队伍建设】 重视审计队伍建设，聚焦复合型人才培养，把提高审计人员综合素质作为审计事业建设重要抓手。建立健全在审计实践中培养、锻炼干部和提升队伍素质机制。发挥业务骨干传帮带作用，促使新手尽快提高审计业务能力，加强干部岗位流动性，对审计干部进行多岗位锻炼、多维度培训，打破科室界限，通过跨科室整合审计资源，取长补短，提升整合效应。开展廉政教育，学习审计署党风廉政专题视频，进行正反典型教育。开展正风肃纪，不定期对单位作风效能情况进行检查。按“最多跑一次”改革要求，精简审计，服务流程，提高审计效率，明确区重点建设项目投资审计时限。

（翁　凯）

市场监督管理

【概　况】 2020 年，区市场监督管理局围绕省、市市场监管局和区委、区政府中心工作，按市场监管职能定位，完成新一轮机构改革及各项工作任务。

【疫情防控】 全年，在全区推进新冠肺炎疫情防控和经济社会发展工作中，重点抓好冷链食品物防，强化农贸市场、餐饮经营单位监管，开展医疗器械经营单位专项检查，坚决打击价格违法行为及假冒伪劣产品，立案查处疫情防控类案件 34 件。“包区清楼”行动获得上级及包干社区领导肯定，获全市“包区清楼”行动先进集体称号。用模块专业指导+基层市场监管所驻厂服务企业，帮扶浙江睿丁生物科技有限公司在 15 天获取全市首张二类医疗器械生产“无菌型”医用外科口罩资质。帮扶浙江佰意智造服饰有

图 44　12 月 17 日，区市场监督管理局开展市场冷链检查

限公司在一个月内获取原需一年审批周期的二类医疗器械生产资质，日产防护服 5000 件，口罩 40 万只，实现企业顺利转产扩能。帮扶浙江佰意智造服饰有限公司事迹入选省“三服务”月度专刊（第一期）十大好典型。

【文明城市创建】年内，在创建文明城市工作中，干部职工加班加点、昼夜奋战，监督管理农贸市场和小餐饮，针对农贸市场，压实网格责任，加大巡查强度，抓好乱堆放、垃圾分类、抽烟等动态问题，确保“零失分”。针对餐饮单位，重点抓牢“八个一”，确保餐饮店公筷公勺全覆盖。高标准、严要求抓好环境卫生、证照齐全、垃圾分类、宣传标语等对照达到全国文明城市的各项指标及对照表逐条逐项落实。创推“线上+线下”宣传双轨制、“红榜+黑榜”奖惩双轨制、“分类+智慧”监管双轨制、“劝导+处罚”规范双轨制覆盖全区农贸市场和商户，“四轨”并举。11 月 10 日，中央文明办公布衢州市入选第六届全国文明城市。年内，区市场监管局获评全市文明城市创建先进集体。疫情防控关键时期“零成本、无后遗症”平稳高效化解雅布利群体性突发事件，涉及会员人数 7560 人、金额 115 万元，雅布利群体性突发事件的解决获得区政府主要领导批示肯定。连续奋战 38 天，兑付“两直”资金 4394.6 万元，补助 4424 户，实现兑付率、兑付成功率“两个 100%”，“两直”资金补助完成获区主要领导批示肯定，王勇芳被市场监管局省局记个人三等功 1 次。为加快“南孔古城·历史街区”建设，区市场监管局参与包干负责小南门 9 户征迁遗留项目，工作人员动之以情、晓之以理，经过 40 天奋战，全面完成历时 13 年的小南门征迁遗留项目，有效地保障南湖广场文旅综合体项目开工建设。区市场监管局小南门征迁工作受到区委、区政府通报嘉奖。

【“最多跑一次”改革】 2020 年，推进企业开办“一件事”便利化改革，大力推广税务免费 Ukey 及电子发票，首套印章政府买单增加至 5 枚。现场开设“企业开办专窗”，实现注销一次办结。大幅压缩证照审查周期，精简优化证照审批流程，深化“互联网+证照审批服务”。食品经营许可“全市通办”上升至“全省通办”，满足群众“就近办、一次办”需求。民生实事工作，放心消费单位完成率 123%，无理由退货承诺单位完成率 132%，放心消费示范街区完成率 200%，放心消费工厂完成率 110%，化妆品“百千万”美丽消费示范工程建设完成率 200%，改造农村家宴放心厨房完成率 125%，建成中小学和等级幼儿园“阳光厨房”完成率 139%。“网订店送”与“送药上山”便民服务的柯城样板获得市市场监管局分管领导肯定。转供电专项行动受到国务院督查组高度肯定，清退金额 200 余万元，惠利经营户 2000 余户。涉企收费检查及整改工作获区政府主要领导批示，整改金额 1300 余万元。参与双随机抽查任务 55 个，其中发现问题 22 家，相关部门及时停征、取消部分收费项目和标准，积极配合企业进行清退工作。

【服务企业】 2020 年，全区专利申请 1162 件，授权 739 件，同比分别增长 22.83%、18.81%，其中发明专利申请 462 件，授权 131

图 45 11 月 4 日，“三无”产品检查

件，全区专利权质押融资额1.13亿元，居全市第一。联合柯城农商行创推“惠商贷”，新增小微企业和个体工商户首贷用户1615户，合计放贷3.78亿元，助力小微企业和个体工商户渡过难关、提档升级。区“一村万树”标准化工作获省级地方标准立项。“五色管理+全科网格”基层治理国家级标准化项目高分通过验收，助力乡村振兴。年内，全区5个市场完成省第一批农贸市场和专业市场“五化”改造，数量居全市第一。

【监管与服务】 开展积压食品及原料专项检查行动，处置积压食品及原料20千克，立案4起。开展家禽经营行为专项稽查，立案25起，罚没款11万元。4月，举办全区首场食品生产企业检验技能和农产品快检大比武，通过以赛代训，提升检验检测水平和快检能力。夯实食品安全综合治理数字化平台建设的基础，清理“僵尸”食品经营单位218家。推行浙冷链追溯二维码，实现进口冷链食品全程可追溯，赋码2970个，扫码1万余个，扫码率100%。组织开展打假治劣“药剑”行动，抽检药品153批次，医疗器械4批次，立案4起，罚款7.1万元，下发处罚决定书11起。是年，获省市场监管局“药品科学监管突出贡献集体奖”。实行企业特种设备安全责任承诺制，公众聚集场所的特种设备使用单位签订安全责任承诺书达到100%。开展复工复产安全、起重机械、液化石油气，移动式压力容器、快开门式压力容器等专项检查，同时引入第三方机构进行特种设备安全隐患排查。开展体温监测计量器具免费校准行动，对全区15所学校额温计480支、红外测温仪13台进行校准。开展强检计量器具上门服务行动，对12家农贸市场443台电子秤进行检定和校准。开展防疫物资专项抽检，民用口罩抽检4个批次，其中3批次不合格，罚没款1.9万元。

【综合执法】 依托全省“亮剑2020”系列综合执法行动，加大重点领域消费安全、食品安全综合执法力度，开展燃气灶具、家禽、性保健、啤酒、燕窝等专项整治系列执法行动。全年办理案件182件，同比增长40%；其中大要案28件，同比增长7.6%。同时，案件平均办理时长从原来的109天压缩到90天，增速17.4%。王小青获全省2020年度市场监管执法成绩突出个人，姜欣、金扬分别获全省药品稽查执法工作成绩突出个人。

（于　澜）

图46　12月7日，区市场监管局执法人员在现场办理案件

交通运输

【概　况】 2020年，区交通运输局围绕“重要窗口”建设、“加快建设四省边际中心城市”、打造综合交通桥头堡及“三个年”行动，紧扣党建治理大花园中心，坚持防疫主线，以重大项目推进作为落实工作任务总抓手，立足行业、立足目标、立足实效，为区经济社会高质量发展和“争先创优”贡献交通力量。

【沿江公路柯城段】 柯城段项目常山江、江山江，需建设行车道26.31千米，慢行道19.93千米，总投资51793万元。其中2020年江山江段完成交工验收，建成通车；常山江段主线全长13.68千米，其中新建长度12.26千米，利用长度1.42千米。连接线全长5.97千米，按四级公路标准建设。8月19日，沿江公路柯城段完成交工验收，建成通车。

【改建工程柯城段】 320国道航埠至常山草坪段改建工程柯城段项目全长3.8千米，项目总投资8944万元，年底改建完成，经交工验收后通车。

【建设工程PPP项目】 项目全长39.66千米，总投资42811万元。至年底完成形象进度77%。翁梅至蒲塘公路完成交工验收；里前坞至余家山头公路路基完成，路面90%，桥涵全部完成；花园岗至杨家源公路完成荞麦坞段路基及附属工程，隧道场地完成及洞门施工；派溪头至关溪公路勘界完成98%。姜家山至杭金衢柯城互通连接线。姜家山至杭金衢柯城互通连接线项目总概算33660万元，至年底完成总体形象进度43%、路基48%、桥梁50%。

【农村公路新改建项目】 项目总投资42883万元，至年底，351国道至大荫山公路(8.048千米)、滨港南路延伸至315省道（1.429千米)、荆溪村至315省道(0.827千米)、沟溪至直坞公路余西段改建工程（2.124千米）等四条线路建成通车。

【农村公路改善工程】 项目总投资6939万元，至年底，石室至315省道连接线、石华线华墅连接线、沿江公路沟溪连接线等三条线建成通车。

【万田乡下蒋至余家山头公路】 下蒋至余家山头公路全长1.917千米，年底完成路基、路面基层等主体工程，进行沥青路面铺筑后就可通车投入使用。

【弈谷至印象西城道路工程】 弈谷至印象西城道路工程项目总概算6478万元。施工主体标段于11月底完成招标，12月完成监理招标。年底完成施工合同签订，组织进场施工。

【七里至石梁段公路工程】 项目全长17千米，包含寺桥至下村段和寺桥至七里段两个路段，总投资12.5亿元。其中寺桥至下村段，至年底，工程可行性研究报告完成报批。

【公路养护】 全年日常养护依旧以国省道为重点，公路养护细节化、精细化、标准化、美丽化向辖区主要县道和旅游公路延伸，结合省、市、区政府及公路部门重点工作。加强日常保洁、路况质量维护、脏乱差整治、绿化提升、环境美化落实。至年底完成路面坑洞修补45200平方米；整治高低路肩63千米；清洗护栏270多千米，清理疏通边沟210千米，涵洞1150米。抓重点病害路段工程整治加固，对航埠大桥、黄家公铁立交桥和黄家1号小桥进行维修加固。对叶家高架桥和麻车里大桥A匝道进行独柱墩加固，叶家大桥和前徐通道桥增设限高架；对320国道总计长3.324千米路面和叶家大桥左幅桥面进行修复；总投资227万元，315省道（46省道）樟潭至廿里公路柯城段设施整治提升工程（排水），项目于4月进场施工，7月底完工。

【路政管理】 开展“公路综合执法”行动，联合交警部门在国省道开展24小时超限检测治理工作，打击公路超限违法行为。强化公路巡排查，公路沿线抛洒滴漏、路面污染整治等路域环境整治和应急服务行动。全年检测768辆，查处超限765辆，扣3286分，服务故障车辆60余辆，卸载超载货物25291.43吨，处理擅自改装车辆15辆，其中百吨王62辆。在苦狮线九华设立超限劝返点，安排路政协管人员进行每天三班，每班2名路政协管员24小时轮班值守，做好公路路域环境维护。

【安全生产】 围绕“春运”、全国两会重点时段开展安全维稳工作。春运正值新冠肺炎疫情防控重点时段。相较往年，工作重心、方向有新变化、新问题、新特点，区交通运输局按要求及时制定工作方案，部署公路保畅目标工作；开展公路集中养护，春季及时组织对320国道、新老315省道及重要县（区）道路面开展集中性养护修复，保障路况畅通良好；强化日常巡查、值班值守及信息报送，春运时段储备融雪剂40吨，沥青冷补料20吨抢险物资。抓扫黑除恶专项斗争工作落实，通过宣传发动，深入线索摸排，在单位办公楼、辖区公路站（320国道中心公路站、城北公路站）、所辖在建工地等场所张贴通告、横幅、易拉宝等，在区交通运输局办公大厅设置线索举报箱，畅通信息渠道，做好线索核查，分析研判及信息上报。

【文明城市创建】 2020年是创文测评工作关键年，柯城区作为主战场，责任重大。管养进出城周边和通乡镇公路点多量大，如浙西大道、老315省道、快速通道、双叶线、石华线等，创文测评标准高，养护人员“5+2”“白+黑”模式成常态，强化现场作业质量和安全，通过购买保险，强化安全教育，在创文省测、国测期间，强化辖区城中、城郊及乡镇重要公路应急突发卫生环境问题处置，确保创文测评中公路达到上级政府要求。

（金 超）

交通安全管理

【概 况】 2020年，柯城交警大队坚持抓疫情防控、事故防控两条安全线，围绕“减量控大”工

图47 8月24日，“8090”女子宣传队宣传交通安全

作目标，全力以赴打好道路隐患治理、严重违法整治、重点车辆监管、交通安全宣传组合拳。在筑牢疫情阻击“防线”同时，全力守牢事故防控“底线”。全年查处各类交通违法总量28.4万起，其中非现场处罚22.2万起、现场处罚6.2万起；辖区道路交通事故死亡人数29人，比2019年下降25.6%，事故防控成效及平安考核工作均位列全市第三；大队获评全市先进基层党组织、全市“工人先锋号”，荣记市公安局集体二等功1次，荣记区政府集体嘉奖2次。

【道路交通事故“减量控大”】围绕“减量控大”工作目标，保持对严重道路交通违法行为严管严罚态势。制定“午夜行动”专项工作方案，头天晚上22时至次日3时重点时间段，调动全大队警力，严查酒驾、货车超载等严重违法，开展“午夜行动”54次，查处货车超载515起，查处酒驾449起、其中醉驾120起。加强与交通、住建、应急等部门及乡镇街道联动协作，建立完善常态化精准化隐患排查治理联动机制。调动基层网格力量开展安全隐患排查，道路交通安全隐患治理成效明显，其中320国道沪瑞线柯城段隐患65处及开口封闭52处，整改率均达100%；320国道“二改一”工程，于年底基本完工，在原设计基础上，推动该路段增设机非隔离护栏；全年省、市级隐患点整改完毕。紧盯“两客一危一重”逾期未检未报废、3次以上违法未处理等源头隐患不放松，通过电话联系、公安内网查找、发放催检通知单、上门查找、车辆轨迹追踪等方式，加大源头管控力度，及时消除安全隐患，杜绝“带病”车辆上路行驶。约谈客运企业、危化品运输企业16家，督促落实安全教育及隐患清零主体责任。开展变形拖拉机淘汰清零，按时完成辖区拖拉机清零工作，查扣涉及拖拉机假牌假证吉07车辆3辆、甘09车辆2辆，扣押车牌25副、行驶证26本。强化交通安全精准宣传。对照全市交通安全责任目标，在辖区各乡镇成立交通安全管理站，强化国省道沿线及农村道路交通安全宣传和违法劝导。成立“8090”女子宣传队，依托乡村振兴大讲堂、乡村大喇叭等平台，针对60周岁以上老年人及留守儿童开展进村入户精准宣传，开展60岁以上老人交通宣传“面对面”3万多人次。加强与衢州广电传媒新媒体中心、FM97.5衢州交通音乐广播等主要媒体联动协作，利用微信、微博等新媒体第一时间推出重点交管信息、警示案例，扩大宣传覆盖面，提升宣传效果。

图48 3月2日，开展“午夜行动”，严查交通违法

【疫情防控】1月23日，联合相关部门成立G60高速衢州西出口交通检疫站临时党支部，抽调25名党员参与新冠肺炎疫情检疫工作。以临时党支部为中心，成立“情报指导、卡点管控、车辆排查、后勤保障、信息联络”5个防控小组。构筑交通检疫站、外围查控点、大数据制导“三道防线”，落实24小时定点、定位、定人、定岗、定责“五定”勤务，严格逢车、逢人“两个必查”，筑牢疫情“防火墙”。排查车辆3.75万辆、人员4.92万人，劝返车辆1023辆、人员1817人，阻止疫情蔓延构筑坚强屏障，30余名民警、

图 49 9 月 7 日，全国文明城市创建工作

辅警受到各级表彰奖励。

【全国文明城市创建】 推进全国文明城市创建工作，提升重点道路交通精细化、规范化管理水平，提高道路通行效率及安全。开展三轮“啄木鸟”交叉检查专项行动，通过路面巡查和群众“挑刺”“找茬”收集设施损坏隐患 600 余处，整改进度达 95%以上。制定城区网格路长制工作方案，坚持整治秩序乱点和打造示范点两手抓，联合区综合执法局、市场监管局等部门对重点商业街、主干道开展联合执法行动，对违停车辆进行全时段拖移处罚，坚决打击“乱停车”现象，为衢州高位通过全国文明城市创建贡献交警力量。创新“社区交警”模式、开展“零酒驾”乡镇创建，夯实交通工作。

【交通警保卫工作】 全年完成交通警卫任务 165 起，包括“驰援武汉抗疫英雄凯旋”安保工作完成，“第十七届浙皖闽赣四省四市民间艺术节”安保任务，“衢州市重大项目开工警卫”安保任务，“浙里诗路 2020 浙江省新农村定向越野跑大赛”安保任务，各幼儿园、中小学校春游、秋游交通警卫任务，各中小学中考、高考、学考选考、司法考试等考试类交通警卫任务，市两会、区两会等重要会议交通警卫任务。同时完成“2020 贝林星月宸庐衢州马拉松”大型公益活动交通保卫任务。

（朱肖丹）

公共交通

【概 况】 2020 年，面对新冠肺炎疫情对公交行业冲击和影响，衢州公交在市委、市政府关心和支持下，在上级管理部门正确领导下，围绕重点中心任务开展工作，以“抗疫保畅，创文有礼，服务提升，安全高效，特色发展”为主线，克难攻坚，坚持为市民乘客提供优质公共出行服务。

【疫情防控】 疫情期间，暂停营运所农村客运班次，减少城市公交班次。2 月 16 日开始，结合防疫工作开展情况和企业陆续复工复产实际，逐步恢复农村和城市公交营运秩序，所有车辆按每趟次消毒，按规范做好公交车、公共自行车和公交场站清洁、通风和消杀。

图 50 11 月 22 日，2020 衢州马拉松大型公益活动交警保卫工作

同时向社会倡议，引导所有乘客凭健康码“绿码”，规范佩戴口罩乘车，利用车载电视、宣传橱窗、场站公告栏重点场所进行健康教育宣传，普及卫生防疫常识。

【公交1路线获评“浙江省巾帼文明岗”】 公交1路线是衢城第一条公交线路，1979年开通至今40余年历史，线路全长35千米，24小时全时段营运，是连接衢州智慧新城、老城区、巨化生活区重要交通命脉。该线路有驾驶员33人，其中女司机20人。1路线女驾驶员们巾帼不让须眉，坚持“乘客第一，服务至上”理念，把“安全第一”四字印刻在脑海中，创下8年无事故安全行驶纪录，打造独具特色“一路有礼·文明衢州行”公交服务品牌，率先推出车长制，带头践行文明礼让斑马线，打造有礼车厢文化。

【无桩公共自行车上线】 至年底，完成无桩化改建公共自行车点20个，新建无桩化公共自行车点30个，改造公共自行车8000辆，实施无桩化改造后，公共自行车在吸收共享单车不进桩停放优势的同时，保留传统公共自行车规范有序固定站点管理方式，公共自行车系统形成“有桩+无桩”通租通还新模式。

【建设电子站牌项目】 为使公交出行更加智慧便捷，在原有30块电子站牌基础上，至年底，新建成20块电子站牌，提高智慧出行服务系统应用覆盖面，扩大城市公交出行数据开放内容，电子站牌查询功能升级。本次建设电子站牌与原有电子站牌相比，除到站提醒、公益广告、信息发布等功能外，新增时间显示、天气预报、线路到站距离精确提示等。

【新一批公交车投放使用】 2020年，购置更新20台混合动力公交车陆续投放线路使用，本次采购公交车为长10.5米纯电动一级踏步车型，所有车辆均安装有无障碍导乘板，可方便残疾人上下车。至年底，公交车辆435台，100%为绿色能源和新能源车辆。

（秦莹莹）

铁　　路

【概　况】 2020年，衢州境内有15个火车站，分别位于杭长高铁、沪昆线、衢九铁路、衢宁铁路，属中国铁路上海局集团有限公司金华车务段管辖。主要担负境内及周边地区旅客运输和沪昆线区段列车解编任务。其中衢州等6个车站办理客运业务，年内，新建龙游南、全旺车站。

【安全生产】 坚持现实安全与安全基础“两手抓”，确保运输安全持续稳定。以安全标准化规范化专业化建设为载体，以双重预防机制运作为主线，推进安全治理体系和治理能力建设，全面增强安全风险防控能力，完善人防、物防、技防“三位一体”安全保障体系。紧抓春运临客（增开列车）开行、防暑降温、防洪防汛、冬季劳动安全等，重点把牢全国两会、上海“进博会”、衢宁线开通关键时期，抓实抓细二次安检、反恐防暴、治安保卫安全重点。至11月，市域各站确保车务段实现安全生产4700天，完成年度四个阶段安全百日。

【疫情防控】 坚持人民至上、生命至上，发扬连续作战、主动迎战精神，制定疫情防控常态化方案，细化防控措施，压实防控责任。加强路地配合，做好旅客进出站测温、身份核验、劝返，重点区域消毒工作，确保新冠肺炎疫情防控“零责任”“零感染”。重点做好疫情防控物资运输和旅客退票工作，确保物资安全送达、旅客退票高效畅通。湖北武汉封城期间（1月23—31日），衢州站为旅客办理退票2644张，退款总额56.61万元。

【衢宁线开通】 分析研判衢宁列车运输组织情况，梳理客运乘降组织中关键点，优化旅客运输组织方案，解决中转换乘、人员紧张作业难点，提高衢宁铁路运输组织效率，确保列车运行畅通、客运组织平稳有序。根据车务段部署，衢州站开通前期为新招衢宁线（浙江段）5个客运站客运员量身定制短期客运业务速成培训；运营初期，抽调业务骨干前往衢宁线新客运车站进行“一对一”现场业务指导，为衢宁铁路起步、发展提供人才保障。9 月 27 日，衢宁铁路开通暨“衢州有礼”1433 号旅游专列首发仪式在衢州火车站举行。衢宁铁路自 2010 年启动前期，2015 年开工建设，全长 379 千米。

【旅客运输】 建立常态化客运营销机制，分析摸排新冠肺炎疫情下铁路客发客收新规律，主动研发客运新产品、新服务，联系地方市政企业，把握客运生产经营主动权，开好复工返岗专列，以“十一”运输黄金周、衢宁线开通为契机开行旅游专列、办理团体票业务，确保客发客收稳步回升。全年衢州等 6 个客运车站发送旅客 402.72 万人次，占全段旅客发送总量的 14.50%；客运收入 45222.6 万元，占全段客运收入总量的 15.32%。

【客运服务】 在创建全国文明城市期间，衢州站将“作揖礼”融入客运岗位，规范文明服务用语，做好“站台有序排队”“烟头不落地”文明举措。践行“最多跑一次”理念，推广铁路电子客票应用，持续升级“厕所革命”，打造五星级母婴室，增加临时身份证打印机、寄存柜、充电宝、智能座椅硬件设施，客运优质服务提升，深受旅客好评。

（刘珂妤）

民用航空

【概　况】 2020 年，衢州民用航空一手抓疫情防控，一手抓安全生产，全年保障航班 4751 架次，同比增长 31.83%；旅客吞吐量 386122 人次，同比减少 4.45%；货邮吞吐量 699.5 吨，同比减少 16.65%。安全生产形势总体平稳，未发生重大差错和不安全事件，完成重要时期航空安全保障工作，通过“平安民航”考核和危险品航空运输安全管理体系（SMS-DG）建设及危险品货物航空运输信用管理体系建设评估验收，实现第 28 个航空安全年。12 月 16 日，衢州航空公司成立暨飞机交付仪式在衢州机场进行，华夏航空公司向衢州航空交付 3 架飞机。12 月 20 日，衢州市政府与华夏航空公司签订航空产业安全链条合作协议。合作内容包括成立衢州航空公司、共建四省边际航空枢纽、建设国际飞行培训学校、落户华东总部、设立航空产业保证金等。被衢州市委、市政府授予“衢州市创建全国文明城市先进集体”。

表 10　　**2020 年衢州民航客货运输量统计表**

航　线	客运量（人次）	客座率（%）	货运量（吨）	航　线	客运量（人次）	客座率（%）	货运量（吨）
北　京	70450	52.6	12.5	重　庆	65128	62.8	207.7
深　圳	32623	52.2	300.7	成　都	36187	59.7	36.1
大　连	17002	37.7	6.7	贵　阳	30041	69.6	2.6
青　岛	18220	40.3	1.1	广　州	27864	63.9	2.7
昆　明	18685	41.4	115.3	舟　山	5979	48.7	—
济　南	18991	38.6	1.4	武　汉	4177	61.8	—
海　口	18971	38.5	8.7	珠　海	3431	66.5	0.3
西　安	18373	69.5	3.8				

【航班航线】 争取国家民航局、华东管理局理解支持，夏航季新增航线 3 条，冬航季新增航线 2 条。5 月 6 日，将成都航空成都—贵阳—衢州经停航班更改为华夏航空衢州—成都、衢州—贵阳点对点直飞航班。5 月 31 日，新增九元航空衢州—广州航班；6 月 1 日，新增厦门航空衢

图 51　6 月 1 日，衢州机场举行北京航班首航仪式（潘越　摄）

州—北京大兴航班；8 月 8 日，季内新增省内首条支线机场间直飞航班衢州—舟山航班；10 月 25 日，第一架驻场运力投入运营，并新增衢州—武汉航班；10 月 26 日，新增衢州—珠海航班。至年底，衢州机场开通航线达 16 条。

【落实合作签约项目】 引入华夏航空参与衢州航线运营，将换季增加时刻向华夏航空倾斜，实现华夏航空公司在衢州机场投放过夜运力，为市政府与华夏航空公司战略合作迈出实质性第一步，受到市政府通报表扬。

【严守疫情防控关口】 落实主体责任，做好旅客进港、出港、测温、验码环节，将严防国外入境和国内中高风险地区疫情输入作为防控工作重中之重。全年测温航班 4552 架次，测温旅客 374348 人次，对重点管控人员进行查验处置 3690 名，其中移交 542 人次，实现管控零差错。地勤保障部获集团抗击新冠肺炎疫情先进集体，6 人获集团抗击新冠肺炎疫情先进个人、优秀共产党员等荣誉。

【平安机场建设】 新建机场围界 6500 米，加装滚刺笼、新建监控中心/控制区道口安检业务用房。更新升级机场视频监视系统、新增航站楼隐蔽报警系统、更新机场安检设施及信息系统。开展“抓作风、强三基、守底线”安全整顿行动。将作风问题整改纳入安全隐患排查治理范畴，收集作风问题负面清单 290 条，开展作风建设自查情况督查 20 余次。结合整顿工作，开展机坪交通安全专项检查工作。开展 “三个敬畏”“三基建设永远在路上”宣教、安全生产月咨询日、知识竞赛、党员 FOD 徒步检查、安全隐患随手拍等活动，1000 多人次参与。强化安全监督检查，除定期开展日常督查外，结合机场航班换季、驻场运行等，开展各项综合检查 12 次。做好军民航协调和军民航防相撞、防跑道入侵工作。加强飞行区管理，军民航联手对飞行区展开整治。加强鸟害防治工作协调，做到资源共享。加强净空保护协作，共同巡查，信息共享，及时通报，完成净空管理工作。做好部队不停航施工协调管理，加强施工人员教育，特别是跑道侵入和 FOD 防范教育。联合开展消防、医疗联合演练和训练。

【绿色机场建设】 新建停车场节能灯具，协调电力局安装充电桩，内场 4 台、公共停车场 3 台新能源车辆配套充电桩投用。新增新能源车 4 辆，行李传送车、行李牵引车、客梯车、旅客摆渡车各 1 辆。

【智慧机场建设】 协调电信运营商，5G通信基站开通。在停车场安装智慧停车系统。投入自助值机设备1台。开展广域网、OA系统、离港信息系统、转报系统应急演练；做好网络信息安全设备维护、更新；开展网络信息安全学习教育培训。与中航信合作，加强安检验证系统人脸识别先进技术应用。

【人文机场建设】 改造基础设施，陆续建设投用无障碍停车位、多功能无障碍卫生间、坡道等，创建无障碍环境，提升机场形象。理顺部门保障工作链条，提高航班放行正常率，全年航班放行正常率90.65%，同比提高1.11%。结合传统节日在候机楼开展相关活动，宣扬民俗文化。加强不正常航班服务保障，健全、规范相应处置程序、预案和流程；推出旅客团队预约、旅客遗失物品招领服务，相继推出厦航、深航旅客生日送祝福服务。全年办理团队预约服务156个团、4241人次，送出旅客生日祝福22人次，完成旅客失物招领75人次。引入航旅纵横衢州机场航班动态端，实现候机楼大屏幕同步播放“创文”内容与航班动态。开展“安康杯”竞赛、“名师带徒”活动，建立劳模工作室、创新工作室，丰富职工文化生活。配合做好市创建全国文明城市工作，创建“最暖安检、衢州有礼”党建品牌，组织志愿者开展文明劝导、疫情防控等活动。

【SCORE项目建设】 结合安全生产月活动，引进企业可持续发展（SCORE）项目，做好合理化建议收集及落实跟踪，推进合理化建议落地。完成员工合理化建议203条，排查安全隐患80条，开展办公环境5S管理及可视化管理，办公环境明显改善。12月16日，通过SCORE项目验收，获得由国际劳工组织授权SCORE学院颁发的“SCORE企业参与证书”。

（周群超）

乡村开发建设

【概 况】 2020年，衢州市乡村振兴发展公司围绕“三年行动”和“六抓六比·八大竞赛”中心工作，倒排时间表、任务书、路线图，跑秒计时、到点验收，全力以赴加快项目建设进度，总体呈现全面铺开、齐头并进良好局面。全年承担重点工程、安置房项目、水利工程、交通及零星等项目64个，完成投资总额16.2亿元。

【石梁镇城西拆迁安置工程】 7月1日，工程完工。该项目安置139户，用地面积8809平方米，建筑面积2.28万平方米，其中地上面积1.45万平方米，地下面积8635平方米，项目总投资概算11027万元，2018年11月28日项目开工，该工程获评2020年度衢州市建设工程“钱江杯”（优质工程）。

【常山港（柯城段）治理工程】 位于航埠镇、沟溪，以防洪、排涝为主，兼顾生态修复。该工程是省重点项目，市内水利工程首个全过程技术咨询项目，总投资9.48亿元，计划2022年完成。至年底，完成形象进度约60%，其中，左岸水工、景观绿化基本完成，河东堤园路及埠头石材铺装施工中；右岸主河道水工全部完成，古河道及桥梁部分完成约80%。

【七里乡新店村农民安置点项目】 8月17日，项目竣工，该安置点安置71户，位于七里乡西部，与七里乡集镇建设区接壤。沿大头源而建，西依304县道花木线，东与大头村隔溪相望，南与黄土岭村接壤，西与常山县新桥乡交界，北与上村村交界。用地面积2.7万平方米， 投资概算8035万元。建筑面积为1.91 万平方米，2019年1月17日，工程开工。该项目（1#—23#、公寓楼）获评2020年度衢州市建设工程“钱江杯”（优良工程）。

【衢江（柯城段）治理二期工程】 包括落马桥堤、官田堤、上万上圩头护岸三段，总长约8.4千米，投资1.8亿元。落马桥堤9月开工，完成堤防工程浆砌（灌砌）块石及花岗石铺装，土方填筑、除香樟外全部绿化种植等工作。西排渠桥梁完成桩基、立柱、横梁。官田堤段，上万上圩头护岸7月开工。官田堤段水下部分工程全部完成，堤顶绿道除政策未处理完成（23栋房子拆除）全部完成堤顶道路碎石铺设、水泥稳定层及侧平石施工，枧头排水闸全部完成，1#、2#、5#、6#、新增1—2涵管管道埋设完成，完成堤坝种植土施工及绿化施工，管理房、公厕完成主体施工。上万、上圩头护岸全线约5.9千米堤顶绿道贯通，彩色沥青浇筑完成；土方回填完成；曹门至上万村段边坡修整及绿化完成，缪村段清表完成；下圩头段绿化完成；园路工程完成70%；曹门段1—5号涵管完成埋设；下缪大桥至叶家大桥段完成护坡叠石、边坡修整及绿化工程完成。

【沟溪乡余东村美术馆】 7月，项目通过验收。项目采用EPC模式，用地面积4151平方米，建筑面积4260.28平方米，投资概算3328.71万元。于2018年10月开工建设，2019年7月12日，主体部分通过验收。美术馆投入使用后，该地成为区乡村休闲游热门选择，深受家庭短途出行青睐。

【姜家山中村改造】 项目总投资50.43亿元。大塘头片区分2个片区（大塘头片区、兴运片区），安置房建设项目一期于2018年9月开工，至2020年底完成90%；二期于2019年9月开工，至2020年底完成75%。兴运片区安置房建设项目一期于2019年3月开工，至2020年底一期完成80%；二期于2019年5月开工，至2020年底完成60%。

【杭衢铁路万田安置点建设项目一期工程】 位于慈张村、上下蒋村，为杭衢铁路建设重点配套工程，总投资4.4亿元。慈张安置点建筑面积56738.93平方米，安置282户；9月26日，工程开工，至年底，基础开挖施工中，完成基础施工40%，部分建筑基础完成，在进行砖砌体施工；上下蒋安置点总建筑面积48777.47平方米，安置196户，计划2022年完工。9月28日，工程开工，至年底，基础开挖施工中，完成基础施工55%，部分建筑基础完成，在进行砖砌体施工，完成泄洪渠施工60%。

【柯城区全域土地综合整治展示厅工程】 位于万田乡鲶鱼湾公园，是全面展示区全域土地综合整治成果、助力创建全域土地综合整治国家级示范的标志性项目。建筑面积1487平方米，工程投资1230万元，8月25日工程开工，至年底，主体结构验收完毕，室外配套开始施工。

【庙源溪流域生态修复工程（桥头至上蒋段、箬溪桥头段）】 位于九华乡及万田乡，整治内容包括庙源溪、箬溪。其中庙源溪自布谷桥头村东侧鲶鱼湾小堰起，至王家堰下游处止，河段长1.5千米；箬溪自布谷桥头村上游起，至箬溪与庙源溪汇合口，河段长1.06千米。8月14日，该工程开工，至年底，箬溪段完成5座堰坝改造；完成村庄段1000平方米铺装；完成河道叠石850米，完成界墙浇筑1200米。庙源溪段完成节点一、二土方回填，界墙施工，铺装完成100%，绿化部分完成70%。

【万田至九华城镇供水管网延伸工程】 该项目是2019—2020年全区农村饮用水达标提标工程。新建饮用水主管全长5800米，新建2座饮用水加压泵站。总投资2469万元。3月21日，工程开工。至年底，完成4000米主管道铺设，完成加压泵站2座。

【万九线污水管网建设工程】 新建污水管道北起九华乡苦狮线，南至现状九华北大道。管道收集沿线各村庄地块污水。新建DN300—DN500污水重力管，总长约5120米，新建DN200—DN250污水压力管，总长约1120米；新建污水量分别为4000立方米/日、2000立方米/日和500立方米/日污水泵站3座。总投资概算1200.42万元。12月11日开工，完成污水主管道铺设1800米。

【大俱源综合治理二期工程】 该工程是综合治理河道，约6千米，投资2792.73万元。5月20日，该工程开工，至年底，完成1000米渠道、绿道施工及绿化种植，1#和2#涉水桥、60米干砌块石、叠石，1#和2#清水平台，余东大桥上下游两条丁步。

【柯城区村播产业基地项目】 投资1.3亿元，服务直播电商产业发展，配套建设村播产业创业街、冷链仓库等。年内，完成项目建议书和可研批复、农产品市场评审。其中，30天完成柯城直播产业创业街装修工程，10月1日，开街运营，企业入驻6家，“双11”销售额突破4000万元，受到区政府通报表扬。

【南孔画乡·余东乡村未来社区项目】 投资6.6亿元，建设未来养老院、邻里中心、游客服务中心等，分3期建设，至12月，完成可行性研究报告批复。计划2025年全面完成。

【320国道衢州航埠至常山草坪段改建工程第3标段】 12月13日，工程完工。位于320国道航埠收费站西侧（桩号K453+200），起点接320国道一级公路柯城段，路线沿现状320国道呈东西走向，终点位于官庄（桩号K457+000），路线全长3.8千米，小桥1座，涵洞7道。主要包括路基、路面、桥梁、交通安全设施等内容，总投资9180.69万元。2018年11月8日工程开工，2019年2月1日因故停工，2019年8月1日复工。

【农村公路新改建工程】 投资4.29亿元，长64.22千米（新建18.22千米、改建46千米）。至12月，改建部分全部完成；新建部分351国道至大荫山公路、荆溪至315省道完工通车，沟溪直线改建工程完成形象进度85%，宾港南路至315省道完成形象进度85%。

【农村公路改善工程】 投资6900万元，总长23.8千米（新建2.56千米、改造提升21.24千米），计划是年完工。至12月，提升改造部分全部完成；新建部分石华线华墅连接线、石室至315省道连接线通车完工，衢州市沿江公路沟溪连接线完成形象进度85%。

【在建项目】 梓绶山至孟高寮道路工程，投资8600万元，长约8.8千米，12月进场施工。下蒋至余家山头公路投资4399万元，长2.929千米，至12月，完成形象进度65%。万坞线半山至茶铺段公路提升改造工程（一期、二期），投资3200万元，长2.74千米（一期1.54千米、二期1.2千米），至12月，一期基本完成，二期初步设计、施工图完成。弈谷至印象西城道路工程投资6432万元，长2.63千米。至12月，完成初步设计、施工图等工作。

（郑雪芳）

建设投资

【概　况】 2018年9月3日，柯城区建设投资发展有限公司（以下简称柯城建投）取得营业执照，是区属国企市场化改革后通过工商变更新成立的公司，前身为柯城区衢化城市建设投资开发有限公司。2019年10月23日，区政府批复同意建投公司增资3.5亿元，注册资本6亿元。将旧改公司100%股权划转至区建投公司，区旧改公司由区国资公司一级子公司转为区建投公司子公司。2019年12月9日，受托管理柯城区利民城乡建设投资开发有限责任公司及其全资子公司衢州市新农村建设投资开发有限责任公司。2020年，在建项目12个，前期项目7个，代建项目5个。

【项目建设】 衢化棚户区改造安置房一期项目（东区块）用地面积6.60万平方米；地上住宅建筑面积约12.20万平方米，层数11—15层；幼儿园建筑面积约3500平方米，层数1—3层；地下建筑面积约5.70万平方米；室外综合管线、道路、给排水、绿化、亮化及其他相关配套设施建设。2018年3月14日，项目开工，至2020年年底，住宅楼及幼儿园基本完成，室外配套扫尾。衢化棚户区改造安置房一期项目（西区块）用地面积5.26万平方米；地上总建筑面积9.47万平方米，其中住宅建筑面积约8.37万平方米，层数11—15层，商业用

图52　6月16日，区委领导到衢化安置房项目调研

房集中布置，建筑面积约1.10万平方米（含物业管理用房、社区服务用房、居家养老服务照料中心用房）；地下建筑面积约4.59万平方米；室外综合管线、道路、给排水、绿化、亮化及其他相关配套设施建设。2018年2月28日，项目开工，至2020年年底，商业楼及13幢住宅楼基本完成，室外配套扫尾。斗潭片区危旧房改造项目（东区块）用地面积3.71万平方米（约7.73公顷），总建筑面积15.18万平方米，其中地上建筑面积9.35万平方米，地下建筑面积5.83万平方米。2018年8月10日，项目开工，实施主体为区建投公司全资子公司区旧住宅改造有限责任公司。至年底，住宅内部装饰装修作业、外墙涂料基本完成，室外配套工程基本完成，自来水、燃气、电力等相关专业穿插进行，计划2021年2月基本完成建设项目。斗潭片区危旧房改造项目（西区块）用地面积7.25万平方米，其中住宅用地面积6.70万平方米，公共管理与公共服务用房用地面积5502平方米，总建筑面积21.49万平方米（含公共管理与公共服务用房1.48万平方米），其中地上建筑面积14.94万平方米（含公共管理与公共服务用房1.48万平方米），地下建筑面积6.53万平方米。实施主体为区建投公司全资子公司区旧住宅改造有限责任公司。至2020年底，住宅内部装饰装修作业、外墙涂料基本完成，室外配套完成85%，自来水、燃气、电力等相关专业穿插进行，计划2021年2月基本完成建设项目。九华乡集镇集聚点（二期）项目规划用地面积5.01万平方米，由84幢二至三层住宅、2幢三层公寓楼及基础配套设施组成。其中住宅部分用地面积2.72万平方米，建84幢二至三层住宅、2幢三层（带架空层）公寓楼，总建筑面积3.05万平方米，容积率1.12，建筑密度39%，绿地30%，部分建筑采用装配式建造；基础配套及绿化用地面积2.28万平方米，包括道路、给排水、供配电、通信、照明、燃气、绿化、景观、停车场，及其他相应配套零星工程。项目总投资约1.17亿元（包含土地款）。至年底，住宅基本完工，室外地面平整，室外配套庭院围墙施工中。信安街道书院6幢危旧房改造项目主楼占地面积≤627.30平方米，总建筑面积≤4060.6平方米，层数为6层加架空层；门卫基底面积≤9平方米，层数为1层。7月底开始建设，年底主体结构封顶，内外墙粉刷施工中。花园街道安装社区副7栋危旧房改造项目主楼基底建筑面积≤428.83平方米，总建筑面积≤2641.12平方米，层数为6层加架空层。完成可研及初设报批，开展施工招标前期准备工作。至年底，完成政策处理，项目全面开工。花港家园二期安置房项目用地面积约2.93公顷，安置住宅536套，总建筑面积约8.15万平方米，其中地上建筑面积约5.8万平方米、地下建筑面积约2.35万平方米。总投资约3.3亿元。2017年10月，项目开工建设，2020年底，1#—8#楼基本完工，9#—11#楼内外墙粉刷，室外配套工程施工中。衢化文昌路一期改造工程道路总长1163米，道路等级为城市次干路，设计速度40千米/小时，规划道路红线宽30米，2孔12米箱涵一座。2017年12月，进场施工，2018年2月，七溪路以南部分道路主车道完成并通车。2019年，该项目年度计划投资任务数3627万元，受政策处理及巨化“三供一业”移交影响，累计完成81%。九号桥处箱涵施工进行中，年底前完成九号桥处箱涵施工。至年底，项目完成90%，预计2021年4月竣工验收。衢化文昌路二期改造工程道路等级为城市次干道，道路长度为1121米，道路宽度为30米，设计速度为40千米/小时；用地红线面积1.97万平方米。新建长度110米1孔6米箱涵1座；拆除住宅1.08万平方米，非住宅1.06万平方米，加油站1座。北段（衢化路—中央道）粗粒式沥青混凝土完成，南段（中央道—南一道）雨污水管施工。至年底，项目完成70%，预计2021年7月竣工验收。衢化南一道改造工程道路长度771.28米，道路等级为城市次干路，道路宽24米（4米人行道+16米机非混行车道+4米人行道），沥青混凝土路面。2019年4月，进场施工。2020年10月，完成竣工验收。

【项目前期】 双港街道百家塘公

寓式安置点建设项目（一期）设计住宅160套，地上建筑面积约1.79万平方米，采用带施工图出让全回购模式。8月24日，衢州富华房地产开发有限公司通过土地拍卖竞得土地使用权，成交价3190万元，成交楼面价1780元/平方米。至年底，项目完成清表，基础土方开挖，地下室施工进行中。花园街道上下门公寓式安置点建设项目（一期）规划用地面积3.18万平方米，合3.2公顷，地上建筑面积约5.72万平方米，采用带方案出让并部分回购模式，回购住宅建筑面积约2.32万平方米（220套）、商业服务用房建筑面积约1100平方米，回购率为42.4%。9月30日，通过79轮报价，由衢州鑫宏房地产开发有限公司竞得，成交价16450万元，成交楼面价2877元/平方米。至年底，完成清表，基础施工进行中。杭衢铁路白渡安置点建设项目用地面积4.84万平方米，合4.87公顷，地上建筑面积约8.46万平方米，采用带方案出让并部分回购模式，回购住宅建筑面积约4.49万平方米（454套），商业服务用房建筑面积约1580平方米，回购率为54.9%。9月30日，通过274轮报价，由衢州国金置地有限公司竞得，成交价3.6亿元，成交楼面价4255元/平方米。至年底，完成地面清表，地下室开挖。石梁镇351国道拆迁安置及基础配套设施建设项目位于在建351国道以南，苦狮线以北，新花木线以东，塘公村以西区域。用地面积约1.18万平方米，建设迁建安置房30套及配套设施等1.18万平方米。至年底，完成项目地质勘查，项目概念性方案设计进行中。石梁镇美丽城镇建设项目（寺桥水库移民安置）位于花木线西南侧，207省道以东，苦狮线以北，由4个安置地块组成，总用地面积7.19万平方米。主要建设迁建安置房、公寓式安置房，用于寺桥水库移民安置，项目总投资约145125万元。九华乡乡村未来社区建设项目（地质灾害避让搬迁及下山脱贫安置）位于九华乡未来村以南、九华乡桥头自然村以北、若溪以东、万坞线以西区域，主要安置集聚对象包括地质灾害避让搬迁、偏远山区下山脱贫、集镇老村有机更新、乡贤回归和新村民集聚等。安置用房及幼儿园总用地面积约10.57万平方米，分为3个地块进行建设，项目总投资约117645万元。信安街道沙湾公寓式安置项目由区资规分局设计院编制项目控规，待项目控规编制完成后开展设计工作。区建筑垃圾资源化处理中心完成分拣中心项目主体厂房及道路配套工程。建筑垃圾处置固定项目：完成3.53公顷土地摘牌，后续4.53公顷土地待收储后进行招拍挂。完成场地平整招标，完成《衢州市再生资源利用循环经济产业园总体规划》，固定厂房、生产线处于监理、EPC、设备采购招标文件编制阶段。项目拟2021年1月开工。

【代建项目】 区公共卫生服务中心建设项目用地面积约3.07公顷，总建筑面积约8.72万平方米，其中地上建筑面积约5.36万平方米，地下建筑面积约3.35万平方米。至年底，完成监理招标，中标单位新世纪工程咨询；完成施工招标，中标单位浙江培华建设有限公司。区人民医院门急诊大楼改扩建项目用地面积约1.15万平方米，总建筑面积约3.88万平方米，其中：地上建筑面积约2.50万平方米，两层地下室建筑面积约1.38万平方米。至年底，完成监理招标，监理单位：浙江新世纪工程咨询有限公司；完成施工招标，中标单位浙江联润建设工程有限公司。区人民医院规范化发热门诊建筑占地面积621.6平方米，总建筑面积1243.2平方米；防护一级，发热门诊定点医院、规范化发热门诊，留院观察病房9间，负压（压差）病房2间。至年底，项目进入收尾阶段，2021年1月底竣工。区第二人民医院建设项目用地约2.67公顷，按二级甲等综合医院设计，设置床位200张，总建筑面积约4.05万平方米，其中地上建筑面积3.20万平方米，地下建筑面积8500平方米。取得设计批文，施工图设计阶段。五湖村白凉亭物业经济适用房建设项目（区矛盾调解中心扩建）在原矛调中心大楼东侧新建四层“L”形业务用房，并与原有建筑连通，同时将与原建筑围合中庭增加钢化玻璃顶棚，新增建筑面积约4574平方米（含中庭594平方米），占地面积1547平方米（含中庭594

平方米)。项目建成后，区矛调中心总建筑面积将达6906平方米。地质勘查完成，方案设计进行中。

【资金保障】 全年柯城建投资产总额42.06亿元，比上年同期30.34亿元增长38.63%；净资产11.48亿元，比上年同期9.34亿元增长22.91%；负债总额30.58亿元，资产负债率72.71%。衢化棚改项目融资完成。衢化棚改安置房一期建设项目（东、西区块），总投资15.07亿元。公司以较低成本先后取得杭州银行11亿元、市工商银行9.52亿元的授信，为实施衢化棚改项目提供有力保障。获得斗潭危旧房改造项目贷款授信。区政府明确由柯城建投负责斗潭项目后续融资，经与多家银行对接，完成建行授信8亿元。争取中央及省财政专项资金。衢化文昌路二期改造工程、衢化文昌路一期改造工程、衢化南一道改造工程、斗潭危旧房改造、九华乡集镇集聚点（二期）、花港家园项目等获得各级补助资金21747.97万元，其中柯城建投20986.14万元，旧改公司761.83万元。利民公司取得各项财政补助收入1000万元，其中区补资金1000万元。借力融取低成本资金。柯城建投与市国资委、国资公司对接，争取纳入其发债项目。上半年取得市国资公司非公开债券资金1亿元（利率3.4%，期限5年）用于衢化片区城中村改造项目，4月底资金到位，增加衢化片区提升改造资金并降低成本。盘活资金增加收益。抓住当前有利窗口期，与税务主管部门联系，取得留抵税款退回2719.52万元，盘活资金、提高资金效率。同时，在区财政、住建和国资服务中心等部门支持下，代管老旧小区改造资金7127.4万元，对乡镇街道污水零直排等老旧小区改造项目资金统一把关，协税护税，增加资金收益。

【资产管理】 会同衢化街道开展衢化棚改安置房选房，选房源1496套、车位399个（其中衢化D级危房项目选房371套；文昌路二期项目选房142套；花园副7幢项目选房33套；衢化棚改项目选房940套，车位399个；安装小区项目10套）。谋划安置房资产处置变现，衢化、花港家园、斗潭安置房储藏间、车位评估价格提交区长办公会决策通过。利民城投杭长时代花园资产处置事宜，通过区长办公会决策，先行处置住宅21套，商铺54间及车库63个。时代花园9月18日拍卖成交1199.91万元，10月31日拍卖成交1102.7万元，合计2302.61万元。完成锦西家园安置房结算和人才公寓装修。为推进斗潭危旧房改造项目征收工作，根据《衢州市人民政府专题会议纪要》精神，柯城建投下属区旧改公司支付3671.44万元向市住房保障中心购买锦西家园多余公租房79套，作为斗潭项目拆迁安置用房。为配合区人才引进工作、营造良好人才引进氛围，与市住房保障中心、区委组织部、区住建局等部门沟通协调，将锦西家园95套公寓作为区人才公寓使用，通过招投标提供装修及家具，使用率65%。

（徐笑春）

绿创运动

【概　况】 2020年，衢州市绿创文旅体育发展有限公司为区政府直属全资国有企业，注册资金1.5亿元，下辖全资控股子公司衢州田园体育旅游发展有限公司。公司经营范围：经区政府授权范围内国有资产经营管理，对外投资、一级土地开发；户外运动策划、体育赛事组织策划服务；旅游景区开发、产业推广与营销策划；公共配套设施运营与管理、物业服务等。

【项目建设】 主体负责区灵鹫山国家森林运动小镇项目，为国家96个运动休闲特色小镇创建单位之一（浙江省3家），建设情况良好。是年，徐莫森林汽车穿越小道一期、二期项目，小镇配套设施提升项目——徐莫公共雕塑艺术品及3A厕所、千里岗森林营道项目均完工。忘忧田园萱草未来村、灵鹫山上山道路重大项目均启动建设。

【森林汽车穿越小道合作运营】 森林汽车穿越小道全长约30千米基本完工。边坡生态治理、植被复绿正在实施。项目最高海拔1125米，最低205米，落差920米。拥有山谷、泥地、草地和碎岩地等多种地形，具有超强挑战难度和极佳视觉观赏效果，被誉为中国“卢比肯”越野小道。与北京路虎小镇运营公司签订试运营合作协议，将现有赛道进行整体提升规划为初、中、高级赛道，增加赛道入口广场及接待中心，引入品牌越野车商入驻赛道，开展日常运营活动。新增初级赛道、接待中心均在建设中。

【小镇配套设施提升项目】 2020年，徐莫汽车越野文化公共艺术品工程、AAA旅游厕所及附属配套工程、众园景观提升工程、众园围墙提升工程、众园修缮工程、众园水系提升改造工程施工完成。生态停车场工程、小镇标识系统工程、森林穿越小道徐莫入口配套提升工程均在建设中。

【千里岗森林营道项目】 营道从柯城区灵鹫山至淳安县石林镇，总长100千米，主体路段位于灵鹫山国家森林运动小镇内，建设有森林徒步步道、乡村营地和户外营地灯。8条步道99.3千米施工建设完成，并举办2020年灵鹫山百公里越野赛。

【赛事组织】 2020年，相继举办2020灵鹫山·第二届全国森林极限运动会、2020灵鹫山百公里国际越野赛等重大赛事活动，获得《人民日报》、CCTV-5、CCTV-13等多家国家级媒体报道及关注点赞。百公里越野赛里持续爬升高度最高的越野赛事，吸引来自国内外近1000名跑友前来参赛。赛事设100千米、50千米、30千米、15千米、8千米五个组别，其中100千米和50千米设立双人及三人团队组。赛事于10月17—18日举办，作为国家森林运动小镇三大品牌赛事之一，成为国际越野跑协会（ITRA）和赛事认证体系（UTMB）认可的积分赛。2020灵鹫山全国森林极限运动会为极限运动与森林元素结合的大规模综合型极限赛事，属国内首创极限运动竞赛模式。赛事于11月28—29日举办，以“极限运动+全面参与”模式，缩短极限运动与大众距离，为全新“森系”赛事IP注入活力。

【小镇客厅众园】 全年接待学习、考察132场次。众园内水系提升工程、门厅修缮工程、低压线路改造工程、古井节点工程建设完成。

（郑余浩）

电　力

【概　况】 2020年，国网衢州供电公司柯城供电分公司（以下简称柯城供电分公司）作为柯城区供电服务机构，成为展示供电责任央企形象、书写柯城电力发展重器担当主阵地和主窗口，凝聚全员力量，聚焦建设四省边际中心城市“形态最好”“功能最强”“环境最优”三大实践，主动作为，持续发力抓实干，扛起柯城电力担当。是年，柯城供电分公司获区重大项目征收突出贡献集体和创建全国文明城市集体嘉奖，柯城供电分公司电力分中心被评为衢州市2020年度先进分中心、2019—2020年度衢州市青年文明号、标准化五星级供电所。

【安全生产】 2020年，明确安全生产责任，坚持制度管人管事，

图53　1月20日，衢州供电公司员工在水亭门历史文化街区宣传安全用电知识

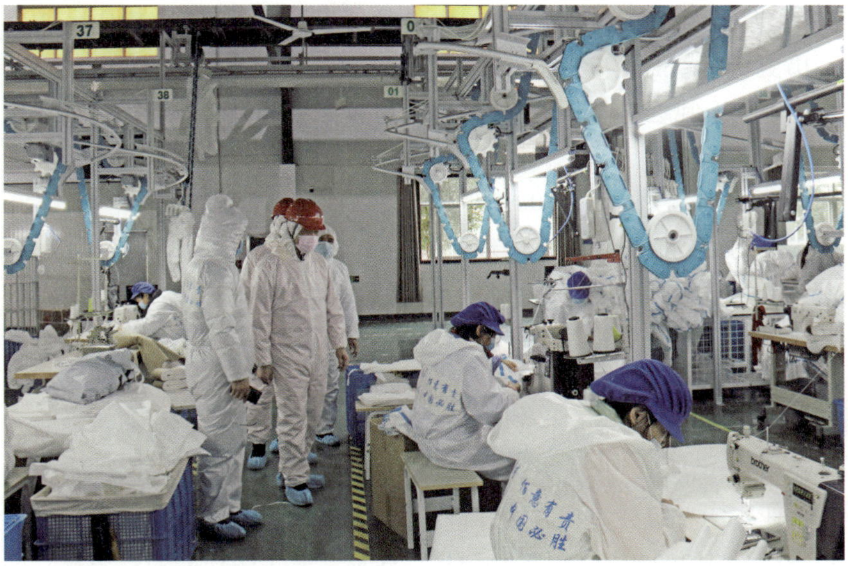

图 54　2 月 11 日，供电公司员工巡查浙江佰意智造服饰有限公司，助力企业生产防疫产品

建立健全分公司《安全稽查大队管理办法（试行）》等规章制度，规范监督考核，落实安全事故（事件）及违章经济处罚。健全全员安全责任体系，修订分公司安全责任清单，严格定责履责，完善履责监督，严肃督责问责。深化安全管控。成立安全稽查大队，做好计划执行管控、作业现场风险管控、疫情管控、违章管控，及时发现违章、纠正违章。编制双周报公示违章，防范重复性违章，全年现场督查 574 人次，查处违章 35 次，违章计分 65 分。组织安全学习和安全技能培训，全年组织员工安全技术等级培训、安全员、应急骨干人员等培训 111 人次，提升作业人员安全意识和安全技能水平。推进专业、层级常态化隐患排查治理，排查隐患 53 项，其中安全事件隐患 19 项、一般隐患 34 项，整改率 100%。

【电网建设】 响应政府需求，融入地方发展，提前谋划高铁新城、航埠工业园电网规划，贯彻“经济发展，电力先行”精神。配合城市建设，快速推进杭衢高铁、礼贤未来社区、浮石路、荷花一路等市政府重点工程线路迁改工作。开展“差异巡视、主动检修”，对照差异化运维指标体系，运用智能巡检 App、无人机巡线等新技术提升巡视效果。综合运用配电设备带电检测、带电绝缘清洗等技术治理措施，对高故障线路、异常设备、老旧线路开展线路主动检修。应对迎峰度夏、防汛防台、迎峰度冬等节点，治理辖区内线路重过载、主线频繁停电、配变重过载、配变频繁停电等问题，城网供电可靠率 99.98%，农网可靠率 99.95%。有序推进电网建设，全年配网建设改造项目 72 项，总投资 15485 万元，按里程碑计划完成全年建设改造任务。

【乡村振兴】 推进乡村振兴和示范区建设工作。完成农网建设项目 17 项，总投资 4632 万元。对辖区内农业排灌用户进行全面排查，核对现场实际用电情况，检查线路健康状况，消除安全隐患。推进“乡村振兴 · 电力先行”示范区建设，协同打造石梁供电所张西村、柯山供电所荆溪村示范区。

图 55　10 月 29 日，石梁镇双溪村张西自然村增容，服务乡村振兴

【优质服务创新】 创新“抢修式”低压业扩报装新模式，率先试点开展“抢修式”低压业扩报装新模式，创新内部协同机制，压缩办电时长，服务速度实现自我突破。该模式在柯城范围内全面推广，完成1500多户“抢修式”办电服务，平均办电时长压缩至3.52天。发挥精准反窃作用，完成31户，追补电量14.65万千瓦时，金额78.43万元。配合市场监督管理局转供电加价清理现场检查，推广转供电费码1753个，完成大型转供电主体全覆盖。

【扶贫结对工作】 与九华乡政府对接，确定帮扶结对上宅村低收入农户30户。全面了解帮扶对象家庭生活状况，经济收入来源，发放《柯城区低收入农户政策明白卡》，指导农户填写《结对帮扶记录卡》，为实现帮扶对象社会保障政策全覆盖、有劳动能力持续稳定增收奠定基础。启动配网项目绿色通道，争取低压台区改造资金，让村民用上“放心电”。

（周正欣）

供　水

【概　况】 2020年，衢州水业集团有限公司售水7291万吨（石头坪自来水厂6773万吨、衢化自来水厂518万吨），同比增长5.23%；处理污水3392万吨，同比增长12.04%；石头坪自来水厂日供水量超过25万吨达150多天，8月25日供水量达到30.17万吨，创下历史新高。衢化自来水厂日供水量超3万吨达61天，8月20日供水量达到3.54万吨，刷新历史纪录。出水综合合格率100%，出水水质均达到《城镇污水处理厂污染物排放标准》一级A标准。2020年，衢州水业集团有限公司新增智慧新城营业所，为智慧新城及周边姜家山乡等6个乡镇5.5万户用户提供高效供水服务。衢州水业集团有限公司和石头坪自来水厂分获2020年度市级“平安单位”称号。

【复工复产优惠政策】 落实疫情期间复工复产优惠政策，执行自来水价格临时下调10%优惠，减免2万余家企业用户水费429万元、污水处理费210万元，合计639万元。落实“欠费不断供”企业2320家。减免48处承租国有房产中小企业和个人3个月租金105.6万元。

【次氯酸钠改造】 2020年，启动石头坪自来水厂次氯酸钠改造，投资500万元，建设次氯酸钠自发生投加装置一套和备用成品氯酸钠卸料及存储装置一套，计划2021年6月底投入运行。

【自来水厂改造】 完成衢化自来水厂安防系统、加药系统和工艺管道改造。启动衢化自来水厂工艺改造和淤泥干化项目。

【污水处理厂扩建改造】 市污水处理厂扩建（三期）工程于11月23日开展通水试运行，完成市政府督办目标；衢州市污水处理厂一、二期提标改造工程于12月28日通水试运行。

【污水管网维护】 全年，清淤疏通污水管道166千米，修复更换污水检查井25座，修复凯胜路、人防路污水管道，解决启程路污水满溢和龙潭嘉苑小区污水管道堵塞问题。通过巨泰建材、豪龙建材、光大环保能源（衢州）处置污泥1.86万吨。

【拓展电子服务渠道】 推进网上办、掌上办进程，开发自来水网上营业厅，通过浙里办、支付宝、不动产平台三方受理各项自来水业务。推行水费电子发票业务，完善支付宝水业生活号功能，营业厅增设自助终端机，开具水费电子发票44547张。

【惠民服务落实】 落实城乡低保户水费减免优惠7957笔，46万元。开展上门服务15107次，免费为停水用户送水30次，劳动者港湾接待快递员、外卖员、环卫工人等户外劳动者2000人次，走进杜泽镇开展规范用水宣传，年度综合满意度99.38%。

【建立执法联动协作机制】 针对供水管道施工难题，与市综合行政执法局建立水务管理执法联动协作机制，水业集团负责日常巡查和受理投诉、举报，市综合行政执法局负责依法依职查处破坏城市供水设施等违法行为。至年底，双方开展水务联动现场执法取证 16 处，补交 9 处抢修及水损费用 49677 元。

【助力创文工作】 投入 130 万元对全市老旧水表箱等供水设施进行全面改造和维修。美化表箱盖 7000 块，更换改造水表箱 316 只，修理水表箱门 3891 只，粉刷水表箱 1037 只，更换 DN100 消火栓 17 座，安装消防栓防撞架 27 座。配合创文工作，为环卫、园林、社区免费提供清洁用水 178 万吨。

（李宏伟）

柯城电信

【概　况】 2020年，中国电信股份有限公司衢州电信柯城分公司（以下简称柯城电信）坚持党建统领，深化变革创新，聚焦区数字化经济发展战略，做大信息化经济规模，勇当数字化改革主力军。全年电信业务收入1.43亿元，固定电话用户7万户，移动电话用户数20.25万户，互联网宽带接入用户数10.1万户。获评中国电信浙江公司省级“示范党支部”、优秀“一支部一品牌”荣誉。

【疫情防控】 在新冠肺炎疫情防控中，勇当央企责任，确保“两手硬、两战赢”。在区委、区政府及市电信公司指导下，落实应急通信保障、快速接应落实疫情监控安装保障工作。出动5000余人次，开通疫情监控1000多个。成立疫情保通信攻坚小分队，抽调121人组成小组，由支局长任小组长，党员干部全体参与，深入街道社区服务一线通信保障和疫情防控值守工作。支撑“停课不停学”，为全区中小学生开发朗课堂、IPTV共享课堂、翼学云名师优课。保障企业复工复产，推出“96666”热线，为中小企业免费提供“云会议”“云办公”服务。抓好企业自身疫情防控。做好工作场所疫情防控，落实“一人一表”登记，采购防疫用品保障全员防护需求，关怀12类特定人群100余人，发放一线重点人员慰问金。

【助小区破治理难题】 顺应“全面贯彻市域社会治理现代化部署”趋势，以“建设更高水平的平安衢州，织密大防控体系”为契机，在省、市电信公司支持下，主动对接区委、区政府，联动街道乡镇，打造社会治安防控系统平台，加大智慧小区建设投资力度，全年建成交付智慧社区20个。智慧小区平台数据无缝对接公安综治基础数据，实现“一采多用、一投多能”，解决小区精细化管理，为政府节约投入成本，提供网格员巡更、“五色”人员管理个性化需求定制服务，以“人防+技防”手段，减轻基层治理压力，提升工作效率，促进群众安全感和满意度提升。

【客户服务】 柯城电信实施客户领先三年计划，2020年确定为“服务能力提升年”，建立“客户说了算”服务评价体系。出台全员服务积分制度，推出“卓越服务”五项承诺（“全面上线、即办即用”“商企需求、上门办理”“宽带装维准时透明”“客户网络、专业优化”“省内移机、宽带随行”），打造服务差异化优势。开展移动、宽带网络质量“双提升”行动，针对低速率家庭宽带免费提速至百兆，中小企业宽带平均单价下降41.8%。推进骚扰电话整治，健全“发现—核查—处置”快速响应机制，推广“天翼防骚扰”服务，提升骚扰电话识别和拦截能力。

【助力老年人使用智能手机】 每周营业厅开展幸福学堂活动，全年100场，为3000多名城乡老年人进行智能化适老服务，让他们轻松搭上“智能手机数字快车”。服务内容涉及手机常用基础功能、常用网络软件使用、二维码收付款、网络诈骗。

【网信安全】 组织学习“防范通信网络诈骗讲座”，解读《中华人民共和国刑法》《中华人民共和国网络安全法》相关法律要求，剖析网络犯罪相关案件，树立全员合规意识，承担中国电信社会公民之责任。主动融入区委、区政府防诈中心工作，全年与公安、街道社区开展现场防诈宣传32场，投放防诈短信60余万条，主动防护并协助拦截网络攻击1200余次。

（占丽娟）

柯城移动

【概　况】 2020年，中国移动通信集团浙江有限公司柯城分公司（以下简称柯城移动）深入贯彻习近平新时代中国特色社会主义思想，中共十九大、十九届五中全会精神。深化创世界一流大厦，树立“发展优先、转型创先”理念。围绕中心、服务大局，做网络强国、数字中国、智慧社会建设主力军，为打造营商环境、基层治理最优城市，建设“衢州有礼，运动柯城”贡献力量。至年底，移动通话用户42万户，宽带用户14万户。

【业务提升】 全面启动5G建设，实现主城区和工业园区5G信号全覆盖。完成新新街道、府山街道、信安街道等7个街道小区线路整治和家宽带盒子美化工作，获市政府点赞。完成市人民医院等12个指定点位视联网疫情保障会议系统的开通，全年完成400余次视联网会议保障。配合柯城区委、区政府完成衢州首次利用互联网进行“屏对屏”云招商签约活动，这是疫情防控形势下，全市开展“不见面”招商取得的首个成果，更是柯城主动融入长三角一体化深化柯城余杭山海协作，抢抓发展机遇取得的阶段性成果。在防疫、复工复产、创文明城市、防诈骗、防汛提醒等专项工作中，短信精准发送通知300余万条。

（俞　斌）

衢州联通

【概　况】 2020年，中国联合网络通信有限公司衢州市分公司（以下简称衢州联通）围绕深化创新理念、加快互联网转型升级步伐，强化主体意识释放活力，各项工作成效明显。至年末，衢州联通移动网用户43.81万户，互联网宽带用户6.5万户，实现主营业务收入2.10亿元。

【网络建设】 提升网络支撑水平，优化客户服务和保障能力，加快4G、5G网络建设。投资4832.63万元，新建5G站点93个，室分点位19个；4G站点29个，室分站点23个，开通4G搬迁站点10个。推进与电信4G/5G网络共建共享，共建5G网站309个，室分45个，实现市区、县城覆盖，普通县城热点覆盖，开放给电信共享4G小区330个，共享电信小区155个，网络覆盖提升，用户感知提升。

【疫情防控】 疫情期间，成立工作领导小组。为确保疫情期间网络通信安全，安排专业及骨干人员24小时值班，密切监控医院等重点场所网络运行情况。为解决医护人员通信后顾之忧，为市人民医院、市中医院2600余名医护人员做不停机服务。发挥联通大数据分析能力，对武汉流入衢州区县人数进行统计，提供卫健委参考，为疫情防控提供数字化支撑服务。“房参谋”疫区隔离监测系统有效助力社区疫情防控。恢复生产经营同时兼顾做好结对社区疫情防控工作，组织834人次帮扶五环社区疫情防控工作。

【5G战略合作】 5月25日，浙江联通与巨化集团有限公司签署5G战略合作框架协议，浙江联通党委书记、总经理胡行正，市委常委、巨化集团党委书记、董事长胡仲明出席签约仪式。通过战略合作，围绕“相互赋能、共同扩展、联合创新”目标，联合开展5G网络建设总体规划和改造、联合提升网络安全防护能力、联合打造5G＋工业互联网示范园区。

图 56　5 月 25 日，浙江联通与巨化集团有限公司签署 5G 战略合作框架协议

在浙江联通领导下，紧抓“新基建”机遇，发挥 5G 工业互联网领域技术优势，借助巨化集团在行业领域示范效应，共同推进 5G＋工业互联网再上新台阶。

【首个SA独立组网方式 5G站点】 5 月 29 日，开通衢江联通大楼 SA5G 共享商用站点，标志着开通衢州地区首个 SA 独立组网方式 5G 站点。与 NSA 比较，SA 组网建设更容易，建设益处更大。SA 不需要考虑比较复杂锚点方案，其组网建设相对来说更容易，建设、维护、优化难度更小。SA 架构上行大宽带、双向低时延优势明显，且 SA 架构对网络切片、超级上行等技术部署有益，所以 SA 架构既能给 2C 业务带来更好用户体验，满足不同业务不同网络需求。从现场实测数据看，用户在该网络下能够享受到 1257Mbps 下行速度和 112Mbps 上行速度，PING 值最低 11ms，丢包率 0，速度是 5G 网络较高水平。

【PSTN 退网下电】 6 月 10 日凌晨，完成衢州 PSTN 网 LS 局下电工作，在全省范围内领先完成退网，LS 局退出历史舞台。LS 局下电前一周，网络部人员对所有承载 FO2 接入设备和模块局汇聚设备业务进行关闭，观察所有固话业务是否割接完毕；加班加点修改客户端数据，完成军分区、机场和气象站 3 条语音中继线割接，调整至 IMS 设备下带；对关口局向 LS 局迂回字冠路由进行调整，完成 25 条号段原走向 LS 局的 NGN 用户调整，修改综合关口局数据直接走向 NGN 局；依托 LS 局开通无限公话及散话业务进行割接，割接工作完成。在部门紧密配合下，完成 PSTN 网的网下电工作，退网机房 166 个，光改固话 6905 门，宽带 5885 条，退网各类 PSTN 网络设备 292 架，推进网络升级和节能降耗目标。

【助力市妇保院 5G 智慧医院建设】 7 月 7 日，市妇幼保健院举行新院区落成启用仪式，联手衢州联通，借助联通在 5G、大数据、物联网、人工智能、云计算领域技术优势，让优质医疗服务触手可及，给医护人员和到院就诊患者带来全新医疗科技体验。5G 智慧医疗是“5G 新基建”在医疗健康领域应用成果，通过运用 5G 前沿技术，对现有医疗设施及技术

图 57　5 月 29 日，衢州联通开通衢州地区首个 SA 独立组网方式 5G 站

图 58　7 月 7 日，5G 智能机器人亮相衢州市妇幼保健院

进行迭代升级。基于 5G 网络在市新妇保院布置 5G 安防巡检、导诊机器人、VR 探视系统、5G 一体化导航等 5G 智慧医疗应用，展示医疗信息化发展成果。利用“5G+互联网”，为到医院服务对象提供精准院内导航，是医院“最多跑一次”改革成果。

【“五水共治”通信保障】 9 月 4 日，杭州亚运会倒计时二周年——“绿水青山大联动”暨“有礼衢州公众护水活动”在区信安湖畔举行，市本级、柯城区及相关部门领导共同启动“衢州公众护水平台”。衢州联通作为此次活动独家 5G 网络提供商，为“智慧河长”——“清道夫”无人船智慧巡河及衢州广电现场视频传播提供 5G 网络支撑。为确保活动顺利开展，提前对活动现场进行详细 DT 测试，通过优化调整确保活动周边 5G 信号覆盖良好，配合衢州广电对现场视频传播进行调试。活动现场，“智慧河长”——“清道夫”无人船智慧巡航顺利完成，衢州广电现场直播视频传播实时顺畅。

【助力衢宁铁路“云上签约”】 9 月 27 日上午，衢宁铁路开通暨“衢州有礼”1433 号旅游专列首发仪式在衢州火车站举行，上海铁路局、省发改委、市直部门领导、铁路沿线县乡领导、建设方代表、先进工作者代表和城市品牌代言人代表出席。此次专列首发合作签约创新采用“云签约”模式。自 9 月 24 日接到直播需求，衢州联通多条线联动，紧急调集保障力量，开展网络和系统搭建，两天时间顺利开通直播专线、5G 信号覆盖，部署专用机位，实现云视频系统提前上线。在宁德联通全力配合下，两地协同，快速完成两个会场联调联试，为线上签约提供保障。会议过程中，双方视频对传无卡帧，远近景画面切换流畅、音频传输清晰，全程保持稳定，得到与会领导认可。

【率先完成全省 4G 共建共享工作】 10 月 31 日，当最后一个 4G 站点共享数据下发，标志衢州联通在全省范围内率先完成 2020 年度 4G 共建共享工作目标。7 月，与衢州电信根据“质量可控、切实可用”原则开展 4G 共建共享工作。双方联合规划，确定衢州联通开通 59 站 155 个小区给电信使

图 59　9 月 27 日，衢州联通“5G ＋云视频”助力衢宁铁路“云上签约”

用，衢州电信开通104站330个小区给联通使用。规划开放4G共享站点在地理上形成站址连片，共享后对现网影响较小，同时站点符合市场需求并能有效提升用户感知。历时3个月，在双方网络部及5G共建共享工作组共同努力下，提前1个月完成全年4G共建共享工作目标。共享开通完成后，全市4G网络MR良好覆盖率从94.12%提升至94.52%。与新建同数量基站相比，4G基站共建共享工作节约一次性建设成本750万元，每年节省运维成本220万元。

【首次选派干部援疆工作】 10月，衢州联通网络部姜蕾被选派为浙江联通第二批援疆专业技术人员，是衢州联通创办以来首位援疆专业人才。11月13日，举办首届援疆干部欢送会，公司党委书记、总经理上官鹰，分管网络条线党委委员、副总经理陈旭嵘及网络部相关人员参加欢送会议。姜蕾，1986年11月出生，本科学历，是衢州联通技术专业“85后”年轻人才。此次援疆工作交流为期一年，主要是支援新疆阿克苏地区网络建设的客户响应、工程建设工作。

（季志航）

自然资源和规划

【概　况】 2020年，衢州市自然资源和规划局柯城分局（以下简称柯城资规分局）紧扣市委“1433”战略体系、市局“1366”工程，以忠实践行“八八战略”、奋力打造“重要窗口”为主线，顺应新常态，抢抓新机遇，争创新亮点，深入推进“1255”工程，打造党建新品牌、建设资规新队伍、聚焦资规新体系、聚力资规新改革，保障全区经济社会发展和自然资源规划事业迈上新台阶。是年，柯城资规分局获柯城区2019年度大花园建设突出贡献奖、全域土地综合整治与生态修复突出贡献集体、招商引资工作贡献集体、“古城双修”征收项目集体三等功、其他重点工作集体三等功、经济发展目标综合考核先进单位。

【机构改革】 3月18日，根据市编办文件，衢州市柯城征地事务中心、衢州市柯城土地开发整理中心、衢州市柯城地质环境监测站、衢州市柯城村镇规划管理所整合组建衢州市柯城国土整治和征收中心；衢州市柯城乡镇国土所更名为衢州市柯城自然资源所；衢州市柯城村镇规划建设设计室（衢州市测绘院柯城分院）更名为衢州市国土空间规划设计研究院柯城分院。选拔任用中层干部12名。公开招录公务员2名，聘用人员2名，局机关干部下沉乡镇资规所6名。

【疫情防控】 年初，新冠肺炎疫情发生，全体干部职工参与坊门街社区、城站社区、府山社区新冠肺炎疫情防控工作，开展“包区清楼”行动，执守小区卡点7个，包干28幢楼出入口卡点任务。

【文明城市创建】 派遣志愿者参与坊门街、城站、府山3个社区文明城市创建工作，包干主城区3个社区17个网格。社区志愿服务达1800人次。

【结对帮扶困难群众】 43名党员干部分别结对帮扶九华5个村110户困难群众，建立一户一册档案，帮助解决到位扶贫资金5.5万元。

【用地保障】 全年，完成农转用地报批191.87公顷（含单选），其中城市批次97.87公顷，同比增长154%。重点保障杭衢高铁、航埠三问、金沃精工、本码、南核、杰丰市、区重点项目及区公共卫生服务中心、区高级技工学校等6个国债专项债项目用地。完成土地供应105宗，供地面积473.88公顷（含单选341.92公顷），其中完成区城市批次项目供地131.96公顷（不含单选），同比增长65%。加大房地产用地供给，全年获得土地出让收金23.6亿元，同比增长81.5%。开展“十类地”专项整治，全年实施低效用地再开发27.47公顷，任务完成率206%，盘活存量建设用地38.73公顷，任务完成率116%。全面完成第三次国土调查时点更新，通过自然资源部督查上海局对全区“三调”成果核查、抽查。

【国土空间规划】 完成生态保护红线评估调整方案，通过自然资源厅和自然资源部初步审查；同时启动生态保护红线勘界定标前期工作；按“1 ＋ 3”模式，即“石梁、九华和七里片区+航埠、沟溪和华墅”空间模式开展乡镇国土空间规划试点工作完成初步方案。完成九华、万田片14个村全域土地综合整治村庄规划；开展九华上宅村和石梁中央方5村“多规合一”村庄规划；启动20户以下自然村、农居点村庄现状和规划建设“一张图”编制工作；完成航埠集镇概念规划、上洋专业市场拓展空间概念规划、万田集镇片区详细规划设计重要区域研究工作。

【地质灾害治理】 完成九华大侯村地质灾害避让拆迁安置点整体方案规划，全面完成搬迁协议签订、安置点地块农转用工作。创新谋划九华山区流域地质灾害柔性治理工程，取得省自然资源厅支持并申报国家级地质灾害综合治理试点工程。

【农村不动产登记】 “县乡一体、条抓块统”改革，农村不动产登记事项向乡镇下沉，以石梁镇为试点，实现农村不动产事项通过数字流转，村民在乡镇可即时领证。全年完成登记发证17634本，完成2.3万本。

【“最多跑一次”改革】 不动产登记窗口推出延时、预约、上门、容缺便民暖心服务，全年60分钟办结业务2万余宗，延时服务30余次，预约服务20余次，上门服务20余次，容缺受理30余次。4月上线企业“一件事”。

【自然资源领域执法】 立案查处违法用地案件8起，涉案面积8万平方米。开展“一支队伍管执法”改革，梳理上报37项可下沉乡镇执法事项，航埠镇作为试点，将资源规划所人员并入航埠队伍建设。开展农村乱占耕地建房问题摸排，摸排全区疑似图斑8511宗，完成外业核查3195宗。全年依申请公开包含省厅及上级部门交办20件，行政复议2件，受理网上信访登记118件，按时按要求100%答复。组织开展“4 · 22”地球日、“6 · 25”土地日宣传活动，发放法规政策宣传单页千余份。

【全域土地综合整治】 6月29日，区召开全域土地综合整治工作推进大会，会上强调全域土地综合整治工作是加快柯城高质量发展“发动机”，是推进党建治理大花园建设“牛鼻子”。全区重点围绕土地整治“大干快干”抓项目，完成全域土地综合整治任务，全年完成项目测绘1466.67公顷，项目设计91个，项目立项开工建设89个，搬迁坟墓4756穴，土地方工程量757.52万立方米，浇筑渠道16.88万米，砌坎26.99万米，修建道路7580公顷，土地整治面积1333.33公顷，新增耕地1113.33公顷，占全市全年新增耕地量50%以上。年内，万田乡全域土地综合整治与生态修复工程获评全省第2名，被自然资源部认定列入国家试点项目，万田乡万田村、万田乡上蒋村、九华乡九华村、九华乡沐一村4个省试点项目通过验收。

（刘丰恺）

土地储备

【概　况】 根据区委编委会文件精神，2020年8月31日，区土地储备中心主管单位从区财政局调整为区国有资产管理服务中心，是所属公益一类事业单位，机构规格相当于股级。中心主要工作是依据有关法律法规规定，将需盘活的存量土地依法收回、收购、置换后予以储备，或者将新征用的增量土地予以储备，并根据土地利用总体规划、城市规划、乡镇规划和土地市场要求，制订收购储备计划；适时收购储备土地，经营管理纳入储备范围的土地；做好储备土地前期开发出让准备工作；筹集土地收购、储备和运作资金。

【土地收储】 2020年，完成原万田乡卫生院地块收储，收储面积0.53公顷，收购补偿价82.38万元；完成原姜家山便民服务中心地块收储，收储面积0.18公顷；完成航埠低碳小镇安置用房部分地块收储，收储面积6.378公顷；完成原沟溪乡中心幼儿园地块收储，收储面积0.196公顷，收购补偿价30.28万元；完成九华乡灵鹫寺地块收储，面积 0.306 公顷；完成斗潭东、西区收储，收储面积合计 10.957 公顷，收购补偿价 9861.75 万元；完成航埠镇万川村部分地块收储，收储面积 3.53 公顷；完成航埠镇原高居家私地块收储，收储面积 1.67 公顷，收购补偿价 1652.09 万元；完成七里乡原仙鹤水业地块收储，面积 0.136 公顷，收购补偿价 40.71 万元；完成柯城人民医院部分地块收储，面积 0.604 公顷；完成航埠镇原佳豪天然气地块收储，面积 1.334 公顷，收购补偿价 420.78 万元；完成绕城南线加油站地块收储，面积 0.232 公顷，收购补偿价 90.6 万元；完成和睦新村部分地块收储，面积合计 1.781 公顷，收购补偿价 765.1 万元。全年，完成收储面积 27.838 公顷，支付收储款 12943.69 万元。

【土地出让】 年内，出让原航埠中学地块面积 23653 平方米，出让价格 1419.18 万元；出让原通城加油站地块面积 3604 平方米，出让价格 4290 万元 ；出让斗潭东、西区地块面积 109575 平方米，出让价格 23540 万元；出让和睦新村地块面积 43329 平方米，出让价格 39650 万元；出让原荞麦坞小学地块面积 4638 平方米，出让价格 709 万元；出让原七里仙鹤水叶地块面积 1357 平方米，出让价格 72 万元。全年出让地块面积 186156 平方米，获得土地出让资金 69680.18 万元。

（李萍娟）

住房和城乡建设

【概　况】 2020 年，区住建局全面贯彻落实区委、区政府决策部署，坚持“一体化”不动摇，按市委、市政府“三个年”，区委、区政府“六抓六比·八大竞赛”专项工作要求；以“八个一”文明有礼、高水平全面小康（大花园建设）、争先创优、重大项目推进、树正气打歪风和拔钉清障、安全稳定、改革创新、机关党建效能等“八大战役”为抓手，书写城乡建设管理服务新篇章。

【疫情防控】 实行建筑工地、环卫“三治”、房物管、市政公用、包干网格、内控保障 6 大专项防控。全年不间断巡查工地 600 余次，帮助北京建工等建筑企业管理人员 30 余名落实隔离场所 40 间，疫情期间无人感染；建立废弃口罩回收网，设置废弃口罩投放点 294 个、居家医学观察人员生活垃圾投放点 164 个，配备收运车辆 18 辆、收运人员 21 人；对全区 103 个物业小区日间督查 17 次、夜间督查 8 次，签订《疫情防控承诺书》107 份，418 部电梯 100%消杀毒到位；安排工作人员包区清楼，轮岗卡口值守 7 人，上门及电话查访人员情况 719 户。疫情期间提出实行“口罩兑换制”防止废弃口罩乱扔、加强污水安全处理防范新冠病毒“粪口传播”可能性等工作建议，获省政府办公室和市政府办公室采纳。做到疫情常态化，在落实各项防控措施基础上，重点制定《物业服务企业疫情防控考核实施办法》，在衢州市范围内物业服务企业防疫补助资金发放率先完成，总计 131.3 万元。

【创文迎检工作】 城区生活垃圾分类覆盖面达 90%，完成省级高标准示范小区建设 19 个。开展专项巡查 675 次，全年检查物管小区 5200 个，开具督办单 1823 份，发布物业管理“红黑榜”8 期，发放街道创文补助资金 393 万元，奖励优秀物业企业 70.5 万元，优秀管理员 6 万元。创文期间结合“红色物业联盟”“邻礼通”智治平台，全区物业费平均收缴率从 70%提升至 86%；按要求抓好扬尘污染综合治理；双港碧桂园西溪宸府项目标化工地创建完成，申报 9 个市建筑安全文明施工标化工地参评。三年“创文”期间，完成道路硬化 15 万平方米、绿化提升 8 万平方米，新增停车位 9648 个、路灯 500 余盏，修缮楼道灯 3000 余盏，安装充电桩 336 个、充电接口 8771 个、消防设施 20326 个、健身器材 506 处、车辆识别系统约 50 套。

【有礼指数提升】 完成住建大楼“八个一”宣传标语布展并督促执行，倡导见面时行“作揖礼”及办公场所内禁烟工作。督促物业服务企业全面落实“八个一”有礼行动，开展物业小区门岗保安“行作揖礼”专项检查 45 次。

提倡“公筷公勺”，牵头做好小区和单位“拆墙透绿”工作。列入计划的区营商办、区行政中心13号楼、区住建局均完成；荷花小区“拆墙透绿”拆除围墙1162米，后期改造工作结合老旧小区改造项目一同施工，计划2021年2月10日前完工。

【结对帮扶攻坚脱贫】 至年底，全区改造农村困难家庭C、D级危房390户（C级368户、D级22户；无房户8户，其中新建7户、租用1户），并录入浙江省农房信息系统；一般家庭疑似危房上报1089户，经鉴定危房504户，其中C级481户、D级23户，D级危房和影响公共安全的C级危房按“1+6”原则实行动态治理；分批下发区级配套资金455.13万元，危房鉴定配套资金57.6万元。农村危旧房改造过程中，柯城区在全市率先出台禁建、限建村危房“三原政策”；石梁镇白云村结合农房拆后利用，实行危房连片拆迁，为区无危房村创建提供经验；万田乡万田村对危旧房逐户分析研判，精准识别违章建筑和一户多宅，进行分类处置，整治拆除全村危旧房及违章建筑；沟溪乡、双港街道建立危房治理改造责任清单“挂图作战”工作模式。37名干部结对航埠镇何双蓬村、莫家村、三十六亩村、新山村低收入农户152户，全部走访慰问到位。累计电话沟通456次，实际走访708次，按每村3万元的原则合计补助资金12万元。总结推广“五个一”工作经验（一表、一图、一牌、一方案、一档案），将结对帮扶和农村危房改造紧密结合，图标牌注，清单管理，便于监督和管理。

【城市大花园建设】《柯城区老旧住宅小区改造三年行动计划实施方案（2020—2022年）》编制完成。污水零直排改造项目完成任务121个，完成率100%，其中信安、衢化、花园街道全域完成；改造和综合提升项目涉及街道4个、小区17个，其中衢化、信安、府山3个街道9个小区年底前完成；荷花街道8个小区计划2021年2月11日前完成。荷花小区改造作为浙江省典型案例刊发于住建部主办的《城乡建设》书刊中；加装电梯试点任务10部全部完成，发放《衢州市区既有住宅加装电梯指导手册》1000份，拟定《柯城区既有住宅加装电梯实施方案》并上报；二次供水项目，9个小区二次供水设备均进场施工；安全隐患改造，32个智防小区改造任务完成5个；物业小区道闸改造完成全区103个物业小区机械化道闸改智能化道闸。配合区治水办有序开展“五水共治”工作。抓节水，4个省级节水型小区创建完成；治污水，新建和改造污水管网8千米，排查8千米，167个农村生活污水处理设施标准化运维建设完成；排涝水，新建雨水管网5千米，提标改造管网5千米，雨污分流改造管网10千米，清淤排水管网160千米，新增应急设备0.03万立方米/小时；保供水，配合水利部门新建改造供水管网10千米，通过“小区零直排”改造及“五水共治”工作，为柯城区夺得大禹鼎打下坚实基础。第二轮中央环保督察涉及住建局的信访件主办4件，协办1件，均答复完毕，并落实整改措施，定期开展“回头看”。

【乡村大花园建设】 以“一县一计划、一镇一方案”为原则，制定《美丽城镇规划方案》，七里乡、航埠镇省级样板镇，沟溪乡市级样板镇创建现场验收任务完成。11月底，列入样板创建乡镇的65个项目全部开工，完成投资额5.69亿元，投资进度97.05%，3个参加考核的样板乡镇均完成现场检查；8月底，完成2018年度九华新宅村、源口村美丽宜居示范村预验收工作，并做好迎接省厅验收准备工作；完成万田乡万田村、沟溪乡五十都村、航埠镇新山村规划编制，督促九华乡坞口村开展项目实施；9月，联合财政核发专项费用668.2万元。传统村落申报，省级传统村落规划编制任务数10个，全部完成规划编制并提交省厅迎接考核；联合财政核发将军叶村、坞口村、余东村等3个省厅配套规划编制费用的村庄60万元；同步推进航埠镇北二村（国家级）、沟溪乡五十都村（省级）传统村落风貌保护提升工程。

【复工复产】 为企业提供防疫物

资，帮助企业和项目落实口罩8000个，消毒水735公斤，向房开企业运输口罩1250只，发放疫情防控宣传手册1000余册，配发废弃口罩收集专用垃圾桶130个并落实专人专车清运，22个项目现场安装摄像头67个，发动企业捐赠口罩1440只，消毒液1150千克，为企业项目复工复产打下坚实基础；创新模式有序复工。通过“各负其责+精准服务”“承诺告知+负面清单”“线上+线下采集信息”“部门＋第三方”“人防＋智控”模式和企业—项目部—工人“三步走”方案，精准、快速推动复工复产工作。组成复工联络小组13个，累计摸排全区67个在建工地4900余名工人信息。金宏建设公司承建的“实打实衢州智能制造服务平台项目”于2月12日通过现场审查，2月13日正式复工，成为衢州市域内第一个复工的建筑工地。

【经济高分报表】 联合区统计局指导区属建筑业企业通过联网直报平台上报第四季度建筑业产值数据，全年完成建筑业省内产值64.92亿元，同比增长10.1%，顶住了上半年疫情的冲击，完成“全年省内产值上涨1.5%”的目标。全年，商品房销售面积12.02万平方米，同比增长39.94%，总投资额为49.42亿元。城乡污水处理水平，均完成或超标完成城市污水处理率95%，农村生活污水处理建制村覆盖率90%，农村生活污水处理建制村达标率75%的目标；区城乡生活垃圾分类处理率为86.5%，完成是年率省级83%的指标。绿道建设指标任务13千米，全部完成。完成区中医院建设项目（一期）2项指标，另有3项办理节能审查尚未办理施工许可储备；服务市、区大局，完成全年指数不突破5.0指数要求。

【项目谋划和招引】 继续推进建筑产业园项目谋划。被纳入全区四大产业平台之一，委托省建科院对项目方案进一步深化；加强与区发改、资规等部门对接，加快项目立项、初设、供地等手续的办理，争取2021年9月底前开工建设。加快万川建筑垃圾资源化处置项目推进。同步开展存量处置和固定式厂房项目建设。谋划双西港片区基础设施提升改造项目，10月16日，全区重大项目谋划“擂台赛”决赛中获一等奖。

【项目资金争取】 全年，争取到中央财政城镇保障性安居工程补助资金和省城镇保障性安居工程专项资金、补助资金958.61万元、老旧小区资金4480.56万元；污水零直排改造项目一般债券9500万元。

【项目征迁安置】 杭衢高铁（柯城段）项目征迁，作为衢州段全线里程最长、征地、拆迁体量最大的项目，区住建局负责联系万田片房屋征迁，6月29日，147户农户全部签约，属全区第二个百分百完成签约项目。配套做好安置房建设，火车站片区棚改安置房项目、衢化棚改安置房项目、斗潭片区危旧房改造项目基本完工；高铁新城棚改安置房项目主体结顶；杭衢高铁安置房建设项目中华墅柴家自建安置点进场施工，航埠金万、枧头、长泽街自建安置点完成政策处理和“三通一平”。统一代建安置点土地招、拍、挂均完成，安置房源基本落实。

【项目审批服务】 利用3.0版企业投资项目在线审批监管平台，实现人防、消防、施工许可“多审合一”；配合区发改局开展企业投资低风险小型项目审批“最多20个工作日”改革和施工图审查改革试点；全年，区住建局窗口受理并办结行政审批和便民服务事项4790件，按期办结率100%，其中即办件4591件，即办率95.85%，群众满意率100%。进行建筑业企业资质承诺制审批试点，按“事前告知、书面承诺、审批服务、事后监管”原则，建筑企业通过承诺制申报115项资质50家，核实企业25家。通过“政企通”平台受理、审核2019年度建筑业扶持政策兑现工作，9家企业获扶持奖励资金42万元。

【项目监管创新】 区范围内报建工程大幅度增长，受监项目97个，面积约350万平方米，在强化联动监管、智慧监管和差异化监管（“三色”管理）的同时推行第三方参与监管新模式，引入衢州市特种设备检测中心对8个项目、59

台起重设备进行检测，"第三方"机构监管未发现问题的，检测费用由部门买单；发现比较严重问题或问题整改不及时的，则由企业买单；以浙江省在衢州市开展政府购买监理巡查服务试点为契机，探索独立的监理团队参与工程建设全过程监管新模式。石梁镇城西危旧房治理改造安置点项目一期工程获2020年"钱江杯"省建设工程最高奖项，是全市唯一获农房"钱江杯"的项目。

【依法治理化解"两难"问题】 针对"疑难杂症""急难险重"问题，加强与区信访局等部门对接。牵头办结"两难"钉钉问题3件，协助办理20件，办结15件，办结率75%。继续推进剩余协办件处理，确保高质高效全化解。重点做好"衢化街道官碓村村民童某在人民网给省委书记车俊留言，反映其房屋拆除后一直未安置到位，2018年其反映后当地政府承诺安置，但至今无果，提出'要求签订正式安置协议或自行修建'"等事宜。7月23日，邀请律师到场，童某在《息诉罢访承诺书》上签名，保持与童某户主的沟通联系，第一时间掌握有关信息，依法治理化解"两难"问题。

【安全生产常抓不懈】 统筹抓好工地安全、防汛安全、房屋使用安全、消防安全、燃气安全、防空防灾等工作。全年，检查工地安全项目257个，发现安全隐患954项，签发隐患整改通知书257份。在主城区及周边项目组建联合防汛应急队4个、45人，落实挖机等大型设备20余台，铲子等小型设备100余件，检查建筑工地、城乡危旧房、物业小区、人防市政设施防汛防涝36次，在各微信群中发布汛期预警信息180余次，累计腾空房屋962户，转移1207人次。房屋安全管理通过"建筑工程健康监测预警系统"加强城镇危旧房动态监测，排查城镇危房居住人员6783人、农村困难家庭危旧房458人，并通过安全码展开动态监测全覆盖，与防空防灾工作相结合，统筹推进疏散地域、疏散基地和疏散点建设。厘清燃气安全相关职能部门职责边界，会同市住建局、衢州新能源公司等部门做好衢化街道"三供一业"移交中涉及燃气安全改造工作。根据区应急局、消防救援大队对部分小区消防救援演练发现的问题举一反三，完成59个项目消防验收或备案（不含未抽中项目），发现隐患130余处，并督促整改到位。

【信访工作】 及时跟进欧景苑、忠烈庙、荷花东区、荷一路改造范围等处群众信访需求，及时解决相关问题，不能解决的做好解释说明工作。至年底，受理各类投诉582件，其中协调及答复446件（"12345"热线357件、网上信访34件、领导信箱8件、网信办47件），回访核实136件。春节前后主抓"根治欠薪"，接待到访民工200余人，解决工资纠纷10余起，帮助所有民工按时收到足额工资。

【工地监管智慧化】 针对"智慧工地"系统考核工地实名制管理、关键岗位人员考勤、起重设备运行等情况，实行工地智慧管理，同步推进"5+X"项目监管，特别是对杭衢高铁新建安置房和续建的几个安置房项目定期通报进度，截至11月，接入智慧工地系统20个项目，年底前预计20个试点接入全部完成。

【房地产市场监管创新】 联合区资规、综合执法和市场监管等部门制定《关于建立柯城区房地产项目联合监管服务机制的通知》，建立"4+X"（X为房开企业项目的图纸审查单位）联合监管机制，实现房地产项目的开发前、中、后监管全覆盖。前期建立联合服务制度、联合设计会审制度，中期建立全过程联合检查制度（含建设过程节点检查、预售阶段检查、宣传及合同检查），验收、交付环节建立纠纷调解联合机制，后期加强交付后的装修管理。实行常态化联合监管服务，房地产市场监管机制创新，企业员工反响良好。

【物业管理职能下沉】 稳步推进物业管理职能下沉，8—11月，与荷花街道、白云街道签约，有效解决行业主管部门管得着、看不见等问题，方便群众办事。落实考评和约束机制，9月25日，出台《柯城区物业服务企业监督考核办法》，构建居民+社区+监管部门考核体系，并实现对城区物业服务企业“一月一通报一排名”，截至12月，通报4期。探索优化物业小区考核约束机制，实行“淘汰制”，实现物管小区良性循环。推进老旧小区物业管理服务改革，与区建投合作，在新荷社区试点，在无物管小区推行“国资＋社区”管理模式。

【机构改革职能运行】 做好新接收职能运行探索，新划入的农村污水设施改造、建设任务数23个，至11月，全部开工。万九线污水管网建设于第三季度开工，探索跨乡镇污水运维工作的开展模式，计划2021年底完成。做好试验室撤销后改革事宜工作，与区建投配合，做好试验室业务、设备及资产承接。协助做好以建筑材料检测业务技术咨询服务为起点，逐步向测绘、设计、监理等业务拓展，形成技术咨询服务业的产业链。

【住建档案管理】 2020年，全区住建档案室库房有7间档案库房、1间档案查阅室，面积370.02平方米，档案柜55组；档案查阅室30平方米。含文书档案、业务档案、城建档案、会计档案。其中文书档案（1989—2000年）43卷，含永久22卷、长期10卷、短期11卷，案卷级条目43条，文件级条目1170条；简化文书（2001—2020年）10309件，含永久3754件、30年3003件、10年3552件，条目录入10310条；住房补贴档案323卷（永久），案卷级目录323条、文件级目录5320条；房管处档案103卷（永久），案卷级目录103卷、文件级目录209条。

（蒋佩佩）

征迁工作

【概　况】 2020年，区事业单位机构改革，区征迁管理办公室改名为征迁事务中心，挂铁路建设管理中心牌子，为区政府直属事业单位，机构规格相当于正科级。经费为财政全额预算，核定事业编制12名，设主任1名（正科级）、副主任2名（副科级），下设综合科、政策法规科、征迁管理科、铁路管理科，单位类别为公益一类。主要职责参与全区国有土地上房屋征收补偿安置政策研究制定工作，配合拟订相关发展规划和年度计划，参与组织实施；承担全区国有土地上房屋征收与补偿指导服务、宣传培训、考核考评和房屋征收数据信息统计工作；配合开展柯城段铁路项目预可行性研究、可行性研究、初步设计前期工作；负责柯城段铁路建设项目综合管理，统筹推进铁路建设项目征地拆迁政策处理和铁路方涉地有关协调工作。

【杭衢铁路柯城段集体土地上房屋征收项目】 2020年，杭衢铁路柯城段为衢州段里程最长、征地拆迁体量最大、三电及管线迁改任务最重项目，区征迁事务中心坚持党建统领、体系指挥、专班作战、合力攻坚要求，与属地乡镇、专班网格用时30天完成128.6公顷土地征用，临时征用便道用地18.53公顷、大临用地25.13公顷，同步完成边界权属纠纷处理涉及10个村6.13公顷调处工作；20天完成736穴坟墓迁移；7天完成438户房屋签约，房屋拆除全部完成；高压线路迁改11条完成，10千伏以下线路迁改8处，通信杆线迁改77处完成。

【小南门城中村改造集体土地上房屋征收项目】 为2008年历史遗留项目，涉及被征收户226户，前期完成217户。以高度的政治自觉、高昂的精神状态、高效的执行能力，与实施单位、专班网格奋战40天，实现签约、腾空、拆除“3个100%”，为遗留13年项目画上句号。

【九华乡大侯村地质灾害避让搬迁项目】 事关群众生命财产安全大事，中心抽调精干力量参与搬迁，对征迁人员进行政策培训、流程把控和业务指导，仅用时6天，全村涉及117户、376人全部完成签约工作。

【礼贤街、双港路片区改造项目】 完成礼贤街、双港路片区安置房交房结算123套，其中锦西家园56套，兴华西苑67套。6月，3天时间完成礼贤街现场办的拆除工作，拆除面积1243.27平方米，确保土地挂牌出让。

【斗潭危旧房治理改造项目】 完成斗潭片区锦西家园安置房交房结算工作79套。82号楼加固切割拆除工作平稳完成，拆除面积1806.03平方米。

【古城双修项目】 地形复杂，紧邻古建筑，协同府山街道采用做防护架和人工加机械相结合方案，拆除2.5万平方米，同步协调电路、电表迁改，秩序维护等保护性施工措施。安全、平稳完成古城双修全部拆除任务。同时完成招贤里8号楼重新选房工作。

【其他铁路建设项目工作】 全力配合铁路沿线安全隐患排查整改工作。根据上海铁路总局安全隐患排查情况交办地方政府整改的意见，牵头完成全区境内杭长铁路、九景衢铁路安全隐患点整改工作；推进遗留项目扫尾工作。配合衢宁铁路开通运营，完成资金结算、审计。衢宁铁路于9月底顺利开通运营。完成九景衢铁路扫尾工作。组织经验丰富干部参加九景衢铁路"三改"扫尾工作。

（徐建东）

综合行政执法

【概　况】 2020年，衢州市综合行政执法局柯城分局（以下简称柯城综合执法分局）坚持以习近平新时代中国特色社会主义思想为指导，全面贯彻落实党的十九届四中全会、省委十四届六次全会和市委七届七次全会精神，紧扣市委"1433"发展战略体系和全面小康决胜年、招商引资攻坚年、重大项目推进年活动，突出"5321"党建工作法的引领作用，围绕"省内做标杆、全国创一流"目标和"服务大局服务群众、让市委、市政府和群众满意"，以"依法执法、阳光执法、智慧执法、文明执法"要求，开展执法效能提升年、执法规范提速年和执法服务项目年行动，持续推动综合行政执法各项工作走在全省前列，为建设"活力新衢州、美丽大花园"、推进市域治理现代化提供坚强执法保障。

【疫情防控】 成立以分局局长为组长、政委为副组长的分局新冠肺炎疫情防控工作领导小组，班子成员分片督导中队开展疫情防控，中队、科室负责人靠前指挥，网格长带领网格员对网格全面排查登记，一户不漏，构建形成一级压实一级，层层落实责任网格化、精细化、责任化疫情防控工作体系。在包区清楼、走村访户、医学观察点值守工作中充当"劝导员""快递员""服务员""卫生员"，其中参与医疗隔离点值班保障100余名队员和协管员保障时间总计3500多小时，36辆执法巡逻车改装为防疫宣传车、防疫宣传和运送物资行驶9000余千米，出动3200余人次投入疫情防控工作，走访排查2800余户。帮助招工难企业派发企业招聘资料1000余份，引导早餐规范点复工复产110家、小修理店复工复产87家。

【文明城市创建】 年内，采用专项整治与常态管控相结合、面上统筹与突出重点相结合、竞赛排名与督查考核相结合，扛起全国文明城市创建执法主力军责任，助力文明城市创建。清理流动摊、占道经营9000余起，清理乱张贴3.4万张，查处随地吐痰717起、乱扔烟蒂1284起。施划停车位188个、非机动车停车线8000余米，增设有礼卸货点103个。劝离机动车违停8700余辆次，非机动车3万余辆次，共享单车1万余辆次；拖移四轮机动车2880辆，拖移两轮电动车478辆，拖移共享单车2200辆；四轮机动车人工贴单处罚5748起，车载抓拍327起。劝导违规遛犬5500余起。清理乱拉乱挂2400余起，随意晾晒3900余起，乱堆放3700余起。

【案件办理】 2020年，办结一批积案、要案，规范建筑建设行业秩序，推动《居住小区违法建设分类处置办法》落地见效，妥善处理房地产领域规范有序发展和人民群众安居乐业的利益诉求矛盾。至年底，办理一般程序案件689件，其中给予罚款处罚案件615件，罚款数额79958714.4万元；简易程序案件3283件，罚款136410元。同时抽调骨干力量组建大案要案办理小组，在"百日攻坚"行动梳理案件269件，移交案件200件，确定调查取证方向6件，完成案件补证41件，发函询相关部门案件1件，办结案件21件。

【执法体制改革】 加强政策研究，推进基层综合执法改革，推进300项综合执法事项划转，按照全市构建“区乡一体、条抓块统”模式提升基层治理能力工作整体部署，紧扣“乡镇围绕中心转、部门围绕乡镇转、大家围绕基层转”要求，加快推进“一支队伍管执法”运作体制改革。设立由综合行政执法部门、专业执法部门、乡镇人员组成的2支乡镇综合行政执法队（航埠综合行政执法队、石梁综合行政执法队），负责管辖区域大执法模块内综合行政执法工作。每个中队安排1—2名队员到乡镇、2名队员到街道，服从分局和乡镇（街道）共同管理，形成工作合力；将绝大部分协管员移交给相关乡镇（街道），仅直属中队保留协管员。持续探索“一支队伍管执法”改革，成立改革工作小组，将航埠镇列为改革试点，打造柯城样板乡镇综合执法队。建立健全议事会商机制、群众诉求处置机制、日常巡查处置机制、复杂事项处置机制、信息报送机制和考核评价机制，建立边界清晰、分工合理、权责一致、运行高效、依法保障的乡镇综合行政执法管理体制，做好机构调整、人员派驻、资源下沉、业务指导、经费划拨、资金保障，形成执法力量联动，凝聚执法合力，将责任分工落实到位，解决基层执法薄弱和缺乏统一协调管理的问题，形成整合联动、跨界打通融合、扁平一体高效的联合联动格局。

【数字执法转型】 利用好省综合执法平台、浙政钉掌上执法系统、数字城管城管通处置通三大平台，对标“一切业务数据化、一切数据业务化”要求，打造非现场执法“衢州样本”，开展“互联网+执法”工作，建设违停智能处罚系统，推行以信息化系统为依托的线上办案模式，构建“数字法治、智慧执法”信息化体系。通过集中培训＋日常引导，全体队员能熟练掌握浙政钉“掌上执法”系统的应用。以“数字城管”“雪亮工程”等平台为依托，运用辖区监控探头，通过视频资源共建共享，实现人防+技防高效协同、无死角管控，打造“大数字+大城管”管理模式。利用互联网巡查、大数据分析等技术，多渠道拓展信息源，更新完善管理网格信息库，为精细化管理夯实基础。全年，受理信访投诉27606件，其中，省统一政务咨询举报平台168件，人民来信来访6件，接“12345”交办件2218件，数字城管25196件，通衢问政18件，信访按时回复办结率100%。

【“三改一拆”“四边三化”】 持续开展“无违建”创建，以“拆旧控新”为违法建筑处置基本主线，城乡一体全域开展，推进“三改一拆”“四边三化”，保持势头不松、力度不减、压力不降。至年底，拆违60.27万平方米，完成市任务116%。“三改”59.4万平方米，完成市任务的102%，其中城中村、旧住宅区、旧厂区改造均100%完成。完成旧住宅区改造项目17个共41万平方米，为全市体量最大。排摸和整治小微企业违法建筑10宗，拆除衢州广汇家居市场（原巨桑家私市场）违建1万多平方米。完成“四边三化”的“十类问题”整改点位216个。完成信安街道沙湾村口广场美化提升工程项目建设、普铁沿线4个问题点位任务、万坞线创建省级绿化美化精品道路。

【“三服务”工作】 按照市、区部署，结合疫情防控需求，深化“三服务”，全体人员参与社区“包区清楼”、隔离点驻守、助力佰意智造复工复产等活动，开展“双报到双服务”、落实“周二无会日”制度，结合“红色物业联盟”，协调解决好群众、基层、企业在生产生活中问题，为企业发展做好全过程服务。强化执法为民工作。设立“枇杷自产自销有礼规范点”、坊门街小百货规范经营点、衢化片区果蔬规范点以及全区126家早餐规范点，打通城市传统黄金地段“大动脉”，疏通“毛细血管”，盘活辖区资源，让“地摊经济”成为政策新红利，变城市管理为城市服务，真正让其在稳就业、保民生、促消费发挥重要作用。强化执法创新工作。建立行业管理与行政执法联动协调机制，深化“721”工作法，变监管企业为服务企业，建立涉工业企业部门联动执法协调机制，推行“综合查一次”，实现多个部门、多个监管领域、多个检查事项执法监管同步开展。借力网络直播，以“执法搭台、果农唱戏”为抓手，帮助农户直播售卖农产品，实施跨界营销，强化源头规范，有效破解城市精细化管理“最后一纳米”瓶颈，打造“城市管理＋E模式”。

（冯增进）

生态环境

【概　况】 2020年，衢州市生态环境局柯城分局（以下简称柯城分局）贯彻中央、省、市、区决策部署，以生态文明建设示范区创建为抓手，守住生态红线，推进污染防治“三大战役”，扛起主城区生态文明建设政治责任，为衢州城市发展提供最优生态配置。在生态文明创建工作中，柯城分局党组书记、局长杨更华工作突出被授予浙江生态省建设三等功。在排污许可证全覆盖工作，柯城分局党组成员、副局长邱慧芳获生态环境部通报表扬。第二次全国污染源普查工作，分局被评为省级先进集体，钟佳被评为全国先进个人，党组成员杜晓伟、叶莉莉被评为省级先进个人。

【环境质量】 2020年，饮用水水源地达标率100%，出境水水质达标率100%；全区4个省控以上地表水监测断面水质达标率100%；15个乡镇街道交接断面水质监测达标率100%。全年，城区空气质量AQI优良率96.4%；$PM_{2.5}$浓度均值26微克/立方米，符合空气质量国家二级标准。

【建成省级生态文明建设示范区】 年内，推动《生态文明建设示范区建设规划》有序实施，主动与省生态环境相关厅处室对接。对照创建省级生态文明示范区各项指标，协调相关部门配合，合力完成指标提升。10月30日，柯城区获省级生态文明建设示范区命名。

【污染防治“三大战役”】 年内，邀请专家集中会诊、对症下药，协助企业制定科学有效提升整治方案，完成鲟鱼产业园区提升改造，确保断面出水水质稳定达标。新建乡镇水质自动站3座，花园街道投入资金1000万元开展“污水零直排”建设工作，柯城区“河（湖）长制”工作获国务院正向激励，是全省唯一县（区）。石梁溪入选全国首批美丽河（湖）典型案例。全区新建乡镇空气自动站9个，配合航空在线监测、激光雷达溯源、无人机高空监察等科技治气手段，做好跨部门联动，实现辖区内空气环境质量网格化管理，完成治气重点任务：航埠工业功能区大气综合整治完成100%；VOCs末端高效治理重点任务、物料堆场无组织排放整治、城市建成区内生物质锅炉超低排放改造全部完成；柴油货车例行检查工作按频次要求完成，为衢州车检“一件事”集成改革试点保驾护航。年度治土任务完成；农用地超标点位对账销号13个；重点行业企业用地调查包括信息采集、布点方案、样品采集、样品检测完成；农用地安全利用任务完成；开展“雷霆斩污”2.0专项行动固废大排查大整治。12月31日，区政府印发《柯城区“无废城市”建设工作实施方案》，无废城市建设工作启动。

【环保督察整改】 2020年，做好环保督察信访件整改销号工作，第一轮中央环保督察反馈意见涉及柯城区整改任务1项、省环保督察反馈意见涉及柯城区整改任务18项完成并销号。做好第二轮中央生态环境保护督察迎检工作，专班化运作，交办信访件20件，协办件6件，重点件1件报结；责令整改6家，立案处罚2家，案件3个，处罚金42.5万元，相似问题排查整治。

【疫情防控】 疫情期间，全区6个集中隔离医学观察点和居家医学观察人员生活垃圾及废弃口罩实现“全流程”管理，按“面→点→区块→清泰公司”收集体系建设要求，做到及时收集、安全运输、安全贮存、无害化处置。联合区林业、农业农村、水利部门加强对尚书塘饮用水水源地排查，实施工作日报制，密切关注饮用水水源地水质安全状况，全方位联动严防病毒通过污水传播扩散，保障饮用水水源安全。2019年至2020年，完成医疗机构环评登记备案84家，医疗机构环评审批8家，其中办理辐射安全许可证10家。辐射安全许可证、放射诊疗许可证实现“一窗受理，两证同办”。开通环评审批绿色通道。为辖区口罩、防护服生产项目开通线上简易审批流程，做到急事急办、特事特办。

【环境执法】 开展“雷霆斩污”专项执法行动，全年检查企业60余家次，出动执法人员120余人次，督促企业签订固体（危险）废物管理承诺书41份，对8家涉嫌固体（危险）废物环境违法企业立案调查，专项执法行动处罚金额37.6万元。年内，立案查处案件22件，处罚金额208.8万元；办理四项配套办法案件4件，其中查封2件、移送公安行政拘留案件2件。开展“回头看”和后督察，跟踪违法行为整改。柯城区生态环境综合行政执法队获全市生态环境保护执法大练兵先进集体称号。

【项目审批】 年内，完成项目环评审批28个，登记表备案398个。行政服务中心环保窗口，接受电话咨询、现场询问1000余人次，群众评价满意度100%。在排污许可证核发过程中，结合区实际情况，分别在分局机关、双港管委会大厅、航埠镇人民政府设点，每周定期召开集中培训填报会，核发进度全市前列，获区营商办颁发金牌服务之星和区“最多跑一次”改革办公室通报表扬。

【宣教活动】 依托“6·5”世界环境日宣传窗口，打造生态文明宣传精品，在全省自然笔记大赛上柯城获奖作品6个，2名指导老师获奖，2个优秀团队获奖，环保主题微视频《绿色守护者》获省环境执法大练兵微视频大赛3等奖，沟溪乡余东村获省级生态文明教育基地。2020年，在全省生态环境公众满意度调查结果中，柯城区名列全省第4，蝉联全市第1。

（周　冠）

农业·林业·水利

农业与农村工作

【概 况】 2020年，区农业农村局坚持全面落实中央、省委、市委关于实施乡村振兴战略决策部署，按"产业兴旺、生态宜居、乡风文明、治理有效、生活富裕"总要求，聚焦党建治理乡村大花园定位，加快推进乡村产业振兴、人才振兴、文化振兴、生态振兴、组织振兴，发展现代农业，深化农业农村改革，增加农民收入，促进农业农村全面发展。积极作为，及早谋划，落实好全区粮食生产任务，以"五个到位"推进以水稻为主粮食生产工作，即宣传动员到位、责任落实到位、督促考核到位、支持保障到位、社会化服务到位。全区完成早稻播种面积733.33公顷，产量0.42万吨；单季（晚）稻完成播种面积1266.67公顷，产量1.025万吨，全年水稻播种面积2020公顷，比2019年播种面积增加666.67公顷，加上小麦、玉米、大豆、红薯旱粮面积，粮食播种面积4092.4公顷，粮食总产量2.28万吨，完成市委、市政府下达给全区粮食生产任务。全区存栏生猪1.62万头，其中能繁母猪1835头，出栏生猪1.29万头，分别占是年生猪保供考核任务比例为108%、107%和43%。至年底，生猪存栏量1.7万头。全区蔬菜播种面积8646.67公顷，蔬菜总产量24.9万吨。

【农业技术推广】 是年，全区蔬菜复种面积、产量和产值稳中有升。全年蔬菜复种面积9006.67公顷，比上年增加933.33公顷，增长5.16%；蔬菜总产量26.77万吨，比上年增加2.62万吨，增长11.5%；蔬菜产值4.43亿元，增长8.3%。面对疫情，区农业技术推广中心积极作为，迅速响应上级指示和社会需求，通过组织申报方式筛选区春荣蔬菜专业合作社、区绿宝蔬菜专业合作社、衢州早田农业科技开发有限公司等12家蔬菜生产基地，建立20公顷"保障型蔬菜基地"，全年蔬菜供给能力为0.21万吨，保障特殊时期及冬春季节本地农产品市场稳定，提高区蔬菜市场应对突发情况能力。是年，衢州中恒农业公司深入改进工厂化育苗技术，优化LED灯育苗设备及配套设施，扩建育苗基地。建成工厂面积4000平方米，年工厂化育苗能力达500余万株，育苗种类可囊括茄果类、瓜类、叶菜类、水稻秧苗多种作物种类。受极端天气影响，传统育苗数量受灾害天气影响较大，市中恒农业公司为种植户培育各类蔬菜、瓜果、水稻秧苗400多万株，有效解决极端天气下育苗难问题。打造"七里茄子"特色品牌优势。9月，由本单位组织申报"七里茄子"农产品地理标志登记顺利通过农业农村部专家评审，"七里茄子"成为区首个获得农产品地理标志登记保护农产品，实现"零的突破"。七里乡形成以农家乐休闲度假为主，以"七里茄子"为代表高山蔬菜采摘为辅发展模式，覆盖种植、旅游、销售等一、二、三产业，产业链员工人数2500人，带动800余户家庭增收4000万元。

【畜牧业发展】 制定《柯城区生猪增产保供扶持政策》，在实施农用地审批、贷款贴息、良种引进、空栏复养、生猪商业保险方面给予扶持，提振养殖场复养补栏积极性，刺激生猪产能恢复。全年全区引种能繁母猪 1000 余头、生猪 4000 余头，发放良种补助 105 万元，复养奖励 40 万元，发放贷款贴息 142.32 万元。全区仅保留 9 家生猪规模场，为拓展生猪增产新途径，开展新型养殖模式试点，引进"爱猪盒子"模式。具有占地少、生态环保、建设便捷、安全高效优点。去年年底，完成一期建设，引进生猪 700 余头，可出栏生猪 1200 头。多部门密切配合，有效开展联防联控，严厉打击私屠滥宰、违规调运外来生猪及生猪产品违法违规行为。捣毁私屠滥宰窝点 5 个，移交公安案件 2 起，刑事拘留 3 人，罚款 4.5 万元。为全区非洲猪瘟防控工作保驾护航。

【扶贫开发服务】 根据《柯城区"打赢增收攻坚战、决胜全面小康年"扶贫结对帮扶工作实施方案》，组织开展全区部门、乡镇（街道）与低收入农户结对帮扶工作，全区 64 个部门、16 个乡镇（街道）3325 名干部结对帮扶 5361 户低收入农户，每月开展帮困走访，落实帮扶举措，确保低收入农户政策享受到位，帮扶措施落实到位。"四大扶贫领域"攻坚任务完成。年家庭人均收入 8000 元以下情况清零。报省年家庭人均收入 8000 元以下对象 165 户 312 人。其他 105 户 210 人中，38 户 90 人经走访核实后实际收入超 8000 元，67 户 120 人通过公益性岗位、督促尽孝、就业帮扶、经济帮扶举措实施帮扶完成消除任务。农村困难家庭危房治理完成。农村困难家庭危房 390 户（C 级 368 户、D 级 22 户）存量危房完成改造。低收入农户饮用水安全保障落实。农村困难家庭安全饮水保障 1451 人乡镇上报完成，名单外新增 208 人，全面完成。集体经济薄弱村清零。集体经济薄弱村增收目标超额完成。214 个行政村均达经营性收入 10 万元，其中经营性收入 20 万元以上村 76 个，完成率 111.76%；经营性收入 50 万元以上村 24 个，完成率为 104.35%；经营性收入 100 万元以上村 14 个，完成率 100%。

【农村社会事业】 根据年度新时代美丽乡村达标村创建任务，省级下达 56 个新时代美丽乡村达标村创建指标及市级下达"注重把诗画风光带沿线村创建成省级新时代美丽乡村达标村"要求。多部门联合督查考评和美丽乡村骑行队志愿活动机制，每月对全区行政村环境卫生情况进行暗访检查，检查结果面向全区通报，反面典型及时予以曝光。开展农村"三大革命"，实现农村人居环境整体提升。垃圾分类，建成农村垃圾资源化处理站点 10 处、阳光房 48 处，"四分四定"村覆盖率 90%，农村垃圾集中收集处理实现行政村全覆盖，农村生活垃圾无害化处理率 100%；生活污水，全区 170 个行政村污水管网、400 余处污水处理终端委托第三方开展专业运维，完成标准化运维站点建设 167 处，相关考核台账资料上传至农村污水监管平台；农村卫生厕所普及率 100%，无害化卫生厕所普及率 99.9%，完成农村公厕改建提升 362 座。发掘西安高腔、余东农民画具有本土特色文化遗产，将其发展为新农村精神文明建设有效抓手，唱出新路子，画成新名片。完成历史文化古村落保护与利用重点村改造 5 个、一般村改造 28 个，正在实施重点村 3 个、一般村 29 个，基本实现历史文化村落保护利用全覆盖。

【乡村产业】 农业"两区"建设快速推进，现代农业园区投入 5.1 亿元，建成 666.67 公顷粮食生产功能区、1 个现代农业综合区、5 个主导产业示范区和 13 个精品园，辐射带动能力强大。航天科工亿元以上项目签约落地，柑橘产业创新服务综合体获评省级产业创新服务综合体，"智多张西"投入运营，打造全省首个阿里巴巴数字农场，全国首个"阿里巴巴村播基地"落户柯城。运动品牌全面打响。打造首个乡村国家运动公园，森林运动小镇建设步伐加快，中国运动汽车城、奥陶纪、飞鸿滑草场重大项目开工建设，森林汽车穿越大赛"森系"赛事等级提升，影响扩大，全年吸引游客 50 万人次，带动周边农户人均增收 3000 元。

【农村经济服务】 全面深化农村改革，推进农村宅基地及住房确权登记颁证，完善农村承包地和宅基地“三权分置”办法，扩大农村集体经营性建设用地入市试点，拓宽两山转化通道，激发乡村经济发展活力。稳妥推进农村宅基地活权改革。围绕九华乡妙源村宅基地改革试点，在保障农户依法取得宅基地使用权基础上，探索农民住房保障新机制，对农民住房财产权作出明确界定，探索宅基地有偿使用制度和自愿有偿退出机制。启动九华乡农村宅基地使用权抵押贷款试点，探索以农村集体建设用地支持乡贤回乡路径，配套制定乡贤回乡资格认定体系。深化农村集体产权制度改革。全面完成农村集体“三资”清产（定村集体所有的资金、资产和资源）核资工作，创新集体经济发展机制，探索村级集体经济发展有效途径。帮扶村集体提高自身经营性收入，因地制宜、因村制宜，将山水林田湖房纳入农村资源交易平台，盘活农村闲置资源。加快农村产权流转交易体系构建。全面构建区农村产权流转交易网站平台，完成土地产权、林地产权、房屋产权、宅基地、水利产权、集体股权、绿色期权产权交易，完善区农村产权流转交易中心职能，强化配套措施、工作机制和交易制度建设，形成区、乡、村三级联动农村产权交易市场。

【农特产业发展】 推进特色农产品示范推广工作，促进乡村特色产业发展。农特产业稳步发展。区柑橘产业总产值2.46亿元，比2019年同期增长7%，其中温州蜜柑鲜销产值416万元，胡柚鲜销产值1240万元。椪柑传统方式鲜销4万吨，产值7200万元；出口2300吨，产值1800万元；通过互联网销售5000吨，产值2000万元；“红美人”柑橘、鸡尾葡萄柚等品种产值1800万元。本地柑橘深加工消耗鲜果1.1万吨（部分外地收购），产值6900万元，柑橘副产品产值3200万元，同时发展梨、桃、枇杷小水果40.67公顷。“三品一标”（无公害农产品、绿色食品、有机农产品和农产品地理标志）工作新突破。申报绿色食品认证3个，面积116公顷。同时申报“七里茄子”国家农产品地理标志登记保护产品，实现“零的突破”。完成续展无公害、绿色食品认证11个，有效带动全区农业特色产业发展。开展省级示范基地、柑橘精品园与科技园创建。新建年度浙江省种植业“五园”省级示范基地——2家精品果园、1家特色菌园、1家放心菜园。对区河山昌桔岭家庭农场柑橘精品园6个年度区市级柑橘精品园立项，11月验收完成。通过组织专家评议，实施省级柑橘科技园区项目（包含柑橘良种选育项目、高品质栽培研究项目、健康土壤研究项目、植保无人机应用研究项目、科技应用示范基地项目）。

【诗画风光带建设】 2020年，柯城区围绕“衢州有礼”诗画风光带“一江两港三溪”整体布局，按照市委市政府对“衢州有礼”诗画风光带建设“五个率先”要求，全力打造“溪山田园运动柯城”的诗画风光带全景示范廊道。推进重点项目建设全面提速，全区15个“衢州有礼”诗画风光带重点项目全面开工，完成投资12.79亿元。推进“衢州有礼”诗画风光带沿线村庄风貌提升和产业布局优化，结合古村落保护利用和“诗路建设”，打造信安街道沙湾村和万田乡下蒋村2个精品村庄。推进沿线土地流转和农业景观建设，对诗画风光带沿线（两溪和两港）300—500米可视范围内、成片可开发利用或流转使用的土地启动流转，开展农业景观规划设计。推进“一县一园”建设，按照整体布局、分步实施、重点突破的要求，聚焦“柑橘小镇”，打造精品工程，整个小镇初步形成科研、种植、初加工和文旅三产联动柑橘产业链的雏形。

【农房整治】 全区将“拆后利用”作为巩固农房整治成效、风貌提升、乡村产业振兴项目中心工作来抓，做好农房整治“后半篇”文章，对拆后利用工作同时部署、同时推进，取得初步成效。全区整治可拆后利用农房面积71.97万平方米，利用面积53.65万平方米，利用率74.55%。通过举办农房整治拆后利用示范村评选“擂台赛”，从村庄拆后利用、规划设计、资金拼盘、产业发展和资源转化利用、硬件基础和整体

图 60　3 月 12 日，市、区四套班子领导到万田乡鲶鱼湾公园义务植树

风貌、组织保障进行综合评比，遴选 20 个拆后利用示范村，集中资金、集中力量、一抓到底，力争实现农房工作“三个好”目标。坚持因地制宜，突出乡村特色，结合村庄文化底蕴，形式多样化，成效实体化，推进相关工作（信安街道沙湾村围绕赵抃文化经济主题，培育涵盖“吃住行游购乐学”全方位业态）。统筹资金，利用拆后空间建造停车场、公园、文化礼堂、“一米菜园”公共设施，提升群众获得感和幸福感（衢化街道塔坛寺村通过村民自筹加村镇两级以奖代补方式，进行外立面改造和庭院整治。既尊重民意，提升村民参与感和满意度，也减轻街、村两级资金压力。全村外立面改造完成 90%，庭院改造参与率 95%，家家户户“里子＋面子”有效提升）。

（王　萱）

林　业

【概　况】 2020 年，区林业局围绕上级部门和区委、区政府中心工作，努力克服新冠肺炎疫情影响，围绕生态建设、资源保护、产业发展，有序推进新增万亩国土绿化、保障项目林地服务、森林资源保护、产业转型升级等重点工作，为全区乡村振兴和经济社会发展做贡献。2020 年，区林业局获评省“森林浙江”建设工作突出贡献集体、全省林业产业先进集体称号，九华灵鹫山森林康养基地被国家林业和草原局、民政部办公厅、国家卫生健康委员会办公厅、国家中医药管理局办公室联合下文认定为国家森林康养基地。

【绿化造林】 全年新增国土绿化面积 298.67 公顷，种植浙江楠、红豆树等珍贵树种 17.2 万株，完成省下达任务 220 公顷的 135%。全区新增良种油茶、香榧、薄壳山核桃造林 45.4 公顷。推进“国家森林乡村”“森林城镇”创建工作，创建示范村 46 个，省级森林城镇 1 个石梁镇，省级“一村万树”示范村 7 个石梁镇白云村，九华乡上清村、上铺村，沟溪乡直力村，华墅乡金坂村，姜家山乡柴陈村，衢化街道塔坛寺村。

【一村万树】 “一村万树”注册商标获批，绿色期权创新实践获得肯定。全区“一村万树”绿色期权模式在全省推广，提升发展村级集体经济，该模式获评省、

图 61　5 月 23 日，首笔 30 万元“一村万树”红利发至姜家山乡前昏村村民手中

市改革创新优秀实践案例。《“一村万树”绿色期权实施与管理规范》被省市场监督管理局列入第三批浙江省地方标准修订计划。

【林业产业】 全年全区林业总产值32.33亿元、同比增长10%。其中第一产业5.93亿元、同比增长28%，第二产业7.42亿元、同比减少5%，第三产业18.98亿元、同比增长12%。组织竹编企业参加上海、四川眉山等中国国际竹产业博览会；组织7家涉林企业组团参加第13届中国义乌森林产品博览会，其中2个产品获评金奖，3个产品获评优质产品。2020年，区林业局被评为全省林业产业先进集体。

【森林康养】 柯城区灵鹫山森林康养基地入选国家林草局等四部门公布国家森林康养基地第一批名单，并在2020年首届长三角森林康养和生态旅游推介会上推介。创建省生态文化基地1个、省森林人家3个、省森林氧吧4个。

【森林资源保护管理】 全年，全区办理各类占用林地许可41件，新增占用林地面积209.607公顷，保障了杭衢铁路和高铁新城相关工程建设，保障了衢州市2020年度计划第二十二批次建设用地批次和3个地块用地、衢州市2020年度第二十六批次建设用地石梁镇2020—13地块等5个地块（奥陶纪相关工程）、花园岗至杨家源公路工程、衢州九龙生态园、浙西大花园——衢州花境建设项目等重点工程和项目建设使用林地需求。其中额外争取上级林地指标134.85公顷，重点项目使用林地指标争取工作创下新纪录。全年落实古树“一树一策”保护47株，完成省级任务的146.8%。全年办理采伐许可证37份，蓄积1008.64立方米，材积449.81立方米。全年立案查处刑事、行政案件15起。

【森林消防】 清明、“五一”期间印发《森林禁火令》5000份在乡镇、村张贴，全区重点地段、重点路口、村头和人员集中场所实现宣传全覆盖。全年对重点时段、重点地段开展巡查、管控，将森林防火责任落实到人、山，确保山有人管、林有人护、责有人担。年内，航埠、七里等5个乡镇新建森林防火蓄水桶400只。

【有害生物防控与野生动物处置】 做好疫木清理，全年清理枯死松木1020余吨。做好媒介昆虫的防治，石室乡烂柯山周边重点区域注射松材线虫免疫针剂1.4万支。妥善处置13家野生动物养殖企业在养野生动物113914只（头、条），发放补偿资金421.64万元。

（张秀花）

水　　利

【概　况】 2020年，区水利局组织开展水利项目谋划和前期工作安排、重点项目建设、水旱灾害防御、疫情防控等工作，取得较好成绩，受到各级领导肯定和赞誉。区河（湖）长制工作获全省唯一县（市、区）国务院督查激励通报表彰，获国务院激励资金1000万元，实现“零”的突破；省长袁家军予以表扬批示，衢州市常务副市长陈锦标、副市长徐利水对相关政务信息作出批示肯定，经验在全市河（湖）长制工作会上交流推广。石梁溪被列入生态环保部美丽河湖治理正面典型案例，石梁溪（寺桥—大头）被评为省级“美丽河湖”。区河湖疏浚砂管理经验在水利部“疏浚砂综合利用和采砂管理”座谈会上经验交流。柯城区获省级节水型社会达标县，并被省水利厅推荐至水利部创建国家级节水型社会达标县。

【水利建设投资】 推进常山港综合治理、农村饮用水达标提标工程等水利项目建设，全年完成水利建设投资4.39亿元，同比增长18%。“十三五”期间，完成总投资15.97亿元，争取到省级以上资金9.03亿元，寺桥水库建设项目被列入省级重点预安排项目，常山港综合治理项目被列入省级重点项目。

【督查激励通报表彰】 坚持“建管”结合，以标准化管理为抓手，围绕重点开展河湖标准化管理“六个一”工程建设，推动河（湖）长制从“有名”向“有实”转变，提升区域河湖水域管理能力和水平，支撑现代水利高质量建设，推进和保障产业转型升级，对城乡居民生活质量提高、弘扬区域水文化等起推动作用。工作成效得到国家和省认可。5月8日，区河（湖）长制工作获全省唯一县（市、区）国务院督查激励通报表彰。“治水为民、生态惠民”在柯城重重落地。

【寺桥水库项目】 区委、区政府将寺桥水库项目列入重点工作推进，工程建设指挥部及各单位成员团结作战，克服新冠肺炎疫情、政策调整等困难，稳步推进项目建设前期工作。区委、区政府审时度势对项目建管模式、招标模式进行研究，明确寺桥水库采用EPC建管模式，组建衢州市寺桥水库开发建设有限公司，成立区寺桥水库管理中心管理机构。是年，寺桥水库土地预审获自然资源部批复；移民安置规划大纲获省政府批复，移民安置规划报告通过省移民办审核；环境影响评价专题通过评审，水资源论证专题完成。初步设计编制工作基本完成；寺桥水库土地征收工作启动，土地丈量完成；水土保持方案、林地占用专题均完成编制，移民安置小区设计及建设工作有序推进。

【常山港综合治理工程】 位于钱塘江南源衢江上游常山港流域，是区最大的防洪排涝工程。工程项目起点官庄溪河口，终点九润公馆，综合治理总长12.5千米。围绕“一核、一带、两区、六景”，挖掘河流文化元素，融入儒家思想，结合严村严氏祖训，打造樟树湾“子陵书台”文化节点，提升河流文化品位，做到水利建设与人文景观相融合，形成“一江两岸”健康优美的水生态，野趣自然的水景观，独具特色的水文化。至年末，常山港左岸治理初见成效。

【农村饮用水达标提标工程】 面对新冠肺炎疫情考验，坚持“巡查监测保源水、坚守岗位保运行、督促指导保工程”原则，完成区农村饮用水达标提标实施项目35个，新建及改造管网延伸村11个，规范提升单村水站9个，建设主管道22.1千米，建设加压泵站10座，提升和改善6.3万人饮水条件。至年末，达标提标建设计划11个行政村均通水，完成涉及农村6.3万人饮用水达标提标建设任务，全区农村饮用水达标人口覆盖率达100%、农村供水工程供水

图62 常山港严村樟树湾

保证率达 95%、农村供水工程水质达标率达 95%、城乡规模化供水工程覆盖人口比例达 91%，基本实现城乡居民同质饮水，农村供水工程水费收缴全覆盖，为实施乡村振兴战略提供重要保障。工作成效显著，获衢州市饮用水达标提标工程先进集体称号。

【美丽河湖建设】 借鉴“两溪”经验，坚持“水岸联动、功能综合、人文融合、生态富民”全流域综合治理模式，开展美丽河湖建设，创建省级美丽河湖 1 条、市级美丽河湖 2 条，将河湖水系打造成“安全的河、生态的河、美丽的河、幸福的河”，以水利为引领助推乡村振兴。

【水利工程建设】 以“安全、惠民、标准、秀美”为目标，推广水利工程标准化管理工作，至年末，54 个水利工程（水库、山塘）标准化管理考核工作完成，除险加固水库 3 座、整治病险山塘 9 座，清理整改小水电 13 座，其中整改类 6 座、退出类 7 座，有效提高区域防洪灌溉能力，保障水利工程安全运行。

【农村水价综合改革】 根据省水利厅等四部门关于开展全省农业水价综合改革“个十百千万攻坚活动”示范创建工作部署，对照“八个一”标准，于 2018 年编制完成《柯城区农业水价综合改革实施方案》，6 月，全年完成农业水价综合改革面积 3410 公顷，全区 11360 公顷改革任务，并通过省级验收。完善水价综合改革“四项机制”，发挥以村经济合作社为主用水合作组织作用，实现全区“八个一”村级改革全覆盖，扭转全区农业用水“比重高、效率低”现状。

【水旱灾害防御】 争取水毁资金 200 万元，应急度汛资金 70 万元，实施《柯城区 2020 年度山洪灾害防治项目》《衢州市柯城区水文防汛“5 + 1”工程建设项目（2020 年）》，完善区水旱灾害体系，为实现不死人、少伤人防汛目标打基础。落实水库、山塘、小流域山洪灾防御村等重点行政责任人、管理单位责任人、巡查责任人等。成立区水利局水旱灾害防御工作领导小组及专家组，落实全区水雨情遥测站 44 个、视频监控 53 个运行维护责任单位，确保汛期水雨情数据及时采集与运用。

【水资源管理】 推进县域节水型社会达标建设工作，联合机关事务局，运用水表在线监测系统、管道空调水冷凝等新技术、新产品完成节水型机关创建，编制《柯城区节水行动实施方案》并实施，建成节水型居民小区 3 个、节水标杆居民小区 2 个，超额完成任务，成效明显，获省级县域节水型社会达标县，并被省厅推荐至水利部创建国家级县域节水型社会达标县。全面完成取水核查登记上报项目 46 个（取得取水许可证 25 个）、取水单位或个人 37 家、核查登记取水口 115 个，劝退非法取用地下水企业 3 家。检查大小河道 9 条，小（2）型以上水库 47 座，累计巡查排查河道长度约 324.8 千米，拆除整治涉河违章建筑 3 处，拆除违建面积 158 平方米，完成年度“无违建河道”创建任务 100%。全年征收水资源费 38.18 万元。

（张凌燕）

乌引工程管理

【概　况】 2020 年，区乌引工程管理中心承担乌引干渠管理范围内的防汛、防旱、防洪发电、供水、养殖、调度等，承担管理范围内水资源开发、保护和利用。3 月 29 日，根据区编委文件，区乌引工程管理处更名为区寺桥水库管理中心（挂区乌引工程管理中心牌子）。

【工程管理】 是年，为确保水利工程安全运行，严格执行乌引管理办法，遵循“安全第一、科学规范、讲求效益”原则，落实工程安全管理责任制。坚持“预防为主，保护优先”，提高安全责任意识，确保干渠安全运行。干渠实行分段巡视管理负责制，按照制度巡查渠道，发现问题及时处理。做好标准化信息管理平台运行维护工作。建立长效保洁机制，实行“清理渠道”专项行动，治理乱堆垃圾、乱开荒、乱扩种、乱搭建现象，禁止在渠道上开缺、阻水、挖洞等危害乌引工程安全活动；在渠道两侧新设立警示标牌、安装防护栏及防护桩，在每个踏步上都写上警示语。市乌引管理中心等5家单位联合与太平洋财产保险公司衢州分公司签订乌引干渠防溺水公共水域安全责任险。泉水溪管理站闸门维护干渠巡查工作，由专业技术力量较强、维修养护经验丰富队伍负责管理，加强闸门机电设备日常维护，确保汛期设备正常运行。对柯山垅口渠道坝体进行绿化维护工作。为做好乌引干渠节水续建配套项目竣工验收准备工作，对埂上机耕桥上下游边坡、东港八路段左边乌龙坑排涵段、泉水溪渡槽上下游渠段铲草修整工作。乌引干渠年度维修加固工程以及崇文村段干渠坝顶路面硬化工程完成招标，在施工中。

【安全度汛】 防汛安全，重责如山，区管理中心组建防汛领导小组，签订工作责任书，划分责任段，确定第一责任人，做到责任到岗到人、分段管理、各负其责。汛前对干渠进行地毯式排查，雨后对干渠平台积水处开沟排水，对影响干渠安全障碍物及时清除，确保工程安全运行，接受市乌引中心指导，制订防汛预案、应急预案，落实抢险救灾物资准备，做到随时调用。管理站实行全天候24小时值班，保证通信畅通。做到及时发现干渠重要建筑、填方段、排涵、闸门、备用电源汛前处理保全等存在问题，处理到位、汇报督查到位，确保乌引工程安全。

【供水管理】 是年，为保证受益单位生产生活正常提供服务。严格服从市乌引中心集中调度、执行水调指令，令行禁止；确定一名专职水调员，负责联系市乌引中心和灌区乡村、企业调水工作。区管理中心与灌区分管调水领导联系，告知供水日期、供水时段，宣传节水，防止抢水、分水纠纷；用水乡村、企业每月报送用水计划，实行计划限量、以供定需的科学水调度。年内，向衢州煤矿机械总厂、浙江通天星公司制革厂、衢州市南方水泥厂等企业年供水70多万立方米、向金华供水1576万立方米，向龙游供水1600万立方米。加强“分水口管理”确保送水到村、到田，保障农业用水需要。

（叶黎霞）

工业经济

工业管理

【概　况】 2020年，按照省市争先创优行动统一部署，柯城区坚持聚焦稳企业保存量、引投资扩增量、强要素保供给，突出创新驱动和产业数字化赋能，推进企业转型升级和拓展市场，工业经济平缓回升，总体呈现稳中向好趋势。

【规模以上工业企业】 2020年，规模工业企业库内企业72家，全年实现工业增加值16.76亿元，同比增长9.0%；实现总产值75.76亿元，同比增长6.4%，其中新产品产值率21.3%；利税总额5.32亿元，其中利润总额3.58亿元，同比下降17.8%。

表11　　2020年柯城区规模以上工业企业一览表

序号	企业名称	法人代表	主要产品
1	浙江衢州联州致冷剂有限公司	胡小文	车用制冷剂、气雾罐
2	浙江金沃精工股份有限公司	杨　伟	轴承套圈制造
3	浙江辉博电力设备制造有限公司	徐建清	配电开关控制设备制造
4	衢州伟荣药化有限公司	吴伟荣	有机化学原料制造
5	浙江弗莱制冷剂有限公司	陈智勇	制冷剂和混配制冷剂系列生产
6	衢州龙威新材料股份有限公司	郑耀波	PVC透明膜地板膜装饰膜
7	衢州虎山混凝土有限公司	张剑星	商品混凝土
8	衢州市东发铝业有限公司	吴发善	铝及铝合金制造
9	衢州金源宏泰制冷剂有限公司	邢君来	制冷剂和混配制冷剂系列生产
10	衢州鲟龙水产食品科技开发有限公司	王　斌	鱼子酱
11	衢州山河建材有限公司	姜达清	商品混凝土
12	衢州普星燃机热电有限公司	金国新	天然气发电
13	衢州恒业汽车部件有限公司	夏田生	汽车零部件及配件制造
14	浙江歌瑞新材料有限公司	潘志康	含氟新材料研发
15	衢州正茂建材有限公司	陈仲华	矿渣微粉生产、销售

续表 11

序号	企 业 名 称	法人代表	主 要 产 品
16	浙江圣丰工艺品有限公司	林旭升	节日装饰品
17	衢州市九洲化工有限公司	周 洲	有机化学原料制造
18	浙江益佰包装材料有限公司	裘继东	塑料薄膜制造
19	浙江鸿盛环保科技集团有限公司	宋朋泽	环境保护专用设备
20	浙江嘉宝铝业有限公司	周祝华	铝型材加工
21	浙江腾瑞金属材料有限公司	林 友	带钢加工
22	浙江衢州杰晟热能科技有限公司	盛水祥	燃气采暖热水炉、铝制散热片
23	衢州市圣宝建材有限公司	沈新龙	建筑陶瓷制品制造
24	衢州鑫业建材有限公司	金炎坤	混凝土
25	浙江衢州格林特电线电缆有限公司	徐伟兵	HDMI 线、DP 线
26	衢州市巨江航运建设开发有限公司	范洪浩	水力发电
27	衢州杭泰光伏发电有限公司	厉 健	电力业务
28	衢州市万龙机械制造有限公司	郑雨海	空压机,凿岩机配件
29	浙江佰意智造服饰有限公司	叶晓红	羽绒服、口罩、防护服
30	浙江福锐特电力科技有限公司	翁晁丹	太阳能发动机,柴油发动机组
31	衢州市鑫瑞机械有限公司	张志辉	机械设备制造
32	浙江莎贝尔陶瓷有限公司	徐玉妹	建筑陶瓷制品制造
33	浙江洲扬实业有限公司	周增容	家具制造
34	衢州市远方化工厂(普通合伙)	叶 萍	醋酸钠、氯化钡、氟化钠、氟硅酸钠
35	浙江纪超自动化技术有限公司	黄建红	仪器仪表制造
36	浙江丰禾粮油有限公司	梅红良	大米生产、谷物磨制
37	浙江明一化工机械有限公司	姜志明	金属压力容器制造
38	浙江广兴包装新材料有限公司	谢根荣	PVDC 膜、PVA 膜等
39	衢州三源汇能电子有限公司	胡文康	变压器、整流器和电感器制造
40	衢州龙鑫建材有限公司	张雪良	蒸压混凝土砌块和蒸压灰砂砖
41	浙江根根陶瓷有限公司	王书根	建筑陶瓷制品制造
42	浙江俊峰健身器材有限公司	翁秀峰	甩脂机、健身车、按摩器、训练健身器材制造
43	衢州八达纸业有限公司	徐良君	机制纸及纸板制造
44	衢州原英伦塑胶有限公司	叶云阳	包装膜
45	衢州市同景新能源有限公司	徐水升	太阳能光伏发电
46	浙江和美塑胶科技有限公司	王继良	塑胶制品、有机硅偶联剂
47	衢州弘康纸制品有限公司	张 宇	纸和纸板容器制造
48	浙江衢州盛元文创印业有限公司	黄 磊	报纸、杂志
49	浙江九树机械有限公司	王承罗	压力容器、矿山采掘机械、农业机械、建材
50	浙江富通塑料包装有限公司	杨以勇	塑料薄膜制造
51	浙江不老神人防防护设备有限公司	郑樟田	钢筋砼结构人防门、钢结构人防门、砼结构构件

续表 11

序号	企业名称	单位负责人	主要产品
52	衢州港洋化纤有限公司	胡榴根	棉纺纱加工
53	浙江桥架母线有限公司	陈伟锋	母线槽、电缆桥架、电器元件
54	浙江东太新材料有限公司	詹伟东	钛白粉生产、加工和销售
55	衢州顺丰汽车部件有限公司	杨丛毓	汽车零部件及配件制造
56	衢州美电开关设备有限公司	完利松	高低压开关设备
57	浙江泰康生物科技有限公司	陈林心	芦荟胶囊、芦荟系列化妆品、牙膏等日用品
58	浙江赛邦印铁制罐有限公司	刘兴文	金属罐、包装装潢印刷品(印铁制品)
59	浙江衢州友邦氟材料有限公司	钟志红	聚四氟乙烯板、棒材
60	浙江亿迈达泵业有限公司	胡　辉	水泵、电动机制造
61	浙江赛捷智能科技有限公司	钟光华	智能手机、平板电脑、智能装备
62	衢州市航埠粮油有限公司	梁宗福	大米生产、谷物磨制
63	衢州市口乐心食品有限公司	王渊鸿	柑橘浓缩果汁、果酱
64	衢州中林木业有限公司	徐先兵	婴儿床等竹木家具
65	浙江桂财橡胶制品有限公司	蔡乔峰	橡胶密封圈;橡胶制品、饰品
66	浙江多力塑胶有限公司	温作平	塑料薄膜
67	衢州开隆建材有限公司	魏昌华	商品混凝土
68	衢州安邦钢结构有限公司	王　云	金属结构制造
69	贝德科技集团有限公司	闻建花	水泵、水资源专用机械设备、阀门
70	衢州振翔电力器材有限公司	叶大土	电力线路紧固件
71	浙江睿丁生物科技有限公司	金立志	口腔数字观察仪设备、卫生材料及医药用品制造
72	衢州新导电子科技有限公司	江永红	新型电子元器件制造

【工业转型升级】 有序推进“亩均论英雄”改革，完善《关于深化“亩均论英雄”改革的实施意见》，2020年评价结果（2019年度数据）规上企业亩均税收为8.1万元/亩，根据市深化“亩均论英雄”改革工作领导小组办公室公布的数据显示，柯城区2020年度（2019年度数据）规上亩均增加值为43.2万元，全省26个县专项考核中排名17。年内，开展“低散乱”专项整治工作，完成整治提升企业35家，淘汰落后产能企业5家，完成用地0.33公顷以上低效工业企业出清15家，盘活土地27.15公顷。

【重点工业投资项目投入】 全年，全区工业投资增速11.7%，工业企业技改投资增速70%，制造业投资增速3.6%。全区安排省重点技改项目20个，年度计划投资3.1亿元。至年底，20个重点工业项目完成投资2.995亿元，完成年度计划的96.6%。安排省“百项万亿”项目3个，当年计划投资额1.3亿元，至年底，完成投资1.45亿元，完成年度计划111.5%。服务企业转产转医。疫情期间，组织企业复工复产，鼓励企业转产转医。针对防疫物资紧缺的实际，全力支持浙江佰意智造服饰有限公司、浙江睿丁生物有限公司、衢州市英虎旅游用品有限公司等企业转产转医，全区口罩生产从疫情前的0家企业到高峰期有6家企业生产，日产达300万只。

【数字化建设】 是年，区政府实施数字经济“一号工程”，依托“两院一会一平台”及数字经济相关智库和专业机构，建立数字化项目储备库推进企业数字化转型。年内，修订数字经济专项扶持资金实施细则，确定金沃精工、盛元文创等17个项目列入年度产业数字化项目库，项目总投资2045万元，发放政府补助资金840万元。

【疫情防控】 成立工业复工领导小组，通过“网格+专班”点对点摸排梳理，制定复工“作战图”，实现100%复工，2月18日，率先在全市实现规上工业企业全面复工。为应对疫情防控，区经信局成立口罩专班，帮助企业代跑代办，实现项目审批“零跑腿”，顺利帮助企业转产转医，至年底，全区防疫应急物资生产企业10家。浙江佰意智造服饰有限公司、浙江睿丁生物有限公司被列入省级重点口罩生产（加工）企业名单（第一批），两家企业获省级防疫应急物资技改资金补助112.6万元（省级资金），6月，睿丁生物完成新增规入库，全年，佰意智造新增产值2.73亿元，带动规上工业增长3.8个百分点，两家企业医用防护物品均通过“白名单”审核。

（何津津）

双港工业园区

【概　况】 2020年，面对疫情大考，双港开发区坚持“两手都要硬、两战都要赢”，在慎终如始抓好疫情防控前提下，解决企业复工复产和经营发展中存在困难问题，呈现园区企业运行总体平稳有序，稳中向好态势。

【疫情防控】 深化驻企服务员机制，建立“1+3”网格化服务模式，保证企业班子1个、中层干部1个、网格员1个，实现常态化疫情管控全覆盖。利用山海协作资源，为企业筹措口罩、消毒液、额温枪等防疫物资，落实涉外人员及重点人员硬管控，确保辖区疫情问题零发生。通过“短平快”技术改造、增补设备方式，进军口罩、防护服生产领域，瑞丁生物、秀色画材、奔能汽车等企业实现防疫物资类生产项目技改。帮助园区企业获得政策性补助3000万元。

【创省特色小镇】 委托专业机构重新编制柯城新材料智造小镇创建规划，突出产业特色，留足发展空间，计划通过5年时间投资60.95亿元，新增集聚企业100家，带动上下游产业链贡献1000亿元，全年吸引游客数量超过30万人次，将小镇打造成全国知名新材料智造小镇，实现小镇创建生产、生活、生态融合发展。7月24日，柯城新材料智造小镇列入省级特色小镇第六批创建名单。

【创服务综合体】 编制完成柯城功能性新材料应用产业创新服务综合体规划，以中巨芯、贝喜欧、歌瑞、鸿盛、龙威等龙头企业为主体，实施“新材料＋”二次开发，拓展功能性新材料向终端应用延伸产业创新链条，通过技术与数字双轮驱动，利用小微企业孵化园2万平方米空间，建立“新材料应用创新”“新产品制造创新”和“产业数字化创新”三位一体产业创新服务综合体。至年底，该项目市级评审通过，参与省级评审。

【产业数字化转型】 全年投入440万元撬动10家企业投资1403.8万元开展数字化改造。总投资2000万元智慧园区软硬件项目，道路、雨水排口、危化品仓库等智慧监控设备施工中，将有效提升园区精细化服务水平和管理效率；数字化实训道场整体架构完成搭建，为企业开展培养数字化人才准备。

【基础设施提升】 在建工程15个，计划总投资11.2亿元。小微企业孵化园8幢车间、2幢科研车间、3幢宿舍楼7.5万平方米建筑结顶，8幢厂房和2幢科研车间计划10月底前交付使用。中小企业孵化园完成主体建设，室内设计初稿完成。东港八路道路、宾港南路、港琴东路等主干道路建成通车；野鸭垄路道路提升改造工程完成形象进度85%；塔山路工程建设完成；启德路工程路基平整完成50%；芳洲路完成形象进度70%；东滨路道路提升工程地下管线完成30%。“工业邻里中心”“沿江双创中心”等配套项目开展前期工作，园区产城融合步伐加快。

【招商引资】 明确落地招商引资项目7个，计划总投资11.9亿元，其中，5亿元以上项目1个（东翌新材料）；1亿元以上项目3个（贝德泵业、欣泽康新材料、智能垃圾桶）；1亿元以下项目3个（和聚氟材料、兴睿液压、亚冠体育）。重点在谈项目11个，计划总投资60亿元，其中，10亿元以上项目3个（晓星尼龙薄膜、阿里液冷、喜尔康智能家居）；5亿元以上项目1个（天津百瑞高分子）；亿元以上项目3个（天津凯星、永康鹰鹏、嘉善意德珑），培育孵化项目4个（南京家乐净、浙江凯斯特、杭州延睿、杭州万辰）。持续跟踪项目15个，计划总投资65.1亿元。

【市区园区整合】 根据市委七届八次全体（扩大）会议精神，双港开发区（东港片）于8月整合进入衢州智造新城，配合做好人事调整、审计、历史遗留问题处置工作。

（裘帅帅）

航埠工业园区

【概　况】 航埠智尚小镇是柯城区经济发展新的增长值和重要支撑。小镇包含航埠传统工业园区和省级特色小镇两大板块，总面积5平方千米，主导产业为时尚+智能制造。有工业企业176家，用地企业84家，规上工业企业18家。传统工业园区前身为“浙江省包装材料工业专业区”，创建于2003年5月，2005年改为航埠工业功能区，开发2平方千米。省级特色小镇作为产业发展平台，总规划面积3平方千米，核心区规划面积1平方千米，建设0.36平方千米。

【经济指标】 全年18家规上工业企业实现产值19.92亿元，同比2019年增长13.8%。新产品产值5.36亿元，占比26.91%。全年完成固定资产投资（不含房地产）4.04亿元，较2019年下降。民间投资完成2.66亿元；制造业投资完成2.21亿元；高新技术投资完成0.582亿元。实现入库税金2.62亿元，同比增长11.13%，其中，生产型企业税收1.23亿元，较2019年同期增加。

【招商引资】 全年航埠镇通过市决策咨询项目24个，总投资57.07亿元，亿元以上项目10个，总投资53.3亿元，其中10亿元以上项目2个：云旗智能装备项目投资25.37亿元，三间家居智造项目投资12亿元；5亿元以上项目1个：宝科智能设备；1亿元以上项目7个：南核安全科技、兴航科技、旭利工艺品、咏正新材料等。至年底，开工入库固定资产投资项目15个，总投资19.39亿元，入库税金2.62亿元，同比增长11.13%。

【创新综合服务体】 全年完成区时尚低碳产业创新服务综合体申报，整合低碳领域技术、人才、设备及资本等优势资源，构建为时尚低碳行业提供集创意设计、技术创新、政产学研合作、技术成果交易、知识产权保护、创业孵化和金融服务于一体创新服务体系，增强创新能力，加快产品结构调整，形成集时尚低碳产业横向及纵向产业配套强大产业集群。

【企业服务】 实现网格全覆盖，确保干部责任田、企业服务员。园区划分14个网格，提供“一对一”精准服务，实现疫情常态化监管服务全覆盖。出台助力企业复工“暖心十条”、企业复工“标准十条”，从物资保障、招工措施、金融补助、物流服务等全方位、全流程帮扶企业。

（王晨斌）

招商引资

【概　况】 2020年，柯城区协作中心按“招商引资攻坚年”工作部署，围绕区重点发展产业，以超常力度大抓项目、抓大项目，召开全区“三个年”活动大会，实行重点项目领导挂联服务，以“六比六抓·八大竞赛”为抓手，加快推进三间智能家居、中国运动汽车城、奥陶纪重点项目，全区上下形成比学赶超浓厚氛围，推进区产业大发展、快发展、高质量发展。

【招商引资】 全年实现到位资金

25.16亿元、完成总目标113%，其中制造业投资占比65%。在谈项目方面，全区报送项目信息81条，重点跟踪在谈亿元以上项目11个，其中5亿元以上1个，10亿元以上2个；签约项目方面，1—12月市区签约活动中签约项目20个，其中，5亿元以上3个，10亿元以上2个；入库项目方面，1—12月，入库亿元以上项目20个（10亿元以上项目为三间家居、浙西大花园项目）。引进数字经济项目20个，20亿元先进制造业项目1个（本码衢州智能制造产业园项目）完成供地。

【推进督办例会】 区政府每半月召开项目推进督办例会，针对产业平台提出项目落地难问题，召集资规、国资、发改、农业等协调处理，协同会商推进20余个重点产业项目入库，其中5亿元以上项目重中之重。中国运动汽车城项目在九华乡全体干部克难攻坚下，政策处理全面完成，一期项目备案，一期商业用地控规方案编制中；奥陶纪项目石梁镇173.33公顷一期土地交付，景区上山道路施工中；三间家居一期地块摘牌，9月申报项目入库，20天完成政策处理，创造招商引资与重点项目推进新纪录，为大项目新增入库打好基础。

【创新考核方式】 根据部门职能分类考核。对经济部门、重点招商部门、产业平台、乡镇街道下达招商任务，对非经济部门下达服务保障任务。按照项目进度考核。加大项目推进奖励，从一季度到四季度，按2、2、1.5、1推进系数赋分。设置平台赋分权利。由区产业平台提出职能部门招商服务任务，年终由平台组织专业部门和社会、企业代表对职能部门打分，作为考核分一部分计入。研究存量扩张企业和巨化投资项目考核认定办法。拟将存量企业新增用地、技改投资固定资产投资项目及巨化集团投资项目列入招商引资项目考核。

【优化环境】 拟定全区鼓励税源经济落地补助政策初稿，牵头召开税源型项目政策会商会，与财政局、税务局、审计局、乡镇商讨完善政策，纳入招商引资考核细则。会同区教育局联合出台招商引资企业子女就学政策意见，于是年义务教育招生季开始实施，至年底，向教育局报送15名符合条件政策保障生。

【山海协作】 至年底，全区新签约山海协作产业合作项目17个，到位资金20.03亿元，完成全年任务111%；实施群众增收、乡村振兴和社会事业合作项目5个，到位资金660万元；实现培训转移就业劳务3621人次，完成年度任务566%；山海协作产业园完成固定资产投资35.03亿元，同比增长7.8%。规上工业总产值完成29.7亿元，同比增长8.4%。柯城、余杭两地领导高度重视山海协作工作，单位对接走访、相互考察交流，工作有序推进。6月12日，柯城—余杭在余杭区召开山海协作工作对接会，推进“消薄飞地”收益兑现、消薄卡、乡村振兴示范点建设等工作；9月2日，余杭区委书记张振丰率党政代表团到柯城考察，召开两地联席会；10月19日，柯城区委书记朱素芳率党政代表团赴余杭区考察，召开工作对接会，深化两地山海协作工作；区委原常委、副区长黄宏瞻每月带队赴省发改委区域发展办对接汇报工作。区协作中心发挥牵头抓总作用，谋划组织全区山海协作工作，宣传工作中亮点成效，注重收集总结提炼工作案例，多次赴省区域发展办、杭州市对口支援局、余杭区发改局对接山海协作工作。全年柯城、余杭两区单位走亲式互访交流30余批次。疫情期间，柯城余杭发挥“山海协作”优势，互相帮扶，互援物资，交流疫情管控经验，两地携手抗疫做法受到省发改委区域发展合作处领导表扬。

【消薄飞地】 2019年11月，余杭—柯城实施“消薄飞地”项目，柯城区整合扶贫资金3284万元，量化股权到区86个经济薄弱村，购买余杭未来科技城柯创园3609.16平方米物业，作为柯城区在余杭的“消薄飞地”。柯创园通过招引企业入驻，获稳定物业租金和税收收入，确保每年投资额10%计328.4万元作为固定收益，反哺86个经济薄弱村。余杭区明确每年“消薄飞地”内注册企业税收地方留存部分全额结算给柯城区。8月26日，余杭区兑付2019年和2020年1—5月收益1547.05万元给柯城，86个集体经济薄弱村每个村拿到首笔分红5万元。

【消费帮扶】 依托全省山海协作大平台，通过政府搭台、公益运营、企业参与，聚焦培育壮大村集体经济和帮助农户扩大农产品销售，以区农合联资产经营股份有限公司为运营主体，创新建立"一卡""一店""一批公司""多渠道"的"1＋1＋1＋N"消费帮扶"消薄卡"项目模式，打开消费帮扶新窗口，项目运行孵化5家村集体企业，打造"柯城善品"农产品帮扶品牌，培育"九华春糕""德门龙手工面"等知名特色农产品。至年底，有两地30多家企事业单位、社会组织认购"消薄卡"，帮助强村公司和农户销售农产品115万元，带动销售其他农产品2637万元。疫情期间，"消薄卡"发挥帮村助农作用，销售柑橘农产品35万元，有效缓解农产品滞销难题。柯城善品"消薄卡"项目做法全市发文推广，工作信息省办刊发并专报国办。

【智多张西】 实施余杭—柯城山海协作"智多张西"项目，在石梁镇双溪村张西自然村，推行"公司运营+集体自营+农户植入"张西模式，探索实施乡村振兴新模式。项目实施张西村实现营收50余万元，接待游客1万余人次，农家乐增收30余万元，村民人均收入从2014年6127元增加到2019年17012元，为小村落带来人气和流量，让生态人文环境成为竞争力、发展力，走出以"智多张西"为代表乡村振兴之路。

【一村万树】 "一村万树"绿色期权"消薄"模式在全区范围内建立"生态飞地"。全年有175家企业认购"一村万树"绿色期权资产包256个，700多位个人认购"一村万树"绿色"期权"单位1678个，总认购资金1070多万元，打通"一村万树"资源、资产、资金转换通道，为乡村振兴增添新的活力。

【东西部扶贫】 两地东西部扶贫协作工作得到省、市领导批示和督查（导）组调研肯定13次，被央视、《光明日报》、"学习强国"主媒报道220余篇次。4个经验模式入选国家扶贫典型案例，7个工作经验入选浙川东西部扶贫典型案例。贵丽青获浙江省"担当作为好干部"称号，并在2020年全国脱贫攻坚先进事迹巡回报告会上作事迹报告，谭胜泉等4人获绵阳市脱贫摘帽和脱贫攻坚先进个人，叶德刚获浙江省东西部扶贫协作"突出贡献奖"。

【人才交流】 围绕"智志双扶"，打造一支"带不走"队伍。两地互派挂职干部5名、专技人才33人，推动"组团式"支医、支教、支农。坚持"走出去、请进来"，举办干部培训班4期177人，举办人才培训班18期924人，培训致富带头人110人。加强挂职干部管理，严格执行两地规章制度和《浙江赴川挂职干部工作规范》，按"人岗相适"原则合理安排岗位分工，主要精力用于东西部扶贫协作，提供办公场所和生活用房、用品保障。贵丽青被浙江帮扶工作组推荐参加全国脱贫攻坚先进事迹巡回报告。

【资金管理】 精准实施项目，瞄准贫困村、贫困户，编制实施项目23个，下达帮扶资金4210万元（其中：产业合作类项目20个、3950万元，劳务协作项目1个、60万元，人才交流项目1个、130万元，改善民生项目1个、70万元），100%用于县以下基层。精准管理资金，严格遵照专项项目资金管理办法，按财政集中支付制度，落实两地纪委协同监督检查机制使用、监管和拨付资金，确保全过程管控。5月，接受国家审计署成都特派办全面检查；7月，接受市纪委专项督查；9月，接受省审计厅专项审计。个别整改问题和脱贫攻坚回头看要求，全部整改销号。精准使用资金，健全一个具体项目、一套推进方案、一张作战图、一个牵头部门、一名县级领导、一张督办清单"六个一"推进机制。全年完成项目投资4006万元，完成率95.2%；拨付资金3855万元，拨付率91.6%。

【产业合作】 坚持扶贫协作与乡村振兴融合、与扶贫产业融合、与脱贫项目融合。续建协作园区，全年投入帮扶资金1300万元，建设柯城—北川扶贫协作产业园三期，新建综合保障服务中心、园区广场等5925平方米及相关配套设施，完成3万平方米标准厂房建设，引进康养健生物科技公司入驻开工1家，江苏桃园家饰公司入驻投产1家，在谈项目2个。新建中药材、茶叶、扶贫超市扶贫车间项目4个。育农业产业，改造传统产业，投入帮扶资金1680万元，建设花椒、红脆李、猕猴桃、枇杷特色果蔬种植基地130公顷，新建黑猪育肥场、冷水鱼、蚕桑园5.4万余平方米和小龙虾基地23.33公顷。培育新兴产业，引进并新建浙江蓝莓1号福田种植基地、仙居杨梅通泉基地、衢州柑橘永昌基地42公顷。外引招商项目，落实优惠政策，引入杭州奕米、江苏桃园东部落地或新增投资企业17家、投资5.43亿元，带贫增收249人。加快推进飞鸿草上运动综合体项目二期建设。

【劳务协作】 健全保障机制，落实区在全省率先出台县级精准就业扶贫专项补贴政策，为北川建档立卡人员发放就业补贴130余万元。依托全国妇女手工编织协会平台，打造全省首个“妇”字号居家就业“吴大姐巾帼扶贫车间”。举办订单式劳务就业技能班培训贫困对象820人，做好贫困学生返校，率先推进23名贫困学生到衢州复学。深化专场招聘，全区组织2000余个就业岗位到北川参加劳务协作现场招聘，帮助1448名贫困户实现省内外就业。疫情期间，区派驻专班驻点北川招工，组织复工专车2次、专列1次返岗就业，被央视《新闻联播》连续两次报道，为此北川获评“四川省农民工服务保障工作先进县”。强化人文关怀，组织北川在柯城务工人员座谈会、发放清凉防疫爱心物资活动，成立两地劳务协作工作站和“温暖驿站”，增强务工人员在柯归属感。

【社会帮扶】 深化社会帮扶，年初新冠疫情和8月特大洪灾发生后，柯城区政府、慈善总会、红十字会和结对乡镇、企业向北川捐款捐物，发动东部社会各界捐赠北川抗疫、洪灾、帮扶款物606万元，推动市“三助”爱心协会结对优秀贫困学生10名。完善机制，新增结对学校4对、医院2对、镇镇8对、村企11对。创新消费扶贫，坚持“线上+线下、政府采购＋社会参与、东西部扶贫+山海协作”，出台专项支持政策，制定扶贫“大礼包”，开展扶贫产品进机关、进企业、进食堂和参加衢州年货节、长三角消费扶贫节等活动。全年实现消费扶贫2321万元，带贫增收711人。

【长三角一体化】 成立以区委主要领导为组长全面融入长三角区域一体化工作领导小组，建立工作推进机制。成立市区长三角一体化区域合作中心，将融入长三角一体化工作纳入区委、区政府年度综合考核，统一指导和统筹协调全区推进长三角一体化发展工作。研究出台《2020年—2025年柯城区全面融入长三角区域一体化发展行动计划》，制定《运动柯城 2020 沪上行实施方案》，围绕七方面目标要求，明确全区相关乡镇街道、部门单位开展的10项重点工作。在7月22日全省长三角一体化发展工作专题培训班和8月13日全市长三角一体化发展领导小组会议上，柯城区作交流发言。

【机构改革】 中共衢州市柯城区委机构编制委员会《关于印发衢州市柯城区人民政府经济技术协作中心主要职责、内设机构和人员编制的规定的通知》，协作中心为区人民政府直属公益一类事业单位，机构规格相当于正科级，挂区长三角一体化区域合作中心牌子，经费形式为财政全额补助，设办公室、投资促进科、督查考核科、区域合作科4个内设科室，核定编制7名，流动编制5名，设主任1名（正科级）、副主任2名（副科级），内设机构正股级职数4名。

（季梦婷）

商贸·服务业

商贸业

【概　况】 2020年，全区实现社会消费品零售总额207.51亿元，同比增长0.3%，全市排名第二。实现限上社会消费品零售额84.82亿元，同比下降14.1%。其中，餐饮收入实现零售额2.89亿元，同比增长4.6%；商品零售实现零售额81.93亿元，同比下降14.7%。按商品销售类别分，限额以上汽车类实现零售额30.44亿元，同比下降18.2%；石油及制品类实现零售额21.98亿元，同比下降24.8%；家用电器和音像器材类实现零售额3.28亿元，同比下降22.3%；服装、鞋帽、针纺织品类实现零售额3.07亿元，同比下降6.1%。

【外向型经济】 认真贯彻落实市外向型经济工作会议和区商务工作会议精神，面对全球经济复苏明显放缓，外需疲软的严峻经济形势，强化服务意识，创新工作方式，细化工作措施，全区外向型经济指标保持平稳发展态势。至年底，全区外贸企业675家，外贸出口总额224958万元（2020年，该数据涉及区块企业调整，出口基数下调，故出口额少于2019年，而出口增速快于2019年），同比增长7.57%。批准外商投资项目4个，实际利用外资642万美元，目标完成率107%。

【电子商务】 是年，全区实现网络零售额107.6亿元，全市排名第2，同比增长26.4%。截至年底，在重点监测第三方电子商务平台上，全区活跃网络零售网店1280家，于注册零售网店总数的47.8%，活跃网络零售网店总数在全市排名第1。电子商务就业创业氛围良好，直接解决就业岗位3850个，间接带动就业岗位10140个。

【散装水泥、预拌混凝土、预拌砂浆产能与供应】 2020年，全区散装水泥供应量0.08万吨，散装率23.53%。预拌混凝土企业4家，设计产能220万立方米/年，供应量111.49万米^3/年，供应量同比增长1.53%，产能利用率50.68%。预拌砂浆企业1家，设计产能30万吨/年，供应量2.30万吨/年，同比增长－29.17%，产能利用率7.68%。

【疫情防控】 根据区指挥部统一安排，第一时间成立由区经信局牵头物资采供组，积极开拓物资采购供应渠道，采购和获市指挥部调拨物资58万件，其中采购口罩33万只，有力保障全区疫情防控，被区委、区政府记集体三等功。成立生活物资保障组，全力保障全区粮油肉等生活物资供应，物价保持相对平稳。开通“物流绿色通道”，为全区运送生活必需品车辆开具通行证，发放通行证61张。不定期对商场超市督查，指导商场超市做好疫情防控工作。

【刺激消费】 是年，区经信局安排出台多项政策刺激消费回暖，提振市场信心，实现消费市场恢复性增长。4月，柯城区安排1000

万元财政资金用于对全体到衢州人员发放消费券，带动商家跟进向消费者让利2亿元以上，产生消费5亿元以上。8月、12月出台汽车消费政策，投入3000万元用于发放购车补贴，拉动汽车销量4913辆，销售额7.07亿元，投入拉动比1∶23。成功创建省级夜间经济试点城市，培育坊门街、水亭门、时代广场、新宏东方广场夜间经济集聚区，吸引500余家商户入驻，举办橘子音乐节、美食嘉年华、消费狂欢月、金秋购物节等消费活动58场。启动“浙江金秋购物节”暨全国“消费促进月”活动。杭州湖滨步行街城市主题展馆柯城馆如期开馆，围绕“衢州有礼、运动柯城”主题，重点展示巨小芒、南孔爷爷等城市IP和邵永丰、渔鼓道琴说唱等非遗项目，展现柯城人文底蕴和商贸特色。

（何津津）

电子商务

【概　况】 2020年，全区培育电子商务产业基地2个，建筑面积1.9万平方米，入驻电商企业57家。全年实现网络零售额107.6亿元，同比增长26.4%。在重点监测第三方电子商务平台发现全区活跃网络零售网店1280家，占注册零售网店总数47.8%，活跃网络零售网店总数在全市排名第1。电子商务就业创业氛围良好，直接解决就业岗位3850个，间接带动就业岗位10140个。12月，根据区政府机构调整，区电商中心并入区经济和区信息化局，为该局内设机构。

【村播计划】 在疫情防控背景下，柯城区联合阿里村播组织举办“‘疫’呼百应，村播助农”——淘宝直播助力衢州椪柑网销抗疫活动。2月，与中央电视台、新华社、人民网、《浙江日报》等媒体及拼多多合作，举办“抗疫开拼、多多助农”活动。市委副书记、市长汤飞帆到柯城区乡村振兴综合体（村播基地）客串“网络主播”，向网友推介衢州柑橘，为广大果农站台。半个多月，全区通过各种线上销售帮助村民销售椪柑50多万千克。通过直播推荐，触及网友超1000万人次，让衢州椪柑走向全国，提升衢州农产品品牌影响力，拓宽销售渠道。5月8日，省“村播计划”在柯城启动，全省首个“乡村振兴村播学院”在柯城村播基地揭牌成立。

【东西部扶贫协作】 是年，区电商中心借助淘宝“村播计划”为四川北川量身打造“特别节目”，创新开展“县长来了”淘宝直播活动，由县级领导“站台带货”，助推消费扶贫。4月9日、4月30日，举办北川“县长来了”——“寻根大禹·品质羌茶”系列淘宝直播活动。柯城东西部电商扶贫工作从全省108个工作案例中脱颖而出，被列入浙江省商务厅东西部电商扶贫12个先进案例之一进行推广，并入选全国消费扶贫优秀典型案例。12月，根据区政府机构调整，区电商中心并入区经济和信息化局，成为该局内设机构。

（徐恺彧）

供销合作经济

【概　况】 2020年，柯城区供销社系统完成商品销售总额77201.5万元，其中销售农产品6537.7万元，实现利润总额11580万元。新发展产业农合联2家，现代农业服务公司2家，新增、改造、提升基层社4家，完成村级综合服务社能级提升15家，基层组织建设加强。

【“政银担”三方信用合作升级】 是年，柯城区被列为全省基层政策性农业信贷担保服务创新十大试点之一。6月，区农合联和省农担公司签约，挂牌办事处。政银担合作模式为区农合联会员提供门槛低、风险低、成本低信用服务。9月15日，与省农担开启合作业务，为中药材、柑橘、小水果、蔬菜、生产资料五个产业会员办理41笔贷款金额4025万元。预计转轨后每年平均贷款可达3.2亿元。

【成立供销惠农公司】 区政府同意成立区供销惠农有限公司。注册资本金500万元。公司将收购区农合联在衢州市柯城区农合联资产经营股份有限公司相应股权，

图 63　8 月 19 日，全市深化“三位一体”农合联改革现场会在柯城区农合联召开

区供销惠农有限公司成为区农合联资产经营股份有限公司控股公司，成为区供销社发展壮大社有经济参控股投资运营平台，为社有企业、专业合作社向上争取项目资金提供平台，也是区政府指定相应经营性工作承接平台。

【“三衢味”品牌促发展】 以培育全品类农产品区域公用品牌“三衢味”为主抓手，制定品牌战略规划、管理办法、系列标准，组织辖区企业 16 家加盟“三衢味”品牌。“三衢味”聚合作用，拓宽本地特色农产品销售渠道，实现农产品溢价销售，有效促进农民增收，实现抱团发展。利用“线上＋线下，政府＋市场”以及“消薄卡”＋强村集体公司＋三衢味品牌产品立体营销运行机制进行扶农助农，打通消费帮扶“最后一公里”，年度实现销售村集体农产品销售额 109 万元，促进销售和意向认购达 3000 余万元。是年，农合联组织辖区 16 家加盟“三衢味”公司及其他农业企业参加亚洲果蔬博览会、第十一届上海国际餐饮食材展览会、第八届中国食材电商节大型展销会 3 场。在余杭市民之家、良渚遗址、未来科技城联创街等地举办柯城农产品推介活动 7 场，销售额达 21.5 万元。

【“消薄卡”项目】 柯城区与杭州市余杭区依托全省山海协作大平台，通过政府搭台、公益运营、企业参与，聚焦培育壮大村集体经济和帮助农户扩大农产品销售，以区农合联资产经营股份有限公司为运营主体。两地联手，余杭区购买农产品消费群体通过“消薄卡”平台，将资金预付给平台，平台将所需产品邮寄给消费者。建立“一卡”“一店”“一批强村公司”“多渠道”“1＋1＋1＋N”消费帮扶“消薄卡”新模式，打造农村消薄新窗口，优化升级“强村公司”，促进群众消薄增收和乡村产业振兴。截至 11 月底，“消薄卡”项目完成消费 2600 多万元。

【线上线下联动促销】 建立抖音直播间，免费为农合联会员直播上架销售农特产品。山海协作帮扶小组实施“山里进货上网、进城”，借助两地电商平台，依托淘宝、抖音等资源平台和进驻省政府采购云平台拓展渠道。在余杭、柯城区消薄飞地设立销售中心，进驻余杭农贸市场、市民之家展销。参与农产品推介活动，提升品牌知名度，拓展产品销路、提增销售量级。

【农业社会化服务】 柯城区园士农业服务有限公司是区社会化服务试点公司，成立于 2020 年。公司拥有专业技术服务队，有柑橘专家 2 名、技术员工 20 名组成，对柑橘实行转型的基地，提供免费钻孔施肥、整枝修剪和除草服务。区农业社会化服务主体、区小林农机专业合作社、志刚家庭农场、尚禾家庭农场、区飞防植保专业合作社 5 家农业社会化服务公司提供 7 个环节服务：集约化育苗、收割烘干、翻地挖沟、插秧直播、钻孔施肥、统防统治、整形修剪，包含粮食、蔬菜、柑橘、中药材 4 大产业。2020 年度服务面积 8533.33 公顷，其中多环节托管服务面积 6446.67 公顷，实际覆盖面积 2086.67 公顷，申请补助资金 364.51 万元，涉及全

图 64　12 月 15 日，区供销社（农合联）庄稼医院专家到能力农场百亩花菜为农服务

区乡镇 6 个，农业生产主体 671 个，其中小农户 618 家，小农户面积为 473.6 公顷，占服务总面积的 5.5%。全年庄稼医院下基地 142 次，农业科技大篷车科普 58 天，发放农业技术书籍 1000 多本。采集土壤分析样品 90 余次，解答各类咨询 150 余次，解决农户滥用药、不会用药问题，避免环境污染。

【创新服务主导产业】　区农合联与华中农业大学签订 5 年柑橘无病良种苗木繁育中心项目合作协议。计划通过高标准种植，建造 13.33 公顷华东地区最大无病毒良种繁育中心。是年，育苗达 30 万株，中心完成后达 150 万株，柯城区成为华中地区最大育苗基地，品种由华中农大提供。

（郑敏霞）

专业市场建设

【概　况】　2020 年，区专业市场建设管理委员会，对标“中国营商环境最优城市”要求，结合专业市场园区实际，围绕优良投资环境营造和项目攻坚主线，加快推进专业市场五化提升改造和系列重点投资项目建设，加大基础设施配套投入，全力推进市场园区转型升级。

表 12　　衢州专业市场城主要指标统计表　　单位：亿元

项目名称 / 年份	社会消费品零销总额	全社会固定资产投资总额	规上服务业营业收入	限上批发和零售销售额	税收收入	市场园区交易总额
2020 年	5.2	2.1	1.32	42.16	1.21	245

【疫情防控】　是年，区专业市场管委会党工委领导构建严密指挥工作体系和疫情防控体系，建立市场园区从业人员数据库，核查专业市场 22 个、经营户 3500 多家、人员 7000 多名。疫情期间，衢州农商城作为市保供应急单位，严格防控措施，全力保障经营，办理省疫情防控车辆专用通行证及报备高速通行车辆 306 辆，为经营户办理衢州农商城通行证 568 份，保障市民生活食品和日用消费品正常供应。2 月，花园金茂大酒店被紧急征用，作为全区境外人员和国内重点地区人员集中隔离点。全年园区核查防控对象 400 多批次、6000 多人次。

【复工复产】　2 月 10 日，实达实智能制造服务平台项目复工，是全区建筑类工地第一个复工项目。2 月 19 日，园区专业市场 20 家、规上企业 53 家、项目建设工地 3 个实现 100%复工复产。2 月 21 日，《衢州发布》对专业市场城复工复产进行报道，同日，园区内浙江德康健康投资管理有限公司、浙江佑安医药零售连锁有限公司、衢州通成农业发展有限公司、中国物流衢州有限公司被浙江省发展和改革委员会列入浙江省第一批疫情防控重点保障企业。4 家企业争取到低息贷款额度 2500 万元。3 月，衢州农商城获惠农政策扶持资金授信 1 亿元。

图 65　2 月 10 日，实达实大卖场节后复工

3 月 4 日，衢州电视台新闻综合频道播报《衢州再现“好房东” 为商户减租 200 万元》，报道浙江广汇家居市场为入驻商户减免 1 个月租金及管理费。3 月 27 日，人民网浙江频道报道新凤朝建筑装饰材料市场《亿元大礼包 衢州柯城百余户商家致敬一线医护人员》。3 月 29 日，中国网衢州站报道《优惠五百万元、授信一个亿！柯城金融部门大力支持衢州农商城复工复产》。根据《关于印发衢州市进口冷链食品集中监管专仓建设方案的通知》要求，市首个进口冷链食品集中监管专仓设立在衢州农商城，12 月 21 日投入使用。

【专业市场“五化”提升】 专业市场管委会按省委改革办、省最跑办、省市场监管局《浙江省农贸市场和专业市场“五化”提升行动方案》部署，引导现有专业市场按便利化、智慧化、人性化、特色化、规范化等“五化”建设标准进行提升。11 月 25 日，省市场监督管理局下发《关于全省第一批农贸市场和专业市场“五化”改造情况的通报》，衢州专业市场城内新建建材市场、百汇家居市场通过省级验收，位列全省第一批商品市场“五化”改造验收通过名单。

【项目建设】 2000 年，占地近 6 公顷、总投资 5.58 亿元衢州广汇国际家居广场提升改造项目解决长达历时 17 年遗留问题。6 月 24 日项目用地公开拍卖，11 月 8 日举行开工奠基仪式。实达实智能制造服务平台项目总投资 1.5 亿元，规划用地面积 24247 平方米，总建筑面积 59648 平方米，8 月主体结顶，全面进行安装工程。总投资 1.32 亿元的衢州专业市场城商务中心项目 6 月重新开工建设，至年底，项目 2 号楼主体结顶，1 号楼和 3 号楼主体建设进行中。

【营商环境】 是年，深化服务市场、服务企业、服务经营户工作，建立全科网格和专科网格服务机制，借助“县乡一体、条抓块统”网格力量，发挥“两难”问题三级钉钉群作用。协调解决实达实项目电力、污水管网配套，与职能部门明确路径，合力推进解决衢州农商城二期项目 3 标段历史遗留问题，项目审批工作实质性进展。推进火宏凯泰国际汽车城二期项目 3 号地块进度，协助企业解决项目 2 号地块工程款结算纠纷和处在 3 号地块工棚拆除事宜。

【基础设施】 按创建全国文明城市标准和要求，开展市场园区创建工作。加强基础设施配套，完善市场园区绿化、亮化、道路交通建设、标志画设、公交车亭安装、公厕建设等。加快实施衢州专业市场城公共空间环境提升改造项目，7 月，完成兴市街道路改造提升项目建设并投入使用，12 月，启动徽州街道路提升改造项目。

【市场培育管理】 1 月 14 日，省科学技术厅印发《关于公布 2019 年度优秀众创空间的通知》，中国（衢州）网红星耀城被列为省 2019 年度优秀创空间名单。1 月，实达实集团有限公司被省市场监督管理局列为省商标品牌示范企业。3 月，实达实集团有限公司获市政府特别奖之商贸产业之星奖。8 月 18 日，实达实集团有限公司被省市场监督管理局列为省 AAA 级“守合同重信用”

企业。9 月 25 日，浙江中信检测有限公司被省市场监督管理局列为省 AA 级“守合同重信用”企业。11 月 11 日，衢州通成农业发展有限公司、浙江佳农果蔬股份有限公司被省农业农村厅、省粮食和物资储备局、省供销合作社联社、省林业局评为省级骨干农业龙头企业。12 月 1 日，浙江实达实工业购科技有限公司、浙江中信检测有限公司、浙江佳农果蔬股份有限公司被全国高新技术企业认定管理工作领导小组办公室列为省第一批拟认定高新技术企业。12 月 9 日，浙江广汇家居市场开发股份有限公司被省家具行业协会评为省家具行业省级优秀家具市场。12 月，实达实集团有限公司被省经济和信息化厅、省制造拓市场活动组委会列为制造拓市场最具影响力电商平台。12 月，浙江中信检测有限公司被市委宣传部、市市场监督管理局、市民营企业协会评为诚信民营企业。

（张霞艳）

财政·税务

财　政

【概　况】 2020年，区实现地区生产总值236.48亿元，按可比价格计算，同比增长3.0%。其中：第一产业增加值8.30亿元，增长1.8%；第二产业增加值45.17亿元，增长2.4%，其中工业增加值23.84亿元，增长5.0%；第三产业增加值183.01亿元，增长3.2%。三次产业结构比为3.5∶19.1∶77.4。按户籍人口计算，人均生产总值126520元，增长4.3%。城镇居民人均可支配收入52862元，增长4.8%；农村居民人均可支配收入28138元，增长9.0%。全年固定资产投资增长4.1%。财政总收入20.21亿元，增长1.6%；一般公共预算收入13.32亿元，增长3.7%，其中税收收入10.64亿元，下降1.2%；一般公共预算支出56.87亿元，增长7.7%。全区财政收支平衡。

【财政收入】 加强收入征管，培植税源产业，保障财政收入平稳可持续增长。全区一般公共预算收入占GDP的5.6%，占财政总收入的65.9%，税收收入占一般公共预算收入的79.9%。规范非税收入管理，加大非税收入征管政策宣传力度，坚持依法征收，执行“单位开票、财政统管”管理制度，确保非税收入及时上缴国库。全区非税收入32.43亿元，其中纳入一般公共预算管理非税收入2.67亿元，增长29.2%。全年向上争取资金29.58亿元，增长25.7%，其中争取区域协调财政专项激励政策4.50亿元。

【疫情防控】 落实抗疫保障资金3194万元，其中疫情防控经费860万元，疫情补助经费2066万元，粮食生猪稳产保供268万元。争取上级防疫资金1.40亿元，其中协助衢州市柯城区国有资产经营有限责任公司申请国家开发银行疫情专项应急贷款5000万元，协助22家重点疫情防控企业申报中央财政低息再贷款资金9007万元。落实“五减”政策资金2.52亿元，其中减税4750万元，减费6473万元，减租405万元，减息580万元，减支1.30亿元。返还企业社保费4276万元，稳岗补贴25万元。疫情期间，组织52名志愿者下沉社区773人次，服务3个小区1个村3680户居民，并派驻区疫情防控指挥部干部2名。

【服务民生事业】 全区民生支出42.16亿元，占一般公共预算支出的74.1%。全区安排教育支出7.68亿元，同比增长13.8%。建立义务教育教师工资与当地公务员工资联动机制，提高义务教育生均公用经费和班主任待遇，投入学前教育补短提升3.06亿元。全区安排卫生健康支出4.25亿元，同比增长19.8%。投入公共卫生领域补短板项目建设6.37亿元，保障区公共卫生服务中心、人民医院门急诊大楼、第二人民医院（传染病医院）、中医医院项目建设。全区安排社会保障和就业支出5.26亿元，同比增长7.3%。加强社会保险基金收支管理，全区社会保险基金支出8.48亿元，同比增长2.5%。提高保障标准，最低生活保障月人均提升80元；特困人员供养月人均提升101元;城乡养老基础养老金月人均提升30元，65周岁以上人群最低标准每人每月增加5元。投入专项扶贫资金1.41亿元,保障脱贫攻坚。投入余杭—柯城山海协作“消薄飞地”项目建设3284万元，确保每年不少于投资额10.0%收益,扶持86个集体经济薄弱村，增强村集体造血功能。安排资金500万元,建立特殊困难群体救助救济机制。

【深化财政改革】 完善集中财力办大事机制，理清“三张清单”，设立“五大专项”，加大资金统筹整合力度。加强预算绩效管理，制定出台《柯城区预算绩效运行监控实施办法（试行）》6项管理办法，全流程监控预算管理。开展“三个一”重点绩效评价试点，涉及财政资金9.87亿元。改变项目评审模式，送审预算50万元—400万元政府投资项目采用备案抽查制度，简化程序，提高评审效率；探索开展概算评审和决算评审，延长项目评审链条。全年完成项目评审765个,送审金额46.09亿元，核减投资额5.26亿元，节资率11.4%。推进体制调整。配合市区财政体制调整，双西港和万田7个乡划归区固定收入区块。起草《柯城区高水平推进航埠镇经济强镇建设若干意见》《关于印发完善石梁镇等8个乡镇财政体制的通知》《关于印发建立府山等9个街道财政体制的意见(送审稿)》《关于印发完善专业市场建设管理委员会财政体制的通知（送审稿)》，明确乡镇财政收入、支出责任及基数内容，调动乡镇发展经济、培植税源、增收节支积极性。

【聚焦风险防控】 落实防范化解政府隐性债务五年行动计划，完成年度任务的119.7%。提升政府债务管理水平，全年未出现新增地方政府隐性债务。防范社保基金风险，筹集划转社会风险准备金5亿元，调整被征地农民参加养老保险政策。加强基金运行分析预判，增强区级社保基金支付能力。防范化解基层财政管理风险，联合审计部门完成全区基层财政资金安全管理专项检查，发现并督促整改问题22个,确保资金安全。开展协审单位公开招投标，入围协审单位12家，备用协审单位6家，防范廉政风险。

【强化财政监管】 完善预算绩效管理链条，同步部门绩效目标申报（审核）与部门预算编制环节，组织部门（单位）对年度部门预算项目进行“双监控”。开展扶贫资金项目管理专项检查，组织全区21个乡镇街道和相关部门进行财政扶贫资金和项目管理专项检查，涉及脱贫攻坚项目14个，扶贫资金1亿元。做好基层财政资金管理专项检查、专项巡察工作,对11家单位发放行政处理决定书,追回违规发放资金3万元。对2019年度全区693笔、2.94亿元贷款农合联会员贷款贴息及柑橘转型贷款贴息进行核查，核减贷款贴息48万元,核准应付贷款贴息588万元。

【队伍建设】 将“不忘初心、牢记使命”作为全局干部终身课题。举办“财政大讲堂”，深入学习习近平新时代中国特色社会主义思想，加强业务培训和法律法规学习,提升业务能力和法律意识。推进全面从严治党，抓好警示教育，开展正反面典型案例宣传，对全局干部进行廉政谈话提醒，守住底线，确保清正廉洁。开展巡察反馈意见整改，落实整改问题25个，完成率100%。开展扶贫结对帮扶,42名干部结对低收入农户117户,整体参与率100%。开展组团联社活动，助推全国文明城市创建。全年，调整和提拔中层干部23人，修订管理制度32个项目,其中内控制度24项。

（郭　映）

国有资产管理

【概　况】 2020年，区国资服务中心（区国资公司）贯彻习近平总书记在浙江考察调研精神，落实区委“四个区”建设目标，统筹推进疫情防控和经济社会发展，争当建设高质量发展重要窗口的排头兵，抢抓政策窗口期，深化国有企业改革，做强做优做大国有资本，以项目推动全区经济稳步发展。

【国资国企改革】 上半年，区国资服务中心根据区委办文件精神，初步完成“1＋4＋1”体系构建，形成完全市场化运营、政企分开的4家区属国有企业（建投公司、乡村振兴公司、绿创公司、寺桥公司）。下半年，结合柯城实际，以争创“双2A”平台为目标，进一步深化国资国企改革方案，构建“1＋4”母子公司体系（建投公司、乡村振兴公司、寺桥公司、智尚小镇公司）。制定国资八项监管制度，强化区国资中心监管职能，推动国资制度化管理体系落地。从用工管理、负责人薪酬及人事、工资总额管理、重大事项审批、公务消费监督管理等方面入手，从管“资产”向管“资本”转变。利用预算总额管理、国企党建、内部审计等手段实现对区属国有公司有效监管。制定《企业年度经营业绩目标考核方案》《柯城区关于加强国有企业党建工作的十条意见》《区属国企党组织考核细则》，将国企党建与区属国有企业负责人绩效考核结合起来，在党建统领下，实现绩效与员工收入相结合，鼓励企业充分发挥主观能动性，形成“党建统领、国资监管、企业自负盈亏”的国企运作体系。效能转变，从监管转向服务。根据寺桥水库项目建设、开发、融资、运营需求，组建寺桥水库开发建设有限公司，完成公司人员初步招聘。配合航埠镇开展智尚小镇公司市场化改革。结合双港管委会体制调整，对接区编办，形成《关于广联仓储公司股权划转、机制创新相关建议》，对广联公司的市场化改革提出新的实施方案。形成国资公司、建投公司、乡村振兴公司、寺桥公司“三定”方案，从定岗、定员、定责规范公司运营体系。配齐、配强区属国有企业领导班子，启动“1＋4”母子公司总经理、副总经理招聘。以择优选聘为原则，开展国有公司第一批人事公开招聘，由区国资服务中心统筹面向社会公开招聘31名国企员工。制定区属国有公司统一薪酬管理办法，在建立基本一致的基本薪酬体系基础上，放权各区属国有公司，根据考核情况合理分配绩效薪酬。建立“人岗一致、基本平衡、注重绩效、能者多得”绩效考核体系。

【融资与授信】 近年来，区国资公司通过争取中央专项资金、申请PSL低息贷款及政策性银行、商业银行项目融资和直接融资模式完成23个项目授信近105亿元。至年底，融资余额56亿元。为破除民生项目瓶颈，充分发挥国资助力重点民生项目落地的资金保障能力，国资通过增加公司本身经营性现金流，助力项目融资落地。将柯城区范围内的砂石资源专营权长期授权寺桥水库公司运营，相关砂石资源经营收益专项用于寺项水库项目建设、运营的资金平衡。经对接，该项目列入省国开行“补短板、促基建”500亿元盘子，省发改委可研批复后报总行批复。为确保项目融资顺利推进，区国资公司同步对接各国有银行，9月10日，获省农行分行审批15亿元项目授信额度。根据商业性银行具有审批便捷、使用灵活等特点，加强商业银行对接，2020年完成全域综合整治项目融资4.9亿元；斗潭项目二期8亿元银行授信，12月，完成放款1亿元；首次以区国资公司为主体建造区营商大楼工程，通过土地质押，建成后租金现金流进行资金筹措，租赁给区政府作营商大楼，每年区财政给予区国资公司租金，从而产生稳定现金流，在华夏银行衢州分行完成1.4亿元授信。为缓解国资公司融资及债务还款压力，解决资金缺口困难，区国资与市国资公司沟通，寻求市国资支持。以2020年金融降息为窗口，以其发行非公开公司债券及中期票据为契机，对区级各子公司项目进行梳理，通过降成本置换，将符合申报项目纳入市国资债券计划。完成衢化棚改、斗潭安置房、公共空间改造提升、柯城区耕地垦造等项目3亿元低息置换，发放额度2.23亿元，综合年利率降至3.77%，置换年限为5年，每年可节省利息支出近500万元。2019年12月，柯城国资顺利发行12亿公司债券，期限不超过7年，支持下属3家子公司项目建设（建投公司4.2亿元、隆港公司0.5亿元、广联公司0.45亿元），为区重点项目建设注入新资金，保障重点项目建设。柯城国资公司首次从间接融资走向直接融资，获重大突破。

【资金保值升值】 至年底，区国资公司对外实际投资余额为12.8

亿元（含九龙谷项目4.6亿元）。为打造衢州物联网产业生态，垂直贯通产业链，横向整合服务链，以供应链服务为抓手，发挥供应链金融真正服务实体企业，区国资公司联合相关部门，助力深圳本码供应链30亿元重点招商引资项目落地柯城。11月初，区国资公司组织第三团队用一周完成深圳本码、湖南、德清基地实地调查，就入股方式、担保措施、退出方式进行多轮谈判。2个月完成协商、上报审批、协议签订等程序，注册成立公司，12月25日，完成第一期项目出资9800万元。衢州恒业汽车部件有限公司作为市区两级老牌优质重点企业，始建于1983年，上半年因疫情对企业的经营产生较大影响。柯城国资公司促成市区两级联动，发挥政府基金引导与支持作用，积极对接市金控集团，为恒业公司争取资金4000万元，有效弥补恒业公司流动资金缺口，推动日本新东生产线新建，机加设备检测和企业产能扩大及流动。2018年起，通过投贷结合给予浙江鸿盛公司资金支持3.5亿元（股权投资5000万元，委托贷款3亿元），推动建区历史上首个30亿元工业实体项目落地。年内，浙江鸿盛启动主板上市，9月30日为基准日进行股改，12月，报送省证监局备案辅导。根据省、市实施消除集体经济薄弱村三年行动计划，为发展壮大村级集体经济，高标准高质量实现消薄目标，加速推进“柯城区光伏小康工程”项目合作，实施集中式光伏扶贫。项目连续3年，每年获1650万元光伏扶贫收益款项，推动柯城在全市率先完成全面消除集体经济薄弱村。2019年，根据省发改委关于“消薄飞地”的建设要求，全区86个集体经济薄弱村抱团投资3284万元，购买余杭柯创园3609.16平方米物业，以投资额10%作为保底固定收益，用于余杭柯城山海协作“消薄飞地”收益分配。为规范区国有企业投后管理行为，对投后环节进行有效控制，防范投资风险，2019年12月出台投后管理办法。年内，柯城国资公司“以时不我待的紧迫感、克难攻坚的使命感、高度负责的责任感”解决衢州柯汇基金、衢州小吃文化公司两大历史存量疑难项目，降低国有资本投资风险，取得投资固定收益，确保国有资产保值增值。

（薛晨星）

税　　务

【概　况】 2020年，国家税务总局衢州市柯城区税务局（以下简称区税务局）坚持以习近平新时代中国特色社会主义思想为指导，深入学习贯彻党的十九届五中全会精神，坚决贯彻上级各项决策部署，加强党对税收工作的全面领导，依法组织税收收入，全面落实减税降费政策，持续优化税收营商环境，加强干部队伍建设，崇尚实干、担当作为，完成税收工作。提升社会责任，与经济薄弱村航埠镇翁家村开展结对，提供经济发展资金、走访慰问村内困难党员。深化党员志愿服务活动，创建“柯城税务党员志愿服务队”，以服务社区疫情防控、文明城市创建、扶贫帮困、有礼交通等活动为主题，全年派出党员志愿者近5000人次，人均参与志愿服务超53小时。开展“万名党员进万企，领导干部下基层”活动，组织开展座谈会2场，实地走访两会代表、纳税人、缴费人348户次，了解社会各界对税收工作意见建议。是年，区税务局第一税务所（办税服务厅）获评省青年文明号；第一党支部被评选为区优秀党支部。

【支持疫情防控和经济社会发展】 全年，派出386人次到社区参与区联防联控工作及防疫执勤任务。组织党员先锋队赴辖区2个工业园开展帮扶解困服务复工复产，联合金融机构推出“税银复工贷”“税银减灾贷”产品，为企业发放贷款8.08亿元，帮助辖区企业渡难关保发展。1名干部获评省税务系统疫情防控工作表现突出个人，1名干部获评市2020年组团联企“十佳服务之星”。柯城区税务局服务企业复工复产工作被央视、浙江卫视、《浙江日报》等主流媒体报道10余次。

【税收收入】 2020年，组织税收收入18.1亿元，比上年增长3.92%。办理出口退税1.48亿元，减少792万元，比上年下降5.09%。

表 13　　2020 年柯城区税务局税收收入统计表　　单位：万元

项　目	收入	比上年增减	同比(%)	项　目	收入	比上年增减	同比(%)
一、税收收入合计	180960	6825	3.92%	7.土地增值税	10512	4188	66.22%
1.国内增值税	87221	-7604	-8.02%	8.房产税	5532	3620	189.33%
2.国内消费税	123	-47	-27.65%	9.印花税	2014	180	9.81%
3.企业所得税	40397	8269	25.74%	10.契税	8793	614	7.51%
4.个人所得税	12695	3820	43.04%	11.耕地占用税	1259	-11570	-90.19%
5.城市维护建设税	6345	351	5.86%	12.其他	64	-20	-23.81%
6.城镇土地使用税	6005	5024	512.13%	二、出口退税	14779	-792	-5.09%

【社会保险费和非税收入】 做好电力类非税收入明细申报管理工作，开展税电基础信息比对清分，完成 11944 条税电基础信息比对。完成城乡居民基本养老保险费和城乡居民基本医疗保险费 POS 机联网收现全流程测试。实现在校生医疗保险并入城乡居民基本医疗保险统一缴纳，形成“税务＋银行＋医保＋乡镇街道”多部门联动的“柯城模式”。组织征收社会保险费收入 13.3 亿元，职业年金收入 6093 万元，非税收入 5251 万元。完成区年度城乡居民基本医疗保险费 20.78 万户次征缴工作。完成社会保险费延期缴纳审批企业 106 户次，审批缓缴金额 506.58 万元。

【税务法治】 年内，推行行政执法公示、执法全过程记录、重大执法决定法制审核制度。对全局及两个派出机构权责清单进行梳理，制定权责事项清单并做好信息录入，完善税务行政执法信息公示平台。与区法院对接，参与破产案件清算，全年，通过破产案件清偿税款 260 余万元。内控机制建设不断推进。通过运行内控监督平台，细化执法责任指标，实现风险源头防控、纠错提前介入、操作全程留痕和过错实时追究，税收执法风险有效防控，全年筛查疑点核实类数据 109 条。

【税费政策落实】 全年，组织实体纳税人学堂辅导培训 7 场 199 人，大厅面对面辅导 23383 次，上门“一对一”辅导 2179 次，电话辅导 38439 次，印发税收优惠政策汇编 2000 余册；通过短信、微信、钉钉等新媒体平台推送减税政策信息 60.3 万条，实现对纳税人辅导全覆盖。全年阶段性减免企业社会保险费、医疗保险费 2.54 亿元；为 69 户企业办理延期缴纳税款 2.23 亿元。

【税种管理】 持续推进个人所得税改革，分类分批为全区 14053 名纳税人进行 2019 年度个人所得税综合所得汇算。按“先易后难、先大后小、以点带面”原则推进发票电子化改革，全年电子发票推广使用率 68.37%，增值税普通发票电子化率 95.21%。增值税改革持续深化，全年办理留抵退税 50 户次，退税 1.68 亿元。对适用 3%征收率应税销售收入，减按 1%征收率征收增值税，涉及户次 2729 户，减征税款 2589.73 万元。70 户企业享受企业所得税研发费加计扣除，加计扣除额 1.03 亿元。

【办税缴费服务】 提升办税便利化，推行“非接触式”办税，推出办税事项全流程网上办理，全年网上综合办税率 97.43%。加快完善征纳沟通平台建设，平台激活率 100%。开展纳税服务“大走访大调研”，实地走访企业 6700 户次，收集、研讨和解决服务瓶颈问题 207 个。出口退税平均办理时间缩短至 1 个工作日以内。

【征收管理】 做好涉税中介机构监管和企业纳税信用等级评价管理。全年完成34670户纳税信用等级评价工作。做好税收风险管理，完成风险应对任务，全年完成43批次297户风险任务，补缴税款797万元。完善风险管理工作机制，强化涉税信息协同交流，完成42户发票协查任务，补缴税款35.3万元。作为全市试点单位，全区17家代征单位上线税收社会化共治平台。

【纪检监察】 推进“全面监督”，构建正风肃纪常态化工作机制，全年开展12次正风肃纪专项检查，对检查中发现问题及时督促整改。全面分析掌握干部廉洁从税状况，完成67名在职干部（科级干部除外）廉政档案建档，出具廉政意见15份。年内，发送节日廉政提醒短信528条，对婚丧喜庆、出国（境）重大事项开展个性化提醒备案5人次。加强内外监督，聘任新一届特邀监察员22人，兼职监察员15人。紧盯问题严肃追责问责，发现违规违纪问题并追究责任。落实干部廉政谈话制度，区税务局纪检组组长与领导班子成员、各股（室、所）主要负责人开展廉政谈话19人次。

（谭裕和）

金融业

柯城农商银行

【概　况】 柯城农商银行是全市首家农村商业银行。2020年，全行注册资金3.9亿元，营业网点40家，属市本级金融机构中服务网点最多、范围最广、品质优异金融机构。坚守“姓农、姓小、姓土”情怀，不忘初心，植根三衢大地。至年底，在岗员工465人，其中本科及以上学历人数占78.06%，具有专业技术职称人数占29.24%。

【主营业务稳定】 全年，全行各项存款余额216.24亿元，较年初增加33.61亿元，增幅18.40%；同比增长16.93亿元，增幅高出8.35个百分点；各项贷款余额154.56亿元，较年初增加18.81亿元，增幅13.85%；同比增长6.22亿元，增幅高出3.63个百分点。

【助力复工复产】 疫情期间，响应党委政府、监管部门支持企业复工复产号召。以“十大承诺”为工作目标，突出“强担当、善作为”，发挥党建对小微企业推动作用。开展“百名农商党员干部访千企”活动，结合“三服务”，对全区企业560家制定“三张清单”做到“一企一策”，打通民营企业融资“最后一公里”。安排专项资金7.2亿元，围绕“六稳”工作，落实“六保”任务。重点落实应延尽延、发放小微企业信用贷款、推进支小再贷款政策。至年末，应延尽延1312笔，金额28.31亿元，比率95.6%，普惠信用贷款投放8.17亿元，完成255%，1万亿元再贷款中支小贷款投放4.58亿元，其中9月以后投放3.84亿元，完成154%，为1.7万户小微企业、个体工商户和农户让利1.51亿元。

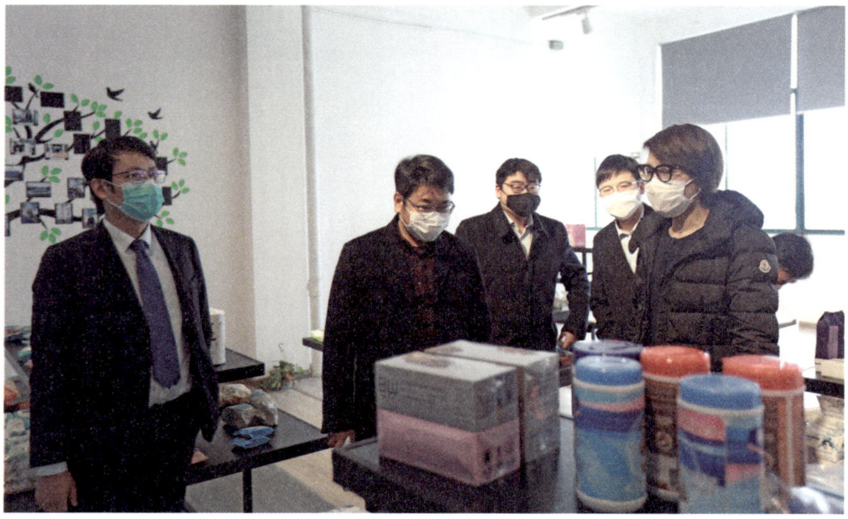
图66　2月27日，柯城农商银行领导调研邦化日用品复工复产情况

【便民服务】 根据区委、区政府关于“最多跑一次”改革部署，把公共服务和金融服务有机结合，催发内生动力。主动承接财税、人社等10个部门高频事项43项，代理最低生活保障、医疗补助等8项惠民资金发放。医疗、交通行业实现“智慧一卡通”支付结算。5月，出资55万元，优化乡镇街

道丰收驿站15个与乡村便民服务中心融合。创新“两心融合，两员合一，两办便民”民心丰收驿站，开启基础政务新模式。每个“政银合作”代办点平均每月代办量400笔，实现基础政务金融不出村，一般政务金融不出镇目标。打造村级“十五分钟办事圈”。聚焦社区治理最小单元及融资畅通工程，加大“邻礼通”“村情通”“政企通”推广应用。至年末，通过村情通、查询和预约平台，申请预约产品426次，预约办贷客户数达391户，查询额度及反馈11.1万次，客户经理通过伙伴之手走访系统打卡4.14万户客户，前台客户端访问12万次。

图67　12月22日，柯城农商银行与双港街道签署未来社区战略合作协议

【履行社会责任】 以“抗疫为先，以人为本”为抓手，安排防疫物资到支行网点，保障客户及员工生命安全。给区疫情防控应急指挥部捐款30万元，用于购置废弃口罩专用垃圾桶。助力在线疫情调查，给信安街道“邻礼通”捐款10万元。选派党员干部参与社区疫情防控志愿行动，组织全体员工向区红十字会捐款11万元。助推全国文明城市建设，根据区委、区政府工作要求，成立创文领导小组，对照辖区内网点开展自查。邀请市委党校教授及国家高级礼仪培训师开展“行礼仪促提升”活动，制定21天良好行为习惯养成方案并组织骨干员工进行社区服务及文明劝导涉及200余人。按区政府扶贫帮扶工作要求，组织班子领导及部室精干力量结对帮扶。至年末，精准扶贫贷款533.72万元，较年初新增147.41万元，增幅38.16%。

【推进普惠深耕】 围绕区委、区政府关于金融支持区域经济发展战略部署，开展“普惠金融宣讲”，构建“8090新时代理论宣讲”金融模式，与村“两委”、社区、企业做好对接工作，宣讲党的政策方针、灌输普惠理念、链接需求单位。年内，组织宣讲75场，惠及群众3000余人。与市、区就业局合作，成为万众创业主办银行，新增青年创业协会会员、初创人员、科技型中小企业提供创业担保贴息贷款95户，金额3324万元。助力综合行政执法局、府山街道打造马站底信用商圈，与市场监管局推出针对商户“惠商贷”产品。全年新增惠商贷2734户，新投放金额9.27亿元。本着“只有资本下乡，人才才会返乡；只有资金进乡，科技才会入乡”目标，在全区乡镇范围内全面推广“农户小额普惠贷款”，至年末，符合条件农户小额普惠贷款授信人数11.20万人，较年初新增授信人数6.52万人，增幅139.32%。其中，“85”后年轻农户授信人数由年初的0.71万人增长至3.64万人，增幅412.68%；外出乡贤客户授信人数由年初的1.60万人增长至2.99万人，增幅88.88%。通过“1名村网格员＋1名网格客户经理”挨家挨户走访给农户递送一封告知信，将政策宣讲、资金使用有机融入，提升农户使用小额普惠贷款体验感。

【绿色金融】 紧跟区委、区政府绿色发展脚步，对辖内乡镇建成省级现代农业综合区1个、主导产业示范区4个和精品园13个开展调研，为单一农户、种养大户、家庭农场、农民合作社、农业社会化服务组织现代农业经营主体制定“一揽子”金融服务。上年，石梁绿色专营支行获批成立，在各级政府、监督部门关心爱护下，打造成为“绿色”标杆网点。至年末，支行绿色信贷余额 11.55 亿元，占各项贷款 78.50%，全年新增绿色信贷余额 3.62 亿元，增幅 45.65%，绿色贷款余额与增速均高于所有贷款增速。继“一村万树”绿色期权、橘融通、民宿贷等绿色产品推出后，6 月，依托区农合联设立省农担公司区办事处，开展“政银担”业务试点工作，发挥金融政策绿色引导作用，在解决行业融资困难、促进行业转型升级、助力绿色金融改革、强化自身业务发展等发挥作用。实现“点绿成金”，全年发放“政银担”63 笔、余额 6265 万元。通过完善组织体系（成立绿色信贷委员会、绿色金融部、推广绿色专营网点）、编写绿色金融发展行动计划、总结完善绿色金融发展经验等绘制发展蓝图，为实现“普惠＋绿色”愿景目标指明方向。

（吴　丰）

柯城工行

【概　况】 2020 年，中国工商银行衢州柯城支行（以下简称柯城工行）落实上级行及相关监管部门要求，全面推进支行改革，下辖网点由原来 6 个扩增为 9 个，分别是：柯城支行营业室、学院支行、新湖支行、航埠支行、浮石路分理处、下街支行、新桥支行、南区支行、松园支行。这 9 个网点涵盖柯城区、智慧新城、航埠全域，成为衢州工行范围内管理网点最多支行。

【助力脱贫攻坚】 2020 年，柯城工行深入贯彻落实习近平新时代中国特色社会主义思想，跟进扶持实体经济政策，落实上级行“六稳”“六保”相关要求，助力小微企业发展。全年，新增普惠贷款 3.6 亿元。践行大行职责，从云南、山西等贫困地区购买农产品，助力扶贫工作，全年累计销售及帮助销售扶贫产品 132 万元。

【疫情防控】 疫情期间，柯城工行高度重视、全面部署、周密组织，落实上级行部署，快速反应、担当作为，体现强大凝聚力、向心力和战斗力。面对疫情防控严峻形势，发挥党支部和党员在组织领导、措施落实，应急管理和金融服务等方面战斗堡垒和旗帜表率作用，发挥纪委监督检本职能，全面助力打赢疫情防控阻击战。疫情防控具体实施阶段，履行上级行疫情防控要求，落实佩戴口罩、测量体温、健康码登记、现金收付两条线制度及现金消毒制度，确保疫情防控无死角。同时，为帮助疫情严重地区渡过难关，柯城支行全员积极参加捐款活动，捐款 380 人次，捐款金额 3.8 万元。

【助力全面小康】 2020 年，柯城工行践行上级行建设“健康小巨人”目标要求，做好工作，助力全面小康。服务“五位一体”建设，加大对基础设施、战略新兴产业领域支持力度，促进经济发展方式转变和实体经济发展；承担社会责任，加大对保障和改善民生融资支持，重点支持保障性工程、小微企业；综合运用融 e 贷等多种金融产品，引导金融资金支持重点领域和薄弱环节，促进经济社会全面协调可持续发展。

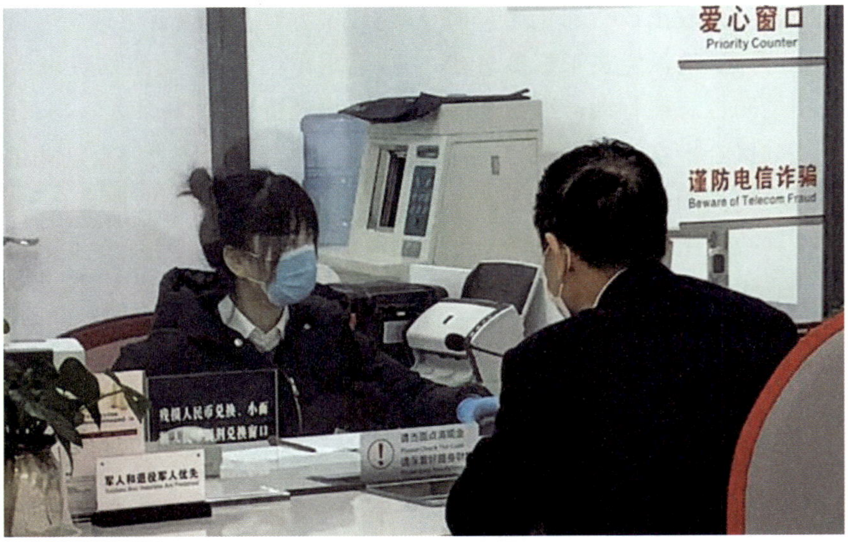

图 68　2 月，为防控疫情，营业网点全员佩戴口罩使用医用外科手套，做好室内消毒工作

【提升团队幸福感】 在“三八”妇女节及母亲节当天，精心为女职工准备鲜花、寄语等礼品，以此向女职工表达敬意，鼓励女职工在工作中发挥作用。11月，根据市工行方案，组织员工注册健步走小程序，鼓励员工走出办公室，走向大自然，合理工作，拥抱健康生活。通过线上打卡方式，利用业余时间前往公园等场所锻炼身体，活动获得员工的积极参与，达到预期目标。为响应分行工会活动建议，支行于11月6日和11月15日分两批组织员工赴开化九溪龙门村进行秋游活动。12月，组织员工赴吾悦星轶影城集体观影等等，活动拉近员工之间的距离，提升团队幸福感和凝聚力。

（张　宇）

柯城建行

【概　况】 2020年，中国建设银行衢州柯城支行（以下简称柯城建行）立足柯城，面向全市，为客户提供存款、融资、结算、代理、投行金融服务。坚持以“三大战略”为动力，以转型创新为活力，以全面风险管理和合规经营为保障，工作成绩良好。至年末，存款余额14.00亿元，贷款余额27.33亿元。

【服务经济】 2020年，根据区委、区政府部署，支持地方经济发展。坚持转型谋发展，锐意进取求突破、业务开展有重点、计划明确有措施、指标执行有追踪。全年推进“住房租赁、普惠金融、金融科技”战略。“8＋1”口径普惠金融贷款余额25584万元，当年新增6094万元。住房租赁继续推进。通过主动对接二手房连锁中介，推进分散式存房一撮合模式上线业务，同时组织员工重点推广注册“CCB建融家园”App平台，扩大“要租房到建行”知名度。

【党建共建】 支部高度重视“不忘初心、牢记使命”主题教育，按文件要求落实推进各项活动，通过支部书记讲党课、集中学习、讨论交流、自我检视与剖析、现场参观等形式开展活动，全年召开支部会议12次、讨论学习12次、主题党日活动12次、专题党课4次，贯彻习近平总书记重要讲话及指示批示，落实习近平新时代中国特色社会主义思想。前往江山市大陈村、开化“党建＋红色”教育基地，开展“不忘初心，牢记使命”主题教育活动。成立张富清党员突击队、金融队，深入开展“学习张富清、践行新使命”百日冲刺劳动竞赛活动，参与防疫抗疫工作，发挥党员先锋模范和支部战斗堡垒作用。疫情期间，走访疫情防控重点企业并为2家企业提供信贷支持3500万元，为200家企业、街道、社区上线建行社区疫情防控系统，为疫情定点医治医院区人民全体医护人员赠送每人价值100万元保险保障。

【提升服务水平】 柯城建行是衢州建行首家通过中银协“四星级网点”验收单位，以“客户为中心、创一流业绩”为服务宗旨。以高标准、严要求，在工作中树立良好精神风貌。以真诚服务态度、踏实服务作风为建行赢得荣誉。贯彻“党建好业务一定好”发展理念，抓好干部员工队伍党风、行风、规范化服务建设，强化内控合规管理，为支行完成业务指标提供有力保证。平衡有序运营，全年无不安全事故发生，实现优质服务外围（监管部门及“12345”热线）零投诉。

（严晨雯）

柯城中行

【概　况】 2020年，中国银行衢州柯城支行（以下简称柯城中行）响应市“活力新衢州　美丽大花园”建设，主动担当国有大行社会责任，贯彻落实国家法律法规和监管相关政策，做好业务创新及产品创新，发挥中国银行海内外一体化、集团多元化经营优势，支持柯城区经济转型升级，有序推进工作，经受住疫情防控和业务发展的双重大考。通过海外行融资、贸易融资、票据融资、产品创新等途径全力服务中小微企业及民营企业发展，支持区域经济发展。

【银行业务】 年末，柯城中行本外币各项存款余额3.56亿元，其中公司存款余额0.45亿元，个人存款余额 3.1 亿元，本外币贷款余额 10.58 亿元，实现营收 2757 万元。

【“战疫贷”】 年初，为解决企业燃眉之急，柯城中行给柯城区 4 家战疫企业第一时间开通放款手续绿色通道，合计放款 3000 万元，解决企业采购原材料资金难题。

【助力经济发展】 2020 年，抓大不放小，除市政府重点招商引资项目——浙江华友新能源科技有限公司、韩国 LG 公司合资的华金新能源材料（衢州）有限公司授信额度较上年新增 5 亿元外，服务中小企业，普惠户数较年初新增 15 家，贷款金额投放新增 2600 万元。个人经营性贷款新增 17 户，贷款金额投放新增 3800 万元。

（朱　斌）

柯城农行

【概　况】 2020 年，中国农业银行衢州柯城支行，深入学习习近平新时代中国特色社会主义思想，认真贯彻落实总行、省、市分行决策部署，坚持党建引领，常态化抓好疫情防控工作，践行“六稳”“六保”，推动乡村振兴，围绕市委市政府、区委区政府中心工作，以助力“四省边际中心城市”建设为重点，主动聚焦“七个桥头堡”，全力以赴加大金融要素保障。全年，各项存款余额 36.13 亿元，比年初新增 7.64 亿元。其中：对公存款新增 5.08 亿元、个人存款新增 2.56 亿元，存款总量、增量均创历史新高。各项贷款余额 82.65 亿元，比年初新增 21.82 亿元。其中对公贷款新增 15.14 亿元、个人贷款新增 6.68 亿元。各项、对公、个人贷款增量均为全市农行第一。年度综合绩效排名列全市农行首位。

【支持重点项目建设】 紧扣市“七个桥头堡建设”，加快对交通基础设施资金投入，累计发放贷款 33 亿元；新支持智慧产业园、柯城全域土地整治、寺桥水库、一海生猪养殖等大项目建设 4 个，累计发放贷款 11.7 亿元。与市交通投资集团有限公司签署 50 亿元战略合作协议，全年发放项目贷款 9.7 亿元。

【支持脱贫攻坚】 紧盯坚中之坚、困中之困，集中火力攻克深度贫困堡垒。把四川凉山作为扶贫结对重点区域，助推国丰油脂在凉山核桃油深加工项目落地，协助企业在当地农行获批项目贷款 3000 万元。助推贫困地区农产品销售。直接购买贫困地区农产品，向结对帮扶地区定点采购大米等农产品 3 万余元，发动全员利用微信推荐、场内引导客户登录掌上银行“扶贫商城”直接购买农产品 15.89 万元。推进扶贫扶智协同开展。依托“双百”干部人才结对帮扶，选派干部挂职湖北十堰分行郧西支行开展党建结对、帮扶交流、送教上门和扶贫捐赠慰问等活动。

【支持复工复产】 做好“六稳”“六保”工作，开展组团联系“三服务”“百行进万企”等活动，支持民营经济发展，加大信贷投放力度，小微企业客户数比年初增加 157 户，贷款增加 3.4 亿元。支持稳产保供，加大对农产品稳产保供和生猪产业金融支持，支持稳产保供企业 5 家，累放贷款 6047 万元。实行小微企业主、个体工商户执行最低普惠贷款利率，累计为企业让利 500 余万元。与市信保公司合作，为 7 家企业解决抵押难题，累计发放贷款近 2000 万元。

【深化“最多跑一次”改革】 以“小微网贷”“抵押 e 贷”“惠农 e 贷”“网捷贷”等线上产品，为小微企业 157 户发放线上贷款 3.4 亿元，累计投放“网捷贷”信用贷款 6.98 亿元。创新推出农商城自画像等线上农户产品，累计投放农户贷款 2.65 亿元，同比多投 0.71 亿元。

【调整优化网点布局】 6 月，根据上级行机构改革工作要求，下辖 5 个网点（营业室、西区分理处、柯山支行、开发区支行、十里丰支行）调整为 6 个网点（营业室、西区分理处、柯山支行、南湖支行、兴柯支行、三衢路支行），优化全行网点布局。8 月，西区分理处迁至航埠镇兴航路 179 号，升格更名为航埠支行。以新开业航埠支行为平台，坚持“客户至上、始终如一”服务理念，创新金融产品和业务，率先在航埠支行开通乡镇办理公积金业务，用金融为乡村振兴助力、为园区企业加油，助力农业增效、农民增收、美丽乡镇建设。

（袁秋华）

中国人寿衢州分公司

【概　况】 2020 年，中国人寿衢州分公司以党的十九大精神和习近平新时代中国特色社会主义思想为指导，深入学习贯彻党的十九届四中、五中全会精神，围绕衢州市委、市政府重大决策部署，落实市委七届八次全会精神，贴合人民群众的保险保障需求，服务地方经济社会发展，助力衢州加快建设四省边际中心城市，促进衢州保险行业高质量发展。全年，实现保险保费收入 16.57 亿元，同比增长 11.98%，市场份额 34.32%，其中，保障型业务 1.39 亿元，同比增长 24.01%。

【疫情防控】 年内，发挥保险功能作用，拓展保险产品责任，第一时间向援鄂医疗队、全市医护人员及后勤保障人员捐赠保险，全年捐赠保额 80 多亿元，组织干部员工和营销伙伴开展慰问和志愿者活动、捐款捐物，捐赠价值 5 万余元物资与款项，60 多名干部员工参加抗疫志愿者服务。

【改进扶贫健康保险项目】 2020 年，扶贫健康保险取消住院丙类医疗费用补偿起付线，无最高赔付限额限制，更好地保证低收入人口得到保险保障，全年 8.37 万名低收入人群纳入该项保障，为打赢脱贫攻坚战贡献力量。

【完善民生保障】 以“完善大保障、共筑民生网”为宗旨，把握商业保险作为保障体系重要组成部分的功能，发挥保险保障改善民生重要支撑作用，继续开展城乡居民基本医疗补充保险项目和计生系列保险项目。全年，城乡居民基本医疗补充保险参保对象 29.2 万人，水库移民保险参保对象近 4000 人，服务女性安康保险参保对象 52.03 万人次。

【服务能力提升】 年内，加快运营智能化布局，全市五家柜面投放落地云标牌，投放国寿 e 柜、寿险 App 客户体验设备 26 台，本级柜面完成智能体验店换代更新。理赔直付成果显现，办理理赔直付案件 88719 件次，直付金额 984.52 万元，理赔直付 2.0 项目获省人寿保险公司创新成果一等奖，衢州“信安智数”杯数据开放创新应用大赛二等奖。组织开展第十四届客户节、“国寿 700 健行”和“国寿小画家”活动，丰富增值服务内涵。

【吸收社会就业】 牢固树立队伍发展驱动业务发展理念，全面落实省人寿保险公司“三金工程”与“磐石计划”，打造“5G 主管孵化营”，招募“8090”创业联盟优选新人，有效提升队伍质态。至年底，全市系统保险营销员 3000 多人，对稳定和吸收社会就业起到积极作用。

【践行社会责任】 持续打造“衢州有礼、国寿有爱”公司品牌，履行社会责任，展现央企担当。为创建全国文明城市，两次组织志愿者到金融系统创建点南湖广场开展志愿服务活动，全年，向 3 个基金会合计捐款 50 万元。参与“3・15”消费者权益日、“金融知识普及月”系列公益宣传活动，举办“7・8”保险扶贫公益跑暨“国寿 700 健行”活动，普及保险知识，提高群众风险保障意识。

（姜华斌）

申万宏源证券衢州中心营业部

【概　况】 2020 年，申万宏源证券衢州中心营业部（以下简称营业部）围绕申万宏源证券总公司规划部署，在浙江分公司管理和指导下，推动财富管理业务转型，落实公司战略发展工作要求和零售业务条线工作部署，以党建为引领，以抓住公募、私募产品、星基汇为突破方向，利用自身专业优势，服务县域经济发展，助力中小企业产业升级，推动金融服务实体经济能力，为客户提供高价值、全方位综合金融服务，以实际行动践行金融机构和大型国有企业社会责任。

【疫情防控】 疫情期间，营业部

第一时间成立疫情防控领导小组，落实疫情防控工作措施，保障“员工、客户、业务”安全。从疫情防控初期组织办公室采购防疫物资到春节复工复产，党员干部率先垂范坚守营业部关键岗位。响应浙江分公司号召向浙一医院捐款，支援疫情防控。组织工会对员工家属中奋战抗疫一线医护人员家庭、家属生病家庭慰问。向市幸福社区居委会捐赠450盒纸巾支援地方社区防疫工作。坚持疫情防控和经营管理“两手抓、两不松、两不误”工作方针，带领党员骨干联系浙江省龙游县政府金融办和浙江省龙游县造纸协会，精准助推县域企业复工复产，面向龙游县38家重点企业，组织2场专题讲座，助力实体经济抗疫。

【志愿服务】 与市公安局经济技术开发区分局共同建立“金融投资安全防范服务基地”，组建“申万宏源投教小分队”，以专业优势服务群众、回馈社会。双方携手走进社区、学校、乡镇、企业，展开警企合作，围绕“证券投资金融风险防范”“期货投资金融风险防范”“理财市场的金融风险防范”，反洗钱知识，反欺诈知识内容，结合具体案例，通过通俗易懂方式向社会大众传播金融知识。疫情期间通过开设“防诈直播间”，开展“警申同心、反诈同行”防诈直播活动，加入衢城反电信网络诈骗联盟，成为反电诈宣传“推广官”，宣传反诈知识。

【精准扶贫】 响应公司“扶贫帮困”号召，开展扶农活动，用实际行动支持西部贫困地区发展。是年，通过采购新疆政府重点扶持农业产业化和扶贫龙头企业新疆康元集团沙棘产品和湖北地区杂粮农产品，助力消费扶贫，帮助贫困户增收，促进当地经济发展，为做好“六稳”工作，落实“六保”任务贡献力量。

【普惠金融】 帮助企业优化股权融资能力，根据企业实际需求和情况，给企业量身定制方案，帮助企业拓宽融资渠道、加快主业发展，健全治理结构，提高管理运作水平。IPO项目恒盛能源，拟发行股数不超过5000万股，募集资金拟用于2×25兆瓦三期热电联产技改扩建项目、集中供压缩空气工程项目、补充流动资金、偿还银行贷款。与企业共成长，业务涵盖股改、挂牌、转督导、精选层等。承揽新三板业务恒盛能源新三板挂牌，该企业申请主板上市。金昌股份新三板挂牌，海力股份新三板挂牌及精选层项目，该公司拟向不特定合格投资者公开发行股票不超2000万股，发行底价为4.8元/股，募集资金拟用于年产2.2万吨新基建用特殊紧固件智能化技改扩建项目、补充流动资金和归还银行贷款。旭荣纸业新三板挂牌辅导。同时为常山双明轴承提供股改服务，该企业股改完成，并参与到企业并购重组中，并购后将扩大产能，助推企业实现高质量发展。加大加快对辖区内地方政府平台企业、实体经济和中小企业发债宣导和营销力度，做好公司债、企业债等债券融资业务推广工作，帮助企业打通直接融资渠道，保障实体企业正常运营发展所需资金支持，稳定企业员工就业，稳定市场预期。通过与浙江分公司组建柔性团队，相继为衢州城投、常山国投、常山农投债券融资提供相关建议与意见。加强与本地金融机构互动合作，推动建立战略伙伴关系，协助银行服务好代发工资企业，做好三方存管开户业务。合作的银行有工商银行、农业银行、中国银行、建设银行、中信银行等。加快推动银行委外产品净值型化转型，以省联社“丰收系列”定制集合产品为突破口，辐射辖区内所有农商行，以点带面开展委外业务新模式，支持县域经济和农村个体。

（陈　洁）

教 育

综 述

2020年，全区义务教育学校九年一贯制学校1所、初中8所、小学33所、特殊教育学校1所、务工子弟学校1所，公办幼儿园5所，部门集体办、民办幼儿园95所。全区义务教育学校中省百年名校1所，市名校12所，省级体育、艺术特色学校21所。全区在校（园）生53969人，其中小学24453人，初中9666人，幼儿园19850人，学前三年入园率98.35%，小学学龄儿童入学率100%，初中入学率100%。全区公办学校在职在编教师2741人，小学、初中专任教师高学历比例分别为99.88%、96.89%。

基础教育

【教育设施投入】 围绕新建学校、中小学校舍改扩建、校园基建零星维修，区政府依法加大对教育基础设施投入。鹿鸣小学迁建工程完成，9月投入使用，总投资2.17亿元。兴华中学、万田小学等学校28所校舍维修改造46个项目完成，总投资3991万元。区城南初中开工建设，区农村中小学危旧校舍改扩建工程、尼山小学改扩建工程、花园小学改扩建工程启动。全年，计划实施幼儿园新建（改扩建）项目9个。其中，竣工4个，新建开工4个，完成改造1个，总投资23700万元。

【学前教育建设】 出台《衢州市柯城区学前教育深化改革规范发展实施意见》，明确发展公办园目标任务，及学前专项经费、生均公用经费、合同制教师待遇提升经费等全保障政策。出台《柯城区教育局关于进一步规范幼儿园办园行为的通知》，从审批考核、规模设置、招生管理、学籍管理、财务管理、课程设置、玩教具配备、教学常规、保育行为队伍建设、安全管理等全方位规范幼儿园办园行为。根据《柯城区“一乡镇一公办”幼儿园实施方案》，石室乡通过回购原中心幼儿园举

图69　11月12日，省教育厅专家组督导柯城区规范办园

办为实验幼儿园分园，航埠镇回收彭村幼儿园举办为教工幼儿园分园，全区乡镇9个“一乡镇一公办”全覆盖完成。落实小区配套幼儿园政策，锦西家园和悦鑫府配套园移交后全改为公办园分园。落实各类奖补资金，发放省级学前教育奖补资金348.26万元、区级奖补资金200万元、农村幼儿园建设奖补资金685万元、幼儿园生均公用经费补助资金875万元、民办幼儿园防疫补助资金328万元、学前教育资助资金22.925万元。全年，新建幼儿园竣工开园4所：锦西家园幼儿园、悦鑫府幼儿园、楠方幼儿园、航埠镇彭村幼儿园，新增学位1200个。竣工将开园6所：姜家山乡中心幼儿园、花涧樾幼儿园、南堂苑幼儿园、花园街道花园村幼儿园、航埠镇联合幼儿园、巨化厂中村安置幼儿园，预计新增学位1710个。正在建设6所：盈川幼儿园、高铁新城2所幼儿园、沟溪乡中心幼儿园、荷一路北侧（未来社区）幼儿园、火车站城南幼儿园，预计新增学位2250个。计划新建8所：百家塘地块幼儿园、通荷幼儿园、书院幼儿园、九龙幼儿园、湖拓垅幼儿园、彩虹幼儿园、应家山幼儿园、北三道幼儿园，将在2021—2023年分批开工建设。改扩建3所：石室乡迦南幼儿园利用原供销社改建投入使用；万田乡第一中心幼儿园、九华乡下坦幼儿园开工建设。全年，全区幼儿园100所，其中公办园5所、集体办26所、民办69所，公办园和集体办园占比31%。在园幼儿19850人，学前三年入园率98.35%，普惠性幼儿园比例97%。省一级幼儿园13所，省二级幼儿园34所，省三级幼儿园52所，准办级1所，等级园比例99%，普惠性等级幼儿园比例96%。幼儿园专任教师持证率98.13%。

图70 2月10日，兴华中学教师录制线上课程

【疫情“停课不停学”】 疫情期间，对全区34119名中小学生进行全面排查，启动“一生一案”解决条件受限学生518名在线学习问题，实现线上教学“覆盖到每一位学生”目标。“线上教学”期间，全区录制教学视频1148节次。2月6日起，开通区师生疫情心理援助热线，完成线上心理咨询和援助117人次。2月7日起，开通线上学习咨询服务电话，接到各类咨询服务电话206个。2月10日起，全区各中小学线上教学活动全面启动，同时启动分送教材工作，2日内发放31078人，发放比例占学生总数91.1%。

【“教体融合”特色】“学校+俱乐部”模式与教育教学深度融合，区域特色鲜明。新增全国足球特色学校1所、全国足球特色幼儿园4所，省级足球特色学校2所、省级足球特色幼儿园4所，全国篮球特色学校6所，全国排球特色学校2所。在省级体育竞赛中斩获41个冠军、市级126个冠军；新增国家一级运动员14个，国家二级运动员10个。

【校园艺术特色】 全区开展戏曲、合唱、舞蹈、管乐、民乐等中华优秀文化艺术进校园活动，形成本校特色，打造“一校一品”“一校多品”局面。全区有省级艺术特色学校10所，涵盖合唱、舞蹈、民乐、铜管乐、葫芦丝等项目特色。组织参加市第九届艺术节，艺术表演类获一、二等奖13个，美术作品类获一等奖23个，送省参评节目9个。是年，省中小学艺术节获一等奖8个(其中舞蹈类5个、戏剧类3个)，二等奖1个。

【德育工作创新】 树立“立德树人”目标，贯彻“五育并举”教育理念，全区各学校利用抗“疫”先进事迹，通过主题故事、书信、手抄报、绘画等形式宣传教育，创作抗疫画作8391幅、书信3288篇、视频876个、歌曲12首；开展关爱抗疫一线医务人员子女和因疫致困青少年工作，书写家书18封，结对辅导261对，走访慰问51人次，物资帮扶64人次，帮扶人数109人；开展“红色印记”“童心抗疫，致敬先锋”“荆衢结对手拉手”“新时代好少年”“宪法宣传周”等主题教育活动，推进学生德育日常化。石梁小学据祯代表衢州市唯一入选参加全国第八次少代会。华墅小学朱玉婷获“全国优秀少先队员”称号；新华小学闵静获“全国优秀少先队辅导员”称号。全年，通过市文明校园评估验收学校8所，创建市“五好”学校关工委8所。

【儿童青少年近视防控】 根据《柯城区儿童青少年近视防控实施方案》，在全区开展儿童青少年近视筛查，区中小学校儿童眼保健和视力检查工作培训，耗资140万元在全区各学校配备智能近视筛查仪，建立中小学生视力健康档案。筛查中小学、幼儿园48所，儿童青少年34083人。完成“健康教室照明”计划，对公办学校普通教室进行灯光改造，确保视觉健康与近视防控密切联系环境、器具标准执行落地。至年底，改造完成学校41所，教室991间。

【公民同招工作】 按省、市“公民同招”政策，有序开展全区招生工作。3月，集中力量谋划招生工作实施方案，征求人大代表、政协委员、教师、家长及社会各界意见和建议，报区委教育工作领导小组同意后出台《柯城区中小学招生工作意见》和《2020年柯城区公办幼儿园招生工作意见》。结合家长需求和政策要求，简化并完善报名程序，便于家长操作。6月20日前完成区初中公民办招生网络报名，6月24日完成区小学招生网络报名。7月16日，在公证处公证，人大、政协、纪委、家长代表宣传监督下，完成民办初中百分百摇号派位录取工作。7月21日，全区初中招生工作完成，8月6日，小学招生工作完成。

【教育信息化战略合作】 2019年9月17日，省教育技术中心党总支书记郭兆良在副区长何晓文陪同下调研区“互联网＋义务教育”工作，给予高度评价，认为相关经验做法值得宣传推广。12月，副区长何晓文带队赴浙江省教育技术中心对接双方业务合作意向。区教育局就双方合作协议完成初稿，并上报至省教育技术中心。2020年3月，省教育技术中心研究，双方合作协议第二稿完成，区教育局集体研究向区领导汇报、与省教育技术中心对接修改后形成送审稿。3月24日，副区长何晓文带队赴省教育技术中心，与省教育技术中心主任王会军签订《教育信息化战略合作

图71　3月24日，副区长何晓文(左四)与省教育技术中心签订《教育信息化战略合作协议》

协议》，协议聚焦区教育现代化发展中重点、难点问题，内容涵盖区域教育信息化发展规划研究、国家级智慧教育示范区创建、教育信息化实验区建设、师生信息素养提升、教育技术装备建设与应用、教育信息化应用、教育大数据应用和发展、实践教育基地建设等领域。

【“互联网+义务教育”】 是年，新增“互联网+义务教育”城乡结对学校14对28所，义务教育段所有农村学校实现与城区优质学校“互联网+”结对，提前一年完成省定目标，形成城乡教育共同体23对。至年底，各结对学校完成同步课堂教学800余节，开展网络教研活动1600余次，帮扶任务全部完成。入选全省“互联网＋义务教育”专题优秀案例3个，入选全省数字家长学校3所，入选市“互联网+义务教育”专题优秀案例6个。

【新型教学空间建设】 全年，全区立项建设创新型教学空间26个，其中省薄改工程新型教学空间19个，自建创新型教学空间7个，投入专项建设支持资金1000万元。建设完成兴华中学现代教师研训空间群、白云学校数字学习空间群、新华小学下村校区“三园一宅一林”空间群、鹿鸣小学“筑梦空间”空间群、七里校区“三样一化”空间群、花园小学“诗意花园”空间群等。其中白云学校数字学习中心、尼山

图72 12月22—23日，省新型教学空间建设和应用培训会在白云学校召开

小学珊塘校区全科教室、巨化三小柯山校区梦想教室入围中国国际教育装备博览会“赋能教育”专题云展，珊塘校区被评为优秀教育案例。新华小学“光合森林”教学空间成为全省10个典型案例之一，花园小学、巨化一小官碓校区、尼山小学珊塘校区入选全省百优案例。尼山小学珊塘校区案例《全科教室，助力乡村孩子全面发展》被收入《2019年中国互联网学习白皮书》。

【之江汇教育广场应用】 之江汇教育广场应用是省政府数字化转型重点项目。根据区域实际情况，研究制定推进应用若干意见，推进学科基地校、数字史料馆、浙江微课网、同步课堂、家校沟通等特色应用，开展精品教学空间和空间应用典型学校评比活动。成立之江汇专题空间建设联盟，制订考核办法，完善空间激励制度，发挥之江汇教育广场辐射效应。区之江汇教育广场多项指标全省领先，市内第一。礼贤小学入选教育部2019年度网络学习空间应用普及活动优秀学校。兴华中学初中信息技术基地校、大成小学数学基地校、实验小学科学基地校入选省教育技术中心100所省数字教育资源建设与应用示范学校。礼贤小学案例《普及网络学习空间，助推“智慧”教育发展》入选2020年浙江省“基于技术的教与学方式变革”典型案例。是年，获省财政教育之江汇按用付费资金合计2.47万元，其中王吕老师取得2020年度浙江省优秀空间建设老师个人贡献值（按用付费数）全省第二名。

【创新教育推进】 推进创新教育，以点带面，扩大影响，成绩显著，培养热爱人工智能，教学水平较高师资队伍。12月，柯城区被确定为浙江省首批人工智能教育实验区，鹿鸣小学被确定为浙江省首批人工智能教育实验校。万田乡中心学校被评为浙江省中小学

STEM 教育项目培育学校。新华小学被评为衢州市唯一一所浙江省中小学STEM教育项目种子学校，获中国 STEM 教育首批领航学校称号。新世纪学校被省教育厅命名为“浙江省教育机器人应用试点示范学校”。新世纪学校机器人社团教练陈昱安被评为浙江省十佳科技追梦人、最美浙江人、浙江骄傲、最美衢州人、衢州市劳动模范。兴华中学“张双工作室”和新世纪学校机器人社团分别获区政府启动资金 100 万元，每年运行经费 80 万元。在 2020 年 CSP 信息学联赛中，获省一等奖 3 人，其中 1 人同时斩获CSP-J（入门级）和 CSP-S（提高级）一等奖。

【集团化办学模式】 成立区兴华教育集团，设立专项建设资金 200 万元，配强总校校长和书院中学执行校长，面向全省招聘 10 名优秀教育人才，实现管理模式、优秀师资、教研成果一体共享。深化城区小学名校托管农村完小“一校两区”模式，全区农村薄弱完小 9 所全部实现由城区优质学校托管，打通人财物管理机制，使农村儿童也能共享城区优质教育资源。探索松散型民办幼儿园集团化办学模式，银河幼儿园作为母体园，与柯城区楠方幼儿园、衢江区临茳幼儿园建立业务指导协作关系。“区域推进松散型民办幼儿园集团化办学”申报区教育改革发展典型经验案例项目、区 2020 年度改革创新最佳实践案例项目，并参加 2020 年省政协“请你来协商”活动。

【夯实教学常规】 压实常规视导，了解全区各校教学常规落实情况，全年，区教研室全体教研员听课 98 节次，检查指定老师教案 157 人次，随机检查教师批改作业、试卷、其他练习 229 册次，随机抽查学生作业批改及二次批改 785 册次，检查各校教研组、备课组活动记录册 11 册次，教研组、备课组交流反馈会 53 场次，教师单独交流 27 人次，教学效果随机校测 11 场次，师生问卷调查 3 次，收回调查问卷 1500 份，完成 24 所小学“教学常规落实情况互学互看”主题视导和初中蹲点调研工作。

【学校党建工作】 2020 年，区教育系统基层党组织 38 个，“两新”党组织 2 个，在职党员 1058 名，占教职工总人数的 39.5%。坚持党建统领，加强全区中小学校党建工作，夯实教育发展基石。发挥中小学校党组织政治核心作用。围绕“党管教育”工作思路，按“全领域建强、全区域提升”工作要求，把党建贯穿于“把方向、谋大局、强队伍、促改革”全过程。推进中小学校党组织领导校长负责制，创建市级示范点 2 个。落实清廉机关、清廉学校建设，3 所学校获评市级“清廉学校”示范点。用实用好“党建三个用来”工作方法，完成包区清楼、扶贫结对、创文等重点工作，被红色物业联盟工作领导小组给予全区通报表扬。参与古城双修、智尚小镇整治、礼贤未来社区征迁、百家塘片区征迁等任务。强化意识形态工作责任制落实，围绕“立德树人”根本任务，夯实师生思想政治根基，巩固意识形态阵地。通过外引人才、内促发展，加强思政教师队伍建设。推进“8090”新时代理论宣讲工作，建立校长 23 名、和君班成员 11 名、骨干教师宣讲员 97 名多层次宣讲团队，参与区级以上宣讲 60 余次，组织宣讲 350 余场，激发师生思政学习内生动力，推动习近平新时代中国特色社会主义思想走向深入。全年，区教育系统获“全市最美志愿者团队”、市区“8090”新时代理论宣讲工作成绩突出集体各 1 次。

【实施“名誉校长”制度】 区委、区政府实施“名誉校长”制度，区级部门（单位）主要领导 37 名受聘担任 37 所校（园）“名誉校长”。建立“五个一”机制，精准把脉，开展校园调研；爱心助学，帮扶困难学生；靶向发力，办好实事；铸魂育人，讲好思政大课；严守纪律，不忘帮扶初心。“名誉校长”面向师生开讲思政大课 50 多节，实地走访调研到校超过 100 人次，完成爱心助学结对帮扶 420 余对，为学校筹集资金 313.2 万元，解决学校实际问题 30 余个，营造全社会关心支持发展教育浓厚氛围。

【人才工作体系】 全面落实“1+8”人才工作体系任务，建设高素质教育人才队伍。正高级教师1人、副高级教师61人；省春蚕奖2人、市名校长6人、市模范班主任3人、市教坛新苗4人、市教育系统先进工作者12人、市师德楷模4人、市青年拔尖人才1人、区拔尖人才4人、区青年拔尖人才1人；校长1名、骨干教师3名入选浙派名师名校长培养对象；校长1名入选长三角中小学优秀后备干部。赴高校面签优秀毕业生45人，公开招聘教师83名，其中报备员额制幼儿园教师40名，教师结构优化。面向全省公开选调省特级教师1名担任教研员，市名师1名、浙派名师培养对象担任兴华教育集团书院中学执行校长，选调省内优秀骨干教师16名，引进优秀射击教练员1名。首次开展校（园）长竞争性选拔，对初中副校长2名、小学校长2名、幼儿园园长5名等职位公开竞聘；成立张双“信息奥赛”、陈昱安“机器人”等专项工作室，落实经费400余万元；出台“教育二十条”，其中对人才奖励新增经费1700余万元。修订并落实《柯城区优秀教师及创新团队奖励办法》，提高人才奖励标准。实施“20%优秀骨干教师奖”，学校创先争优氛围日益浓厚。

【平安校园建设】 建立安保经费保障机制，全年安保服务投入900万元，为全区学校配备专职保安205人；保障学生上下学接送服务工程，全年投入财政资金340万元，开设校车接送线路71条，接送学生2267人；实施千万学生饮食放心工程，开展阳光厨房建设，建设智慧阳光厨房36家；区属公办学校实行大宗食品统一配送；落实新冠疫情防控工作，确保学生生命安全。

【校外培训机构管理】 2020年，规范中小学文化课培训机构的审批和管理，联合乡镇、街道、消防、市场监管、综合执法等部门督查培训机构，开展“双随机一公开”检查10余次。65家培训机构实现“110”一键联网报警系统全覆盖。结合“创文”“创卫”、防疫等工作要求，校外培训机构环境容貌和文化氛围整体提升，服务质量大幅度提升。

【教育督导】 2020年，聘任40名第三届责任督学，对全区43所中小学校、95所幼儿园、48所培训机构，分片管理186个学校及培训机构。挂牌公示督学责任区，实现督学责任区全覆盖。对标开展自查摸排，完成义务教育优质均衡区网上平台申报。10月19—21日，省政府教育督查专家组通过召开政府见面会和实地走访部门、学校对区政府履行教育职责评价情况实地督查。区政府履行教育职责，加大教育投入，办好人民满意教育，受到督查组专家认可，以优秀A等通过督查认定。11月12—13日，省督导组专家对柯城区幼儿园规范办园行为进行实地督查，对柯城区大力发展幼儿教育，规范办园行为给予肯定。督导组专家对区实验小学校园文化、校园环境、教学质量进行评估，该校成功入选全省首批现代化学校。

（卫　超）

成人教育

【概　况】 浙江广播电视大学柯城分校（以下简称柯城电大）承担成人高等学历教育，与区委党校合署办公，实行“两块牌子、一套班子”工作体制，内设办公室、教务处、学管处、技术处。2020年，柯城区电大有专职教师7人，其中，高级讲师1人，讲师3人，助讲3人，外聘兼职教师12人。履行办学职责，秉持“全员招生”“全力招生”“全年招生”工作理念，开展招生工作，规范实施教学过程，缜密组织期末考试；贯彻执行上级教育行政部门和省电大制定有关教育、教学、教务和考务制度，受国家开放大学委托颁发毕业证书。信安街道社区学校“公筷用餐，文明健康”、石室乡柯山社区“围棋启蒙教育”被确定社区教育进农村文化礼堂学习品牌培育对象。府山街道社区学校“府山工匠学堂——剪纸的艺术”、沟溪乡人民政府“一米菜园”、衢化街道社区学校“应急救护培训”、信安街道社区学校“公筷用餐，文明健康进村入户大讲堂”被确定社区教育进农村文化礼堂特色课程培育对象。府山街道城站社区阎乐山获评浙江省社区教育优秀志愿者。南孔爷爷的书屋、拾方书院获评衢州市市民终身学习体验基地（衢州市社区教育基地）。新新街道彩虹社区彩虹老年艺术团获评浙江省老年教育优秀班优秀社团。

【教学组织】 秉承“个性化服务”要求，做好学生春、秋两季教材征订、发放、教学、考试等工作，做到“以人为本”和节约资源。每位教师按省电大工作要求，学习新教务系统，摸索各模块性能、路径和方法，虚心请教，确保各项业务如期完成；学籍管理，通过全体班主任努力，学生学籍信息、成绩管理、毕业审核、统计做到及时、准确、零失误。2020 年，柯城电大开设本科专业 6 个，专科专业 6 个，所有专业均按省电大执行性专业规则设置课程。建立健全班主任助学、导学机制，班主任多管齐下，组织、督促学生进行自主学习；利用 QQ、微信等新型交互方式，回复学生各种问题，做好思想工作。春秋两次期末考试，学校准备到位，运转规范，秩序井然，无不良反映。学校对国家开放大学的系统开发、模块设置、权限分配、资源建设等问题，向上级电大提出一些合理化建议。

【教育成果】 年内，成功创建浙江省学习型城市。乡镇街道开展培训，培训成果全部录入省终身教育学分银行系统平台。开展终身教育活动周工作。创建老年大学，开设越剧班、舞蹈班、书法班和柔力球班，每周进行绘画、京剧、乒乓球等社团班教学。府山街道编外社工程发挥被评为“浙江省百姓学习之星”，2 个学习品牌、4 个特色课程分别入选社区教育进农村文化礼堂学习品牌培育和特色课程建设。万田乡顺家路边村、弈园村、谷塘村入选中国“淘宝村”，七里乡“高山蔬菜种植”课程在市社区教育和老年教育优秀案例评选中获三等奖。

表 14　　**2020 年柯城电大专业设置情况一览表**

层次	专　业	主　要　课　程
本科	行政管理	公共政策概论、行政法与行政诉讼法、社会保障学、公共部门人力资源管理、政府经济学、行政领导学、城市管理学、西方行政学说、当代中国政治制度等
	法学	行政法与行政诉讼法、经济法学、知识产权法、中国法制史、国际私法、国际公法、法律文书、合同法、公司法等
	会计学	宏微观经济学、国民经济核算、审计学、高级财务管理、货币银行学、高级财务会计、会计制度设计、财务报表分析、财务案例研究、审计案例研究、现代管理原理等
	土木工程	工程数学、土木工程力学(本)、流体力学、工程经济与管理、建筑结构试验、工程地质、土木工程 CAD、混凝土结构(本)、钢结构、结构计算软件、钢—混凝土组合结构、建设监理等
	工商管理	流通概论、企业战略管理、成本管理、西方经济学(本)、质量管理、管理案例分析、组织行为学、人力资源管理、小企业管理、证券投资分析、现代管理专题、金融学、公司概论

续表 14

层次	专业	主要课程
本科	金融学	现代货币金融学说、财政学、财政与税收、现代管理原理、保险学概论、公司财务、金融统计分析、金融法规、中央银行理论与实务、金融风险管理、金融工程学、项目评估、信托与租赁、财务报表分析、证券投资分析、金融理论前沿课题、投资学
专科	行政管理	管理学基础、公共行政学、政治学原理、社会调查研究与方法、应用写作、办公室管理、监督学、个人与团队管理、行政组织学等
	工商企业管理	经济数学基础、基础会计、西方经济学、管理学基础、市场营销学、统计学原理、经济法概论、企业发展战略、财务报表分析、市场营销学、资源与运营管理、经济法律基础等
	会计学	经济数学基础、基础会计、中级财务会计、财务管理、管理会计、成本会计、审计学原理、统计学原理、电算化会计、财会法规与会计职业道德等
	建筑工程技术	建筑制图基础、建筑材料(A)、建筑构造、建筑测量、建筑结构、建筑施工技术方案设计、建筑力学、建筑施工技术等
	法律事务	法理学、宪法学、刑法学(1)、刑法学(2)、民法学(1)、民法学(2)、行政法与行政诉讼法、经济法学、中国法律思想史、法律逻辑学
	小学教育	美学与美育、人文社会科学基础(A)、信息技术与教育技术(1)、信息技术与教育技术(2)、自然科学基础、阅读与写作(1)、 阅读与写作(2)、高等数学(B)(1)、小学社会教学论、小学数学教学论、小学自然教学论、小学语文教学论等

【招生毕业】 全年招收新生 97 人，其中，春季招收新生 65 人（专科 29 人、本科 36 人）；秋季招收新生 32 人（专科 17 人、本科 15 人）。秋季第二批招生工作停止招生。全年为社会输送毕业生 82 人，其中，春季 50 人，秋季 32 人。

【社区教育】 2020 年，为营造社区全员学习、终身学习环境氛围，打响社区教育品牌，塑造社区教育口碑，与社区对接，依托党校师资优势，培育特色课程、打造学习品牌，挖掘社区教育内涵和特色，探索社区教育新模式，促进社区教育新发展。同时，学校借助党校资源，开展面向“985”“211”招聘大学毕业的农村指导员（社区工作者）入职培训，提升他们的履职能力。

【合作办学】 2020 年，柯城电大与西南大学网络教育学院合作，以“西南大学网络教育学院柯城电大学习中心”名义招生、管理和考试。抓好月报考核，以“没有最好、只有更好”为中心追求目标，以“完成时间尽量前移，完成质量尽量上提”为中心工作要求。至年底，学习中心招收新生 82 人，毕业 90 人。

（殷晓强）

科技工作

【概　况】 柯城区科学技术局与区科学技术协会合署办公，对外挂科技局、科协两块牌子，一套班子，一个独立核算单位。2020年，围绕区委、区政府工作部署和省、市科技创新目标考核任务，加大科技支撑，做好疫情防控；加大科技软投入，增强创新硬实力。补短板、强弱项、争进位，加强科技治理体系和创新能力建设，为建设“重要窗口”贡献柯城科技创新力量。

【疫情防控】 2020年，根据疫情防控要求，推行企业科技办事“零跑次”服务，利用省市“科技大脑”、区科技服务企业钉钉群等平台，科学组织高新技术企业、科技型中小企业申报认定等工作，为企业提供方便快捷服务。启动防疫紧急项目攻关，对区人民医院、佰意智造两个项目予以紧急立项并实施，落实中央防疫特别国债资金40多万元。

【科技政策兑现】 加快涉企科技政策兑现，全年兑现奖补资金1220.2万元（其中兑现科技创新券52.4万元）。加强创新主体培育，年内，新认定省科技型中小企业48家（完成年目标任务192%），上报国家高新技术企业认定21家、省级高新技术企业研发中心2家，新认定区级研发中心6家。上报市级科技计划项目5项，指导性项目9项，其中两个项目进入市级重点项目名单，获研发经费补助100万元；受理区级科技计划项目28个，实施科技特派员项目13项。

【载体建设工作】 2020年，柑橘产业创新服务综合体列入省级创建名单，“功能性新材料应用”和“时尚低碳”两个综合体列入市级创建名单。深化院地合作，浙江中医药大学柯城技术转移中心挂牌；衢州鲟龙科技研究院成立，聘请中科院水生所桂建芳院士担任院长，并与中国海洋大学签订合作协议；促成联州制冷与同济大学、柴家专业合作社与天津科技大学、纪超公司与浙工大等校企合作项目。

【科技交流与合作】 全年完成技术交易额登记任务6.4亿元，完成发明专利产业化项目申报6项，市对区考核任务指标数超额完成。开展“揭榜挂帅”榜单征集，发布难题榜单16个，有效解决企业“卡脖子”技术难题。依托专家工作站、校企合作等平台，组织企业参加浙企中科行、智博会和北京国际产品博览会等活动，促进企业和科研院所交流与合作。聚通祥环保科技有限公司获第九届中国创新创业大赛（浙江赛区）成长组三等奖、行业总决赛第二名，被省科技厅推荐参加全球技术转移大会并作线上发言。区科技局获市创业创新大赛优秀组织奖。

【科技乡村振兴】 深化特派员制度，2020年，全区科技特派员开展科技服务138人次、科技培训11场次、培训人员670多人次。加强农民教育，年内，新增农函大教学点9家，开展实用技术培训6期、培训学员2200人，农民取得技术职称35位。组织科普讲师团，借助科技特派员等人才资源，融合乡村振兴讲堂、科普大篷车、“你点我来”服务栏等平台，开展农村实用技术、医疗保健、科普常识等方面培训和服务。

【科技人才创业】 从政策导向、激励导向激励科技人才创新创业。是年，补助政策兑现10名企业首席技术官，两年奖补期内给予每年每人1万元补助；兑现浙江歌瑞新材料有限公司市级重点创新团队、衢州佳农果蔬有限公司院士专家工作站等人才经费，兑现资金48万元。两名科技工作者分别获2020年度浙江省“十佳科技追梦人”和“百名科技追梦人”荣誉。

（王　红）

气象服务

【概　况】 2020年，全区气象灾害较往年偏重，春播期强冷空气、梅汛期暴雨洪涝、秋季低温冷害等，给城区供水、公路交通、种植、养殖业等造成严重影响。柯城气象分局依托区气象台主动及时发布暴雨、雷电、大风、霜冻、大雾、霾、高温等预警信号，防御和减轻气象灾害影响。

【气象监测预警】 全区于5月29日入梅，入梅时间早、持续时间长、集中性降水过程多，区气象分局及时发布各类气象信息、气象预警信号、地质灾害气象风险预警和其他天气通报类信息，为全区安全度汛做好气象服务保障。特别是在强降水引起的九华乡山体滑坡事件中，由于预报预警及时、服务保障到位，得到区领导和区级部门的肯定，柯城气象分局获集体嘉奖一次，朱嘉俊获先进个人表彰。为加强城区气象监测能力，分别在白云街道、新新街道、衢化街道安装4套自动气象监测站。

【气象防灾减灾体系建设】 依托上级气象部门“三农专项”，完成19个区气象防灾减灾体系和气象防灾减灾标准村（社区）指导创建，对接区政法委，构建“网格+气象”工作机制，完善应急联动响应工作制度，发挥网格员在气象防灾减灾中作用。

【气象服务保障】 做好区举办“2020灵鹫山·百公里越野赛活动”“2020浙江省新农村定向健康越野跑大赛”“2020灵鹫山·第二届全国森林极限运动会”“2020衢州橘子音乐节”等体育赛事气象服务保障。

【完成人影作业点选址】 与区应急局、林业局沟通协调，在石梁镇杨田源村确定人工增雨作业点。区气象、应急、林业等部门共同讨论，拟定作业点标准建设、设备采购、队伍建设等实施方案，争取全区具备独立实施人工增雨能力。

（吴　丹）

综　　述

2019年1月20日，根据《衢州市柯城区机构改革方案》，将区教育体育局（区文化局）文化、体育管理职责，相关单位旅游管理职责整合，成立区文化和旅游体育局作为区政府工作部门。2020年，区文旅体局重点聚焦“四省边际中心城市”建设，以打响柯城城市品牌为引领，坚持全面从严治党，统筹各项改革任务，不断健全公共服务体系，加快重点项目建设，强化行业安全意识，全面促进文旅体工作融合。

文化和旅游

【疫情防控】 制定《区文旅体局做好新型冠状病毒感染的肺炎疫情防控工作应急预案》，成立以局长为组长，班子成员为副组长，科室长为成员的疫情防控工作领导小组，开展服务社区、服务企业疫情防控工作。下派社区服务干部职工32人，通过实地走访、电话连线形式联系居民1100余户，向社区捐赠一次性口罩500只、红外线体温仪5只。出台文旅体行业专项扶持政策《柯城区应对新冠肺炎疫情支持文旅体企业发展的16条意见》，通过“政企通”平台全面上线疫情补助政策，实现补助申领“零跑腿”，补助文旅体企业80万余元。帮扶14家旅游企业争取贴息贷款，落实旅游服务质保金暂退政策，退还全区45家旅行社质保金486.55万元。编制《星级饭店复工23条》《民宿复工11条》工作指南，帮扶企业细化防控计划、措施，开展科学研判，为有序复工提供保障。

【立春文化生态保护区】 依托九华立春祭、梧桐祖殿资源，加大立春文化传承、保护和利用。3月，中国民间文艺家协会发布决定命名柯城为“中国立春文化之乡”。9月，省文化和旅游厅公布省级文化传承生态保护区（创建）名单，17个省级文化传承生态保护区（创建）地区入选，柯城区立春文化传承生态保护区位列其中。

【灵鹫山旅游度假区】 注重资源挖掘，灵鹫山山地休闲度假发展试点被评为省首批山地休闲度假发展试点。按“三年成型、五年成名”要求，明确2021年创建省级旅游度假区，2023年冲刺国家级旅游度假区工作目标，成立区委书记、区长为双组长灵鹫山国家级旅游度假区创建领导小组，下设森林运动小镇、立春文化传承生态保护区、灵鹫山禅意康养专班，确保创建工作有序推进。完成度假区申报书编制和可行性研究报告框架，确定奥陶纪景区、飞鸿神网谷、徐莫岩路、千里岗森林营道核心项目。加大招商引资力度，举办运动柯城文化旅游发展大会暨灵鹫山名山开发启动仪式，邀请携程旅行、中国文旅集团、锦江酒店、同程旅游等知名文旅企业50余家参与推介考察。

【“一乡千宿”工程】 根据《柯城区加快建设“一乡千宿”民宿集

聚区实施意见》，加快民宿产业发展，区“一乡千宿”改革试点被评为省首批民宿（农家乐）助力乡村振兴改革试点名单。推广“智多张西”模式，围绕“培育民宿集聚区1个，民宿集聚村3个，星级民宿30家，银宿以上5家”目标，重点推进九华乡建设民宿集聚区，培育新宅村、桃源村、妙源村建设民宿集聚村，创建省白金宿1家，金宿1家，银宿3家。完成九华乡新宅村民宿集聚村策划，开发“感恩英雄·欢迎回家”民宿免费预约平台，开展免费住活动4期。启动民宿画册编制工作，对新增星级民宿进行采编，丰富画册内容。开展民宿资源点调查工作，摸清底数，建立全景资源库，编印招商画册。

图73　11月7—8日，橘子音乐节举行

【公共文化服务】 抓实乡镇（街道）综合文化站标准化管理工作，社会化运行工作全面试行。以打造环境舒心，服务贴心，智慧暖心，交通顺心为总目标，加快推动“最多跑一次”改革向公共场所区域延伸，完成文化中心提升改造工程，入选省改革在身边·浙江公共场所服务大提升新闻行动10月亮点项目。举办浙江美术馆流动分馆（柯城美术馆）开馆暨春风又绿——当代浙江国画名家作品展、“我们的中国梦·文化进万家”区迎新春“送春联、送图书”、好听衢州新春音乐会、“文艺进万家　健康你我他”采风、区民间团队会演专场、橘子音乐节、“军民携手·同心筑梦”庆祝建军93周年暨双拥共建文艺晚会活动。推行图书全免费服务，从办证、借阅到活动全免费形式向读者开放，实行全年无休，总馆每周开放68小时。全年，图书馆流通653560人次，办理读者卡11338张，图书流通856995册次，新增图书40653册，送书下乡13752册，举办线上+线下活动225场，惠及群众2万余人，打造“运动柯城·书香满城”全民阅读品牌。开展文化活动26场，受益群众15600余人；线上文化慕课14次；线下培训讲座15个门类247课时，受益群众4895人次；免费展览10场；开展送戏下乡220场次。

【文化传承与创作】 开展文艺精品创作，创作50余件微视频作品，其中微视频《2020我们晚些再见》《不见外只见爱》《柯城余东：寻访当代田园毕加索聚落》作品登上“学习强国”平台。以区人民医院“万少华团队”感人事迹为创作灵感和背景构思的舞蹈题材《山坳里的医疗队》、以余东农民画为题材小戏《画里画外》和以人类非遗九华立春祭祀为题材男声小组唱《立春》，均在省级平台赛事中精彩亮相。舞蹈作品《麻糍糯糯盼儿归》和声乐作品《立春》受邀参加第十七届浙闽赣皖四省四市民间艺术节演出和浙江省2020年群众文艺精品展演。加大“非遗”传承保护力度，世界“非遗·九华立春祭”获海南博鳌国际旅游奖——“非遗”创新奖，衢州白瓷和邵永丰麻饼双双列入第五批国家级“非遗”名录公示项目，九华立春祭被文旅部列入2021年“非遗过大年·文化进万家”活动。举办“文化和自然遗产日”区“非遗”宣传展示活动。

【重点项目建设】 扩大文旅项目投资，主动服务全区重大文旅项目，协调解决忘忧田园萱草未来村、花彩小镇项目推进过程中存在问题，快速有序推进项目前期工作和建设进度，全区21个在建文旅项目完成投资9.49亿元。对接谋划项目招商，谋划灵鹫山旅游度假区综合配套项目、妙源立春主题度假酒店、龙滩度假村等“十四五”期间重点文旅体融合项目，对接大蜂集团花鬘荆溪和开元集团一然村文旅项目，为项目公司提供基础数据资料，服务项目公司编制初步设计、投资计划前期工作。

【文旅市场推广】 策划“带着绿码游花海”活动，配合市级有关部门开展“绿码拼团、拥抱春天，县长带你游乡村”市乡村绿码健康行活动，助力行业回暖。启动“百县千碗　味道柯城”区特色美食评选推广工作，挖掘区特色美食及故事，古铺良食、衢州东方大酒店入围市级“百县千碗”体验店名单。举办橘子音乐节，邀请木马、五条人知名乐队，吸引游客3万余人次，并在新华社云、爱奇艺、哔哩哔哩平台同步直播，观看人次150余万人，推动“好听衢州”文化品牌打造。编辑“想见你，柯城”“五一去哪儿”旅游主题微推，定期向游客推送柯城美景、美食、美宿、美购旅游资讯，多次被“学习强国”“诗画浙江”“衢州文旅”“无线衢州”等国家、省、市媒体平台转发，点击量10万多次，激发游客来“柯城”旅游需求。统筹推进A级景区、网吧、星级酒店、民宿、旅行社入驻高德地图。

【文化市场安全监管】 行业品质提升新突破，衢州光大旅行社被评定为四星级品质旅行社，衢州四省边际旅游集散中心通过四星级旅行社复评，衢州帝京大酒店、西区东方大酒店获评省品质饭店，衢州东方大酒店、衢州饭店通过四星级旅游饭店复评。制定《2020年度安全生产监督检查工作计划》，全年按计划、分专题、分时段开展监督检查，尤其节假日、旅游旺季和特殊时期，利用旅安委联合机制，保障行业安全。联系服务文旅企业，要求经营单位对照《柯城区文化市场经营单位2020年度安全生产责任书》，自觉履行安全生产主体责任。全年，通过行政监管、执法检查形式，出动检查人员1067人次、检查485家次，全区120余家文化旅游企业未发生文旅安全责任事故。及时处理投诉咨询，通过“12345”“12301”“96118”平台收到投诉、咨询50余件，针对投诉内容，第一时间了解情况并给予反馈，及时处理率100%、满意率100%。开展文化执法工作，以推进综合执法与“互联网+监管”、疫情防控、文明城市创建、扫黑除恶专项斗争、“扫黄打非”相结合为主线，以开展文化市场经营场所专项整治、网络文化市场专项整治、“不合理低价游”及非法经营旅行社业务专项整治、出版物市场专项整治工作为重点，加强文化市场巡查力度，及时发现和查处违法经营行为。全年办理4起行政处罚案件，涉及文化、文物、新闻出版领域。

体　　育

【基层体育场地设施建设】 结合全域土地整治和全民健身要求，加大乡村运动基础设施和体育硬件设施建设，全年完成体育民生实事建设项目25个，其中小康体育升级村15个、社区多功能运动场3个、游泳池1个、百姓健身房6个。

【运动柯城品牌打造】 组织开展体育赛事，包括第二届“烂柯棋院杯”全国名校教授围棋邀请赛、“浙里诗路”2020浙江省新农村定向健康越野跑大赛（钱塘江诗路·柯城站）、第五届石门山自行车爬坡赛、“衢州有礼·运动柯城”全民健身嘉年华云启动仪式、2020“衢州有礼·运动柯城”中国围棋之乡联赛等，借力打响运动柯城品牌。

（张　晟）

灵鹫山禅意景区建设

【概　况】 2020年，灵鹫山禅意康养景区建设以创建国家级旅游度假区为目标，加快推进灵鹫山山顶核心区“灵鹫圣境”项目建设步伐。围绕“三年成型、五年成名”要求，推进包括项目规划方案修改完善、寺庙建设前期准备、上山道路优化建设、政策处理工作，狠抓工作进度，加快项目落地。12月20日，灵鹫山名山开发建设（上山道路暨灵鹫圣境）项目启动仪式在九华乡大侯村举行。市委副书记、市长汤飞帆出席仪式并宣布开工。

【完善景区规划】 按照“东有普陀山、西有灵鹫山”建设要求，8月，委托同济大学建筑设计研究院（集团）有限公司以“中国佛山、灵鹫圣地、释迦道场、康养乐园”定位，对灵鹫圣境项目概念性规划进行修改和完善。设计院提供以灵鹫山山顶为核心区（约20.13公顷），以禅意康养为主要内容，修缮扩建灵鹫寺（约2公顷），建设灵鹫宫、灵鹫园、灵鹫寮、天索桥及广场等，打造中国佛山、康养圣地为规划方案。10月，灵鹫山禅意康养景区建设专班邀请相关部门单位、文化界人士、佛教界人士对该规划方案进行审查，论证完善概念性规划方案。

【优化道路建设】 按“一园（灵鹫山森林公园）一溪（庙源溪）一镇（九华集镇）”总体空间布局，谋划梓绶山至孟高寮8.858千米上山道路，道路起点位于上方村附近，终点至灵鹫寺寺庙入口，总投资约8535万元。2018年底，灵鹫山道路工程获省林业局林地使用批复。按照区委“坚持两条红线”要求，灵鹫山禅意康养景区建设专班会同区交通局提出景区道路优化建设方案。经过区交通局专家、省交通线路专家多次会诊，在确保安全前提下，尽量减少生态破坏。2020年9月，经过区政府常务会讨论，决定对原有道路方案进行优化。12月，灵鹫山上山道路开始施工。

【灵鹫寺修缮扩建】 年初，灵鹫寺住持然相法师委托宁波市海曙都市营造建筑设计有限公司设计灵鹫寺修扩建项目建筑设计方案。4月13日，区政府召开灵鹫寺修扩建项目规划设计方案审查会，讨论并通过灵鹫寺修扩建项目规划设计方案。灵鹫寺修扩建项目总用地面积1.99公顷，总建筑面积14950平方米，计划土建部分投资约2亿元。寺庙计划分两期进行建设。一期工程（大雄宝殿、天王殿、伽蓝殿、祖师殿、钟楼）在原有0.69公顷建设用地范围内进行建设。二期工程（方丈院、僧寮、五观堂、展览馆、观音殿、法堂、鼓楼、地藏殿、多功能法堂、素食餐厅、大堂、多宝塔、山舍、水舍等）在土地利用总体规划调整后报批建设。

【政策处理】 1月，灵鹫山禅意康养景区建设专班会同九华乡政府开展孟高寮（老村）房屋及宅基地收归村集体工作。收归工作涉及房屋26栋、宅基地9072.88平方米，至年底，完成所有农户签约及收归工作，确保灵鹫山禅意康养景区修扩建项目用地。

（华阳涛）

卫 生

医疗保障

【概　况】 2020年，区医疗保障局坚持以人民为中心发展思想，围绕区委、区政府加快建设“四个区”战略目标，树立“忠诚守护、保障一生”服务宗旨，推进覆盖全民、城乡统筹、权责清晰、保障适度、可持续高水平医疗保障体系建设，为高质量发展贡献医保力量。获2020年度全省医疗保障工作先进（优秀）单位、市医保工作目标责任执行情况考核一等奖，《创新治理过“四关” 推动经办标准化》入选浙江省医疗保障经办精细化管理服务典型案例，医保业务“一本通”制度汇编、医保精准扶贫模式入选市2020年度优秀市县合作项目。

【疫情防控】 做好新型冠状病毒肺炎防控工作，围绕“两手硬、两战赢”目标，把疫情防控作为全年首要政治任务和重大政治责任，抓紧抓实抓细，积极应对疫情防控和救治保障工作。在大厅窗口关闭期间，成立咨询组，开通24小时咨询电话，全面推广医保业务网上办、掌上办、不见面办；落实临时调整医保支付政策，通过预付部分资金方式，减轻医疗机构垫付压力；加强对发热、咳嗽病人自购药品管理，开展精神病患者巡诊及送药上门服务，密切关注困难人群感染情况，加强和民政部门对接，以便及时启动医疗救助机制；发挥医保大数据优势，为全区面上精准防控提供数据支持，协助做好“三返”人员信息排查；打好“减半征”“缓期缴”“保待遇”“线上办”组合拳，减半征收2—6月企业单位缴纳部分医保费，5个月内减征2539.84万元，惠及企业4918家；结对衢化街道滨二社区，协助开展包区清楼工作，做到组团联社、深入到格、责任到楼、排查到户、服务到人。发挥医疗保障在疫情防控工作中作用，打赢新型冠状病毒感染的肺炎疫情防控阻击战、歼灭战。

图74　2月20日，区医保局志愿者到滨二村社区协助做好体温监测

【打造“医保精准扶贫”升级版】 以“符合条件的困难群众资助参保率100%和医疗救助落实率100%”为目标，在2019年“三全”模式上精准发力，打造医保扶贫升级版。在精准识别、便捷结算、基层服务、监督考核和部门联动等方面持续优化升级，实现困难群众参保“全覆盖”、待遇享受“全到位”、医保政策“全落地”，推动参保“零跑腿”“零材料”“零负担”，实现扶贫领域医保服务“一个都不少”、享受医保扶贫改革红利“一次都不跑”，提升困难群众获得感、幸福感。至年底，全区7713名困难群众享受医疗救助，支付救助金额1666.05万元。为特困、低保、低边困难人员减轻医疗费用负担，主动作为，精准施策，按“发现一人、跟踪一人、救助一人”目标，检索困难群众医疗费用个人自负情况。与财政、民政、残联、扶贫办、慈善总会、红十字会等部门对接，形成统一高额费用化解口径，剔除各部门补助后，对2019年度、2020年度个人自负超5万元困难群众实施“一事一议”。为减轻困难群众医疗费用负担，防止群众因病致贫，因病返贫。给全区30名困难群众补助资金119.03万元。补助实施全程无感到位，零跑腿、零材料，并电话提醒查收。

【医保政策宣讲】 为提升群众对医保政策知晓度，组建“医保8090新时代政策宣讲团”，结合“三服务”“周二无会日”“组团联村”“组团联企”，开展“医保政策进万家”活动，宣讲医保政策、提供志愿服务，将医保政策送进各村、社区、网格、学校、医院、园区、企业中，在基层传播正能量，传承弘扬志愿服务精神，推动社会主义核心价值观落实，让党和政府医保惠民政策和改革成果深入人心、老少皆知。

图75 6月3日，2020年柯城区医保精准扶贫工作推进会召开

【医疗保障制度改革】 创新汇编“医保通”，推进标准化建设。医保制度“碎片化”“复杂化”问题是困扰医保治理、影响医保服务的顽疾，区医保局主动作为，深化医疗保障制度改革，以厘清政策、规范经办、服务群众破题，科学划分“医保通”为经办规程（15章49节）、操作手册（9章、294个风险点）、办事指南、政策问答（300余个）和医保地图（贯穿公民全生命周期）五个特色板块，设计相关文创产品，将相关内容植入“邻礼通”“科普驿站”等智慧平台，为工作人员提供宝典，为百姓提供获取医保讯息，使政策宣传形式更实、效果更佳。深化“最多跑一次”改革。通过流程优化、部门联动、数据共享等措施，以“减少跑”“就近跑”“不用跑”为目标，优化提升经办服务水平，深化“最多跑一次”改革，提高群众对医保服务满意度和获得感。通过录制医保事项“网上办”“掌上办”操作视频，发放医保业务“网上办”“掌上办”指南，开展村级便民高频率事件代办业务培训100余场次，提高“网办掌办”知晓率。在城乡居民基本医疗保险集中参保期，新增参保事项“浙里办”，在医保办事大厅购置网上办事自助机和平板电脑，方便群众，提升“网办掌办”效率。

【打击欺诈骗保】 医疗保障基金是广大群众“救命钱”，围绕“保基本、促改革、强基础、重监管”要求，加强医疗保障基金监管，全面巩固打击欺诈骗保行动成果，强化定点医药机构、参保人员及医保经办机构法治意识，营造全社会关注并自觉维护医疗保障基金安全良好氛围。全年开展基本医疗复印件报销专项稽核、医保资金收支结算情况专项检查、承办医保经办服务第三方机构自查自纠专项行动、公立医疗机构自查自纠专项行动、非公立医药机构自查自纠及全区范围医药机构全覆盖检查等专项检查，检查医药机构210余家次，查处存在违规医疗行为近50家次，追回基金549.7万元。完善举报奖励机制，兑现举报奖励4起，金额8670.85元，为全市首个兑现举报奖励金地区。注重舆论引导，联合区卫健、市场监管等部门开展“打击欺诈骗保，维护基金安全”集中宣传活动，编导打击欺诈骗保专题短视频，深受百姓喜爱。

【县乡一体拼“三率”】 为提高基本医疗保险参保率、医保电子凭证激活率、“惠衢保”参保率，抓住“三率”服务一件事和基本医疗保险参保人群体，牵头与全区各部门（单位）合力拼“三率”，推动资源向一线倾斜、管理向一线下沉、服务向一线集中，探索“县乡一体、条抓块统”医保改革新模式，为全区44万户籍人口、32万名参保群众提供优质医保服务。至年底，城乡居民基本医疗保险参保率99.97%、医保电子凭证激活率44.29%，位列全市各县（市、区）第一；至2021年1月底，“惠衢保”参保率72.97%，远超60%目标任务。

（吴静芸）

卫生健康

【概　况】 2020年，全区医疗卫生机构399家，床位1821张，其中社会办医疗机构核定床位1045张。县域就诊率94.54%，基层就诊率73.29%。医疗卫生服务体系基本健全，卫生监督所、疾控中心、妇幼保健计划生育服务中心等专业公共卫生机构3家。区人民医院、中医院、妇保院等公立医院3家。乡镇（街道）卫生院（社区卫生服务中心）18个，一体化村卫生室（社区卫生服务站）41家，社会医疗机构339家。规范化村卫生室99家，村卫生室率达93.2%，位列全市第一。公立医疗机构核定编制1439人，其中人民医院820人、中医院117人、妇保院64人，乡镇卫生院（社区卫生服务中心）18家、438人。在岗人数1502人，公立医院在编率68.2%，基层医疗机构在编率72.6%。公立医院卫生专业技术高级职称164人、中级职称304人，其中正高52人、副高109人；基层医疗机构高级职称人数29人、中级职称65人，其中正高2人，副高27人。人均期望寿命80.74岁，比上年80.61岁增加0.13岁，其中男性78.99岁，女性82.75岁。重大慢性病过早死亡概率11.04%。居民健康素养水平38.10%。

【疫情防控】 做好疫情防控各项工作，有效落实“四早”措施。截至年底，累计报告新冠肺炎确诊病例3例，其中武汉返柯2例、境外输入1例，全部治愈出院。1月18日，省卫健委部署新冠肺炎防控工作，连夜召集中层干部和下属医疗卫生单位负责人召开抗击新冠疫情防控部署会，全员投入疫情防控各项工作。组织专业队伍预判在前，快速布置应急预案、健康宣教、院感防控、物资储备等工作，特别强调基层医疗单位预检分诊工作。1月21日发现航埠镇中心卫生院疑似病例1人，采取果断措施进行隔离留观，最终确诊为衢州市第一例确诊病例，1月27日再次识别疑似病例1人，再次确诊。9月10日派专车专人赴安徽合肥点对点接回无症状感染者治愈出院人员1名，严格执行集中隔离观察后出现发热症状转为确诊病例，全程无社会面密切接触者，受到衢州市委第三季度执行“十条军规”正面典型通报。利用辖区乡镇卫生院9家、社区卫生服务中心9家组建家庭医生签约服务团队115支，家庭医生163名，融入社区网格，通过居家医学观察管理小组，开展“五个一”服务工作，提高重点人群管控力和精细化程度，全区累计采取居家医学观察7473人。集中隔离点7个各派驻卫生院副院长1名、疾控人员1名、医护人员若干名，实施集中硬隔离规范化管理，全区接受集中隔离医学观察685人，未发生疫情隐患。组建驻企健康指导员130人，采取“一对一、点对点”服务企业和“线上+线下”形式，帮助企业落细落实各项防控措施。健康指导规上企业397家、小微企业211家、中小企业1410家。组建驻校健康指导员队伍，为全区中小学校139所、托幼机构“一对一”派驻医务人员139名，提供技术指导、相关培训、健康宣教、应急处置等健康服务工作。全区两会重大活动召开，做好卫生防疫和医疗保障工作，确保重大活动安全有序开展。疫情防控常态化，强化应急预案，开展应急演练，完善收治体系，确定区人民医院为新冠肺炎确诊病例定点医院，床位50张；确定航埠镇中心卫生院（柯城区第二人民医院）为辖区后备定点医院，床位44张。加大物资储备，建立物资储备库，满足至少30天最大日消耗量，9月底储备到位。金茂大酒店为集中隔离点配备房间100个，西港工业园区万盛路2号（原浙江申光电器有限公司）为方舱医院建设场地。加强重点领域监测，每周协同市场监管部门对农贸市场人员、外卖快递人员、冷链食品及外环境样本开展核酸检测。完善预警体系建设，提升核酸采集检测能力，落实医疗机构防疫培训、院感防控和哨点监控，充实区新冠肺炎医疗救治专家组队伍，新增中医、儿科、产科等专业专家成员。组建预备医疗队、应急机动医疗队2支，用于后备医院和方舱医院启用后医务人员安排。加大宣传力度，普及防疫措施及健康教育，结合文明城市创建，开展爱国卫生运动。

【医药卫生体制改革】 围绕公立医院综合改革重点目标任务，提供更便捷更和谐的医疗服务。深化医疗服务领域“最多跑一次”改革，两家公立医院均根据《衢州市柯城区卫生健康局关于印发深化医疗卫生服务领域“最多跑一次”改革推进就医体验大提升实施方案的通知》确定目标任务，完成改造提升任务。9月门诊智慧结算率70.91%，病房智慧结算率84.73%，电子发票使用率94.82%，全区公立医疗机构均接入浙江健康导航平台，提供网上预约挂号，健康咨询等服务。实现检查检验互通共享，检查检验报告实现电子化推送，通过“健康柯城”微信公众号在线查询。基层医疗机构100%提供规定病种慢性病长处方服务。

【“双下沉、两提升”推进】 制定《关于印发衢州市柯城区医疗资源下沉实施方案的通知》和《衢州市柯城区卫生和计划生育局关于进一步加强和规范区乡医疗资源下沉工作的通知》文件，开展区市县医疗资源下沉工作。全区基层医疗卫生机构均与县级以上（包括市级）医院建立长期对口支援帮扶关系，其中规范下沉（包括全面托管型和重点合作型）覆盖率达76.47%。“十三五”期间，区人民医院与省肿瘤医院合作成效良好，省卫健委组织“双下沉、两提升”工作评价良好，基层医疗单位科室30多个与上级医院合作办医，合作业务科室年均诊疗2.5万人，区县域就诊率均在90%以上，上年年底县域就诊率94.41%，“十三五”规定目标完成。

【公共卫生服务】 全面制定工作方案，定期开展重点人群、重点环境监测，加强高风险人群管理，强化隔离点规范化管理，储备专业人员队伍，做好流感疫苗和新冠肺炎疫苗紧急接种，储备应急物资，开展新冠肺炎疫情防控综合演练，做好应对秋冬季新冠肺炎疫情防控准备。是年，省、市政府将公共卫生三大项目列入政府民生实事，完成65岁以上农村老年人肺结核筛查2.16万人、重点人群结直肠癌筛查3.12万人、重点人群流感疫苗接种3000人份，三大民生实事项目全市率先完成，公共卫生服务送到千家万户。优化公共卫生服务项目绩效考核办法，实施基层医疗机构补偿机制改革，公共卫生服务实行当量购买服务，建立与基本公共服务项目、服务数量、服务质量、服务效率相匹配财政补偿方式，发挥财政补偿资金政策引导作用，调动基层医疗卫生机构和医务人员积极性。开展基本公共卫生服务项目质量提升专项行动，推进工作责任制，夯实项目服务基础建设，提升项目工作服务水平。推进居民电子健康档案向个人开放，通过“浙里办”手机移动客户端（App），居民健康医保卡，实现居民健康档案向本人开放，开放率达50%以上，实现档案动态使用。疫情防控期间，精神病、高血压、糖尿病等慢病患者滞留家中，无法及时到医院就诊配药，为保障患者用药连续性，采取温馨送医送药下乡服务。创新培训方式，避免人群聚集，开展小班化、针对性、线上培训。成立重性精神疾病患者关爱帮扶小组，建立“一人一档”，对严重精神障碍患者实行联防联控网格化管理。

【妇幼老龄工作】 实施妇女健康素质提升工程和母婴健康工程，加强育龄妇女生殖健康、孕产妇、儿童保健。按国家基卫项目考核要求，增加专项督导检查频次，建立“月指导、季督导、年考核”督查机制，加强对基层保健工作检查、帮扶与指导，通过督导考核检查掌握全区保健各项年度目标及妇幼健康指标落实情况。全区连续5年无孕产妇死亡，围产儿死亡率6.19‰。5岁以下儿童死亡率3.54‰。全区连续5年免费婚检率、孕检率均达95%以上。落实高危人群重点督查举措，强化高危孕产妇动态监管，促进全区重点人群日常监管到位。辖区高危孕产妇管理率及住院分娩率均达100%。制定《柯城区城乡妇女免费“两癌”检查项目实施方案》，召开两癌筛查动员大会，推动两癌筛查工作，全年宫颈癌筛查10865人，乳腺癌筛查11093人，目标任务数超额完成。落实“全面二孩”政策和“幼有所育”目标，推进婴幼儿照护服务民生实事项目工作，有条件幼儿园开设托班，招收2—3岁幼儿，鼓励幼儿园新建、改建或扩建。协助区发改局开展普惠托育专项行动，支持有条件机构开展托育项目，机构参与10家，基本完工9家。建立婴幼儿照护指导中心，规范婴幼儿照护服务工作。区妇幼保健院建立婴幼儿照护指导中心，通过建立健全托育服务工作管理机制，构建科学、规范、标准婴幼儿照护服务体系。加强人员培训，提升专业能力。联合人社局组织开展育婴师培训，参加培训人员50余名，为婴幼儿照护服务工作提供保障。至10月底，新增3岁以下婴幼儿照护服务机构5家，完成目标（1家）的500%；新增托位495个，完成目标（30个）的1650%，民生实事任务超额完成。统筹推进健康老龄化工作。做好疫情期间医养结合单位、养老院督查、指导工作，开展医养结合需求调查摸底工作，发展医养结合机构，推动上门居家健康服务，提高老龄健康服务能力，报送三季度医养结合工作报表。做好上年老年人综合保险数据比对工作，做好是年老年人综合保险工作宣传、发动和投保工作。开展疫情期间老年电大线上教学工作。两个社区“老年人心理关爱项目”（国家试点项目）完成，对筛查出阳性人群开展心理健康干预和指导，提高老年人生活质量和居民满意度。统筹建立医养结合试点单位和安宁疗护病房试点工作。

【计生服务工作】 落实计划生育家庭奖特扶制度。做好对象资格确认工作，确保不错不漏。严格按本人申请，村、乡、区三级审核确认流程对全区上报年度新增奖扶对象进行资格确认，通过深入村户、寻访知情群众，详细了解申报对象“婚姻史、生育史、收养史”等情况，确保每个申报对象准确无误。是年符合奖扶条件4068人，发放奖扶金390.53万元，符合特扶条件723人，发放特扶金618.84万元。柯城区计生协暖心家园成为中国计生协暖心家园项目点，是衢州市第一家国家级项目点。区计生协致力于对计生特殊家庭的关怀和帮扶。2018年中国计生协启动暖心家园建设，率先在府山街道志愿服务指导中心建立区计生协暖心家园。按照中国计生协暖心家园“六有”标准建设，全年，暖心家园开展季度集体庆生、知识讲座、文体活动、交流联谊、志愿服务等活动40多次，参与活动1000多人次，暖心家园成为计生特殊家庭交流

"暖心"驿站。

【卫生监督执法】 推进非现场执法建设。全市在9个领域开展非现场执法监管，为口腔诊疗机构智慧监管、医疗废物智慧监管（省统一开发）、新冠肺炎院感防控智慧监管系统、生活饮用末梢水在线检测等多个系统。在线监测技术参数通过平台自动分析、智能判断，将存在不合格风险时告警，即时查处。在线监控和在线监测数据可追溯，通过口腔智慧监管系统，采用新手段执法作出行政处罚案件13起。全年出动2562人次，监督1025户次，行政许可受理114户次，发证101本。立案130起，作出处罚决定119起，其中简易案件58件、一般程序案件61件，作出罚款20.2万元，没收违法所得9342元。接到投诉举报31起，受理31起，查处31起，反馈31起，查处率100%。其中存在违法行为9起，进行立案查处。

【爱国卫生和健康柯城建设】 围绕健康浙江、健康衢州年度工作任务，推进健康柯城建设工作，全面开展健康素养提升行动和"健康细胞"建设工作。开展健康素养进文化礼堂99个，开展率72%，其中健康讲座195场，健康活动103次，健康服务115次，累计发放健康礼包8272个，累计受益26010人；建设无烟党政机关215家；建设健康社区2家、健康食堂2家、健康餐厅2家、健康促进学校（银牌）单位2家、健康促进学校（铜牌）单位8家、健康促进社区1家、健康家庭1644户；建设健康小屋10个。是年，"健康浙江"工作考核信息系统上报完成，市对县考核通过，省对县（市、区）抽查考核迎检相关工作准备中。

【数字化改革工作】 卫生健康数字化改革依托全民健康信息化项目建设完善，支撑2018—2020年三年医疗卫生服务领域"最多跑一次"改革及近几年政府数字化转型工作。9月，区全民健康信息平台通过国家医疗健康信息互联互通标准化成熟度四级甲测评，在数据资源标准化建设、互联互通标准化建设、基础设施建设及互联互通应用效果等方面得到提升。

（刘东升）

疾病预防控制

【概　况】 2020年，区疾控中心核定编制43名，在岗人数11人，其中在编10人。专业技术人员10人，其中副高职称1人，中级职称2人，初级职称5人。中心党支部被授予市抗击新冠肺炎疫情先进集体、市先进基层党组织称号。年内，制定年度全区疾病预防控制工作目标任务考核意见并组织考核，完成对全区18家基层医疗卫生机构半年及年度疾病预防控制工作目标任务考核。

【疫情防控】 做好疫情防控工作，落实疫情防控措施。开展全区疫情研判、疫情防控技术指导，制定防控策略，普及防控应知应会知识，对一线监测人员、留观工作人员、医疗机构医护人员及医疗废弃物和病人排泄物处置人员进行防控工作指导、知识培训等。全年，报告新冠肺炎确诊病例3例，其中武汉返柯2例、境外输入1例，全部治愈出院。落实区3例确诊病例和疑似病例密切接触者调查处置工作，追踪管理密切接触者203人，次密接70人；指导落实对医疗机构检测出122例IgM阳性对象疫情防控健康监测追踪管理工作；指导综合服务点对重点地区、重点人群返衢人员开展新冠肺炎实验室检测工作，全区隔离点采集核酸4337人；对确诊病例家庭和活动场所疫点开展消毒工作，消毒物表面积1000平方米，空气消毒空间600立方米；指导开展其余重点场所消毒、消杀工作10次；出动180人次开展企业复工复产培训、巡回指导；出动400多人次对28所中小学进行开学前、复学后疫情防控指导；对集中隔离点重点场所开展疫情防控技术指导督导400多人次；指导大型活动现场疫情防控20多次；指导全区开展集中隔离点工作人员核酸检测107份、环境294份，医疗机构工作人员核酸检测7819份、环境2483份、食堂冷链食品318份，进口冷链食品从业人员核酸检测176份、环境标本150份、食品标本150份，结果均阴性；开展疫情防控相关技术指导培训会10场；培训辖区医疗机构采样人员343人，建立区核酸采样检测队伍；参与疫情防控相关应急演练5场；参与上海空港口岸入境到浙人员转运工作组轮值工作；接听疫情相关咨询电话850余起；向辖区内企业、学校及医疗机构发放疫情防控健康宣传资料114510份；开展疫情防控相关健康教育暨健康素养讲座活动13场。

【疾控及民生实事项目实施】 开展全区疾病预防控制工作及基卫服务疾控项目业务培训、技术管理与应用指导。2020年开展网络督导2期，现场考核2场，现场督导近50次，业务培训25场。督导完成全区结直肠癌免费筛查、重点人群免费接种流感疫苗及65岁以上农村老年人肺结核病免费筛查等民生实事项目任务目标。

【慢病综合防治】 指导完成全区35岁以上首诊测血压及慢病患者、高危人群健康管理工作。完成全年35岁以上首诊测血压率96.67%；高血压患者管理率40.29%，规范管理率76.21%，血压控制率82.54%；糖尿病患者管理率40.09%，规范管理率77.14%，血糖控制率79.83%；高血压高危人群管理率2.61%，规范管理率80.84%，重点人群管理率59.69%；糖尿病高危人群管理率2.93%，规范管理率78.0%，重点人群管理率57.21%。死因及慢性病监测指标均达质控要求。

【学校卫生与食品卫生监测】 年内，根据市卫健委、市教育局关于2020年学生常见病和健康影响因素监测与干预工作方案的文件要求，完成8所学校和3所幼儿园学生常见病和健康影响因素监测和干预工作；完成7所中小学校教学环境现场监测工作；规范处置3起疑似食物中毒报告事件。

【健康教育】 为抓好健康教育与健康促进指导工作，提高健康教育管理和工作水平。是年度采取多种形式开展辖区健康教育活动，举办6场进文化大礼堂活动，包括“世界肝炎日”“三减三健”健康宣传日活动等；完成辖区内2所健康促进银牌学校和8所健康促进铜牌学校验收工作；完成全区1644户健康家庭验收工作；完成217家无烟党政机关验收工作；开展2次省级巡讲活动，年内县级讲师团组织讲座100场以上，街道（乡镇）覆盖率100%；编印10万份宣传折页、宣传单等宣传资料，主题多样；按省居民健康素养和烟草使用监测方案完成监测点任务，完成中国成人烟草流行监测项目3个国家级监测点任务。

【计划免疫】 完成辖区常规计划免疫工作。单苗接种率达国家规定接种率指标要求。指导辖区接种点按要求规范开展入托、入学儿童查验接种证工作；全年处置2起水痘暴发疫情，调查处置率100%；年度全区上报AEFI 149例，以一般反应为主，未出现严重不良反应事件；全年全区接种新冠疫苗第一剂次4955剂次、第二剂次2171剂次，发现上报AEFI 9例，未出现严重不良反应事件。

（张　立）

爱国卫生运动

【概　况】 2020年，根据三定方案调整，区爱国卫生发展中心为区卫生健康局所属公益类事业单位，机构规格相当于股级。挂“区国家卫生城市服务中心”牌子。全区爱国卫生工作在区委、区政府正确领导和上级主管部门支持指导下，深入贯彻实施爱国卫生工作精神，改善城乡环境面貌，为建设“活力新衢州、美丽大花园”贡献爱国卫生力量。全年完成爱国卫生工作目标任务。

【巩固提升创卫成果】 结合全国文明城市创建，区块、部门单位精心组织，广泛发动，坚持问题导向，分解、落实任务，采取措施，精准发力，提升国家卫生城市管理工作。区块、部门单位加强卫生保洁和环境卫生日常巡查，整治城郊接合部、城中村、背街小巷、马路市场、老旧小区、农贸市场、小餐饮重点区域、重点环节，开展“十乱”整治行动，全区城乡环境卫生面貌提升，国家卫生城市巩固工作取得成效。条块之间、部门之间齐抓共管、通力协作、共同努力，国家卫生城市省级综合评估通过。

【卫生乡镇、村创建工作】 全年创建省级卫生村59个、市级卫生村7个。石室乡、沟溪乡、华墅乡、万田乡、石梁镇、九华乡6个创建国家卫生乡镇，市级技术评估和省级暗访评审通过。

【健康教育促进活动】 以健康柯城建设为抓手，完善乡镇（街道）健康教育工作网络，完善必需宣教设施，做好辖区范围健康教育组织、指导工作。建好健康教育宣传阵地，开展健康教育活动，提高健康教育时效性和有效性。坚持将健康融入政策，实施健康“细胞”培育工程，全年建设市级健康乡镇1个、健康村17个；创建健康社区2家、健康食堂2家、健康餐厅2家、健康促进学校（铜牌）单位8家、健康促进社区1家、健康家庭1644户。抓好爱国卫生月和世界无烟日宣传教育活动，建设区级无烟党政机关。在第32个爱国卫生月活动中，乡镇、街道利用载体广泛宣传健康教育，营造人人讲卫生、人人爱卫生良好氛围。在第33个世界无烟日宣传活动中，区卫健局、区健康办联合街道、社区开展世界无烟日主题宣传倡导活动，科学引导青少年树立拒绝传统烟草产品和电子烟健康理念，发动全区卫健系统、教育系统开展世界无烟日活动宣传。全年新建无烟党政机关215个，区级无烟党政机关建成率100%。落实健康柯城行动，实施乡村振兴战略，全区发挥文化礼堂阵地作用，以农民群众健康需求为导向，普及健康科学知识，倡导健康生活方式，发展健康文化，以提高生活质量为目标，开展健康素养进文化礼堂活动。推进健康讲座、健康活动、健康服务、健康礼包、中医药进文化礼堂工作，全区文化礼堂137个，健康素养进文化礼堂覆盖率72%，开展“三进”服务411次，受益人数26010人。

【城乡环境卫生、农村户厕改造】 乡镇、街道和部门单位以城乡环境治理、农村厕改为重点，开展城乡环境卫生整洁行动；结合乡村振兴、美丽城镇建设专项工作，将农村厕改与农村生活污水处理、环境整治结合起来，加强农村厕改健康教育和宣传、技术指导、信息实地核查，了解未改厕农户未改厕原因、改厕意愿，结合实际，精准改厕，确保农村无害化卫生厕所建设进程，提高无害化卫生厕所普及率和农厕信息录入质量。全年农村卫生厕所普及率100%，无害化卫生厕所普及率99.92%。

【病媒生物防制】 组织开展春秋季灭鼠和夏秋季灭蚊、灭蝇、灭蟑螂活动。结合巩固国家卫生城市创建成果、卫生乡镇创建、爱国卫生月活动，发动部门和居民开展室内外环境卫生整治。以乡镇、街道为单位，做好辖区公共外环境病媒生物防制市场化运作PCO企业衔接，落实外环境药物、器具投放。坚持“以环境治理为主，药物消杀为辅”综合性防制方针，加强对卫生死角、垃圾收集设施、沟塘水系、积水容器病媒生物滋生地综合治理，清除病媒生物滋生场所，控制“四害”滋生地，降低“四害”密度。强化城区病媒生物防制工作。6月，市通过病媒生物控制水平省级评估认可，鼠类、蚊虫、蝇类密度控制指标达国家规定标准C级水平，蟑螂密度控制指标达B级水平，标志着市、区得到2022年国家卫生城市复审资格“入场券”。

（张　立）

区人民医院

【概　况】 柯城区人民医院（浙江省肿瘤医院衢州分院，以下简称柯医）是一家二级甲等非营利性综合性医院，是全区医疗、预防、保健、康复、教学、科研及业务指导中心，于2016年4月通过JCI医院评审标准认证，是全市唯一一家通过JCI认证医院。2020年，柯医占地0.21公顷，设病区21个，实际开放床位700余张，建筑面积64524平方米。拥有医科达医用直线加速器、GE-62排螺旋CT、奥林巴斯电子胃肠镜、飞利浦彩色超声诊断仪、飞利浦1.5T医用磁共振成像系统等先进医疗设备。医院医疗水平不断提高，环境、设施不断完善。8月14日，柯医终止与物产中大集团合作办医，完整回归政府办医序列。12月2日，柯医与浙江晨星医院管理有限公司签署浙西医院股权转让协议，浙江晨星医院管理有限公司将浙西医院所占股权全部转让给柯医。柯医收回浙西医院股权，原浙西医院妇产中心、体检中心、临检中心为柯医科室。

【医疗业务与人才队伍】 全年，门急诊428673人次，住院23496人次，床位使用率79.19%，总收入41385.11万元。未发生重大医疗事故和生产事故，公立医院综合改革重点任务指标排名全省第9。年内，引进卫生专业技术高级职称人员1名，入选区名医5人、区名中医2人、区学科带头人4人、区专家2人、区医坛新秀2人。选派3名精干医生支援新疆阿克苏地区和四川北川县开展对口支援、东西部扶贫协作工作。

【疫情防控】 疫情期间，柯医作为区新型冠状病毒感染性肺炎定点救治医院——抗疫主战场，迅速应对抗疫工作，成立救治及防控工作小组，两天完成医院四层楼隔离病区改造，从原7间病房增加到50间；建立救治工作小组，做好新型冠状病毒感染的肺炎病例诊断、治疗、指导， 严格按诊疗规范筛查，确保不漏诊、不误诊，隔离病房收治确诊病人25人，发热门诊患者6844例，取得确诊患者“零死亡”、医务人员“零感染”、治愈出院病人“零返回”。在做好院内防控工作同时，选拔肾病科马龙举、急诊科郑惠之、ICU黄琪作为衢州市第三批援鄂医疗队队员驰援武汉，先后转战黄陂、日海、蔡甸3家方舱医院，49天收治患者1000余名，用行动书写着使命与担当，顺利完成抗疫任务。

【完善学科建设】 是年，推进“胸痛中心”建设，提升胸痛救治率，通过中国基层胸痛中心认证，开展胸痛手术230台，急诊PCI平均时间73分钟，低于90分钟标准水平。巩固“卒中中心”建设，缩短卒中抢救时间。将卒中中心的中位DNT（急性缺血性脑卒中患者进入医院到静脉溶栓开始给药时间）缩短至50分钟，在脑卒中急救的黄金救治时间60分钟内，降低致死率。扶持重点学科，形成科室品牌效应。肿瘤学科作为省肿瘤医院重点协作科室，疫情期间，积极与省肿瘤专家开展科普知识线上直播，为患者答疑解惑。骨科在衢州地区率先开展“双杯”技术行人工髋关节翻修术、微创人工股骨头置换术、足底交锁髓内钉胫距跟融合术，深受患者欢迎。为加快学科建设步伐，设立院内重点学科建设项目，确定肾病科、心血管科、麻醉疼痛科、骨科、放疗科院级重点学科，发挥重点学科带头作用，加大科研力度，提高学科综合实力。

【党风廉政建设】 开展廉政文化阵地建设，宣传先进典型人物，提高员工对廉政建设意义的认识；落实柯医党组织履行清廉医院建设主体责任和医院纪检监察机构监督责任，院党委与各科室签订党风廉政建设目标责任书，形成齐抓共管、上下联动责任网络；党支部设纪检委员，医院选聘20名廉情监测员，对重点领域和关键环节加强监管；按照供应商代表来访接待制度，加强“九不准”制度执行，加强医务人员医德医风考评，严肃查处医药购销领域和医疗服务不正之风。据不完全统计，全年监察室收到医务人员退还红包15起，价值1.59万元。

【节能降耗完成】 加大能耗使用管理控制，对照国家级节能型示范单位创建标准，在增加收入同时努力降低自身运行成本，控制支出。年内，完成智能水表安装、雨水收集绿化滴灌安装、新能源汽车智能充电桩安装、节能灯具改造，开展能源审计、能源消耗状况监测、完善节能管制度，通过“节约型公共机构示范单位和能效领跑者”评审工作。全年电费支出347.79万元，同比节约45.04万元，下降 11.47%。天然气支出65.46万元，同比节约14.63万元，下降 18.27%。同时减少仓库量，提高资金周转，1—12月，总务仓库入库金额 116.54 万元，同比费用减少 46.72 万元，下降 28.62%。

【优质服务提档】 深化“最多跑一次”改革，以提升服务能力为重点，打通“最多跑一次”改革“最后一公里”，全年组织专班会议、专项会议 11 次，门诊智慧结算率 80.24%，病区智慧结算率 82.9%，日间手术占比 5.9%，日间化疗占比 25.45%，各项指标完成，排名全市第一。

【公众形象提升】 在“万少华团队”影响下，柯医公益事业蓬勃发展。全年，举办医疗保障 2 场，急救培训 3 场，联系协作单位“请进来”活动 5 场，宣传册发放 2 万余本，服务 3 万余人次。疫情期间持续做好侵华日军细菌战“烂脚病”老人救助工作，组织职工参与无偿献血志愿活动，献血人数超过 300 人次，献血量超过 8 万毫升。是年，柯医获评市级先进基层党组织、柯医隔离病房团队被记市级集体三等功 1 次。

（肖　琳）

区中医院

【概　况】 2020 年，柯城区中医医院在建项目总投资 2.5 亿元，其中一期建筑面积 28507.44 平方米，9 月开工，至年底，完成负一层顶板浇筑。在职员工 107 人，其中医技护 93 人（高级职称医务人员 21 人、中级职称 17 人），长期坐诊名医专家 23 人，是一家集医疗、教学、科研、康复养生、预防保健为一体的综合性区级中医医院。医院与浙江省立同德医院、衢州市中医医院签订合作办医协议，两个协作医院定期派专家坐诊，院内设有国家非物质文化遗产“杨继洲针灸”传承人金瑛工作室。2018 年 10 月，柯城区政府批复同意筹建衢州市柯城区中医医院，2019 年 11 月 13 日医院揭牌投入使用（暂与万田乡卫生院合署办公）。医院占地 2.27 公顷，核定床位 250 张。

【疫情防控】 面对突如其来的新冠肺炎疫情，医院第一时间成立新型冠状病毒感染肺炎防控工作组织，全面加强院感、预检分诊、隔离病房力量配置，严格落实防控措施。积极参与区疫情防控工作，多名医务人员常驻隔离点、采样点，医院中药房根据省中医药管理局组织专家组制定普通人群预防新冠肺炎推荐方，在最短时间内推出中药茶饮、中药香囊、中药外熏等，为增强普通人群抗疫防病能力，助力企业复工复产发挥作用。迅速组建优秀中医团队，深入企业一线、辖区学校开展复工复学疫情防控、健康指导。阮冬宠医生获得衢州市抗击新冠肺炎疫情先进个人，“8090”全季大酒店团队被评为区“优秀隔离点团队”，综合采样点团队被评为区“最美坚守团队”。

【医疗服务能力提升】 2020 年，引进人才 10 人，其中检验科引进主任技师 1 名，外科引进医生 2 名，为医院外科诊疗工作奠定基础。年内，医院新增飞利浦彩色多普勒超声诊断仪、全自动核酸提取仪、全自动化学发光分析仪、全自动生化分析仪、荧光定量 PCR 仪、全自动细菌鉴定药敏分析仪、麻醉机、直接数字化 X 线摄影系统（DR）、呼吸机、C 型臂 X 光机、骨密度测定仪等医疗设备，完善手术室建设，开展各类外科手术。按期建成 PCR 实验室含自动控制环境温湿度及梯度负压系统，实现压力自动控制监测报警、自动交互锁等功能，是全区首家全自动控制气压、温湿度的加强型 BSL-2 生物安全实验室。11 月，PCR 实验室建成并通过省临检中心专家验收，取得 PCR 实验室试运行报告，这标志着医院各项实验室检测能力达到基本要求。10 月，与省立同德医院建立协作关系，重点扶持中医医院中医妇科和中医内科，定期派专家指导工作，提高医院整体医疗服务水平。依托与市中医医院紧密型合作关系，医院定期开设皮肤科、肛肠科、肝胆外科、泌尿外科专家门诊，提升医院外科服务水平。加强医疗质量管理，定期召开医疗质量管理会议，严格执行 18 项核心制度，各业务部门按季度开展病历书写、病历质量、护理质量及合理用药等考核，促进医疗质量持续改进。

【提升为民服务水平】 年内，借

助信息化平台，医院优化诊间结算系统，提高费用结算效率。通过设置电动车自行车充电装置、母婴室、残疾人无障碍、自动售货机，户外提供休闲区域等，让医院公共设施更温馨。致力于开展各项公共卫生民生项目，全年体检 1658 人次，65 岁以上老人体检 2354 人次，65 岁以上人群健康管理率 74.7%。逐步推广全科医生团队签约服务；完善电子健康档案，提高规范建档率和电子档案动态使用，是年，城乡居民规范化电子健康档案建档率及动态管理率 90%以上。开展中医药健康管理服务，医院中医服务团队为 65 岁以上老年人进行中医体质辨识和中医药保健指导，为 0—36 个月儿童家长进行中医饮食调养、起居活动指导，服务老年人中医药管理 2051 人次，0—36 个月儿童 478 人次。

（张睿敏）

社会服务

民　　政

【概　况】 2020年，区民政局围绕上级中心工作，全面贯彻党的十九大和十九届二中、三中、四中、五中全会、全国民政会议、全省民政会议精神，深入学习习近平总书记关于民政工作重要论述精神，贯彻落实省委“民政30条”，践行“民政为民、民政爱民”理念。瞄准“有成效、出亮点、见成果”目标，打好“十大战役”。全区民政干部履职尽责、克难奋进，民政事业取得新成就。

【养老服务】 2020年，创建幸福颐养标杆区，推进居家、机构相协调，医养、康养相结合的养老服务体系建设。深入推进“智慧+康养”管理体系建设。构建“1＋2＋3”机构养老体系，新建区社会福利院、航埠敬老院和柯城区未来智慧康养综合体，改建提升石梁、九华、沟溪敬老院。构建“18＋55＋N”居家养老体系，推动实现镇街居家养老服务中心全覆盖、“星级”居家养老综合体设立、适老化改造实施落实、省级康养联合体试点启动。推动养老产业体系建设，形成全区养老产业“候鸟养老片”“医养结合片”“康养居住片”“三大功能”空间布局。

【阳光低保】 按照管理工作规范，兜准救助对象，强化大数据比对，健全工作体制机制，把牢民生底线，确保低保动态管理下应保尽保、应退尽退。至年底，全区在册低保4340户6109人，发放低保金4623.52万元，其中：农村3661户5279人，发放低保金3997.67万元；城镇679户830人，发放低保金625.85万元。兜牢民生底线，城乡最低生活保障标准、低保调标操作实现同步一体化，10月1日起，低保标准调整为每人850元/月。

【社会救助】 坚持兜底保障，助牢救助底线。全年下拨临时救助备用资金106万元，社救系统临时救助资金支出42.26万元，救助户数177户，317人次。对因病或因灾造成生活困难低保、低边及特困对象群体给予临时生活困难救助，对因突发情况造成生活困难群众开辟紧急救助通道。全年实行价格补贴9次，向低保对象发放834万元，缓解物价上涨对困难群众基本生活的影响。

【基层治理】 指导府山街道深化“1＋N”志愿服务模式、衢化街道开展调研数字智慧化小区建设，完成信安街道恬静苑社区“邻礼汇”社区综合体和新新街道彩虹社区“邻礼汇”社区综合体建设并通过市级验收。调整社区规模，年内，黄家乡增设江畔社区、南益社区（全区社区总数增加至58个）。实行社区事务准入制度、率先完成全区村（居）全域“千村修约”，强化城市社区管理和服务水平；完成村（居）委会换届选举工作。建立区级、乡镇（街道）社会工作站8个，专职社区工作者增至663人。培养省级社区工作领军人才2名，首批省级农村社区领军人才1名，首批市级“社区工作领军人才”4名。出台《关于在疫情防控一线选聘专职社区工作者的通知》，面向疫情防控工作中优秀志愿者或有突出贡献个人选聘进入专职社区工作者队伍；出台《关于社区女专职工作者延迟退休的实施意见》，保障专职社区工作者权益。拓宽社会工作者职称考试一次性奖励范围，持证社工从56人增加到490人。

【生态公墓】 年内，开展节地生态安葬点建设工作，新建生态公墓示范点8个，区财政投入资金1600余万元，缓解农村公益性墓地压力。配合全域土地整治，搬迁坟墓5500余穴，助推全域土地整治工作。实施节地生态安葬奖励措施，强化宣传引导，鼓励选择散撒、树葬、骨灰堂等生态节地安葬，全年新增骨灰散撒11例，骨灰安置10例，合计发放奖励24万元，促进传统殡葬观念改变。全年安葬人数1796人，火化人数2721人，生态安葬率66%。

【慈善救助】 全年，区慈善总会发展慈善事业募集善款129.6万元。开展困难群众慈善救助，春节走访慰问困难群众100户，发放慰问金12万元；开展“情暖柯城·鸿盛扶贫”慈善助医活动20人，发放资金10万元；新冠肺炎疫情防控期间，向区人民医院捐赠10万元，用于购买防疫物资和设备；向教育系统捐赠10万元，用于学校复学购买防疫物资；开展“抗击疫情送温暖，精准扶贫献爱心”活动，解决受疫情影响困难群众购买农药化肥等生产物资。帮扶困难群众1758户，合计87.9万元；开展“共同抗疫、温暖同行”流动慈善超市进千家活动，向全区低保、低边等低收入家庭提供价值500元生活必需品救助，发放5641份共282.05万元；利用政策、资源等级优势，帮助北川开展社会扶贫、慈善济困、人才交流及推广北川文化旅游业合作，向北川捐赠60万元；开展2020年困难大学生慈善助学行动，帮助困难大学生每人申请助学金5000元，减轻学费负担，合计补助金24.5万元；深入各乡镇街道敬老院走访慰问特困老人送温暖，为特困老人送生活物资5.1万元。

【婚姻登记】 提高婚姻登记质量和服务水平，深化婚姻登记机关标准化建设，开展婚姻家庭辅导和颁证工作，试点省内内地居民婚姻登记全省通办试点。全年办理结婚登记2306对，离婚登记984对；补发结婚证371对；结婚生育户口“一件事”联办1618件，正确率、办结率和质量测评满意率均100%。

【移民项目扶持】 2020年，探索对移民创业致富新思路、美丽乡村建设。推动库区移民创业致富和移民“美丽家园”建设，从道路硬化、创业致富、美丽乡村环境治理等方面开展项目扶持，全年发放大中型水库移民后期扶持直补资金221.21万元。组织实施大中型水库移民后扶项目和小型水库移民扶持项目9个，项目总支出545.46万元。

（严雨薇）

人力资源管理

【概　况】 2020年，柯城区人力资源与社会保障局全面贯彻落实党的十九大精神和习近平新时代中国特色社会主义思想，围绕市委七届八次全会和区委八届八次全会具体要求，在区委、区政府正确领导下，深化服务改革，创新工作机制，把握新形势下面临机遇和挑战，推进山海协作，确保全区人力资源社会保障工作，为“四个区”贡献人社力量。

【人事招考】 全年开展各类招考18场次，其中院校招聘8次，公开招聘9次（含机关事业单位编外招聘1次），选调1次，录用人员369人（含编外人员74人）。首次采用市县联动、集中招聘的方式进行区属事业单位公开招聘，吸引3146人报名，经笔试、资格复审、面试、体检、考察等流程，招录52人；疫情期间，为补充疫情防控工作人员，打破传统事业单位招聘模式，首次尝试“云招聘”网络视频面试形式，突破地域限制，通过钉钉软件，考生足不出户即完成面试，招录7人。

【人才引进与培养】 全年组织赴

宁波、西安、甘肃、武汉、成都高校招聘，引进64人，其中硕士毕业生3人。企事业单位晋升高级专业技术职称127人，完成考核任务的115.5%，居全市前列。其中晋升正高15人，是上年的2.5倍。4月23日，经浙江省博士后工作办公室批准，同意浙江歌瑞新材料有限公司设立浙江省博士后工作站。9月1日，博士徐军飞签约进站，授牌后开展课题研究，实现区博士后工作站博士进站“零的突破”。

【培训技能与鉴定】 实施国务院办公厅职业技能提升行动3年计划，结合疫情防控需要，培训平台载体多样化，围绕“六稳”“六保”，激励企业发挥主体作用，创新培养模式。疫情期间开展线上培训，参加培训学习3万余人次。承办衢州市乡村振兴技能大赛首场赛，村播、民宿管家、服装样衣制作工种为全市首次列入竞赛工种。开展职业培训和职业鉴定5483人，培养高技能人才1099人。举办区第十届职工职业技能大赛，参加169人。给受疫情影响中小微企业6022家发放“以工代训”补贴，涉及47594人，补贴资金700万元。首次将技能大赛办到企业车间，选拔高技能人才166名。开启企业练兵比武模式，参加员工640多名。培养企业双师制新型学徒130对。分步取消水平评价类职业资格，推行社会化职业技能等级认定，评估企业8家，列入第一批职业技能等级认定试点。

【劳资纠纷化解】 区劳动保障行政执法队整编入驻区社会矛盾纠纷调处化解中心，成立区劳动纠纷人民调解委员会。开展劳资纠纷多元化解。制定《柯城区劳动纠纷基层考核办法》，发挥“县乡一体、条抓块统”优势，开展劳资纠纷调处全覆盖。借助省劳动纠纷一体化经办平台和省企业工资支付监管平台，实现劳资纠纷数字化处置和在建项目动态化监管。全区投资额500万元以上在建项目全部纳入监管。及时处置衢化棚户区改造项目、华墅乡刘坂村农田改造项目等案件，维护劳动者合法权益。全年，处理欠薪案件415起，为2233名员工追回薪资2110.53万元；依法查处违反劳动保障等法律法规并作出行政处罚案件3件，公布重大劳动保障违法行为3起，开展劳动保障书面审查入库企业3000多家，劳动保障监察信息统计报送率、主动巡查信息入库率、立案案件入库率100%。

图76　9月9日，衢州市乡村振兴职业技能竞赛暨数字人才现场会在万田村播基地举行

【政府数字化改革】 启动政务服务大厅人工窗口精减行动，通过理顺管理体制，转变窗口服务方式，以大厅“自助办”及志愿服务引导等模式，推广网上办、掌上办，全年减窗率66.7%。深化社银合作，新增窗口办合作网点8家，自助办合作网点20家，拓展合作广度和深度，拓宽老百姓办理人社业务途径。推进企业退休“一件事”联办，梳理整合人社部门、公积金管理中心和医保等部门相关联12个办事事项，实现一个窗口集中办理，提高办事效率。

（郑向怡）

劳动与就业

【概　况】 2020年，柯城区人力和就业管理中心遵循省市部门要求，聚焦“六稳”“六保”，抓复工招工、保就业减失业、推进创业带动就业、保障重点人群就业等重点工作。全面落实各项惠企政策，全方位推进公共就业服务，推动高质量就业工作。

【创业基地与就业见习基地】 全区有省级大学生创业园2家和市级返乡农民创业基地5个。截至12月底，7家创业孵化基地入驻，累计入驻企业2821家，带动就业14119人。认定就业见习基地24家，见习岗位24个，招用见实人员130人。

【举办运动振兴创业大赛】 举办以“运动赋能创新、创业振兴柯城”为主题第四届“中国创翼”柯城区选拔赛暨“圆梦杯”运动振兴创业大赛，挖掘创新创业项目，征集现代农业、产品销售等项目32个，其中进入决赛项目15个。大赛分创新项目组、创业项目组和运动振兴专项组，设有一、二、三等奖和优胜奖，奖金分别为2万元、1.5万元、1万元和6000元，发放奖金17.1万元。

【全面推动“村播”创新赋能】 开展以新型农民、返乡创业大学生为主体村播培训，壮大村播就业主体队伍，为全区村播行业发展提供人才支撑，全年开展村播培训11期，培训1159人。协助打造“村播学院”和“村播”创业孵化基地。“村播”培训工作得到省人社厅厅长鲁俊批示，对柯城区村播创业带动就业做法给予肯定，并在全省推广。

图77　10月17日，村播学院第十期培训班开班，全面推动“村播”创新赋能

【职业技能培训】 按区委、区政府统一部署，围绕“六稳”“六保”目标任务，推动高质量就业，落实职业技能提升行动，开展不同形式职业技能培训。全年开展培训班60期，培训3495人。其中为抢抓“直播带货”机遇，倒逼传统产业赋能，为本地农民就业创业致富开辟新路，组织“村播”培训11期，培训1159人；网上直播创业培训11期，培训550人。同时，落实技能提升补贴政策，全年为562名符合补贴政策人员发放就业提升补贴86.05万元，鼓励全区适龄劳动者提升就业创业能力，以创业带动就业，实现高质量就业。

【服务企业】 根据对企业用工监测数据分析，为解决企业用工需求，促进区就业再就业工作，在重点乡镇、大型广场举办春季返乡人员招聘会、小型就业推荐会、“春风行动”小微型室外劳务招聘活动、防疫情余缺调剂招聘会、东西部扶贫专场招聘会等省内外各类招聘活动24场次，近350家企业参加，提供岗位1.6万余个，达成就业意向3200余人。一季度为减小疫情对企业复工影响，通过“专车+专列”接返老员工，接回云贵川3省568人（其中专列接回240人、专车接回328人）。

【推进东西部扶贫劳务协作】 将文明城市创建同东西部劳务协作工作相融合，联合乡镇（街道）开发创文岗位150多个，鼓励北川贫困劳动力到衢州创业，给予工资待遇4200元和就业补贴1000元。引进灵活就业“扶贫车间”，以“羌绣+编织+网销”

图 78　2 月 26 日，中央电视台《新闻联播》报道柯城“返岗专车”

办法开启建档立卡人员居家灵活就业新模式，吸纳贫困户实现家门口就业 100 余名。一季度通过“专车+专列”全国接返老员工返岗工作被中央电视台《新闻联播》报道 2 次。全年全区吸收北川县建档立卡人员 226 人，稳定就业 219 人，对接东西部扶贫劳务协作，核查4214人在柯城就业。

【创建返乡下乡就业创业体系】 在全省率先出台返乡入乡政策，出台《柯城区进一步促进返乡下乡人员创业政策的实施意见》和《柯城区进一步促进返乡下乡人员创业政策的实施细则》，加强返乡人才培养、强化创业载体建设等政策扶持。实施创业贷款支持返乡创业项目，多平台精准推送信息，加强政策宣传力度，向 3 万余人宣传政策，发放创业担保贷款 1645 万元。

（郑向怡）

社会保险

【概　况】 2020 年是极不平凡的一年，面对百年未有大变局，柯城区社保中心坚持以习近平新时代中国特色社会主义思想为指导，深入贯彻落实党的十九大和十九届四中、五中全会精神，聚力聚焦区委、区政府中心工作，凝神聚力，上下同欲，抗击疫情，保障民生，服务发展，呈现保障更贴心、服务更暖心、宣传更走心、队伍更用心、群众更舒心的工作局面。至年底，中心获衢州市巾帼文明岗、全市社会保险工作先进单位等荣誉，职工个人获全国最美战役社保人、衢州市青年岗位能手、大花园建设先进个人等称号。

【实施社保费“减、免、缓”】 靶向施策，精准服务，推动政策落地生效，缓解疫情影响。全年完成职工基本养老保险、工伤保险、失业保险三项社保费减免约 2.76 亿元，惠及全区企业 6000 余家；受理企业社保费缓缴申请 152 家，缓缴三项社保费 461.48 万元，减轻全区企业，特别是中小微企业经营负担。为减轻疫情期间人员聚集，社保费“减、免、缓”工作推行“零跑动”服务，无须企业另行申请，广受群众好评。

【探索线上助企新模式】 以企业需求为导向，激发创新活力，拓展宣传方式，探索新形势下精准助企新渠道。开设社保“云”课堂，由业务骨干担任讲师，推出“用人单位网上申报业务在线教学”“工伤保险政策解读”等精品课程，在线为企业答疑解惑，服务企业超千家；发挥“短视频时代”传播优势，推出社保业务“码上看”系列视频，只需“扫一扫”即可在线学操作、知政策；组建企业社保服务钉钉群，指定专人 24 小时在线答疑，解决企业线上经办中的问题，实现企业生命周期内办理社保“零次跑”。

【推进参保扩面】 高度重视，上下联动，重点关注中小微企业、灵活就业人员、扶贫帮扶对象等群体，形成区、乡、村三级齐抓共管工作格局，层层落实，扎实推进，全年全区新增参保超 3.3 万人，户籍人口基本养老保险参保率 99.91%，居全省前列，基本实现全区城乡居民应保尽保。

【实施社保扶贫】 “实”字当头，“精”字入手，推进社保兜底脱贫工作。成立社保扶贫专项工作小组，建立完整扶贫工作机制，通过大数据比对等技术手段精准锁定扶贫对象，主动上门服务，逐一核实确认，全程代办实现社保扶贫“零跑动”，做到应保尽保、应发尽发、应扶尽扶。全年为全区符合条件困难人员4252名办理参保手续，为全区2757名满60周岁低保、特困对象发放城乡居民养老保险待遇。

【提高待遇水平】 按“一分不差、一人不少、一天不拖”要求，做好待遇发放工作。全年新增享受职工基本养老保险待遇4821人、机关事业养老保险待遇82人、城乡居民基本养老保险待遇1130人、被征地基本生活保障597人，累计享受工伤保险定期待遇57人、工伤一次性待遇支付606人。完成48841名企业退休人员和2223名机关事业单位退休人员待遇调整，补发养老金4347.64万元，职工基本养老保险养老金人均增资115.22元，人均养老金较上年增长5.8%。城乡居民基本养老保险基础养老金由155元调整至185元，补发养老金1214.25万元，惠及29505名退休老人。

【开展缴费基数申报】 通过点对点短信精准告知、微信公众号广泛宣传、“云”课堂直播线上答疑、“码”上看视频讲解流程等形式，开展缴费基数申报宣传，为企业提供操作指引。全年完成单位基数申报3000余家，100%通过网上办理，减轻企业经办负担。

【退役士兵社保接续工作】 开展退役士兵政策宣传、解答和参保补缴工作。全力接待退役士兵政策咨询和材料受理，结合社保系统信息，核定中断年限测算补缴费用。受理退役士兵社保接续，维护退役军人合法权益。

【深化社保卡应用】 拓展社保卡应用场景，整合政务服务资源，发挥社保卡在“一卡多用”“一卡通用”领域功能。实现社保卡应用扩展至135项，其中涉及人社领域养老保险、就业创业、工伤保险、劳动关系等事项应用86项。开展全方位、广覆盖社保卡宣传推广，全年新增发放实体社保卡13414张，累计发放37.27万张，新增签发电子社保卡93527张，累计签发22.13万张，电子社保卡签发率59.38%，省定目标完成，居全省前列。

【推行“不见面”服务】 推进“线下办”向“线上办”过渡进程，结合上级精减窗口要求，将服务大厅“无差别受理”窗口减至4个。推行政务服务“网上办、掌上办”，通过各种媒体平台宣传，引导群众“宅家办”“自助办”。全年通过线上途径办理业务21.5万件，达“最多跑一次”事项总办件量的93%。同时推进事项向乡镇（街道）、村（社区）延伸，民生事项下放率92%；设社银合作网点29家，快速发卡网点29家，实现全区100%覆盖，为基层群众提供便利、及时、高效、精准服务。

【提升工伤保障力度】 实施新业态从业人员参加工伤保险制度，将“快递骑手”“外卖小哥”等群体纳入职业伤害保障范围，从制度上实现劳动年龄群体工伤保险全覆盖，在全市率先完成参保单位1家，参保109人。开设工伤保险专窗，为抗疫一线人员保驾护航。2月5日，一名工作人员生命定格在疫情防控一线岗位上，中心按特事特办原则，开通绿色通道，用1个工作日完成原需要14个工作日的工亡待遇核定，并支付一次性工亡补助金和丧葬补助金87.56万元。

【社保卡发放养老待遇工作】 立足柯城实际，提前谋划，靠前行动，打好便民服务“组合拳”，推进社保卡发放养老待遇工作。新增退休人员养老保险待遇全面实现社保卡发放，存量退休人员中城乡居民养老保险、被征地农民基本生活保障待遇全部通过社保卡发放，基金安全得到保障，工作成效受到上级领导高度肯定，并通过全市现场会推广相关经验。全年新增退休人员6303人，100%实现社保卡发放；存量退休人员76555人，其中实现社保卡发放67777人，发放率88.53%。

【全面推行无感认证模式】 创新推出“大数据比对+人脸识别自助认证＋劳保员主动上门认证＋政府购买服务”四步走举措，运用信息化手段，打造“无感认证”服务，“让数据多跑路，让群众少跑腿”，受到退休人员好评。全年全区应认证82941人，实际认证82294人，认证率99.2%。

【实现社保、就业系统省集中上线切换】 根据省、市统一工作安排，于11月6日完成省集中社保、就业系统上线切换。倒排计划，挂图作战，抓好系统功能前期测试318项，对重点协调事项319项清单和业务运行计划115条清单逐一销号；开展专项自查，梳理2010年以来全区20余万人参保缴费和待遇领取情况，摸清家底；做好宣传培训，提高业务效能；组织志愿服务364人次，全员服务时长3000小时；联动防控风险，做好24小时应急响应，处理各类电话、网络咨询1200余件。切换期间，实现转移数据零差错、社保待遇零影响、经办服务零投诉。

（郑向怡）

关心下一代工作

【概　况】 2020年，柯城区辖内有各层级关心下一代工作委员会（以下简称关工委）组织322个。分别在18个乡镇（街道）、213个行政村、58个社区、37所中小学幼儿园、10个部门，5家企业建有关工委组织，“五老”志愿者有2500多人。

【组织学习活动】 2020年，全区关工委通过集中学、专题培训、座谈形式，深入学习习近平总书记对关心下一代工作重要指示精神、习近平总书记在浙江考察时讲话精神和省、市关工委工作会议精神，深刻认识关心下一代工作是全党青少年工作重要组成部分，坚定创新关工委工作机制和方式方法政治责任感和使命感，做到“团结教育广大青少年听党话、跟党走”。开展以“两史”为主要内容“传承红色基因，争做时代新人”社会主义核心价值观主题教育活动和 “缤纷暑假”主题实践活动。

【强化组织】 强化关工委组织建设，建立区、乡镇（街道）、村（社）三级工作网络，上下贯通，条块结合，运转有序，基本实现“横向到边、纵向到底”组织框架，实现对青少年教育无缝覆盖。组织辖区“五老”人员建立红色宣讲、普法宣传、安全教育、结对帮扶、安全巡查、关爱留守儿童、四点半课堂，网吧监督等“五老”队伍，开展两史革命教育、传统文化教育、法治教育、科普教育、卫生保健教育、人文书画、文明礼仪、心理健康、家风家训活动；发动社会各界力量在关心关爱、扶贫帮困上助力关工委建设。社会实践是青少年教育第二课堂，打造教育基地建设，是年，全区有教育基地11个。11月，沟溪乡余东村农民画研学基地被省关工委评为第二批省级青少年教育基地。

【关心关爱送温暖】 年内，走访慰问66户贫困青少年，为他们送米送油发放慰问金3.9万元，全年走访200多名贫困青少年；疫情期间，为青少年提供心理咨询热线200多人次；利用互联网为15名留守儿童实现“六一微心愿”；转化4名涉案未成年人；开展“豪情圆梦活动”贫困青少年助学活动，30名贫困中小学生领到2000元助学金，13名学生每人获得“福彩牵手·助圆大学梦”资助活动5000元助学金。

（胡元琪）

航埠镇

【概　况】 航埠镇位于柯城区西部，东与姜家山乡、双港街道相连，东南与衢江区廿里镇相接，南与华墅乡相邻，西邻常山县招贤镇，西北接沟溪乡，北靠石梁。总面积 66.4 平方千米，下辖 32 个行政村、1 个社区居委会，户籍人口 5.5 万人，常住人口 7.2 万人。2020 年，全镇实现地区生产总值 14.57 亿元，同比增长 8.69%；农村居民可支配收入 28974 元，同比增长 9.90%；城镇居民可支配收入 46620 元，同比增长 6.10%。获评新时代美丽城镇建设省级样板镇。

【党建统领】 扛主责，抓整村蜕变。深入矛盾纠纷最复杂的村，由区委常委、镇党委书记柴志强任缪村村整转领导小组组长约谈“两委”干部、党员、代表，推进遗留重点项目，整村信访态势根本性扭转，村级组织战斗力提升。全年，13 个村无越级访，8 个村矛盾不出镇。全镇政治生态显著净化。树典范，唤红色传承。坚持把“三联工程”做到真抓真联，把“乡村振兴讲堂”用深用活、宣传切入人心，激活党员干部红色基因，涌现优秀典型，新山村贵海良等“三老”先进典型，受到市委书记徐文光点赞：“事迹可贵、行为可贵、精神可贵，老贵真可贵！”高谋划，重抓换届选举。是年，换届选举在重锤响锣中掀开帷幕，聚焦选准选对“一肩挑”，选优配强村（社）整体班子，确保村级组织换届工作平稳、有序。换届换出干部新活力、新风采。航埠镇村社党支部换届完成参选率、得票率、选足率“三大核心指标”目标任务，组织意图“一肩挑”及支委人选一次性选足 100% 当选，24 个村“一肩挑”得票率 100%，其余各村“一肩挑”得票率 90% 以上，平均得票率 98.7%；15 个村“一肩挑”及支委得票率做到“两个 100%”。村委会换届工作、社管会、村监会等配套组织选举工作完成。

【重点项目】 防疫期间，全镇以战时要求、战时纪律、战时状态，贯彻落实上级决策部署，制定抗击新冠病毒疫情防控措施，以组团联村作战图、“三大战区”指挥图、四套标准、“五色”管理联防联控责任表等，做实“双防双控”核心任务，指导企业科学复工复产。镇党委、政府把重大项目推进工作摆在突出位置，发挥抢时间、抢进度、抢发展、抢机遇“双抢”精神，采取“党建＋专班＋网格”模式，抓重点项目征迁落地落实。全年，全镇完成上海三问、杭衢铁路、常山港治理等重点征迁项目 34 个，涉及 32 个行政村，征用土地 321.47 公顷、坟墓搬迁 614 穴、征收房屋 218 幢。大干 100 天，133.33 公顷全域土地综合整治项目通过验收。

【产业发展】 主要领导带队到北京、深圳、上海、杭州对接优质装备制造、时尚服装等符合镇发展主导产业。新招引三问家居、春风针织、优美世界、艺霏彩妆等企业相继落地，全省重大项目集中开工仪式衢州分会场在航埠镇召开。疫情期间，通过云签约与上海三问家居签订总投资12亿元合作协议。深化“融杭接沪联深”文章，发挥与余杭区、越城区山海协作优势，做到产业、文化、旅游和社区融合发展。低碳社区示范项目完成18栋主体结构及二次结构装修。至年底，小镇重点项目完成投资3.64亿元，在全市特色小镇中名列前茅。省委常委、副省长冯飞调研指导小镇发展。将真情服务贯穿项目落地全周期，出台多项产业扶持政策，形成产业支持体系。疫情期间，全镇全力协助佰意智造转型生产，开通绿色通道帮助企业提前开工生产，5天完成从羽绒服生产到防护服生产转型，此举入选浙江省“三服务”十大典型案例。

【民生实事】 围绕“两不愁三保障”要求，明确周二固定帮扶日，阳光审核、动态调整确定低收入农户845户、1228人，精准落实“一户一策一干部”，实行政策兜底、技能帮扶。探索村级产业新业态，打造新山村物业经济大楼、姚家村梨树种植园、西果源村山茶基地等扶贫产业。疫情期间，研究出台《2020年航埠镇柑橘销售奖励办法》，开展“线上村播＋线下代收”销售模式，帮助农户柑橘销售17.5万公斤，平均每户增收0.65万元。以最高政治使命和政治责任，打赢创文攻坚战，主要领导靠前指挥，带头驻扎镇创文指挥部，其余班子“以镇为家”、划片作战，做到问题不过夜。深入践行“八个一”，开展常态化整治，以焕然一新镇村面貌，在省测、国测交上答卷。做好拆墙透绿、拆后利用工作，开展农房整治及风貌提升，促进乡村有机更新，整治违法建筑2660余宗42万平方米，可利用面积9万平方米。对标美丽城镇创建要求，在环境美、生活美、产业美、人文美、治理美上下功夫，创建“都市节点型”美丽城镇全省样板。持续推进“最多跑一次”改革，梳理便民服务中心工作职责和服务范围，整合线上线下资源，实现业务一窗办理。推进参保精准扩面，户籍人口医疗保险参保率99.2%，养老保险参保率99.5%。加速完成航埠万人集聚点、河东片区安置点等基础设施建设，解决农户住房难问题。

【基层治理】 在全市首个试点基层治理“两难”问题钉钉群联动机制，由镇主要领导牵头挂帅、重点谋划，探索线上点兵点将、一点到位，实现空中矛调、联动到位，做到“六个即时”，跑出化解“两难”问题最快“加速度”。组建“两难”联动群35个，实现村（社）、园区全覆盖。“两难”问题处置率超90%。全市基层治理“两难”问题钉钉群现场会在航埠镇召开，镇试点经验受到省政协主席葛慧君、市委书记徐文光充分肯定。镇矛盾接待调解中心全面重组上阵，硬件设施完善，软件流程规范。落实班子领导工作日接访机制、村级网格基础调解机制、组团联村包案化解机制、“警庭调律媒”矛盾纠纷大联调机制等，初信初访压实信访回访制，化解苗头性事件。全年，化解矛盾纠纷390件，初访事项化解率97.76%，群众满意率98%。到区级以上信访人次减少，诉源治理成效明显。打好扫黑除恶人民战争，全面发动群众，在深挖彻查、合力打击、除恶务尽上下功夫，查处涉恶刑事案件21起，打击涉案犯罪嫌疑人77名，问责处理党员干部29人，辖区内警情、案件下降。做好道路交通、森林消防、打击违法犯罪工作，确保社会稳定。

（王晨斌）

石梁镇

【概　况】 石梁镇地处柯城区西北部，东邻九华乡、东南连万田乡、白云街道，南接姜家山乡，西南依航埠镇、沟溪乡，西接常山县东案乡、新桥乡，北靠七里乡。总面积119.6平方千米。2020年，辖区总人口数3.07万人，劳动力1.91万人，外出人口0.89万人。全年完成一般公共预算收入41798.59万元，政府性基金预算收入36267.41万元，投资7096.49万元，其中民间投资2267万元。2020年，石梁镇获评浙江省文明镇、省森林城镇、“五水共治”优秀乡镇、省级数字档案创建单位、衢州市创建文明城市工作先进集体；石梁溪入选全国五个“美丽河湖”典型案例之一，“智多张西”在全省美丽乡村发展推介会上被推广；承办全省“一村万树”、全市退役军人现场会、全市“五水共治”现场会。

【组织机构】 根据主要职责和“六大功能”模块设党建工作办公室、综合督考办公室、社会治理办公室、综合信息指挥室、农业农村办公室、文化旅游办公室、经济发展办公室、财政管理办公室，事业机构设集镇建设服务中心、政务服务中心。行政编制30名，实有31名；事业编制27名，其中，石梁镇政务服务中心（退役军人服务站）事业编制13名，石梁镇集镇建设服务中心（社区管理服务中心）事业编制14名，实有21名。党委、政府领导职位12名，核定中层正职8名。

【疫情防控】 面对疫情，1月22日成立镇防疫作战指挥部，实施有组织、有计划、有措施疫情防控体系。结合全镇63个网格，提出“四控+四定”工作法（控制本地人员流动、控制区域外人员隔离、控制公共场所开放、控制拜年陈旧观念蔓延＋定人、定时、定车、定线），在各村设立劝返点、组织动员干部群众“取消拜年活动”，设置劝返点98个，检查过往车辆14854辆、人员29877人，做到“外防输入，内防扩散”。围绕“两手抓、两手硬，两战赢、两领先”目标，出台《石梁镇关于利用网格队伍促进农企复工及柑橘销售的实施意见》，以网格化方式探索实施“网格卖橘”，销售柑橘8043吨，为带动柑橘销售或帮助农民增收的8家农企发放奖励补助19万元。深化“三服务”活动，解决企业“急难愁盼”问题，联合柯城农商银行和衢州农业银行出台助企惠企政策，促进衢州佳农果蔬贸易有限公司与衢州农行达成贷款意向1000万元，促进农企、农户复工复产176家，完成辖区内5所学校复学工作。

【脱贫攻坚】 年内，围绕“两保障、三不愁”要求，完成93户贫困户危房改造，122户自来水改造。立足各村实际，按困难户退出标准，以问题起底排查为切入点，做好全镇703户1003名贫困人口稳定脱贫、本质脱贫。全年，新增低保38户55人，低边6户13人，取消不符合低保253户418人，低边54户64人。加快推进村集体经济“消薄”工作，21个村经营性收入10万元以上，村集体经营性收入20万元以上村6个（石梁村、白云村、中央方村、城西村、派溪头村、双溪村），完成区下达消除村级集体经济薄弱任务，全镇村级集体总收入达434.64万元。

【换届选举】 围绕“平稳有序、平静安静”目标，10月17日启动村社党支部换届，分析选情情况。10月30日完成22个村社党组织换届选举，其中20个村社“一肩挑”得票率100%，平均得票率99.8%，82个支委职数一次性高票足额当选，支委平均得票率91%，其中有4个村支委得票率100%。11月启动村社村民委员会换届，12月20日完成村民委员会换届，村民委员会换届中“一肩挑”人选平均得票率92.35%，84个村委足额当选。1月5日完成村监委会和村经济合作社换届。

【重点项目】 全镇重点项目7个，其中奥陶纪景区项目总规划用地面积278.27公顷，涉及派溪头、下村、小沟、杨田源、黄茶自然村。于2019年10月底开始政策处理，发挥党建“三个用来”制胜法宝，实施书记攻坚团，抽取战斗力强、有工作经验12个村17名村主职干部加入项目攻坚组，每村认领3户以上任务数，是年6月完成土地政策处理。杭衢铁路项目涉及梅山、柴家坊、中央方、荞麦坞村4个行政村，涉及土地征用19.87公顷，房屋征迁142幢。3月4日入户丈量，3月12日完成农户土地丈量100%。3月18日启动坟墓搬迁，4月1日完成坟墓搬迁347穴。6月房屋征迁，7天时间完成房屋签约143户。寺桥水库项目涉及土地用地面积166.67公顷，涉及坎底、双溪、派溪头、下村、黄茶自然村，年底入户丈量。寺桥水库安置地项目涉及石梁村、塘公村2个村，涉及项目用地8.67公顷、农户230余户，年底前入户丈量200户，完成项目进度86.95%。中播站项目位于中央方村，涉及土地用地25.33公顷、400余户，年底前土地丈量19.33公顷完成，丈量320户，完成项目进度80%。国瓷文化园项目位于石梁镇静岩村，涉及用地面积1.67公顷，10月开工，于年底完成配套土地政策处理面积3.33公顷。年底前完成人防工程土地政策处理。

【全域土地综合整治】 围绕全区"六抓六比·八大竞赛"工作，7月5日，召开全镇全域土地综合整治大会，将全域土地综合整治作为"一号工程"来抓，20天时间完成100公顷土地政策处理。创建"三大片区保作战、三色管理保进度、三管齐下保质量"管理模式，守牢质量、生态和廉政底线，谋划项目22个，总面积177.47公顷，全年新增耕地任务102公顷，11月底完成新增耕地面积140公顷，成为全区首个完成任务的乡镇。

【精品村建设】 推进张西村乡村旅居产业项目，总投资791万元，完成二期3幢民房改造、室外绿化景观工程及相应配套工程，提升建设品位。开展美丽乡村建设，总投资750万元，完成城西村"一事一议"文创小镇、万家—蒋家联村道路、美丽田园、美丽庭院综合整治、绿里城西建设。突出村庄特色，挖掘麻蓬村武侠文化，总投资2390万元，完成一期文化礼堂、外立面改造建设，计划将麻蓬村打造成"武术村"。

【农业产业】 优化柑橘主导产业，种植代代果、鸡尾葡萄柚、沃柑等新品种40公顷。落实惠农政策，发放补贴资金96.6万元，推广使用商品有机肥4447吨，以沿路沿线为重点，提供冬绿肥油菜种子202公顷。加强粮食生产安全管理，发动规模种植大户种植水稻181.07公顷，提升里前坞村粮食生产功能区32公顷，新建省级耕地质量长期检测点1个，上报农业绿色先行示范项目、有机肥替代化肥项目10个，争取农业项目资金600万元。

【文旅产业】 推进旅游示范创建工作，石梁镇、大俱源村申报省AAA级旅游景区镇、村创建，双溪村申报民宿集聚村创建。挖掘金庸武侠元素，投资70万元，完成静岩村"桃花岛"修建，参与举办第三届橘子音乐节，吸引观众2万余人，打响石梁旅游品牌。扶持民宿经济，将民宿复工和文明创建融合推进，推出"有礼民宿"消费券，发放消费券1000张，助力5家民宿复工复产，带动旅游增收50多万元。

【文明城市创建】 投资400多万元，完成集镇管理、保洁、隔离栏杆设置工作。推进卫生乡镇创建，投资13.8万元，对集镇及21个村1个社区开展病媒生物防制工作，完成市级测评，申报创建国家卫生乡镇，申报省级卫生村13个。开展"文明商户评选活动"和"红灰旗"擂台赛，促进创文工作全面进商铺、进村社、进网格、进家庭。开展"八个一"宣传活动，选出310户文明家庭，62名"有礼之星"，30户文明商户，引领文明风尚。开展文明有礼宣传，推出文明有礼"曝光台"，曝光3期不文明现象17起。9月，石梁镇作为国测检查乡镇全程"零"失分，创文国测检查通过。

【基础设施建设】 强化基础设施建设，总投资381万元，石梁、童前、白云、静岩、里前坞、坎底等6个村污水治理提升工程完成，新建终端5个，新增受益农户390户。深化殡葬改革，在建派溪头生态公墓、新建坎底生态公墓各1处。按公厕"五有"标准，总投资320万元改造公厕16座，改建三类公厕1座，新建一类公厕2座、二类公厕1座、三类公厕12座。做好水利事业，争取资金50余万元，完成水库养护。做好农民饮用水管网建设，总投资3718万元完成集镇、坎底等11个农民饮用水项目，达标提标15个村2万余人口。推进"四好农村路"建设，完成"四好农村路"修建提升1条，新增"四好农村路"4条。

【专项行动】 开展“五水共治”深化提升，定期巡查与整改，完成整改、截污纳管32处，新建隔油池1座，长期保持整洁环境。深化农房整治，对镇域内危旧房、有碍观瞻房屋进行整治，拆除违建269宗，面积57154.4平方米。做好拆后利用“后半篇”文章，完成外立面改造、围墙美化9900平方米，完成宅基地复垦19750平方米，打造“一米菜园”54个，建造停车场9个143个车位，有效盘活农村土地。开展“一村万树”工作，完成2.5万株苗木补种，白云村申报省级“一村万树”示范村。完成国土绿化66.67公顷，完成林业基础受益竹林33.33公顷，创建省级森林城镇。

【社会文化事业】 推进文化阵地建设，新建文化礼堂2个，申报派溪头村文化礼堂为五星级文化礼堂，下村村文化礼堂为四星级文化礼堂、完成文化站社会化运营签约，6月1日引进江南琴行负责文化站运营工作。在派溪头村、城西村、下村村开展送戏下乡，送出10场越剧，按时放映公益电影，丰富群众精神生活。重视农业技术发展，上报农民技术员2名，申报农民助理技师2名。抓体育事业，举办6个村农民运动会，顺利完成双溪村、塘公村小康体育村提升工程，举办第五届四省边际自行车爬坡赛。推进乡贤回归工程，做实“五千工程”，将福华寺作为乡贤馆打造阵地，推动乡贤组织规范化、长效化。

【社会保障】 将人民群众安危放在首位，全镇14个地质灾害隐患点，验收并注销13个，剩余1个纳入寺桥水库安置。建房审批50宗，完成不动产办证3774宗。推进居家养老服务中心建设，运营老年食堂2家。关心关爱残疾人，全镇有残疾人1226人，发放残疾人补贴27.41万元，为全镇1196人免费购买太平洋意外保险。全年，城乡居民养老保险参保人数26205人，参保率99.02%；城乡居民医疗保险参保人数31889人，参保率99.5%。对全镇1296名低保、特困对象实施资助参保。

【基层党建】 深化干部梯队培养，通过中层干部选拔任用程序吸收中层正股1名，副股2名，推荐4名综合素质突出中层干部进入“五支队伍”中。强化“四维考核”，利用正反向机制，通报表扬镇村干部35人次、专班2个，反向通报干部8人次。坚持树正打歪，全力保障镇中心工作，立案查处10人，第一种形态问责干部41人。严把党员队伍管理，开展党员提醒谈话37人次，党员除名4人，取消预备党员资格3人。推动村级党群服务中心建设提升，新建党群服务中心4个，改建提升1个。抓好乡村振兴讲堂建设，建设中心讲堂2个，重点讲堂9个，一般讲堂10个，其中张西村“智多文旅讲堂”被评为AAA乡村振兴讲堂。全年讲堂开课462次（含空中课堂），教育党员群众2.3万人次。

【社会治理】 转变信访处置理念，强化矛盾纠纷化解，发挥“两难”三级钉钉群作用，化解信访积案6件，受理区信访局转送件165件，受理答复“12345”热线来电582件。开展禁毒和反邪教宣传工作培训会8次，宣传活动12次，发放资料、宣传品2万份。推进扫黑除恶专项斗争，联合柯城公安打击煽动、阻挠奥陶纪征地歪风邪气事件；定期开展社会风险隐患排查，排查重点人员238个、重点场所17个。强化司法矛盾调处，受理纠纷33件，涉及人员70人次，调处率100%。

（郑燕丽）

华墅乡

【概　况】 华墅乡位于柯城区西南部，东、东南与衢江区廿里镇、后溪镇接壤，西南、西与江山市四都镇相邻，西北与常山县招贤镇相连，北邻航埠镇。总面积44.96平方千米，乡人民政府驻华墅村160号，距离城区16.5千米。2020年，乡政府在区委、区政府领导下，围绕市委“1433”战略体系和“3752”顶层设计，紧扣“党建治理大花园”中心，深入贯彻市委七届八次和区委八届八次全会精神，实施三个“百千万”工程。坚定不移推进项目建设，增进和改善民生，维护社会稳定，提高群众幸福指数。

【三联工程】 以党员联户为深化三联工程主抓手，梳理制定《党员先锋指数分类考评办法（试行）》，将农村党员划分为在村党员、外出市内党员、外出市外党员、70周岁以上及特殊情况党员4种类型，分类分项量化积分。在村党员、外出市内党员侧重联户工作，每月考评、半年定级；外出市外党员和70周岁以上及特殊情况党员侧重组织纪律及协助工作，每半年考评定级1次。通过考核“指挥棒”作用，倒逼党员联户工作落细落实，推动不同类型党员通过不同方式投身美丽乡村建设。全年表彰优秀共产党员11人，处置不合格党员8人，为146名老党员量身定制健康体检。体现党组织对党员关心关爱，党员对中心工作支持配合程度提高，重点项目推进速度加快。

【社会治理】 落实领导班子信访包案制度和预约接待制度、信访维稳工作联席会议制度、信访案件督查督办制度，建立乡矛调中心和“在线矛盾纠纷多元化解平台”，实战化运行“两难”困难三级钉钉群，结合村级组织换届党员群众大走访、矛盾纠纷大排查活动，推动党员协助解决群众矛盾纠纷1200余件，化解信访积案9件，全年无人去京信访，矛盾纠纷和信访问题第一时间有效化解。依托“四个平台”和网格建设，做好日常信息采集、日常巡查、入户走访、收集民意、便民服务、宣传咨询。全年受理信访1457件，处理矛盾纠纷295件，排查整改安全隐患87起，及时受理、办理，未出现逾期，做到问题发现在基层、解决在一线，全面提升基层社会管理和服务群众水平。

【村级组织换届】 选前，开展调查摸底，在疫情防控、扶贫销薄、铁路征迁、土地整治实战中比选考察“一肩挑”人选；选中，通过“压实责任明确意图命题、两推预选分析研判解题、党员走访矛盾化解破题”三步走，实现“一肩挑”一轮选出，84个职数全部选足；选后，狠抓“开门一件事”，上墅村选后5天即解决搁置十余年新村办项目，并入选全省“开门一件事”最佳实践案例。

【“县乡一体、条抓块统”】 以“四维”考核推进“县乡一体、条抓块统”为主抓手，按照区委决策部署，梳理权责清单126项，细分业务岗位51个，以“人岗相适、人事相宜、人尽其才”为目标，组织开展“竞聘上岗，双向选择”活动，全乡60名领导干部、工作人员全部定编、定岗；以“干部选村、村挑干部”确定年度驻村组长和驻村干部，派驻干部，参与中心工作，使组团联村力量充实，为抓人促事打下坚实基础。考核中突出重点、按季组织、即行公示，调动干部干事创业热情，确保中心工作快速推进。

【乡村振兴讲堂】 结合全乡村情实际和村民现实需求，携手区妇联打造“巾帼家政”讲堂，定期开展中式面点、家政月嫂、纺织缝纫、广场舞及“一米菜园打造”培训，邀请市非物质文化遗产传承人戴理平老师作为华墅乡中心讲堂常驻教师，传授蛋雕传统技艺。将乡村振兴讲堂与“8090”新时代理论宣讲有机结合，由3名老干部作为宣讲团导师，带领20余名年轻干部在村讲堂开展巡回宣讲，宣传党的创新理论，普及法律法规知识，传播“八个一”有礼风尚。全乡全年开课161节，在提升村民群众职业技能同时，陶冶情操，传播衢州有礼文化，村民思想觉悟提高，“巾帼家政”讲堂获评市首批AAA级讲堂。

【杭衢铁路征迁】 按照“模块协调+专班攻坚”工作机制，建立同步放样、同步分户、同步调解、同步签约工作模式，各区块、任务快速推进，2天时间在全区率先完成全线5个行政村20公顷征用土地的红线放样和分户；5天调解1994年历史遗留土地纠纷50余起，完成杭衢铁路搅拌场19.47公顷大平山大块临用地租用；7天完成柴家村涉及43户安置地农户征收及清表工作，在全区率先完成征收房屋拆除和安置房摇号选址，跑出“华墅257加速度”。

【全域土地综合整治】 作为区全域土地综合整治体量最大乡镇，全乡坚持以“主战场”“主阵地”政治觉悟，紧盯难点问题，探索新思维、新方法、新路径，以力量联合破解“政策处理难”、以机制联动破解“抢点施工难”，以项目联袂破解“产业导入难”，召开“周例会”“月会商”20余次，交办问题40余件，调处矛盾纠纷100余起，妥善处理群众反映问题60余件。同时出台奖惩政策，引进产业项目7个，推动全域土地综合整治工作换挡提质。不到5个月，完成407.93公顷土地整治和验收。

【民生实事项目】 投资300余万元完成三官岭村、华新村集聚点农民饮用水工程，其中三官岭村供水工程直接受益农户300多户，解决困扰该村多年用水困难矛盾。新建成6个扶贫重点村村级物业联盟项目，5月开始给6个村集体每年增加2.5万元租金收益。新谋划柴家村小微创业园，建筑面积4000余平方米，建成后给柴家村增加集体收益15万元以上。投资400余万元完成洪塘坝水库除险加固工程，新建龙泉头村淤埂畈柑橘基地机耕路工程和华新村大门撑水库橘林道工程，直接受益群众2000余人。

【美丽田园】 对接多家主体，在华墅乡刘坂、柴家、华墅、华新、园林、上墅、望江等村开展抛荒田土地流转，全年连片新种水稻面积311.33公顷，其中双季稻种植连片面积200公顷。推进“一村万树”种植油茶10公顷，各类名贵树种1.25万余株。

【疫情防控与复工复产】 疫情期间，乡党委落实市、区决策部署，依托大数据及“四个平台”，摸排管控外地返衢人员533人次，居家、定点隔离105人次，构建联防联控、群防群控、精密智控管控体系，实现辖区疫情无输入、无传染、无扩散。广大党员群众参与卡点执勤、宣传排摸、捐款捐物，园林村党员群众自发捐款捐物，在村中央广场醒目位置张贴手书红色捐赠榜，受到市、区领导肯定。在抓好疫情防控同时推动复工复产。依托“三服务”推动就业服务“全覆盖+点对点”，分10余个批次向佰意服饰厂输送熟练缝纫工78名，保障企业生产口罩和防护服需求，为打赢疫情防控战、推动全面复工复产助力。

【“八个一”文明有礼】 以“烟头不落地”推进“八个一”有礼为抓手，在全区率先使用“灭烟袋”，全年发放1万余个，受到村民欢迎，效果良好，该做法获得市委书记徐文光批示。全乡上下共同努力，9月，通过国家卫生乡镇创建工作市级技术评估。

【风貌提升】 全年，拆后利用281宗，面积14303平方米，其中房屋外立面美化2万余平方米，围墙美化2000余米，修建“一米菜园”162个、停车场50个、景观节点20个、“白改黑”路段3000米，健身设施5处，审批农民建房70余宗；刘坂村“四好农村路”投入使用，上墅村、三官岭村党群服务中心项目破土动工，年底前完成主体工程；华新村、园林村通过整村提升工程，村庄环境改善。

【扶贫攻坚】 建立部门联村帮扶机制，组织结对干部每月2次走访摸底低收入农户，宣传低收入明白卡，建立“一户一档一册”。落实保障政策，为全乡低收入农户购买扶贫健康保险，全年帮扶补助18人6万元用于低收入农户子女就学，落实帮扶资金24万元完成40余户困难群众危房改造。对接企业安排15人上岗就业，统筹公益性岗位31个安排不适宜外出工作人员在村工作。落实精准扶贫，做好低保核查，实现应保尽保、应退尽退。全年新增低保25户35人，退出89户121人，现有397户598人；新增低边5户12人，退出31户39人，现有95户167人；“三无”人员提标51人，落实特殊困难群体救助31户，春节前走访困难群众115户、发放补助金9.2万元。

（郑夏康）

沟 溪 乡

【概　况】 沟溪乡地处柯城区西部，东至南与航埠镇相邻，西及西北与常山县招贤镇、东案乡相连，北及东北与石梁镇相接。总面积44.5平方千米，其中陆地面积42.5平方千米。乡人民政府驻沟溪村7号，距城区14千米。辖16个行政村，自然村42个，村

图 79　10 月 15 日，市、区领导到沟溪乡检查大花园项目建设工作进度

民小组 112 个。有 6190 户，17052 人，人口密度每平方千米 383 人。2020 年，按南孔画乡、古窑小镇、儒学特色小镇、研学写生特色小镇“四个乡镇”总规划，南孔特色乡村阙里、中国第一农民画乡、婺州窑衢州瓷特色文化基地、智慧新城城郊后花园、特色研学写生基地、大花园特色果蔬基地“六大定位”，集中精力抓大事、解难事、干实事，实现大花园同步推进，余东中国乡村美术馆开馆、浙西大花园项目落地、余东未来社区项目启动，全乡经济发展和党的建设事业持续向好。获全市“文化礼堂建设示范乡镇”，全市“乡镇统一战线工作先进单位”，全市“一米菜园重点村擂台赛”夺冠。

【文化礼堂建设】 11 月，获省级文化礼堂建设示范乡镇。全乡文化礼堂建成 12 个，余东村、斗目垅村文化礼堂被评为省五星级文化礼堂，碗窑村、后坞村、河山村、五十都村等 12 个文化礼堂室内面积 6000 平方米。文化礼堂建设和提升改造投入资金 4000 万元。坚持因地制宜，结合余东农民画、河山太极文化、斗目垅知青文化、碗东唱彩文化、后坞书法文化等推进文化礼堂个性化、主题化建设，打造“一堂一品”。提升文化礼堂，内设柯学堂、农家书屋、学生阅读室、文化活动室等场所，既保护文物建筑、节约经费，又解决文化场地不足。文化礼堂推出理事会制度，吸纳村干部、乡贤、文化骨干、退休回乡人员加入理事会，实现“自我组织、自我管理、自我服务、自我发展”。文化礼堂成为村民丰富精神生活“大舞台”，开展家宴聚会“大会厅”。传播时代强音“大喇叭”，成为村民政策、福利、上传下达重要场所。

【网格走亲】 2020 年，开展“网格走亲、党群同心、党企联心”活动。建立走访连心全覆盖、村情民意全搜集、工作资源下沉、分级分类全处理工作体系。压实党建基础，提升服务群众质效，用好“三联工程”、周二无会日，《一套网格联亲新约》形成农户、党员大联盟。以网格走亲清单推动网格走亲再升级，实现纵向联系一贯到底、横向走亲到边到角，促进党员联户联亲联实。通过网格走亲，梳理党员干部和群众意见，全年排查化解矛盾纠纷 43 起，办结转办信访案件 334 起，尚有 4 件信访事项在处理中。全年有 3 名区领导、12 个部门和单位到沟溪乡解决问题 37 个。

【疫情防控】 疫情期间，乡成立新型冠状病毒感染肺炎疫情防控应急指挥部，以“155 挂图作战模式”构建防疫全网格，下设综合协调组、疫情防控组、宣传信息组、医疗救助组、后勤保障组、督查督导组等工作小组，各小组分工明确，建立应急处置、信息共享机制，为打赢疫情防控阻击战提供组织保障。乡初中为全区第一个集中隔离点，疫情防控工作平稳扎实。全乡充实村级堡垒、实施网格化管理、加大排查力度，实行日报告和零报告制度，统筹各界力量捐款捐物、助力疫情防控。全乡知名人士、乡贤、党员干部积极捐款捐物。600 余名党员捐款 15 万元，20 余名乡贤捐赠口罩 1 万多只，干群凝心聚力，共同抗击新冠疫情，筑起抗击疫情“铜墙铁壁”。

【一米菜园】 以“一米菜园”建设为切入点，做好“十个一批”建设文章，按“三村三线六园一组团”思路，根据不同村庄、不同特色、因地制宜、分类指导、及时推进风貌提升，打造“一村一品、一村一韵、一村一景”，利用拆违地拆后物，整合空间、资源、文化，通过组团联村、党员联户，拆出绿色、拆出文化、拆出景观，打造乡土乡愁综合体，“衢州四好”综合体，形成重要节点示范带动、串点成线连片成景格局。全乡参与“一米菜园”建设村13个，建成“一米菜园”422个，余东村“一米菜园”建设获全市擂台赛一等奖，6月17日，承办全市“一米菜园”比学赶超现场会。10月30日，在全市“一米菜园”“三晒三比争先创优”活动中五十都村、余东村获前三。

【矛盾纠纷排查】 聚焦矛盾纠纷排查，促进农村社会和谐稳定。用好“两难”问题三级钉钉群、助力积案化解。全部行政村建立“两难”问题三级钉钉群。由一把手负总责，开展扫黑除恶专项斗争，打击乡村黑恶势力，消除黄赌毒把矛盾化解在村一级，矛盾不出村。做实“三个制度”，做好“四个及时”。坚持领导接待日制度、信访矛盾纠纷调处包案制度、坚持信访矛盾形势分析评估制度；做好学习会议记录及时、矛盾纠纷排查登记及时、重大情况报告及时、调解纠纷总结归档及时。坚持“预防为主，调解结合”工作方针，及时化解民间纠纷。全年发现矛盾纠纷40件，调处37件，调处率92.5%。加强对重点信访对象管控，成立信访维稳值班组。

【“中国乡村美术馆”在余东村建成】 9月21日，余东村“中国乡村美术馆”开馆。美术馆投资4000余万元，建筑面积4200平方米，占地面积8050平方米，是全国第一家乡村美术馆，内设美术作品展厅、多媒体室、名家工作室、名家交流中心、餐厅、水吧、写生宿舍，是市重要文化及艺术聚集地，对研究传统乡村艺术，活化乡村文化具有重要意义。美术馆建成，直接提升余东村旅游品牌知名度和影响力。

【余东村获评中国十大最美乡村】 12月22日，海南博鳌国际峰会传来喜讯，沟溪乡余东村被评为2020年美丽乡村博鳌国际峰会“中国十大最美乡村”（文化类）。余东村农民画会员300多人，其中省级民间优秀艺术人才6人。村里组建余东农民画产业发展有限公司，开发以农民画为特色装饰画、丝巾、雨伞、手提包等40多个衍生产品。余东村获全国文明村、全国美丽宜居示范村、中国十大农民画村、中国民间文化艺术之乡、省AAA级旅游景区村庄、省传统村落等荣誉称号。

【决胜小康】 全乡以“六抓六比·八大竞赛”为抓手，全力做好“决胜高水平小康”这件大事。召开专题例会，进行科学决策部署，取得良好成绩。通过谋划在前，服务在先引进总投资10.76亿元浙西大花园和总投资10.28亿元鹿野湾项目，一个月化解浙西大花园建设用地难题，解决66.67公顷土地流转问题，项目建成预计年接待游客可达100万人次，实现年收入2亿元。“决胜全面小康——全国农民画研讨会”在余东乡村美术馆举

图80　2月10日，省美协副秘书长王敏杰（左四）到余东考察农民画

办。中国余东乡村未来社区建设工作启动，打造后坞书法村，碗窑陶瓷村，余东农民画村等8个村特色文化，获评“省级文化礼堂示范乡镇”。全域土地整治弱势发力，按期完成区委、区政府工作任务，完成土地流转133.33公顷，年底验收新增耕地80公顷，高效盘活土地资源。

【村级组织换届】 至年底，完成村级组织换届选举工作。强化村级党组织政治功能和发展力，预政审在前，提前完成“一肩挑”人选的资格和党员身份认定。结合网格走亲，动态掌握村情选情民情。围绕乡村振兴主题，对“一肩挑”人选发放考卷和乡党委督查考察一把手治村能力，实地跟踪考察，掌握干部在急难险重工作中所做的贡献，识别干部担当能力，体察干部脾气秉性。白描反馈画党群认可度画像，挖掘一批“四个公认”（群众、党员、组团、党委公认）的人员作为村班子干部的候选人。每周，乡党委会召开一次会议对人选进行综合研判和排名，动态掌握选情，选出党委公认、群众满意的村班子。

【余东乡村未来社区】 9月21日，“南孔画乡·余东村未来社区”项目启动。按“人本化、生态化、数字化、融合化”建设要求，项目重点围绕“一芯、四片、一廊”，实现“未来村居、未来村业、未来村文、未来村智（治）、未来村民”五大图景，按一年打基础、两年上水平、三年成体系工作目标，力争到2022年打造一个以余东农民画为主题，具备“国际化、乡愁味、时尚风、活力劲”乡村未来社区，共享食堂、乡村大脑、美术图书馆改造提升和生态停车场等“八个一”建设全面完成。

（聂伟康）

九华乡

【概　况】 九华乡位于柯城区东北，东界衢江区周家乡、云溪乡，南邻万田乡，西连石梁镇，西北和北靠七里乡，东北接衢江区双桥乡。总面积82.32平方千米，乡人民政府驻沐一村18号。辖23个行政村，总人口2.0855万人。属文化之乡、旅游胜地、养生福地。2020年，围绕全市加快建设“活力新衢州，美丽大花园”工作目标，在产业发展、项目建设、改革创新等方面成效显著，全乡经济社会发展呈良好态势。

【脱贫攻坚】 走访核查全乡建档立卡低收入农户1051人，提交反馈问题300余个，逐一核实，对标整改。上报省8000元以下低收入农户32户63人清零工作；帮助困难家庭危房（C级）69户解困；改造提升低收入农户饮用水243户，其中城市供水管网延伸模式109户、单村供水模式110户、安装净水设备24户；实现23个村村集体经济消薄均达10万元以上，其中8个村达20万元以上；低保补助标准147户提标，办理重度残疾人护理补贴33人，困难残疾人生活补贴29人，为困难户提供公益性岗位69个。

【产业扶贫】 新启动扶贫产业项目2个，童村村五坂种植地提升工程总投资114万元；谷口村蜜桃种植基地总投资121万元。年底建成使用。受益低收入农户达32户。

【灵鹫山国家森林运动小镇】 作为灵鹫山国家森林运动小镇“运动汽车探险区”核心项目，中国运动汽车城项目总投资100亿元，15天完成359穴坟墓征迁，90天实现26.8公顷土地净地交付。交出“两手抓、两手硬，两战赢、两领先”优异答卷。飞鸿神网谷项目总投资1亿元，完成18.13公顷土地和230余穴坟墓政策处理，交付施工，预计2021年五一试营业。被誉为中国“卢比肯”越野小道徐莫森林汽车穿越小道全长40千米，分期建设投入使用。千里岗徒步森林穿越营道项目进入建设阶段。聚焦国家级休闲旅游度假区创建，完成立春文化展示中心及配套节气公园、沿线外立面、精神堡垒、7栋主题民宿庭院美化和围墙院墙设计施工。

【全域土地综合整治】 下彭川村打造100公顷集中草药种植、加工、休闲、旅游、养生于一体百草园田园综合体。童村打造146.67公顷集中医特色民宿、药材观光、中医药保健养生、中医药科普教育、农民创业基地、健康旅游、

图 81 沐三村垦造耕地项目建设

运动休闲、养老养生于一体衢六味田园综合体。实施垦造耕地项目 18 个，规划实施面积 234.27 公顷，规划新增耕地面积 200.4 公顷。建设用地复垦项目 5 个，规划实施面积 20.07 公顷。

【交通建设】 涉及 13 个村的 351 国道项目如期建设。4 月，351 国道至大荫山通景公路实现通车。涉及彭川村、童村、塔石岭村“四好农村路”建设完成。石梁派溪头至关溪公路建设进入设计阶段。梓绶山至孟高寮道路启动开工建设。

【民生实事】 全乡第一生态公墓、下彭川和童村村级生态公墓建设完成。保障和改善农村饮用水供给，上铺村、上宅村、范村、谷口村、源口村自来水管网延伸建设工程完成。经过精心选址，乡示范型居家养老中心年底完成建设。加强敬老院基础设施建设，敬老院提升改造完成，乡救助和服务能力提升。加快实施农村文化礼堂全覆盖工程，塔石岭村、上方村、近山村、坞口村文化礼堂建设完成。

【现代农业】 实施农民抛荒田委托村集体代种代管代收，整治弃耕失管土地 60 余公顷，统一种植水稻、旱粮等作物，提高村集体和村民收入。深入“一村万树”，利用村庄边角地、废弃地、拆违地等“五地块”见缝插绿，种植浙江楠、榉树、红豆树、香榧树等各类苗木 5 万余株，扩大绿色产业覆盖面。

【旅游发展】 新增民宿 21 家，开展民宿培训 14 次。疫情期间，创新网络祭春新模式，立春祭通过网络迎春祈福超过 30 万人，立春文化提升。森林运动特色小镇建设明显，2019 年灵鹫山全国首届森林极限运动会在九华大荫山丛林穿越基地落幕。2020 年市重大项目推进年“互看互比互学”活动在中国运动汽车城项目现场举行，打响运动九华知名度。

【乡村风貌】 全年上报疑似危房 716 户，其中困难家庭 101 户、一般家庭 615 户。鉴定 716 户，困难家庭 C 级危房 69 户，解危解困完成。开展农村困难家庭危房改造救助，保障村民安全住房。

【水利建设】 食品巡查 12 家，卫生检查 18 家，整顿无证照经营户 3 户。改善提升水利基础设施，箬溪垅水库回收除险加固、箬溪改造提升、山塘综合整治工程、农民饮用水提升工程有序实施。扩大“五水共治”成果，严格落实长效机制，排查黑臭水体，确保落实河长制，交接断面水质达标率保持 100%，空气优良率保持 88%以上。

【文明创建】 创建全国文明城市，喜获全国第四好成绩。三年创文期间以“日常保洁+集中整治”方式对村庄内部、背街小巷陈年垃圾、门前屋后乱堆放等问题进行专项整治，组织清除“牛皮癣”行动、“十大专项整治”4.5 万余人次，清理卫生死角 3600 余处，全乡实行垃圾分类，设置入户分类垃圾桶 8000 余个，发放宣传告知书 7.3 万余份。践行“八个一”，共创有礼城，推广“公筷公勺”活动宣传覆盖家庭 1860 个，签订集体责任书 66 份，发放公筷 1860

双、公勺1860个，检查5次，辖区餐馆66家和民宿响应使用公筷公勺活动。

【疫情防控】 疫情期间，乡党委、政府始终把群众安危摆在首位，把疫情防控作为重中之重工作来抓，全面部署力量，全力保障物资供给，严防严控、严防死守，疫情防控形势稳定。

【抢险救灾】 6月4日，大侯村出现泥石流滑坡自然灾害，紧急救援中，乡党委、政府部署周密、处置果断，乡村各级干部群众齐心协力，安全转移群众395名，无人伤亡，妥善安置群众82名，谋划实施安置点建设，解决群众住房安全问题。

【民生保障】 疫情期间，开展企业招工专项行动。对接各类企业，及时了解企业招工诉求，面向全乡宣传发布招工信息，招工推荐46人，解决待业人员就业难问题。基本养老、医疗、低保等保障水平提高，落实应保尽保、应退即退政策，全年新增低保救助114人，退出598人，新增低保边缘户83人，临时救助6人，走访慰问140人。社会保险覆盖广，完成全民参保扩面82人，组织万人村播培训39人，电子社保卡推广1925张，“4050”办理69人，完成失地保险办理83个，处理无欠薪事件3起，老农保退保39人，领取待遇资格认证869人，城居保养老待遇办理106人。

【社会治理】 实施“县乡一体、条抓块统”基层治理新模式，推行干部“四维考核”机制，调动干部干事创业热情，营造“必学赶超”浓厚氛围。落实属地管理事项责任清单，解决属地管理事项18起。创新实施“两难”问题调处机制，畅通信访事项化解渠道，开展矛盾纠纷集中排查整治工作，通报事件线索21条，化解15条，化解率71%。全年受理各级信访事项投诉362条，办结362条，办结率100%，满意率（274件）达75.7%。响应化解信访积案“三年行动”部署要求，推进积案化解工作，全年化解疑难积案15件。

【村级组织换届】 以“五好两确保”为目标，区乡联动、干警合力，23个行政村党支部换届工作完成，历时15天，全过程平稳有序、平静安静。把政治强、素质高、形象好、群众公认农村优秀人才选进村级党组织班子。开展落选离任干部温暖关怀行动，增强村级党组织在基层的凝聚力、战斗力，加强基层党员向心力。

【三联工程】 推进“三联工程”建设，根据年度工作和各村实际，对人员进行调整。严格落实责任、强化人员教育、加强检查指导，打造“三联工程”体系。在疫情防控、复工复产、重大项目推进和防汛抗洪等大事要事中检验。大侯村“6·4”泥石流灾害发生后，保障百姓生命安全，实现无人伤亡，体现做细做深做实“三联工程”强大效能作用。九华乡获柯城区集体三等功，所做工作得到省、市、区领导肯定。

【乡村振兴讲堂】 围绕“主题教育的主阵地、乡村振兴的主平台、基层治理的主载体”要求，按“八有”标准加强各乡村振兴讲堂建设，实现“村村有讲堂，个个能开课”，加强“乡村振兴讲堂·村情通”平台推广使用。按中心讲

图82　11月20日，九华乡召开村民委员会换届选举动员大会

堂"八个一"标准加强新宅村"一乡千宿"讲堂和范村村"一村万树"两个中心讲堂提升建设。新宅村"一乡千宿"讲堂获评市AAA乡村振兴讲堂，滑鼠丛林穿越探险公园和妙源村溢舍民宿确定为乡村振兴讲堂市级实训基地。开展"村情通"推广活动，选取人流量集中点位开展"摆摊设点"，增加关注量750人次。组织管理员开展技能培训，邀请组织部专家现场指导，23个管理员"一对一"上台操作"村情通"，确保管理员懂操作、会操作、能指导。

【九华乡第十六届人民代表大会第八次会议】 5月30日，九华乡第十六届人民代表大会第八次会议召开，来自全乡人大代表52名和列席代表40名出席大会。会议听取并审议裴春风作的《九华乡人民政府工作报告》。大会通过无记名投票方式选举赵杰为九华乡人大主席。

（王　磊）

七里乡

【概　况】 七里乡地处柯城区西北部，东与衢江区双桥乡毗邻，南与九华乡、石梁镇相连，西与常山县新桥乡相依，北和东北与衢江区太真乡为邻。总面积60.45平方千米，距城区33千米。2020年，落实市委"1433"发展战略体系和"3752"党建治理大花园体系部署，在区委、区政府坚强领导下，坚持稳中求进工作基调，克服疫情负面影响，在基层党建、基层治理、旅游产业提升、文明城市创建、重点项目攻坚、疫情防控、复工复产、美丽城镇建设、民族乡村振兴、双招双引方面成绩良好。

【城镇建设】 2020年，桃源七里国家AAAA级旅游景区评定性复核通过验收，获评国家卫生乡、美丽城镇建设省级样板（省、市两级奖励800万元）、省级旅游风情小镇、省级旅游产业集聚区、浙江森林氧吧、市级乐水小镇、市级安全生产先进集体等荣誉，创文工作获评市级集体嘉奖，乡贤馆获评首批市级"南孔乡贤馆"（市级奖励10万元），新乡贤工作案例入选全市新乡贤工作36例。七里茄子获农产品地理标志。桃源村获评省职工疗休养基地、省美丽宜居示范村、省风貌保护提升工作传统村落、省民主法治村、区清廉村居有礼示范点。大头村获评省美丽乡村特色精品村、第二批市级特色文艺村、全市"一米菜园示范村"。上门村通过省民宗委审核上报国家民委申评中国少数民族特色村寨（通过将获省级奖励100万元），2020年，在上门村举办"九月九"上门畲族风情文化节、市政协"请你来协商·助推七里上门畲族村特色发展"专题协商会和全市统战部部长工作交流现场会。桃源村和上门村均获评省级森林人家，上门村、治岭村、沙龙村获评市级民主法治村。七里三村乡村振兴讲堂，清水鱼养殖培训课程获市2020年社会教育和老年教育优秀案例三等奖，获评区"特色课程"建设对象。治岭村和少岭坞村利用乡贤资源成立富岭农旅发展有限公司和少岭态极农业开发有限公司，开创"公司+集体+农户"村集体经济"消薄"模式。少岭态极农业开发有限公司作为区山海协作"消薄卡"帮扶试点，作为典型案例登上衢州信息（工作动态）第65期。富岭农旅发展有限公司从余杭百丈镇争取到消薄卡资金10万元。

【亮点工作】 按照"文化兴村、产业富村、特色建村"定位和畲味、土味、韵味"三个味"要求，加快推进上门少数民族乡村振兴示范村建设。上门村地理位置正好处于七里乡"3+4"村庄分布中间地带，是全区4个民族村之一。将上门村作为关键节点，打造集旅游、养生、美食、农耕体验、文化体验于一体畲族特色文化村寨，对全乡产业延伸、空间拓展起重要作用。乡党委对接市区两级统战、农业农村部门，为上门村争取资金600万元。畲寨大门、游步道、文化礼堂、迎宾广场、少数民族展示馆和畲族风貌提升工程等13个一期项目建设完成。同时，以乡村休闲旅游产业为中心，组建畲歌畲舞团队，定期组织排练，上门村舞蹈《畲乡欢迎你》登上区第三届"我们的村晚"；挖掘土菜特色，打造畲族十大碗；发展"畲家乐"乡村经济新业态。

图 83　10 月 26 日，上门村"九月九"畲族风情文化节

10 月，在上门村举办"九月九"上门畲族风情文化节、市政协"请你来协商·助推七里上门畲族村特色发展"专题协商会和全市统战部部长工作交流现场会。12 月，上门村被省民宗委上报国家民委申评中国少数民族特色村寨。重视乡村旅游发展，加快旅游产业转型升级。围绕区委、区政府提出"玩在九华森林运动小镇、石梁奥陶纪，吃住在七里，打造优质民宿群"目标定位，重点发展民宿产业。制订《七里乡民宿产业提升发展三年行动计划（2020—2022）》，提出创建民宿产业集聚区总体目标，优化产业布局，配套奖励政策，为民宿产业发展提供支撑和保障。全年，新增星级民宿 7 家，升星 2 家；抱山书院获评省级白金宿，七月获评省级银宿，全乡现有省级白金宿 1 家、省级银宿 4 家。招引民宿项目，平仲别院文旅精品民宿、壹品舍高端文旅民宿、竹篱馆精品民宿项目签约落地，总投资达 0.65 亿元。对接规划单位编制七里乡乡村休闲旅游基础设施提升规划方案，制定五年发展规划，坚持一张蓝图绘到底。桃源七里景区策划及旅游基础设施提升规划纲要编制完成。开展第四届粽香文化节、4 场乡村音乐会、第一届治岭黄桃节特色旅游文化活动，实现旅游产业和特色文化融合。推进乡村振兴讲堂建设，在全区乡村振兴讲堂现场会上，乡党委书记杨勇代表七里乡作典型发言。全乡 7 个村建立"一村一主题"乡村振兴讲堂，常态化开展课程，乡村振兴讲堂开课 159 节；1—10 月，乡村振兴讲堂·村情通中群众需求数达 3367 条，占全区需求数的 35.8%，村情通积分名列前茅；讲堂总计受益人次达 6440 人次，超全乡人口数。通过"线上+线下""室内+户外"模式为乡民宿（农家乐）、清水鱼养殖、高山蔬菜产业发展加强理论指导，丰富实践经验。清水鱼养殖培训课程获市 2020 年社会教育和老年教育优秀案例三等奖，获评区"特色课程"建设对象。聚焦特色农副产品销售难问题，立足特色产业发展布局，打造乡"村播高地"，发展村播产业，帮助农产品上线，拓宽销售渠道。全年，全乡开展直播带货 4 次，销售额达 10 万元。依托乡村振兴讲堂村播平台，让七里高山蔬菜，少岭坞清水鱼、构树生态鸡，治岭黄桃、番薯干农特产品搭上电商快车，并通过网络直播平台广泛宣传桃源七里景区好山好水好风景。

【考核管理工作】　成立"县乡一体、条抓块统"高效协同治理格局试点工作专班，集中精干力量，探索"县乡一体、条抓块统"在小型生态型乡镇操作模式。每周五定期召开分析研判会，回顾本周工作，总结经验，推进工作落细落实。制定派驻人员管理办法，推进"一支队伍管执法"，实现综合执法、市场监管、资规、司法部门派驻干部集中办公，在集镇管理、违建处置、文明城市创建联合执法工作中发挥作用。健全"两难"问题钉钉群工作机制，每月通报各村排名情况，实现"微事不出格、小事不出村、大事不出乡"。完善乡干部"四维考评"考核体系，以本领恐慌倒逼干部勤学苦干，积累处理新问题新困难办法，提高基层治理能力，营造全乡干事良好创业工作氛围。在岗位赋分上，通过"双向选择＋领导赋岗"，让干部干多干少不一样；在模块评分上，实行“阶段评估+年底考核”，准确把握干部工作动态；在组团积分上，按照“分村分类＋岗位分档”，以分值区分各村工作量；在专班计分上，“工作加分＋督查扣分”，奖优罚劣激发干部主观能动性。

【村集体经济消薄】 引导治岭村和少岭坞村分别成立富岭农旅发展有限公司和少岭态极农业开发有限公司，开创“公司＋集体＋农户”村集体经济“消薄”模式。市少岭态极农业开发有限公司作为区山海协作“消薄卡”帮扶试点，通过乡贤与村集体合股成立公司，依托乡贤生产运营经验，管理技术人才和市场资源平台，助力农户增收。以构树种植技术为平台，拓宽村农特产品销售渠道，增加村民就业机会。同时，尝试养殖清水鱼、高山黑鸡，培育1.33公顷构树母本基地和3.33公顷香榧树，带动3户低收入农户就业，有效和精准落实消薄助农，助力乡村振兴。《柯城区创推“消薄卡”打造农村消薄新模式》作为典型案例登上衢州信息（工作动态）第65期。

【乡村级组织换届】 把村级组织换届工作作为大事来抓，坚持精准施策，躬行践履，精心挑选“一肩挑”人选，把控村组织换届选情。2月，全乡出台党建工作要点，把村级换届工作摆在重要位置，提前谋划，精心部署，尽早进入“战备”状态。4月，坚持每周至少召开一次党委会专题研究村级换届工作。联村服务团在团长带领下利用周二无会日、午访、夜访多种形式走访，开展“一肩挑政策大宣传、矛盾问题大调处、党员群众思想动态大排摸”大行动。11月2日至30日开展三轮大走访，走访农户5829户次，收集意见57份，做到全面听取意见，全面掌握情况。至年底，全乡高质量完成村党组织换届和村委会换届选举工作，村党组织换届“一肩挑”人选平均得票率99.3%，村委会换届“一肩挑”人选平均得票率95.3%。

【美丽城镇建设】 乡党委、政府高度重视美丽城镇创建工作，成立由乡党委书记任组长、乡长任副组长美丽城镇工作专班，制定“1127”工作路径，利用乡村休闲旅游提升契机，特色化推进各村建设，做好方案实施落地见效。同时，紧抓美丽城镇建设工作进度，牵头定期召开碰头例会，按照考核5大块内容，对标对表77项共性个性清单，细化分工，明确责任，对照短板补不足，新增建设公厕改造提升项目、农民饮用水放心工程等民生项目22个，总投资4000余万元，创建文旅型美丽城镇省级样板，七里乡获得省级奖励资金500万元、市级奖励资金300万元。

【乡村风貌提升】 以巩固国家卫生乡工作成果为基础，以全国文明城市创建工作为抓手，结合景区提升工作，全力做好拆后利用、资源转化、风貌提升农房整治下半篇文章，推进“乡村大花园”建设。建设小景观节点20处、修建大头老街1条、建设“一米菜园”85个；发动乡村干部、志愿者开展创文整治和“八个一”文明有礼宣传推广活动百余次，创建无烟党政机关，乡村人居环境不断提升。全年，创建国家级卫

图84　12月29日，七里乡党委书记杨勇在全市新乡贤工作提升推进会上作典型发言

生乡；全国文明城市创建以“零失分”交出高分答卷，创文工作获市级集体嘉奖；大头村“一米菜园”获评全市“一米菜园示范村”。

【“双招双引”工作】 将“党建引领双招双引”作为党委书记党建项目，成立以乡党委书记、乡长任组长，分管领导任副组长，其他班子为成员的全乡招商引资和重大项目推进工作领导小组。乡村两级干部主动作为、靠前服务，通过搭建乡贤会平台，服务好乡贤企业，鼓励乡贤回乡投资建设。全年招商工作未受疫情影响，招引数字型经济项目1个，1个税源型项目落户柯城，平仲别院精品民宿项目和仙鹤研发培训中心两个5000万元以上重大项目落地七里；同时，为2021年储备重大项目，分别为投资10.4亿元千里岗国家特色中药材产业基地项目、投资1.1亿元天路云里度假村项目及投资5000万元大山的房子（二期）精品高端民宿。乡党委书记杨勇代表七里乡以“新乡贤为七里乡村振兴注入新活力”为题在全市新乡贤工作提升推进会上作典型发言。

（冷俊龙）

万 田 乡

【概　况】 万田乡位于柯城区东部，东与衢江区浮石街道交界，东南与兴安街道隔江相望，南与白云街道为邻，西接石梁镇，北依九华乡。总面积26.4平方千米，总人口1.6万人，下辖行政村16个、社区1个。党支部22个，党员813名。乡政府驻弈园村。全乡山水环绕、良田万亩，多处省级粮食生产功能区、生态休闲旅游综合体、现代柑橘精品园，是省级非物质文化遗产“女儿节”发源地。连年获评“孝星模范”、创建国家AAA级旅游景区、中国“淘宝村”。先后获评浙江省美丽乡村示范乡镇、浙江省电商镇、省级先进党组织、市级“五好”星级党委等殊荣。2020年，在市委、区委的坚强领导下，立足省、市、区委组织部联系乡的政治自觉，放大格局，提高站位，发挥党建作用。以“运动田园、孝礼万田”为主题，以“三联工程”为抓手，统筹推进疫情防控和经济社会发展，做到“两手抓、两手硬”。结合实际，开展全面小康决胜年、基层党建提升年、重大项目攻坚年“三个年”活动。4月3日，召开“三个年”活动党建“六大比拼”百日攻坚行动动员大会。凝心聚力、负重拼搏，完成村社换届试点工作。得到省委组织部领导肯定。全体乡村干部精神面貌焕然一新，全乡经济社会发展指标提升。

【小康决胜战】 坚持以人为本，解决群众最忧最盼问题。社会事业持续发展。新建万田村、三和村文化礼堂，丰富村民文化生活，提升村民思想内涵，打造村民精神家园。运行万田乡综合文化活动中心，组织开展手作课堂、琴棋书画交流等活动。与衢州儒学馆合作，打造南孔书屋，有图书7000余册。加大对教育卫生事业投入，助力创建国家卫生乡镇。坚持以点带面、以点连线原则，打造“一村一品”特色文化体系。疫情期间举办余家山头线上“女儿节”、第六届荷花节，承办区“非遗”文化宣传展示等系列活动。利用荷塘景区优势打造“一米菜园”研学基地，区委党校在荷塘教学基地授牌，成为首批教学点。结合村播学院开展产业素质教育培训活动。

【疫情防控】 面对疫情防控，打好系统作战、联防联治、复工复产“组合拳”。4月28日，召开“防疫有我，爱卫同行部署会”确保“两手抓、两手硬，两战赢、两领先”，抓紧抓实抓细常态化疫情防控。网格防疫管控到边到角。全乡17个村（社）组建疫情防控红色联防队，由党支部书记统领，网格小组长负责，带领村干部、党员、群众200余人群防群治。通过“线上＋线下”“无声＋有声”“官宣＋方言”多渠道、多载体、全覆盖宣传科学防疫。发动全乡党员群众参与“三捐”（捐款、捐物、捐工）1000余名，筹集抗疫资金50万余元、口罩2万余只、各类志愿服务300余人次及消毒液、测温仪等各类物资价值10万余元。疫情防控从封闭式管控向精密型智控转变，实现全乡域健康码申领100%。“三服务”用心用情。实施网格化监管，确保复工企业安全生产，推动浙江通衢工程管理有限公司、衢州嘉园房地产开发有限公司等企业快速恢复生产。做好企业招工服务，精准落实航埠佰意紧急招工，全乡发动50名熟练缝纫工到企业务工，保障企业生产疫情防控必需品。疫情期间推行政务“网上办、掌上办、网格办”，各村网格代办员化身“跑小二”，为村民提供办理各类证件、代缴各类费用、申报各类登记事项等服务，打通服务群众“最后一公里”。

图85 10月1日，在上蒋村文化礼堂举办“万家团圆迎中秋，四海欢腾庆国庆”文艺晚会

【招商引资项目】 航天智慧农业产业园、萱草小镇未来村、佳农园艺康养综合体、鲶鱼湾乡村公园等重点招商项目落地投资17.05亿元，其中佳农园艺项目与航天智慧农业项目开工建设。十一期间，四省边际直播产业创业街火爆开街。与妙趣新媒体公司合作深化村播产业建设，开设村播学院，打造村播人才生态圈，实现现代农业订单化，实现农业品牌化、产业化、数字化。全年全乡固定资产投资统计入库13580万元，同比增长339.58%。重大项目谋划在全区“擂台赛”中获三等奖。乡农民创业园一期年底建成。

【乡村风貌提升】 按“宜建则建、宜耕则耕、宜绿则绿”原则，结合各村实际规划布局复垦还田、公共设施、产业布局和绿化美化。借助优越区位、优美风光，打造个性化“名片”，做到“一村一主题、一村一文化、一村一特色”，万田村、顺家路边村、下蒋村等精品村建设全面推进。10月1日，在上蒋村文化礼堂举办“万家团圆迎中秋，四海欢腾庆国庆”文艺晚会。开展“一村万树”“美丽庭院”“一米菜园”工程，在荷塘村举办全市“一米菜园”现场会，推进“衢州有礼”诗画风光带建设在万田重重落地。

【乡村振兴讲堂】 围绕乡村振兴讲堂“三主”定位，以“乡村振兴讲堂·村情通”为抓手，抓好讲堂“八有”建设，推进乡村振兴讲堂、农村文化礼堂、便民服务中心融合共建。搭建“线上+线下”“理论+实践”“讲堂+产业”乡村振兴政府服务供给侧改革系统集成平台，因村制宜开展“五型”（村播型、红色型、头雁型、特色型、空中型）讲堂创优行动。全年开课400余次，组建乡级师资人员28人，教育党员群众1万余人次。疫情期间“空中课堂”在农业生产春耕备耕、一村万树植树造林、招工招聘等发挥重要作用，解决企业用工之急8家，帮助实现就近就业或自主创业300余人。万田村播基地发挥抗疫助农作用，市长汤飞帆当主播推销衢州柑橘，吸引53万名网友围观，2万单、10万千克柑橘一抢而空。全年万田村播基地开展村播30余场，进入直播间人数2000余人，农特产品销售额5500多万元。全乡被列为市级AAA乡村振兴讲堂4个、市级乡村振兴讲堂实训基地2家、万田乡乡村振兴综合体被授予示范乡村振兴综合体。

【树正打歪】 开展“树正打歪、拔钉清障”行动。2月29日，召开全乡重点项目拔钉清障攻坚誓师大会，全体乡、村干部参加。突出“模块+网格”管理，组建网格警务巡逻队，换届期间全乡各村开展全天候巡逻。遵照执行

"十严禁""十不准"纪律要求，注重抓早抓小抓苗头，开展谈心谈话，约谈8人。让换届纪律入脑入心，及时刹住影响换届暗流。建立"一村两警"制度，通过"人防+技防"，对破坏换届选举纪律行为"露头必打""坚决亮剑"。形成有力震慑，做到风清气正、平静安静。

【信访矛盾积案和创文工作】 推进"网格治理+两难化解"工作，用好"两难"钉钉群，消除矛盾隐患。形成上下联动、左右协调、整体高效治理新格局。全年运行流转事件1600余件，办结率100%。至10月底，办理"两难"问题158件，撤单32件，其中化解国家级信访积案1件，办结率达100%，群众满意度提升。营造"共创、共建、共享"创文氛围，当好全国文明城市创建主力军，以政治责任感压实创建责任。抓便民、利民、惠民设施改造提升，投入资金500余万元。整治集镇区块及沿路沿线占道经营、不规范停车、流动摊贩、环境脏乱差等重、难点问题。整治城郊村违章搭建、环境卫生及陈年垃圾等顽疾。

【乡镇模块化运行】 优化和完善模块化运行，做到"平时为掌、战时为拳"，实行"模块＋组团＋网格"联合作战。按"网格点单、模块接单、群众评单"制度运行，在疫情防控、复工复产、项目攻坚中形成强大合力。做实"三联"工程，各组团联村干部、村"两委"干部、"一长三员"、联户党员围绕可能影响村社换届和群众生产生活问题，调矛盾、解难题、办实事。开展全乡模块化运行四维考核和17个村（社）"三联工程"季度考评工作，让"干多干少不一样、干好干坏不一样、干与不干不一样"体现在日常工作中。发挥工作考核作用，激活乡村干部干事创业、克难攻坚热情。以"三个三"基层党建工程、周二无会日为抓手，夯实基层基础，创新工作方法，提升党建水平。村社换届试点工作完成。3月，谋划村社组织换届工作，根据省、市、区委部署，实施党建建强"六大比拼"百日攻坚行动，做到底数清、人选准、环境优，高标准、高质量交出村社组织换届高分答卷。选出村社"一肩挑"人选17个，两委职数足额当选133个。整个换届过程稳定、规范、清正、满意。

图86　12月13日，万田乡"县乡一体、条抓块统"改革工作暨全科网格大会召开

【重点项目攻坚】 按产业为王、再造优势要求，形成"一切工作围绕产业项目转、一切人围绕产业项目拼"工作氛围。聚焦"一号工程"（全域土地整治工作），抢抓进度。坚持党建统领，结果导向，由组团联村团长带队，组建工作专班分区块推进土地流转、项目施工、工程验收，完成目标任务153.33公顷。创新"坞石模式"，掀起"土地小革命"做法获全区通报表扬。万田村蔡窑自然村溪滩沿土地垦造项目攻坚，15天完成97户18.8公顷土地流转工作。"开门一件事"被省委组织部评为首批最佳案例。

【"县乡一体、条抓块统"改革】 探寻新时期基层治理之路，做实"县乡一体、条抓块统"改革试点工作。推动全乡基层治理体系和治理能力规范化、制度化、长效化。开展多员合一，实现减员提能增效。全乡整合精减人员

52人，统筹“七员八员”劳务资金80余万元；率先将“四维考评”延伸村社一级，打通“抓人促事”神经末梢；开展无信访村社（网格）创建。9月至12月，电访、信访、网访、来访量与上年同期相比分别下降30.2%、45.6%、53.4%、29.1%。实现数量质量“两手抓、两手硬”。

【干部队伍建设】 以党员发展为基础，分类管理为抓手，关心关爱为保障，遵循党员“进口、出口、教育、考核、关爱”五个环节，分类分档抓实党员管理工作。注重乡村干部技能培训，万田乡铁军提升班、村社“领头雁”和后备力量培训班、新任村“两委”“雁阵培育计划”等专题培训班。2月24日，为期3个月的“万田铁军提升班”开班，全年培训50余期，包含户外实地培训15期，受训近7000人次。通过“理论＋实践”课程学习，激发干部干事创业激情，提升铁军战斗力。

【民生保障工作】 全年全乡便民中心接待4500多人，受理1.2万多件，办结1.2万多件，代办件11700多件，办结率100%。阶段性完成第七次人口普查。群众“房地信息申报工作”52户完成，困难农户危旧房鉴定142户与经营性房屋安全排查工作330户完成，鉴定C级危房16户、D级危房3户，解危及区级危房补助资金发放工作完成。低收入农户识别与建档立卡工作完成，至年底，全乡建档立卡低收入农户321户475人（其中低保296户422人），同比实现脱贫186户219人，家庭年人均收入8000元以下清零，确保小康路上“不落一户、不落一人”。全乡参与结对干部50人，区组织部、法院、统战部、营商办各部门参与结对干部105人，累计走访农户1000余次，帮助农户解决各类问题200余宗。所辖行政村16个集体经营性收入达10万元以上，行政村3个集体经营性收入达20万元以上。村集体经济“消薄”，扶贫资金分红普及低收入农户，农户收入提高。

（王月梅）

图87　2月24日，“万田乡铁军提升班”开班

姜家山乡

【概　况】 姜家山乡地处柯城区中部偏南，东与白云街道相邻，东南濒临常山港与双港街道相望，南、西南、西与航埠镇接壤，北邻石梁镇。总面积14.5平方千米。乡人民政府驻姜家山村。距城区3.8千米。全乡总人口4659户、13000人。2020年，全年实现工农业总产值5.47亿元，实现财政总收入12252.63万元，争取到资金补助9450.83万元。各项计划指标完成。

【经济发展】 全年实现工业总产值3.74亿元；完成固定资产投资2338万元；一般预算收入2372.78万元。加大保障力度、改善医疗水平，投资200万元新建居家养老照料服务中心1家，乡敬老院特困供养费提标，每月发放零用钱110元。为全乡80周岁以上老年人赠送综合保险。实施学前教育补短板提升工程，引进乡中心幼儿园项目，总投资3000万元，规模0.47公顷，基本完成施工。运用文化礼堂、中心文化站载体做好宣传，新建柴陈村文化礼堂1个、小康体育村项目1个，建设标准羽毛球、篮球场和“百姓健身房”等健身场地。举办“文化礼堂运动会”“村晚”“送戏下乡”等文娱活动，丰富群众业余生活。

【疫情防控】 面对疫情，坚持党建统领，构建“151”战时指挥体系网络，通过科学防控、精准智控、运用“一图一码一指数”，科学制定疫情防控工作策略。疫情期间，摸排市外返衢人员346人，30名重点特定人群移送集中隔离，80人实施居家医学观察管控，实现零疑似、零确诊。同时，由乡班子挂联企业复工复产、项目推进、稳定经济，安排党员开展“一对一”联户结对，全乡123家“十小行业”按要求实现有序复工复产。

【杭衢铁路征迁】 杭衢铁路姜家山段土地及房屋征收涉及柴陈村、塘头毛家村、锦西村，征用土地20.33公顷。成立杭衢铁路征迁专班，纳入专项考核，全体专班工作人员“早”上班，“晚”走访，全覆盖走访，排摸问题，化解矛盾。专班完成252户农户土地款发放和35穴坟墓搬迁。沿线涉及42户农户应征房屋，7天完成协议签约，15天腾空交付拆除，实现签约率、腾空率、拆除率100%。

【高铁新城项目】 保障高铁新城管廊、路网、智慧产业园区18个市区重大项目顺利落地，涉及土地216.47公顷，其中新征土地3公顷，全部实现净地交付。建立组团服务、多方联动机制，一项目一组团，根据每个项目需求，将业主单位、施工方、智慧新城、乡政府、行政村及相关责任单位责任人员形成一个组团，通过微信群，第一时间研判、分析、化解处置征迁区域管控、政策解释问题。

【村级组织换届】 村级组织换届因村施策，围绕“征迁村求稳定、非征迁村求发展”定位，实现选优配强村“两委”班子目标。为确保“一肩挑”人选高票当选，开展“民情大走访 政策大宣讲 信访大调处”专项行动，走访党员1302人次，村民代表1080人次，群众6945户次。11个行政村党组织41个职数一次性选足，党员参选率100%，11名村支部书记中5名新进，平均年龄较上届年轻6.4岁，平均得票率99.88%，41名支委平均得票率99.54%。村委会换届，全乡各村平均参选率97.75%，“一肩挑”人选合法当选为村主任，平均得票率91.71%。村级配套组织村监委会、村经济合作社换届选举，村监委会主任、经济合作社社长均按要求100%当选。

【落实民生事业】 社会保障体系完善，社会保险覆盖面扩大，基本医疗保险参保率100%。落实社会救助机制，加强社会弱势群体权益保障，解决困难家庭子女就学、大病救助、低保户生活困难问题，全乡86人纳入低保救助、125人纳入低保边缘救助，全乡在库低收入农户年人均收入实现9240元以上。坚持创业带动就业，挖掘本地创业就业资源，搭建服务平台，利用乡村振兴讲堂平台，促进失业人员、失地农民就业。按“无差别受理”要求，办事事项向村延伸，投入资金对

图88 10月28日，三山村举行党组织换届选举

图 89　8 月 13 日，在乡小学举办农民运动会

有条件村，便民服务中心改造提升。配齐配强硬件设施，结合文明创建，发挥文化礼堂作用，加快构建公共文化服务体系。8 月 13 日，在姜家乡小学举办农民运动会。建好避灾安置中心，未雨绸缪，防患于未然。居家养老照料服务中心投入使用，成为老年人温暖避风港，监护人放心从事自己工作。实施敬老院提升改造工程，孤老们居住环境媲美宾馆酒店，空调覆盖住房、餐厅、活动室。

【深化基层治理】 网格作为工作部署、落实在基础单元，通过“3＋X”考核“三张清单”抓牢管好“一长三员”队伍。在网格“大走访、大排摸”活动中，走访农户 4536 户，提交农户反映问题 500 余件，网格内化解矛盾纠纷 127 例，全科网格排名提升。建立乡、村“两难”联动群，网格员发现问题上报，乡、村书记交办，相关责任人及时受理反馈，乡督考办每周开展回头看督促进度，形成上报、认领、办理、反馈、回头看工作闭环。全年村级“两难”群上报事件 32 件，其中流转至乡级“两难”群 15 件，通过研判上报区级“两难”群 3 件，化解 27 件，化解率 84%。

（朱巧妍）

石室乡

【概　况】 石室乡位于柯城区东南部，东连衢江区大洲镇、横路乡，南接衢江衢黄坛口乡，西南与衢江廿里镇交界，西与花园街道、衢化街道、黄家街道相邻，北依市东港工业园区。乡人民政府驻石室一村 28 号，距城区 12 千米。辖 11 个行政村、2 个社区，地域面积 42 平方千米，有农户 4286 户，总人口 2.6 万余人。2020 年，全乡实现固定资产投资 4442 万元，农民人均可支配收入达 2.81 万元。

【社会经济】 探索荆溪花海“期权式”消费模式，让“花海”带旺石室人气，境内鱼庄经营户营业额 4 月中旬恢复至 2019 年同期水平。推进鲟鱼小镇建设，12 月 12—13 日举办 2020 浙江省拳击俱乐部冠军联赛（衢州站）暨“鲟鱼杯”世界 WBA 职业拳击（中国区）拳王争霸赛，直播回播观看人数达 300 万人次。在下石埠乌溪江公开水域举行“衢州有礼·运动柯城”2021 年衢州市“鲟鱼杯”冬泳挑战赛，宣传鲟鱼小镇优质资源，扩大小镇知名度。挖掘烂柯围棋文化，与衢州学院共建烂柯文化博士工作站，依托工作站挖掘烂柯文化，打造烂柯文化展示中心。与烂柯棋院合作，承办 2020 中国 VS 东南亚“烂柯杯”网络围棋团体联谊赛、全国 C9 高效联谊赛等活动，受央视、新华网等国家级新闻媒体报道。

【疫情防控】 疫情期间，乡村联动，建立“三门体系”——守住家门、看牢大门、紧盯远门，织密疫情防控网，乡村干部、网格员 180 余名参加疫情阻击战，发动志愿者 2500 余名，排摸人员 6.5 万余人次；打造温暖岗亭，让参与疫情防控党员干部倍感温暖，市、区媒体多次报道。全乡按区委相关部署，在全面防控同时，帮助企业复工复产。成立鲟龙公司复工服务小组，帮助其成为辖区内第一家复工复产企业。主动联系乡规上企业，对接安排专列到湖南、河南、四川、贵州接员工返岗、招工4批次24人。协助17家企业、102家“十小行业”复工复产，帮助协调解决问题50余个。配合区人社局联合举办第六期“防疫情稳就业”小型推介会，7家企业参加面试，219人分3批次错时参加推介会，10家规上企业招工24人。

【基层党建】 深化党员联户工作。以网格为基础，提出采取党员报名、划片分组、农户测评、择优组合、干部兜底方式，党员和农户双向选择，确定党员联户小组。建立完善党员联户户主会机制，让党群之间、邻里之间实现互动，畅通上情下达、下情上传信息渠道。以联户小组为单位“捆绑考核”，实现党员联户“划片包干、竞争上岗、互联互评、荣辱与共”。深化党员联户工作被《浙江共产党员》杂志、《衢州日报》头版头条多家媒体报道。村社组织换届选举实现良好开局。党组织换届实现村党员参选率、“一肩挑人选”得票率、支委人选得票率100%，12个村（居）委会换届一次性选足，实现“过程最平稳，结果最完美”既定目标。开展“8090”新时代理论宣讲活动。将“8090”新时代理论宣讲和“三联工程”相融合，打造区乡村三级联动宣讲机制。承办区级宣讲会，荆溪村被评为全市“8090”研习基地。

【脱贫攻坚】 全乡制定《石室乡2020年社会救助专项治理工作的实施方案》和《石室乡扶贫开发大督查大走访实施方案》。村(居)组团成员利用周二无会日，开展集中入户核查走访工作，确保乡扶贫工作底数清、任务明。完成全乡196户290余人低保户、20余户40余人低边户和16户16人特困户走访与结对帮扶工作。由乡纪委会联合乡民政、残联扶贫检查，涉及低保、残疾人补贴、五保户、低收入农户优惠政策落实方面等。对不满足低保资格人员及时核查取消，对全乡农资抵用券两次督查，未发现违规使用情况。利用监督手段，对10余起扶贫领域问题整改，实现“不漏一户、不漏一人”目标。

【全域土地综合整治】 以“党建+”为抓手，建立“五个一”工作机制即“一名乡专班巡查员+一名联村乡干部+一个村监督小组+

图90　12月12—13日，2020浙江省拳击俱乐部冠军联赛(衢州站)暨“鲜鱼杯”世界WBA职业拳击(中国区)拳王争霸赛在石室乡举行

一名民警＋一名监理”，上下同心、全力以赴，以“咬定青山不放松”工作劲头，实现“五零”工作目标，即时间零拖延、质量零返工、项目零纠纷、安全零事故、廉洁零违纪。11月15日，在全区率先完成全域土地综合整治11个垦造项目68.27公顷任务，一次性通过省、市、区验收。

【第四水厂政策处理】 市第四自来水厂埋管项目政策处理工作，全乡通过深化党员联户，让联户党员参与政策处理全过程。一周完成涉及5个村35公顷土地丈量工作，为全市所有地块政策处理全面完成乡镇，被区委、区政府以正面典型通报表扬。

【安全稳定】 开展“两难”问题化解工作。全年排查化解矛盾纠纷432起，网格员自办上报事件3000余起，受理“12345”等政府咨询服务投诉1000余件，社会治理热点问题明显“降温”，治理成效凸显。做好消防安全工作，对各村森林防火应急队伍予以加强，全年开展消防演练5次，确保重要时候拉得出、用得上。严格落实防汛工作责任制，时刻绷紧防汛安全这根弦，第一时间组织全乡干群排查隐患、抢险救灾，保障人民群众生命财产安全。保障辖区内道路交通安全，率先完成变型拖拉机整治工作，被市道安委通报表扬。开展企业安全生产检查督查10余次，保持重大安全事故、重大恶性事件、重大群体事件及负面舆情“零发生”良好局面。

【民生实事】 生活小区污水零直排改造项目——石室乡片区工程涉及4个小区、4个行政村及乡政府大院，总投资概算1715.97万元，项目受益10885人。在全区率先完成公开招投标所有程序并进入施工阶段，为项目建设留足时间，提前保质保量完成污水零直排工作，实现污水零直排100%覆盖，污水“应截尽截、应处尽处”。童家水库、新塘水库除险加固提前完成。两个水库为政府为民办实事项目，乡政府压实责任、倒排时间、挂图作战，通过区级验收。幸福食堂全面启动。11月8日，全乡首家村级老年幸福食堂在下石埠村开业。至年底，有9个村开业，为70岁以上居家老人提供符合其饮食特点、营养搭配合理套餐，让他们能在家门口吃得放心、吃得舒心，提高老百姓幸福感、获得感。

（郑晓芬）

黄家乡

【概　况】 黄家街道地处柯城区南部，东临花园街道，东南及南接石室乡，西南及西连衢江区廿里镇，北及东北依双港街道。距离市区约5千米，总面积31平方千米。下辖19个行政村、2个社区（筹建），总人口19016人。1984年1月，成立黄家乡，隶属花园区，1985年5月至2004年隶属柯城区；2004年底，区政府把陈家、东周村、上草铺村三个村划入黄家乡管辖，成立黄家街道办事处，同时委托衢州高新技术产业园区管理；2012年8月10日，市委、市政府将衢州绿色产业集聚区、衢州市经济技术开发区、高新技术产业开发区“多区合一”，本街道划入衢州绿色产业集聚区管辖。2020年8月20日，市委、市政府决定解除本街道与集聚区托管关系，划归柯城区管辖。

【党建统领】 抓乡村振兴讲堂和村级组织换届，落实基层党建任务要求。围绕乡村振兴讲堂提质提标，按“八个有”硬件要求，打造精品讲堂。创新引入“点培结合”运行模式，将19个乡村振兴讲堂常态化、制度化，通过网格员收集群众培训意愿，反馈街道统一安排师资授课形式，让村民转变思路，给农户带来更多实用知识。以王千秋村中心讲堂为中心，通过云端授课，建立“职业辅导＋互动学习”模式，提升群众就业率，为园区输送有劳动技能农民工。从落实“一肩挑”和选优配强村级组织班子工作目标出发，以“三大行动”为抓手，摸清底数、选准人选、反复研判，为村组织顺利换届打基础。4月，针对“一肩挑”人选多轮次排摸、过筛，一把手重点抓、亲自抓，围绕选优、选好“一肩挑”人选任务，把村级换届工作摆在首位，提前谋划，精心部署，尽早进入

“战备”状态。坚持每周一例会、每日一汇报，每周召开党工委研判分析会，每日汇报选情，每位组团联村团长对村内最新动态、一肩挑人选变化情况进行专题汇报、压实责任、实时沟通，实现互通信息，研判措施。街道党工委和组团联村干部，利用周二无会日、乡村振兴讲堂对本村党员、干部、群众政策宣讲、谈心谈话和征求意见。持续开展选情民意分析调查，开展谈心谈话1300余次，走访农户1800余户，对党员、村民参选意愿全面评估，对街道选情针对性了解。9月，悬挂宣传横幅200余条，印发村级组织换届宣传折页3000余份，营造换届工作氛围。广泛调研、听取意见、多方比选、反复论证，将不是村“两委”干部“一肩挑意向人员”全部纳入“两委”干部序列中，有群众基础直接委任村党支部副书记，相对年轻干部安排到党支部委员岗位上锻炼学习、观察比较，经过前期搭台比选、边干边选，有意向培养7名乡贤人选中2名确认为本村“一肩挑”确定人选，其余5人作为“一肩挑”班子人选。区委“1＋1＋1”指导组与街道党工委对19个村对象人选多轮次剖析，精准研判，对照“六个一”要求，确保新一届“一肩挑”队伍选后立即上岗开展工作、保障无缝衔接。禁得起时间和民意双重检验，提升基层治理能力。

【重点项目】 全年征收土地29.6公顷，土地交付28.2公顷，未交付1.4公顷，确保中天控股有机硅下游系列产品及年增15万吨有机硅单体项目、高新D-13项目用地。搬迁坟墓387穴，拆除房屋50户，其中宣家村39户、吕宅村11户。完成项目建设征收房屋调查摸底66户，其中九洲化工扩建项目6户、46省道连接线公路项目房屋60户，完成陈家村鑫景嘉园安置房选房207户，产权调换安置房资金结算201户，新铺村南堂苑安置房选房工作正在进行中。全年开展土地征收类项目8个、房屋征收类项目5个、选房及结算类项目8个。

【民生实事】 疫情期间，街道党工委办事处贯彻落实中央、省、市、区相关安排部署，确保疫情防控和经济社会发展“两手抓、两不误、两促进”，奋力实现全年经济社会发展目标任务。发挥政治优势，加强组织领导。第一时间成立新冠病毒疫情联防联控工作领导小组，下设防控工作摸排组、重点人员防控组、安全应急组、防控工作宣传组、后勤保障组及督导督查组，分工合作，各司其职，确保各项责任和措施落实到位。发挥组织优势，防控点面结合。党员带头做表率。街道党员干部发挥“头雁效应”打头阵，村相继组建成立党员突击队，百余名党员志愿者挺身而出，自觉落实全街道疫情防控党员“六带头”要求。层层落实抓防控。19个村设立防疫卡点40余个，安排专人24小时值守，按照“一测二问三报告四登记五处置”检查流程。严防输入性风险，街村干部深入村组做好重点人群登记造册、住所排查、跟踪随访、健康监测、疫情防控知识宣传，筑牢疫情防控堡垒。宣传广，疫情期间干部深入一线开展宣传劝导，向群众发放口罩1.3万余只、温馨提示1万余份、应知应会手册2000余册、悬挂宣传横幅50余条、告知书5000份、战疫须知8000余份、温馨提示牌20余块，利用小喇叭、广播、微信公众号加大宣传力度。发挥群众优势，强化群防群控。组建防控体系。按街村网格化管理模式责任到人，全力摸排外地返乡人员，对所有重点人员严格监控。排查19个村1.9万余人，摸排出租户3246户，租客2286人，外地回衢人员2142人。全部按疫情防控措施管控到位。红白喜事“让路”。在街村干部号召下，各村全力配合疫情防控工作，主动把红白喜事列为疫情防控“急刹车”，停办红白喜事10场，最大限度减少人员聚集。关停棋牌室集聚场所。关停村内所有棋牌室29家、文化活动室5家，核实举报信息4起，辖区内做到无串门、无聚餐、无拜年。爱心捐赠助战。社会各界爱心单位和人士捐款10万余元，口罩、手套、消毒水等防疫物资近千件，有力推动疫情防控工作。推动企业有序复工复产，力保全街道经济社会秩序尽快恢复正常。街道实有工商注册经营主体283家，其中物流运输领域企业复工受理20

家，化工产品经营销售公司复工11家，农业种子化肥经营企业5家、复工4家，生产加工型企业复工复产5家，小微企业、个体工商户复工复产213户，复工率89.3%。

【基层治理】 征地拆迁工作遗留信访矛盾纠纷较多，加之是年新冠疫情防控、“创文”、村社换届选举等重点工作，触动利益群体庞大，矛盾纠纷错综复杂，引发涉稳因素较多。面对压力，街道综治办以“四个全面”思想为指导，坚持“法治信访、阳光信访”工作总要求，严格按“属地管理、分级负责”和“谁主管、谁负责”原则，忠诚履职，综治工作整体水平提升，为全街道社会稳定夯实基础。1—11月，接待群众来信4起，来访26次，网上投诉35起，按期结案率100%。处理办结“12345”信访来电热线207件，办理及时率100%。处理办结通衢问政网上咨询116件，办理及时率100%。签订息访承诺书5人。

（齐　越）

府山街道

图91　3月30日，府山街道坊门街综合商圈“复工减租”议事会召开

【概　况】 府山街道地处柯城区中部偏东南，东与兴安街道相连，东南、南与新新街道、荷花街道相接，西南与双港街道相邻，西濒衢江与白云街道相望，北、东北仍与西南街道相连。办事处驻城站社区车站东路6号。区域面积3.55平方千米，总人口9.6万人，其中常住人口4.7万人，下辖钟楼、城站、北门、府山、县学街、坊门街、天皇巷、蛟池街8个社区，网格化管理模式覆盖100%，社会治理逐步完善。2020年，街道依靠区委、区政府坚强领导，面对古城双修房屋征迁、疫情防控、复工复产等重大考验和急难险重任务时冲锋在前、担当作为、敢于挑重担。统筹做好稳增长、促改革、调结构、惠民生、防风险等工作。实现经济稳中向好，社会和谐稳定。

【经济发展】 辖区现有商业市场11个，企业及分支机构1936家，个体工商户3850家，其中规上企业23家，银行及保险机构29家。按下复工复产“快捷键”，制定“跑小二”服务体系，推进辖区小西门、马站底等15条主街主巷整街复业。服务业增幅全区第一，服务业月度新增企业全区第一。全年规上企业实现营业收入16.79亿元，同比上浮13.28%，排在全区前列。固定资产投资增长，资产总额达2621万元。开展污水零直排、老旧小区改造等4个重点项目工程。

【党建工作】 组建“1314”红色商圈联盟体系，以马站底特色小吃商圈为试点，打造“社区党委联圈破难、网格支部联铺服务、党员干部联事跑腿”“三联”线下模块和“四云”线上平台“1314”红色商圈联盟。打造开放式小区“红色物业联盟”，打造社区党委＋小区网格＋物业平台＋志愿服务＋社会组织开放式小区“红色物业联盟”，引导居民协商自治，解决杨家巷小区基础设施陈旧、无物业、无管理、停车难等问题，构建府山无围墙小区式社会治理新格局。完成社区换届选举，新换上社区书记100%高票当选，平均年龄比上一届小3.2岁；新当选党组织委员，大专及以上学历占比53%。

图 92 “防疫情 说礼仪 作揖礼 我学起”礼仪培训活动

【文明创建】 完成全国文明城市创建工作，获全国文明城市创建工作突出贡献个人及集体三等功。创新举措做“加法”，街道率先试行“交警进社区”机制，推行垃圾桶奖惩制度，推出“文明角”等新做法；防疫情，倡导见面时行“作揖礼”。环境整治做“减法”，以城市秩序、街容街貌为重点，以“十乱”为主要内容开展“清楼扫街”等专项整治行动。宣传发动做“乘法”，以“组团联社”为依托，联合部门建立联席会议发动“红手印”志愿者力量。整改问效做“除法”，成立专项督查组，召开调度会共同解决创建中“难点”问题。

【公共卫生】 新型冠状病毒肺炎疫情防控期间，街道成立“1＋8”防控作战指挥部，整合“包区清楼”部门力量18个，构建“133”工作体系，排查重点疫情返衢隐患人员2346人，免予隔离观察1953人，阻断一例境外输入新冠肺炎确诊病例传播。辖区无疫情感染事情发生，防控总体稳定、有序。

【民生服务】 完成市农业银行、人民医院征迁地块扫尾工作。高效完成小南门拆迁，以“一个月”府山速度解决十几年拆迁难题。在“县乡一体、条抓块统”试点工作中，率先梳理市区街“一件事”三色清单，形成“一机制、一流程、一案例”标准体系。构建“邻礼通＋‘四平台’＋‘两难’问题钉钉群”的“三圈联动”机制，成为市级“县乡一体、条抓块统”综合集成展示试点，同时市区街高频“一件事”为市级试点。创设“云府山”三维数字全景治理平台，对“人、屋、车、网”等数据进行采集，建立三维社区模型，通过大数据AI智能分析，对社区网格进行精细化管理和服务，提升基层治理效能。平台连接门磁告警系统和垃圾桶满溢系统，实现居家看护、智慧选举等多场景应用。“快来议事”聚集人大代表、联系团长、职能部门、居民代表等力量，通过议事会形式，开展民主协商，搭建群众和其他社会主体有效参与社区治理制度化平台，解决“老小区”多层楼房加装电梯、北门社区金叶新村小区污水管改造、坊门街社区一号广场用电事项等涉及群众切身利益问题，推动涉及民生事项制度落到实处。

（崔远博）

图 93 1月29日，疫情期间，严格把守小区出入关

信安街道

【概　况】 信安街道地处柯城区东部偏南，东及东南与衢江区樟潭街道相连，南与新新街道相依，西南及西与府山街道相接，西北与白云街道以衢江（信安湖）为界，北及东北与衢江区浮石街道隔江相望。下辖东门、北门、沙湾、信安4个行政村，迎和、紫荆、书院、斗潭、金河湾、恬静苑6个社区及浮石花苑管理办公室、居家养老服务中心、邻礼未来社区服务中心、社会组织服务中心。辖区面积8.2平方千米，总人口51324人，2020年有常住人口35452人，其中户籍人口30678人。街道工作人员67人，其中：行政在编人员17人，全额事业在编人员14人，区资规、司法、市场监管、残联、人社派驻10人，编外5人，崇军公司7人，执法编外协管员14人。班子成员10人。2020年，在区委区、政府领导下，不忘初心、牢记使命，迎难而上、创新工作，各项事业健康有序发展。

【经济建设】 全年固定资产有效投资申报7300余万元，超额完成季度任务数。7家规上重点服务业企业营业收入1.58亿元。通过“口罩银行”“温馨备案贴”创新举措，助力辖区90余家企业、近700家“十小”行业商户复工，复工率100%。完成5个500万元以上在库项目，与区国资公司合作，招引落地民间投资项目——衢州牙科医院。帮助企业招工163人，至年底在岗111人。

【疫情防控】 疫情期间，第一时间成立“1＋6”应急防控指挥部，整合“包区清楼”12个部门力量，建立“1235”工作体系，首创楼道长8条职责，以“红色物业联盟＋包区清楼”楼栋长＋志愿者联防形式，群防群治、严控严管，守牢疫情防控卡点65个。至年底，居家隔离管控重点地区人员668人，送往区级集中隔离点隔离52人，核酸及血清检测国内外人员100余人；核实上报境外人员回国、预回国人员966人，占全区境外人数的18.4%。

【民生事项】 通过“一户一档”“一户一策”精细管理，与联系部门合心合力合拍，71户困难群众结对帮扶工作完成，人均年收入8000元以下农户清零。农村困难家庭危房治理完成。根据“两不愁三保障”及省、市、区要求，结合规控区实际情况，全面完成辖区农村5户困难群众及20多户一般群众危房解危工作。实施为民办实事项目6件，包括市级重点项目浮石路改造提升工程、政府扶持加装电梯工程试点项目、高层住宅消防改造工程等，沙湾村列入浙江省美丽乡村特色精品村、市级拆后利用示范村。7月，全市首台政府扶持加装电梯在恬静苑社区动工。

【换届选举】 年内，完成4个村、6个社区党组织换届工作，党员参会率100%，50个支委职数一次性选足，“一肩挑”人选平均得票率98.77%（其中，6人100%），其他支委平均得票率95.69%（其中，16人100%）。村（居）委员会换届产生新一届村委会成员13人，社区居委会成员39人；参选选民数17218人，参选率95.91%；4个

图94　7月，全市首台政府扶持加装电梯工程在恬静苑社区动工

图 95　12 月 18 日，信安街道恬静苑社区居民参加居委会换届选举工作

村“一肩挑”人选平均得票率 91.09%，6 个社区“一肩挑”人选平均得票率 98.88%；村委会其他委员平均得票率 68.53%，居委会其他成员平均得票率 98.41%。

【重点项目征收】 北门村、东门村集体土地征收工作完成。再燃“斗潭精神”，连续 16 天不眠不休啃下历经 4 次长达 16 年未征收的北门村 9 户“钉子户”，创下集体土地征收最快速度，区三大征收项目工作集体获记三等功。用时 20 天，东门村遗留 0.6 公顷土地征用交付工作完成，保障市委、市政府重点项目顺利实施。

【文明城市创建】 创新推出“社区申报、集体验收、考核挂钩”工作模式，组织组团联村（社）团长、社区主任、街道创文干部为联合评价组，对辖区 64 个小区进行创文验收工作，互比互看、比学赶超，实现国测零失分目标。

【基层治理】 全年处理投诉件 467 件，办结率 100%，满意率 97%，全区“12345”效能指数排名前列。全方位构建“两难”问题流转机制，发挥“两难”钉钉群作用，协调解决“两难”问题 55 件。排查浮石路改造、斗潭东区 82 幢拆除等风险隐患，明确风险隐患防范化解难点，制定防范化解方案，重点处理北门街 136 号侧门、128 号大院围墙及浮石路 52 号地下室租赁矛盾问题，解决居民投诉 60 余件，为工程项目顺利推进夯实基础。

（周羽思）

荷花街道

【概　况】 荷花街道地处柯城区中部偏东南，东与新新街道相邻，南与花园街道相接，西南及西与双港街道相连，北与府山街道相依，总面积 5.6 平方千米，常住人口 8.2 万人。2020 年，街道坚持以习近平新时代中国特色社会主义思想为指导，围绕市委、区委部署年度工作目标任务，聚焦中心工作，形成班子带头示范、街居干部同心同德、奋力拼搏干事氛围。抓好疫情防控工作，稳步推动辖区经济复苏，在深化党建统领、基层治理，推进大花园建设方面取得实效。

【经济发展】 围绕党建治理大花园建设，聚焦现代服务业，按建设产业项目、延伸产业链条、打造产业集群思路，抓好招商引资工作。成立大南门村乡村振兴专项工作组，谋划市场转型升级。谋划促进周边商圈转型升级，委托第三方打造本地便捷“邻礼购”小程序消费平台。借力“山海协作”，搜集投资信息 6 条，其中，山海协作对接单位余杭区崇贤街道提供现代农业（智慧育苗）投资客商，两次到万田、华墅、沟溪等乡镇实地考察；11 月 16 日，在运动柯城文化旅游发展大会上由街道引荐灵鹫山航空飞行营地项目签约。

【生态环境】 以城市精细化管理为导向，打造美丽宜居城区环境。全面开展“一十百千万”文明行为推广专项行动，即一个有礼商圈打造、十条“无痰小巷”创建、百个揖礼楼道评选、千个公筷餐桌推广、万人垃圾分类习惯养成，促进文明创建行动落细落实，推动“八个一”落地扎根；全力以赴助力文明城市创建工作，周密部署，坚持问题导向，聚焦短板弱项，全员参战地毯推进，死扣细节对标达标，火线整治严管强管，虚实并重表里兼顾，压实责任人人上手，迎检任务完成，顺利通过“创文”大考；全面铺开污水零直排项目建设，至11月实施污水零直排改造项目16个，涉及小区25个，城区排水系统得到改善，区域水环境质量提升，是年获评“五水共治”（美丽河湖建设）突出贡献集体。发挥各级党组织领导核心作用，将社区各类组织、多元主体、各种资源融合到垃圾分类工作中，形成党建引领、多方参与、层层发力工作格局。全年举办垃圾分类知识培训和活动50余场次，制作发放宣传册近3万份，并与机关在职党员、在册党员、居民代表、志愿者等群体签订承诺书5000余份，获评2020年度浙江省高标准生活垃圾示范片区。

【民生保障】 以保障和改善民生为目标，增进民生福祉。完善社会救助体系，加大精准扶贫力度。按照中央关于打赢脱贫攻坚战三年行动指导意见要求，以“不落1社（村）不落1户，不落1人”为目标，加强低保对象户籍状况和家庭财产状况核查，全年走访低保户、低保边缘户、特困人员、残疾人等1100余人。经核查新增低保户33户、44人，取消33户、35人，精准扶贫，遵循“应保尽保，按标施保”原则。计生服务优质便捷。至10月，街道出生人口138人，无计划外出生，计划生育率为100%，无行政侵权行为导致恶性案件和重大突发性事件发生。现有户籍人口42488人，育龄妇女10408人，其中已婚育龄妇女6818人；女性初婚77人。为211位育龄群众进行生育登记，足不出户，通过手机App轻松完成，助力“最多跑一次”改革。公共服务优化。社区社会化服务提升，社会组织队伍壮大，社区服务领域拓展。全街道9个社区、1个村均建立社区村社会组织服务中心，完成140余个社区社会组织备案登记工作，其中进行组织登记注册23家。各社区（村）居家养老服务照料中心正常运行，通过区委托第三方检查，开展社区居家养老提升创星级品牌。

图96 11月11日上午9时，荷花街道“邻礼节”暨衢州商城“邻礼购”小程序上线发布会

【村社换届】 以“干中换、换中干”为导向，全力抓好村（社）组织换届头等大事，结合行政村1个（大南门村）、社区9个村社换届工作，街道党工委通过工作谋在前，风险排在前，举措落在前，确保换届选举实现“又稳又高票”目标。由党工委书记与各组团联村（社）团长、村（社）党支书签订责任书，重申换届“十严禁”“十不准”纪律要求，营造风清气正换届环境。借鉴试点乡镇经验，制定总体方案，党组织、村（居）委等子方案，分别制定社区、大南门村换届工作时间表和流程图，将每日工作要点以清单形式下发给每个村（社），确保工作任务落实到位。所有村（社）均完成村社党组织换届选举工作，完成职数64人，党员参会率为99.9%，“一肩挑”得票率为98.5%（其中得票率100%的有5人），其他支委得票率为94.1%（其中得票率100%的有11人）。结合社区“三联大考评”，社区主职干部综合评定排名及社区干部年龄结构层次等情况，对实绩突出主动承担急难险重任务、表现突出社区专职工作者提拔重用；对贯彻执行上级政策和决策部署不坚决、不全面、不到位，不担当、不作为干部，予以调整。提拔社区干部22人，其中推荐换届建议人选

图 97　10 月 17 日，街道组织村(社)换届选举动员会

16 人，一线抗疫表现突出火线提拔 2 人；不担当不作为干部调整 4 人。

【老旧小区改造】　着眼“城市赋能”，主动实施老旧小区改造。立足荷花老旧小区实际，主动谋划实施项目。荷东苑社区荷花小区建于 20 世纪 80—90 年代，楼房 48 栋、住户 1209 户，涉及“小围墙”及零星违建，属于典型老旧小区；街道谋划，投资 3000 万元，申报区老旧住宅小区改造试点项目；成立老旧小区改造委员会，居民群众全过程参与项目确定、设计、实施、监督等建设，拆除 23 堵 1010 米区间围墙，打通小区 6 个单位宿舍封闭空间；上下联动，共同缔造，满足群众需求。新荷社区荷花小区项目改造涉及 28 幢房屋、67 个单元，总建筑面积 6 万平方米；坚持以居民为主体，运用共同缔造理念，调动居民群众参与老旧小区改造提升积极性，形成社区与居民共谋、共建、共评、共管老旧小区改造“荷花样板”；整体改造后，困扰整个小区 706 户、1772 名居民院老、路老、设施老、功能不全、管网老化、生活环境差等问题彻底解决；5 月，该项目作为浙江省典型案例入选由住建部唯一直属期刊出版单位——建筑杂志社主办的《城乡建设》杂志。“国企＋社区”探索“城市更新”新路径。9 月，区委书记朱素芳点题破解老旧小区管理难问题，区人大常委会主任徐登富牵头，以新荷小区为试点，住建、国资、财政、民政、机关事务保障中心各部门联动，力量统筹、资源下沉，实行 4 个小区“合四为一”街区化改造，探索“国企＋社区”物业服务、“硬件＋软件”街区化改造、“自治＋智治”议事管理为主要内容老旧小区治理新模式，综合集成老旧小区红色物业联盟、邻礼通、物业改革工作，边探索边总结，结束新荷小区 30 年无物管历史，为破解老旧小区管理难题探索一条“城市更新”新路径。

【疫情防控】　面对突如其来疫情，一手抓疫情防控，一手抓复工复业，强化体系作战，以“模块＋网格”为主要作战体系，全面融入“包区清楼”“红色物业联盟”力量，确保“两手抓、两不误”。“模块＋网格”作战图。将街道防护网络以作战图形式予以具体化、形象化，将疫情问题流程处置在图中；“模块＋网格”一体化作战责任导图，围绕“动员人”“找准人”“管住人”三方面将疫情防控工作细化为 3 类 22 项。疫情防控任务清单卡，聚焦重点领域和关键环节，推进疫情防控工作，形成工作闭环。“五色三类”有效防境外输入。借助市、区两级部门“包区清楼”及“组团联社”力量，在原有数据库基础上，再次全面排查网格户情，以五色工作法加以管理，同时，将出租房分为“ABC”三类进行动态管理，做到房对应人、人对应档，档内有详情、类别一目了然。疫情进入防境外输入阶段，将涉及境外人员列为红色重点人群，重点巡查。针对临时出租、借用房易出现管理漏洞，与大经济模块复工复业进行融合，对辖区商户 6000 多家、承租户 3000 余户全面电话告知，同时在 76 个网格建立商户、承租户微信群。防疫期间，完成走访 33101 户，其中包括出租房3048户、个体商户6000余户登记，居家管控峰值人数达1174人。

【复工复产】 助力复工复产，实施“两书一表”和“上门服务”齐头并进，即实行个体工商户防疫承诺书、防疫告知书、员工登记表备案制度，防疫告知、承诺、登记、开业同步进行，减少审核审批时间。结合“三服务”活动，开展“暖心暖企（商圈）”行动，对企业和商户进行“上门服务”，协调解决企业复工商圈复业过程中存在问题，开展服务200余次。服务辖区企业招工用工。将复工复业与出租房管控有机融合，主动收集用工需求，主动掌握求职意向，搭建线上线下招聘求职平台，线上搭建松园路商圈招聘平台，线下举办“防疫情稳就业”小型推介会。在服务辖区重点企业招工任务中，求职者签约77名，招工任务超额完成，有效缓解辖区重点企业“招工难”问题，经济发展稳定。

【三联工程】 针对辖区人口基数大、网格数量多实际情况，创新性开辟“8090网格直播间”，将传统意义上理论宣讲工作由线下搬到线上，以“网格员+网络直播”形式做好理论宣讲工作。拓宽街道组团联社（村）团员、村社“两委”、网格员开展“三联工程”渠道，推动“三联工程”走深做实。自8月19日启动以来，“8090网格直播间”直播完成13场，内容涵盖电信网络诈骗防范、第七次人口普查、“五水共治”、衢州有礼“八个一”等，全年累计观看量超过12万人次，互动评论4000多条，点赞突破40万人次，获评2020年度“三联工程”示范单位。

（江程昊）

花园街道

【概　况】 花园街道地处柯城区东南部，东南与石室乡相邻，西与衢化街道、黄家街道相连，西北接双港街道，北与荷花街道、新新街道毗邻。办事处驻花园村。辖花园、上洋、上下门、平园、叶篷、新姜自然村6个，安装、新苑、福苑、花港社区4个。行政区域面积9.7平方千米，户籍人口12898人，常住人口25933人。2020年，街道党工委、办事处按区委、区政府决策部署，深入贯彻习近平新时代中国特色社会主义思想，牢记习近平总书记对浙江嘱托，践行“八八战略”。全年完成固定资产投资6488万元。农林牧渔业总产值4737万元，规上工业总产值160910万元，创新招商项目跟踪服务机制，以商招商，实现招商引资5300万元。公共财政收入5414.19万元，城乡居民人均可支配收入44877元，比上年增长9%。

【疫情防控】 疫情期间，做好疫情防控工作，通过排查，全年隔离340人。发放口罩7.5万余只、防护服129套、测温枪81支等重要防疫物资。在二、三、四季度中，全力做好复工复产工作，社会经济发展态势良好。

【民生服务】 深化“最多跑一次”改革，街道在办事项142项，其中高频事项33项。完善政务自助服务区、自助填单区配置，引导办事群众网上和自主终端办理，分流近千人次。加强对10个村（社）公共服务站管理，落实专职工作人员10名，实施街道居家养老中心改造提升，项目投入20万元，基本完成改造，该项目属年度省级为民办实事项目；实施街道残疾人之家改造提升，项目投入12万元，基本完成提升，属省级为民办实事项目。

【社会保障】 城乡居民医疗保险集中参保期确认参保人员社保参保4478人，其中新增67人，中断95人，免缴145人，城乡居民医疗保险参保率99.9%。参加被征地农民基本生活保障4000余人。全年开展就业困难人员就业帮扶服务60人次，走访160人次，服务活动42次，信息更新456条。开发非全日制公益性岗位5个，换发就业失业登记证34本，办理“4050”社保补贴39人。加强低保规范化管理，对现有低保户严格进行核查，全年办理3户困难户7人纳入低保，核销低保62户81人，同时村（社）公示接受群众监督，实现城乡低保工作制度化、规范化。全年办结医疗救助4户救助资金0.9695万元，临时救助10户救助资金1.5万元。

【农房整治】 按区委、区政府统一部署，在街村两级干部共同努力下，继续深入摸排、投入力量、扩大战果。坚持制定“一路一街一渠一园一道” 农房整治重点区域推进方案（一路即衢化路沿线，一街即徽州街沿线，一渠即巨化东排渠沿线，一园即市森林公园周边，一道即各村主干道），完成大棚房整治、高桥头综合环境卫生整治等重难点工作，辖区农村风貌提升。全年整治违建265宗，面积10587平方米。

【文明城市创建】 街村干部全员下沉网格做好创文工作。通过基础设施提升改造、“十乱”整治、规范停车、环境卫生整治、公益广告宣传工作，全年清理辖区卫生死角1456处，清理花坛杂物1725处，绿化带种菜736处，楼道内乱堆放2156处，清除“牛皮癣”1237块；拆除违章搭建268处，拆除非法广告牌71处；规范乱停车1585起，劝导占道经营368处和不文明行为1475起，劝离流动商贩338家，签订“门前五包”责任书300多家，全面治理“九小”行业环境。参与创文活动2.15万余人次，提升辖区环境。上洋村使用公勺公筷等文明行为纳入村规民约获国家、省、市级媒体报道。

【基础设施建设】 年内，完成福苑社区路面拓宽、安装小区付7栋D级危房拆除、上下门村道路硬化、花港社区垃圾分类亭、花园街道养老服务中心煤气管道改造等民生工程，解决事关群众切身利益问题。

【人口普查】 3月，街道组成七人普查工作小组对标对表，对辖区110个普查小区进行统计，有人口25933人，户籍人口12898人。

【农村特色经济】 上洋村谋划“1＋15”强村带弱村抱团建设小微企业创业园项目，打破地域规划限制，争取省扶持村级集体经济发展试点工作补助资金1900万元，盘活上洋村国清建材市场内部0.76公顷闲置空地。该项目着手一期建设，建成后可带动包括上下门村、新姜村在内15个经营性收入薄弱村每年增收7.5万元，上洋村集体经济年增收50万元。

【社会治理】 坚持党建引领社会治理，抓好“四个平台”功能发挥，建立快速上报系统和联动机制，发挥全科网格队伍人员分布广、素质高、作用好特点，夯实平安基础。采用“互联网＋维稳”，通过“四个平台”与平安综治视联网，保障辖区平安建设。全年街道上报处置化解矛盾纠纷465件，排查上报处置化解安全隐患61件，上报疫情防控类656件。

（柴子进）

双港街道

【概　况】 双港街道地处柯城区南部，东依荷花街道，东南连花园街道，南接黄家街道，西南与衢江区廿里镇相邻，西与航埠镇、姜家山乡以常山港为界，西北、北与白云街道以常山港为界，东北与府山街道相依。辖区总面积12.9平方千米。下辖行政村6个，自然村16个、城市社区6个，总人口52305人，其中：农村常住人口8359人，社区常住人口29025人，社区流动人口14921人。2020年，街道决算收入11476万元，完成固定资产投资22111万元。双港街道被省食品药品安全委员会评为2020年浙江三星级食安办、被区委办公室评为区先进民兵营、被区政府办公室评为2019年度征兵工作先进单位、因“守土尽责、成功化解多年信访积案”受到区委、区政府表彰。礼贤未来社区征收项目被区政府记集体三等功。街道乡贤联谊会、社会组织服务中心获市委统战部“抗疫慷慨解囊、倾情奉献、积极捐资捐物”荣誉证书。

【基层党建】 落实内部集体议事民主决策制度，党工委书记带头落实学习、生活和工作制度，增强制度刚性，班子间合力谋事、议事、干事氛围浓厚。加强政治理论学习、提升能力素质，带好村居班子、夯实基层组织基础。创新方法、提升“品牌意识”，树牢“团队协作”意识、高效“克难攻坚”，严格遵规守纪、当好模范标杆，全方位巩固增强。街道班子起“以上率下”引领作用，为村居班子树榜样，推动街道发展建设迈上新台阶。坚持党建统领，夯实“三大主体工程”、确保“三个全覆盖”、用好“三大指数”，发挥党组织在疫情防控、项目建设、农房整治及风貌提升、“八个一”文明有礼行动、平安维稳等重点工作、中心工作中领导核心作用。全年党建工作亮点精彩纷呈；完成年初确定街道、村社党建项目25个；以“三联”月督查考评为抓手，农村党员联户实现常态化。全体党员政治意识、组织意识、纪律意识、带头意识增强，每月支部主题党日、志愿服务党员到会到岗率达80%以上。以五湖村“红手印”党建示范基地建设为立足点，硬件设施投入80万元重点打造，创新“村居结对”模式实现村社优势互补，从中心讲堂建设辐射覆盖5个普通讲堂建设提升，依托讲堂平台，结合创文、换届、危旧房治理等中心工作，组织举办基层治理、文明健康、涉农服务、特色人才、技术培训等相关讲座48次，以党建工程推动基层社会治理，村“两委”干部、农村党员战斗力提升，群众自我教育、自我管理、自我服务能力完善。

图98　12月5日，双港街道村社换届“三大行动”入户大走访（郑立峰　摄）

【组织换届】 村社组织换届，面对“一肩挑”“三改五”新形势、新变化，党工委提前谋划、主动作为，重点扭住农村换届“牛鼻子”，兼顾社区平稳。坚持“又好又稳”工作思路，夯实选前基础工作，规范选中细节要求，稳定选后人员思想，全面强化党工委对村社换届掌控力。村社党组织换届，主体责任落实到位、选情分析全面到位、组团联村细致到位。选前“一村一会”统一思想、凝聚共识，选中做实细节、掌控选情，取得农村“一肩挑”平均得票率99.75%、其他支委得票率95.46%。村（居）委员会换届，建立“三张清单”、开展“三大行动”、压实“三项责任”，实现村民委员会主任平均得票率93.98%、其他村委平均得票率73.93%、社区居委会主任平均得票率99.21%、其他居委会委员平均得票率96.69%。村社组织换届工作全过程有序、规范、平稳、顺利。先后向区委、区政府交出两份“高分答卷”。

【疫情防控】 街道地处城乡接合部、流动人口多、防控任务重，党工委全面分析，找准切入点，部署构建街道“一办八组”双片区垂直防控作战体系，创新实施“网格一长三员+部门下沉力量”结对融合模式。针对双港片区租户多情况，建立健全出租房准租机制，“一户一档”上门实地摸排，“三色管理”提高承租门槛，倒逼承租户主动领用“健康码”，有效推进出租房规范化、长效化管理；组织14个市、区两级部门党员干部、街道社区全体干部专项开展“清楼销号、夜访领码”集中行动，在全区率先实现辖区群众健康码申领、出租房信息排摸“两个100%”；推动“线上+线下”同时发力，加强疫情防控宣传，对外强势发声，遏制社会谣言，确保辖区社会秩序稳定。“精密智控”实现疫情“零输入”，全面打赢防控攻坚战。

图99　2月21日，礼贤未来社区工地复工复产　（许军　摄）

【复工复产】 实行“一体两翼三双轨”辖区企业复工复产模块化运行机制，以专班一体运作，市场监管、行政执法两翼协同，“专班＋网格”“线上＋线下”“过程＋结果”三个双轨快速并行。实现复工复产核验审批“当天申请、当天核验、当天报结”，实现限上企业24个、重点项目6个复产开工，“十小”行业应复尽复。坚持条块结合、协同联动，事前多渠道告知提醒企业做好复工复产前相关准备，事中重点审查帮助企业严格落实防疫措施，事后协同市场监管、综合执法等力量强化巡查，全面提升监管效能，全力助推市、区主要经济指标稳步上升。

【脱贫攻坚】 开展全面小康决胜年活动，对辖区困难人群进行全面排查，强化“三联工程”全方位落实各类扶贫政策，开展街道干部结对帮扶，全面消除家庭年收入9240元以下人群，实现干群携手奔小康。深化“三联工程”，在农村危旧房治理中实行红、黄、绿“三色牌”管理；定高度、定面积、定结构、定朝向“四定”原则推进危旧房整治，发挥包片领导、驻村干部、村“两委”成员和联户党员作用，坚持“动态清零、一户不落、长效治理、走在前列”总体思路，对街道22幢C级、D级危房全面整治。2月27日，经过社区干部、孔管志愿者、区应急管理局共同努力，欣港社区全部C级、D级危房清楼销号。

【文明创建】 成立创文专班、细化工作方案，主动对接综合执法、市场监管等相关部门，开展联合执法12次，整治辖区“十乱”现象。指导双港社区借力“八个一”文明有礼行动，成立“1＋4商圈红管家”队伍，通过“网格＋执法＋商圈”三方联动，“礼治、法治、自治”三治融合，带动商户共同营造“文明经营、规范经营”良好氛围，实现双港社区由“治乱”到“治心”转变。7月，在全市创文擂台赛中取得第一名。适时在城郊村启动实施“三沿三清”专项攻坚行动，辖区面貌焕然一新。创文迎检街道班子全程靠前指挥，确保省考、国测“零失分”。以“八个一”为目标，以三项有礼行动宣传推广为抓手，推进有礼行动落地生根，助推创建有礼城市。依托新时代文明实践中心、

图100　2月27日，危房清楼销号

乡村振兴讲堂平台，全域开展活动宣传；发放有礼倡议书5400余份、张贴有礼宣传海报348份、悬挂横幅110条、每日播放宣传小喇叭60余次，群众有礼意识入脑入心，形成浓厚学礼用礼氛围。多渠道招募100名少年儿童学习推广作揖礼，举办百人行作揖礼活动；依托“商圈红管家”和巾帼志愿者队伍，通过发放公筷公勺围裙、每日打卡监督等方式，发动辖区群众争当公筷公勺践行者，累计3000多人主动参与。

【队伍建设】 制定完善“365”干部管理体系，夯实模块化运行机制，通过模块岗位和驻村（居）“双向选择”，重新设定干部模块岗位及职责，为每名干部印制新版《工作日志》，按365天日记周评月汇总要求，实施全街道干部工作、生活、社交“三个圈”全领域无死角管理。出台实施《双港街道机关干部职工“五维百分”日常管理考核办法》，实现抓人促事，增强干部工作责任感、激发干部创业积极性。成立“小康决胜”“项目攻坚”“治理创新”三大专项攻坚团，细分设置扩大有效投资、招商引资等10余个附属专班，每周上墙排名、争先进位，形成“小项有序竞争、大事合力攻坚”良好工作氛围。重点针对街道40岁以下年轻干部开展岗位实战练兵，从“德、能、学、勤、绩、廉”6个方面对干部进行全维培育，实施“政治体检”“双向选择”“培养教育”“容错纠错”“关心关爱”5项保障机制，打造善创新、精业务、会驻村（居）实干型双港铁军。

【社会治理】 重视综治信访维稳工作，依托“两难”问题钉钉群、矛调中心和全科网格队伍建设，排查调处各类矛盾纠纷，抓好敏感时期和节庆活动维稳工作，化解历时12年市级挂牌重点案件汪村村祝姣凤信访积案。全年受理信访件765件，其中来信7件、来访11件、来电596件、网上投诉151件，全面杜绝进京赴省访。反诈骗工作抓实抓稳，“线上+线下”齐发力，依托中心讲堂举办反诈宣传讲座、发放宣传资料，守护百姓“钱袋子”。实现辖区长治久安，创建“平安柯城”。

【“县乡一体、条抓块统”改革】 将可视化试点作为“一号工程”，坚持书记抓、抓书记。以“最多跑一次，最好在一起”为核心理念，构筑扁平一体、高度集成、高效协同“条块在一起、模块在一起、平台在一起”治理格局。将办事处西侧1号楼一、二层升级改造，打通重塑“四个中心”。办公区域划分、装修风格实施挂图作战、倒排工期，建成集“数字化、一体化、综合型”“一站式”社会治理服务办公区域，树立“人随事走、综合联动、优质高效”办公目标。成立工作专班，坚持每日会商。书记主持策划社会治理服务体系架构搭建工作。通过“权责重构、管理重建、体系重塑、机制重造”，整合派驻部门七站八所、七零八落，重塑矛调中心“三办三站”运行机制、综合信息指挥中心“四智融合”运行机制、联合执法调度中心“三位一体”运行机制、全科网格“四化一考”运行机制、市区街三级联动“一件事”运行机制五大体系；完善考评管理“七员八员”，重造派驻干部“365”管理和“360”考核机制，全科网格结构化薪酬体系考核机制。以“幸福港”“智慧港”为目标，形成“扁平一体、高效协同”社会治理共同体。

（陈　琴）

新新街道

【概　况】 新新街道地处柯城区东南，东与衢江区樟潭街道毗邻，东南与石室乡相接，南与花园街道相依，西与荷花街道相邻，北与府山街道、信安街道相连。办事处驻彩虹社区思源路290号。地域总面积12.5平方千米，建成区面积10.5平方千米。下辖行政村10个，小南门村改居工作委员会和社区7个。总人口10万人，常住人口7.2万人（其中城镇户籍人数22964人，农业人口5789人）。2020年，街道贯彻落实打造“四个区”建设战略部署，以“六抓六比·八大竞赛”为引领，聚焦群众反映短板和治理顽症，开展小南门征迁扫尾、文明城市创建、村社组织换届选举、乡村振兴、基层党建等工作。

图 101　7 月 1 日，纪念“七一”建党暨 2020 年创文誓师大会召开

【基层党建】 党建统领，构建“县乡一体、条抓块统”协同治理格局。完善街村干部“四维考核”体系，优化岗位分工和赋分，对跨层级、跨模块工作，组建专项工作组，一季一考核，调动干事积极性。推进“三联工程”迭代升级，“组团联村（社）”服务团打通使用，细化基层党建网格 101 个，联户党员坚持到户服务 476 名，联户走访覆盖 64312 户，代办事项 1559 件，调解矛盾纠纷 951 起。“1＋3＋X”分类分级议事制度推进红色物业联盟纵深发展，激发优选“小区领头雁”，组建小区红色阵地 12 个，实现基层自治、共治融合。

【小南门征迁扫尾】 11 月 9 日，原小南门拆迁扫尾工作签约、腾空、拆除三个百分百完成，交出破解历时 13 年小南门征收历史遗留难题高分报表。5 月，街道全体干部克服时间跨度长、新老政策执行尺度难衡量难把控等困难，6 个工作组奔波奋战征收一线，划归柯城区前完成 9 户 8 幢房屋拆除。划归柯城区后，9 月启动剩余 9 户 6 幢房屋拆除工作。区委、区政府坚持党建统领，通过“县乡一体、条抓块统”高效推进专班运作，“区—街—村组”三方合作联动体系化征迁管理模式，依法依规依据政策、用心用情破解难题，40 余天全面完成 9 户 6 幢房屋签约，为“古城双修”顺利推进扫清障碍。

【疫情防控】 全体街村社干部奋力拼搏，打好全民抵御仗。制定全年防疫工作方案，明确责任分工，对村 11 个、社区 7 个（186 个小区村社大门）设置疫情检查点出入门岗，实行“一测、三问”管控措施，守住隔离观察小门 3018 个；与部门 17 个 400 余人“包区清楼”，团队信息互联互通，党群融合扎牢防疫管控网；落实重点区域人员居家隔离管控装置 170 余只，数字监控 200 处，为居家隔离人员统一采购、代送，线上线下精密智控；组建企业复工受理审批小组，全年收到企业（经营主体）复工申请 2700 份，100%报备完成，助力企业复工复产。

【文明城市创建】 创全国文明城市，辖区点位在省测、国测迎检

图 102　7 月 1 日，彩虹社区志愿者开展创文动员大会

中零失分。创建+网格全覆盖，5月，细化网格101个，街村社干部，专、兼职网格员协作，有礼创建、环境整治、文明劝导等实现创文工作常态化。投入+规划补硬件，投入1400万元对小区30多个基础设施进行改造，解决三衢蓝天苑、碧园小区等困扰居民排水不畅、小区环境杂乱等民生问题。自治+智治强软件，结合红色物业联盟、"八个一"文明有礼活动，世纪美林等12个小区推行居民代表议事。

【村社组织换届】 按"五好两确保"总目标完成村社党组织、村（居）委会换届选举。10月16日，召开动员会全面启动换届程序。11月7日，村社党组织换届选举全面完成。12月19日，村（居）民委员会换届选举全面完成。选出村社"两委"班子成员136人，新一届村主职干部平均年龄较上届下降3岁，大专及以上学历占比提高5.8%。换届后，按"选举即开考，上任就奔跑"要求，立即开展新任干部教育培训、建立村级后备人才库压担培养，引领村居18个开工一件事做到百姓心坎，凸显民生温度。

【乡村振兴】 通过项目谋划和业态升级，激发村集体自主"造血"能力。产业振兴：官庄村自筹资金投资2200万元农贸综合体项目建成部分租用，营收150余万元，带动村集体经济项目落地，11个村消薄任务全部完成。脱贫攻坚：解决"两不愁三保障"问题，对贫困户政策落实精准，应纳尽纳、一户不漏，辖区家庭人均收入8000元以下农户全部消除，低收入农户人均年收入增收10%。文明振兴：通过乡村振兴讲堂、"8090新时代理论宣讲团"、文化礼堂等，开展宣讲200多场，激发群众参与建设、共享成果，夯实农村工作短板。

图103　12月26日，建新村村委会换届选举现场

【社会治理】 辖区治安总体稳定。信访矛盾少，抓"两难"三级钉钉群激活网格101个，及时解决突发问题100余个，群众对政府信任度提升，信访数较上年下降35%。社会秩序好，以党建引领治理基层，"三通一智"融合，做到将不稳定因素化解在基层、解决在一线。交通事故死亡率较上年下降90%，11月、12月电信反诈发案率同比下降20%。解群众之难、应群众之需，行政村10个出租私房整治、小区18个"零直排"改造完成，小区点位54个、棚68个、充电桩500个、充电口1800个公共充电桩建设完成，增强群众居住安全感。

（杨柳颖）

白云街道

【概　况】 白云街道地处柯城区东部偏东，东和东南与信安街道、府山街道以衢江为界，南与双港街道以常山港为界，西与姜家山乡毗邻，西北与石梁镇相连，北和东北与万田乡相接。办事处办公地点设在衢州书城8—10楼（资产属衢州市基础设施投资有限公司）。辖区总面积14.4平方千米，下辖13个行政村、4个城市社区，常住人口8万人。街道党工委下辖2个社区党委（白云、幸福）、1个党总支（新湖）、22个党支部，实有党员1048名，其中农村党员531名。班子成员8人。有编制职数23名，干部职工人数77人，自聘职工7人，劳务派遣工（民生服务员）16人，崇军公司下派军转干士官14人，其他单位下派8人。2020年，街道以强化基层党建为引领，以党建治理大花园建设为主线，以全面落实抓好征迁、疫情防控、文明城市创建、农房整治、民生服务和信访维稳工作为落脚点。辖区经济社会事业和谐稳定向前推进。

【征迁工作】 抓重点项目建设保障，开展湖柘垅村、过溪畈村、钱家山村恒大西侧、幸福社区应家山地块、花园岗村等区块内已征土地清表交地工作，完成清表交付用地200公顷，完成压潮村、花园岗村、回龙村8户拆迁签约，完成时尚文化创业园项目范围内遗留16年3户拆迁工作，实现半岛拆迁清零。保障电子科技大学、古城双修安置房建设、白云大道改造、盈川东路延伸及志城文华园等项目工程按期施工。汛期做通应家山地块居住在原前程实业公司、不锈钢器皿厂集体宿舍内15户群众搬迁思想工作，安全平稳拆除6幢3100多平方米D级危房。完成重点项目即鹿鸣半岛时尚文化创业园、九华大道二期地下隧道工程、高铁新城片区“三纵三横”6条主干道征地清表工作，切实保障省、市、区重点项目如期推进。

【基层党建】 抓党建统领基层治理“三个三”工程，开展组团联村（社）活动，利用周二无会日到村（社区）服务，帮助协调解决纠纷难题，落实“1＋N”党员联户机制，加强与联系户交流，做好疫情防控宣传、村情民意收集，矛盾纠纷化解等工作。构建2个党建项目，成立红色物业联盟小区党支部24个，保障4个五星“有礼小区”通过复评，3个小区通过升五星小区评选，2个“红色物业联盟”微治理项目入选全区优秀项目PK赛。开展队伍锤炼，发挥党员先锋示范作用，班子带头强势开展征迁扫尾、文明城市创建、疫情防控等“百日攻坚”，组织党员参与疫情防控捐款，发动街村（社）党员参加志愿者活动，以支部名义发动党员捐款捐物，捐款157661元。推进讲堂建设，结合街道拆迁村多实际情况，采取就近“村村联合”方式，抓“七个讲堂”运行。街道党工委用心谋划，采取“立题、破题、解题”三步法，突出党建引领，以乡村振兴讲堂为载体，培育实用型人才，对接市政协“8090新时代理论宣讲团”、市人社局、乡村振兴讲师团，组建街道班子讲师团助推讲堂开课，全年开课800余次，结业500余人，参加培训5800余人次，有20余人通过讲堂培训掌握技能入职企业，实现“失地农民”到“技术人才”华丽转身。

【换届选举】 围绕省、市、区村（社）组织换届工作要求，坚持党建引领，以选好人、用对人为目标，扛起换届工作责任担当，全面统筹谋划，全力推进“三大行动”，以街道班子为团长组建走访小组开展大走访、大考核、大调查。至年底，完成村（社）党组织和村（居）委会换届任务，17个村（社）实现“一肩挑”，“两委”职数选满选足，106名“两委”干部年龄结构、学历结构、性别结构提升优化，为后续工作开展奠定坚实基础。

【疫情防控】 实施“三联、三包、三到位和三服务”工作措施，从抓“三联”工程入手，优化组团联村、“两委”联格、党员联户工作体系，成立17个临时网格支部，细化82个防疫网格，建立领导包村、支部包片、党员包户“三包”机制，结合市、区两级“包区清楼”行动，全街400多名党员、248名“包区清楼”志愿者下沉到13个村、4个社区、34个小区，883栋楼宇、55个卡点，开展排查、核验、管控工作，确保疫情防控在“网格”没有盲区、漏点，实现防疫工作查、管、控全覆盖。复产复工阶段，专门组织社区党员和“包区清楼”志愿者105人组建战时服务团，开展“定点服务＋现场走访”暖心行动，做好人员、物资、技术“三服务”，为有序复产复工、遏制疫情奠定基础。全年全街道摸排涉疫重点人员1174人，境内返衢人员227人，入境返衢隔离75人，入境异地隔离134人，全力保障辖区居民群众身体健康和生命安全。

【基层治理】 加强基层治理综合

信息平台运行，推进基层治理体系在线“四个平台”应用，深化“最多跑一次改革”覆盖面、延伸点。全年利用线上完成综治平台事件处理1525件、市场监管平台事件处理32件、综合执法平台事件处理2005件、便民服务平台事件处理3354件；加强全科网格及全科网格员队伍建设，为街道13个村、4个社区划分58个网格，配备网格长36名、专职网格员36名，兼职网格员78名，网格指导员29人，制定全新网格考核管理办法，每月对网格分析研判、考核，对网格员业务培训，把基层党建、综合治理、政策宣传、社会保障、应急管理、便民服务、合法权益维护等工作纳入网格服务管理体系，提供“社会化服务”，实现大事全网联动、小事一格解决。全年利用网格化清查流动人口信息2万余条，处理网上投诉、来信、来访140件，“12345”电话投诉889件；排查重点信访对象11人；重性肇事肇祸精神病人14人，矛盾纠纷化解力度提升，完成包括全国两会、国庆维稳等重大维稳安保活动12次，全年辖区未发生集体访及赴省进京上访。

【平安建设】 打造平安街道建设，创新社会稳定综合治理模式，完成两会重点时段安保、2020数字赋能创新大会暨东南数字经济发展研究院专家论坛等重要时期维稳安保工作，做好信访重点人群等涉稳群体稳控工作，通过分析研判，处理信访投诉1085件。梳理重点人员17名，严格落实稳控措施，采取积案化解手段，重点人员掌控到位。开展交通安全大会战，组织交通劝导员对3个重点路口进行交通劝导，发放宣传资料8000余份。按省物资等硬件设施配备标准，提升改造村级避灾安置点2个，开展安全讲座、火灾应急演练等30余次。以社区为主体多层次开展安全生产月主题活动，落实重大事项安全风险评估制度，定期组织对山塘水库、危旧农房进行维护保养巡查，常态化抓好安全生产管理。深入推进扫黑除恶工作，开展“清风护航”扫黑除恶专项整治行动，走访住户1.1万户；发放宣传手册、宣传单、海报等1万余份，悬挂横幅800余条。持续做好防范电信网络诈骗工作，发送反诈骗短信50多万条，制作反诈骗横幅300幅，宣传展板85块、宣传海报2.4万份、宣传单7万份，同时制作宣传旗帜、宣讲文化衫等，投入保障经费17万元。

【文明城市创建】 围绕创建全国文明城市中心工作，细化方案，以打造“有礼”品牌，落实“八个一”活动为载体，推进垃圾分类、“五水共治”、村社小区环境卫生治理，提高居民素质，完成预期目标。全年，对23个网格制作墙面广告2000余平方米、宣传栏30套、绿地宣传花草牌2000余块、公益展板300套、灯杆道旗300套、“三个一”宣传海报100块、“三个一”倡议书1.2万份、八个一展示展架60套、有礼灭烟袋1.5万个、公筷公勺5万份、发放门前五包牌5000块、垃圾桶800多个，增加小区水枪2000只、水带2000余盘、垃圾袋7万余个、消防灭火器5000余只，消防检查记录卡6万多张，增设小区停车位、非机动车停车位5500余个，开展创文小喇叭宣传4期，播放次数6000余次。定期或不定期联合城管执法局、物业文明创建突击队，组织开展专项整治300余次，背街小巷及小区占道经营、前店后开门、违章搭建、雨棚整治50余次，拆除亭川、龚家埠头、玫瑰园私搭乱建钢棚违建50余户、1000平方米，整治占用公共区域乱挖乱种2000余平方米，清理摆放非机动车与共享单车规范停放16976辆、机动车带转移或移除12888辆，开展志愿者文明劝导200余次，完成创文、国卫复审交办事件100余件。在国测迎检中，街道达到辖区“不失一分”目标，在全市创文工作街道擂台比赛通报中，2次名列红榜，提升城市品质，增强居民获得感和幸福感。

【“五四三”工作】 按区委、区政府工作部署，打好“五水共治”“三改一拆”“四边三化”组合拳，提升城市功能、人居环境和城市品质。以全域创建“污水零直排区”为抓手，推进“五水共治”工作，发挥“互联网＋”优势，深化落实河长制，实现巡河电子化、数据实时化、管理无纸化、资料集中化；加快工程进度，推进“污水零直排区”全域创建，完成全域创建市级验收。治水满意度比上年同期大幅度提升，全年街道张贴海报100余张，悬挂横幅100余幅，张贴小标志小标语200余处，发放调查问卷5000余份、各色礼品2000余份。以“基本无违建街道”创建为目标，纵深推进“三改一拆”。至年底，完成存量违建销号4.02万平方米，完成市布置任务2万平方米的201%；城中村改造370户，面积11万平方米；旧住宅区改造2151户，面积32.18万平方米全部完成；受理“12345”违法建筑群众举报热线交办案件7起，处置完成率100%，群众满意率100%。

【民生事业】 落实劳动保障政策，实施富民惠民实事。全年街道社保业务线上办理城乡居民待遇综合23人，一次性待遇支付申报45人；完成辖区全民参保核查355人次，办理职工养老221人（补缴45人），对辖区105人“浙里办”App待遇领取资格认证；申报城镇就业困难人员“4050”社保补贴114人，办理失业证102本；开发公益性岗位10人。重点落实辖区就业困难人员实施帮扶工作及城乡居民医疗保险工作，全街参保人数达13801人，其中，低保、低边免缴人员109户、残疾免缴人员221人，参保率99.75%。加大投入，实施民生项目建设，全年完成老小区“污水零直排改造”项目7个，街道消防体验馆、居家养老中心建设完成，盈川小区北环路改造、亭川老村临时停车场改造及鹿鸣山、钱家山、双塘岭村便民服务中心改造项目完成，推进实施小区人行闸机安装、绿化提升、车位设置及道路扩建等民生项目9个，投入资金800余万元。

（徐勇龙）

衢化街道

【概　况】 衢化街道地处柯城区东南部，东及南与石室乡相邻，西南、西及北与黄家乡相依，东北与花园街道交界。下辖7村8社区，总面积14.04平方千米，其中巨化集团公司厂区面积6.77平方千米。办事处驻文昌路63号。2020年，街道按市委、区委决策部署，围绕“六抓六比 · 八大竞赛”要求，发扬街道“五不精神”（不推诿、不怕难、不怕累、不怕烦、不埋怨），以等不起、慢不得、坐不住的危机感、责任感、紧迫感，紧起来、干起来、跑起来为准则。各项任务完成较好，各项事业平稳快速发展。

【经济发展】 全年新增入库项目33个（含巨化集团项目23个），其中上半年区重点项目4个，下半年区重点项目10个，项目涉及五大结构，至年底，产生固定资产投资88807万元，同比增长802.6%，固投总量、增幅均居全区第一。是年，各季度固投任务完成。招引投资项目两个：衢州市柯城区宣珍科技大厦建设项目，计划投资1.1亿元；年产1500万吨改性含氟高分子材料及制品项目，计划投资1.2亿元。规上服务业企业稳步增长，街道规上服务业企业11家，至11月，实现营收17.32亿元，营收总量居全区第一，同比增长10.4%；做好企业服务工作，定期对辖区内企业收入情况进行摸排，及时掌握企业营业情况，对符合小升规、

图104　6月13日，举办体育活动，宣传“运动柯城”城市品牌

新增规上企业及时更新上报，提供政策服务，年度新增贸易企业7家。

【"县乡一体、条抓块统"】 8月，全市市域社会治理现代化现场会在区召开，市政协主席、政法委书记周伟江带队到街道综合指挥室及滨二村社区观摩调研，给予肯定。11月，市委副书记、政法委书记吴舜泽到区调研"县乡一体、条抓块统"试点工作，街道做交流发言。在基层治理畅通竖线推进会暨基层治理平台3.0版培训会上，围绕打通"三个节点"畅通竖线做经验交流。全年办结事件9252件，大部分在街村、网格层面解决，实现"微事不出格、小事不出村居、大事不出街道"。深化"三联工程"，做实底线。创新网格管理"新三件"，推动网格员亮身份、增本领、促服务；开展"网格活力大比拼"、召开星级表彰大会等，营造争先创优浓厚氛围。同时深化党员联户，以孔家村和花一村社区为试点，推进"深化党员联户＋文明有礼商圈"建设。优化模块平台，做强中线。线上：打通"邻礼通"和"四个平台"，提高处理效率；高效运行"两难"问题钉钉群，交办处理"两难"事件236件。线下：按"在一起"要求，推动模块进驻平台，通过班子带班、模块人员AB岗坐班等形式，实现模块与平台人员集中办公。聚焦提质增效，做优服务。创新以"网格为基石，基层党建为统领、'五色'管理为特色、智慧治理为手段"服务机制，以94分高分成绩通过国家级"五色管理＋全科网格"基层治理服务业标准化试点项目终期评估验收，为基层治理提供"衢化经验"。

【村级组织换届】 通过"三个坚持"确保村级组织换届工作过程平稳有序、结果高分高质。村党组织换届7个，"3个100%"目标要求完成；村居委会换届，选民参选率均在92%以上，"一肩挑"人选得票率均在80%以上，班子结构优化。坚持"早谋划、早行动"原则，创建"1255"换届选情摸底研判工作机制，做到底子清、情况明；坚持"严程序、严细节"，关键节点前召开培训会，重点强调和部署，确保合法合规；坚持"换中干、干中换"制度，注重"一肩挑"人选，同时开展村社治理"擂台赛"、村社主职"一月一交流"活动，推动新班子上马即奔跑、上任就实干。完成履新上任"开门一件事"15件，推送最佳案例4件，如官碓村新任班子化解十余年信访积案等。

图105　12月17日，"五色管理＋全科网格"基层治理服务业标准化试点项目通过验收

【疫情防控】 疫情防控期间，发挥"不推诿、不怕难、不怕累、不怕烦、不埋怨"的"五不精神"，落实"属地管理"责任，全身心投入抗"疫"前线，街道党工委被省委、省政府评为"浙江省抗击新冠肺炎疫情先进集体"。"五色"管理、分类施策，全力打好防疫攻坚战。防疫工作启动之初，深化创新"五色工作法"，按防疫安全重难点程度将居民划分为"红橙黄蓝绿"五种颜色等级，做到分层分类管理，使管控更精准、更有效。2月16日，街道《发挥"五色管理"标准化优势对加强新冠疫情精准防控的建议》在人民论坛网刊登。街企联动、紧密

图106　2月7日，联防联控、群防群治，推进“包区清楼”行动

配合，全力织密疫情防控网。春节期间巨化集团职工外出800多人、亲属1000多人，去过湖北等重灾区或与重灾区有密切接触376人，防疫压力大。本着服务企业一体化原则，主动担当，加强与巨化复工复产返衢人员对接，汇总上报巨化疫情防控方面相关表格，与集团紧密配合，织密疫情防控网。“两手抓、两手硬”，全力推进企业复工复产。建立街道、村（社区）、企业三级联动机制，企业复工由街道经发办负总责，个体工商户复工实行“经发办牵头＋社区网格排摸”模式。通过“线上申请＋线下审核”，助力企业“零跑腿”完成复工申报、审核、验收各环节，为企业顺利复工复产保驾护航。

【重点项目攻坚】 坚持党建“三个用来”，发挥党建利器法宝作用。克难攻坚完成西山拆迁、棚户区选房及小南门征迁工作。西山拆迁中，以党建为统领，以组团为抓手，统筹街道精干力量，成立临时征迁专班党支部，历经40余次上门和近百次交流，换来被征收户交心释怀，解决困扰巨化近20年遗留问题，推动巨化一体化融合高质量发展，被市委纳入“十条军规” 典型案例。凝心聚力确保创文“大考”零失分。每次大小检查创文总指挥亲自坐镇。深化“党建统领＋文明创建”定岗定责指挥体系，下沉街区实现“精准布阵”网格化迎检；健全创文督考机制，通过“一周一督查”“一周一交流”，形成争先创优浓厚氛围。街道被市政府给予创文集体嘉奖一次。

【民生服务工作】 聚焦民生工作，提升群众安全感、幸福感和获得感。村企合作，推动项目落地实现消薄增收。构建村企党建联盟，推动企业与村签订村企党建联盟协议。全年构建村企党建联盟村2个，通过村企党建联盟，塔坛寺村引进杭州金融企业2家投资入股“一村万树　绿色期权”项目，资金20万元。推进缸窑小微创业园建设，村级集体经济由输血向造血蜕变，处于竣工验收阶段。利用“五位一体＋五色监督”抓扶贫领域整治。整合纪工委、“三资”管理中心、交易中心、审

图107　8月19日，塔坛寺村联心庭院评比

计、司法所五部门力量，对扶贫领域工作根据易出现腐败现象程度，将区 36 条小微权力划分为“红橙黄蓝绿”五种等级进行监督、动态管理，确保扶贫资金及时到位、准确完整。开展监督百余次，走访低保、危房等贫困户 124 户。做到“三到位”，服务低收入农户。走访关爱到位。落实“网格一日一联系”制度，利用周二无会日，组团团长带队，对低收入农户开展精准走访。政策宣传到位。利用周一夜学，对相关政策进行解读，倒逼全体干部业务能力提升，制作“政策明白卡”，每位干部人手一份，确保政策入户精准到位。扶贫措施到位。提供医疗救助、公益性岗位、物资援助等方式，确保扶贫措施到边到位。全年，对残疾人发放困难补贴 971 人次，发放资金 20.4 万元；护理补贴 4570 人次，发放金额 124 万元；低保发放人数 1719 人次；低保金发放 104.9 万元。

（管秋霞）

2020年柯城区国民经济和社会发展统计公报

2020年，面对新冠疫情的巨大冲击和严峻复杂的外部环境，在中央和省市委的坚强领导下，柯城区科学统筹疫情防控和经济社会发展，扎实做好“六稳”工作，全面落实“六保”任务，着力推进高质量发展，全区经济社会发展表现出强大韧性，经济稳步恢复、逐季改善，社会事业健康发展，人民福祉水平持续提升。

一、综合

初步核算，2020年全区实现地区生产总值236.48亿元，按可比价计算，同比增长3.0%。分产业看，第一产业增加值8.30亿元，同比增长1.8%；第二产业增加值45.17亿元，同比增长2.4%，其中工业增加值23.84亿元，同比增长5.0%；第三产业增加值183.01亿元，同比增长3.2%。三次产业占比为3.5∶19.1∶77.4，三次产业贡献率分别为2.3%、15.8%、81.9%。全区实现人均 GDP 126520元(按户籍人口计算的大柯城人均GDP)，合18342.6美元，同比增长4.3%。

全区城镇新增就业9900人，城镇失业人员再就业10651人，就业困难人员再就业1235人，城镇登记失业率1.77%；农村电商培训人数3928人，扶持农村电商创业人数350人，农村电商创业带动就业人数786人。

全年数字经济核心产业增加值8.54亿元，按照可比价计算，比上年增长17.8%。全区规模以上工业中，数字经济核心产业、时尚制造业、高端装备制造业、环保制造业、健康制造业增加值分别增长77.9%、85.5%、7.9%、12.2%、20.3%； 高技术产业、装备制造业、战略性新兴产业、高新技术产业增加值分别增长27.9%、10.6%、11.6%、3.2%。

全区实现财政总收入20.21亿元，同比增长1.6%，其中一般公共预算收入13.32亿元，同比增长3.7%。在一般公共预算收入中税收收入10.64亿元，同比下降1.2%，其中增值税4.00亿元，同比下降2.5%；企业所得税1.56亿元，同比下降14.7%。

二、农业和农村建设

2020年，全区农林牧渔业总产值同比增长2.6%。其中：农业产值同比增长3.0%，林业产值同比增长0.9%，牧业产值同比下降0.8%，渔业产值同比增长3.6%，农林牧渔专业及辅助性活动产值同比增长6.0%。

全年农作物播种面积11936公顷。其中：粮食播种面积4092公顷，油料播种面积1414公顷，蔬菜种植面积5650公顷，中草药种植面积301公顷，瓜果类种植面积430公顷。

全年粮食总产量2.28万吨。油料产量0.30万吨，同比增长7.1%；蔬菜及食用菌产量15.29万吨，同比增长2.2%；瓜果类产量1.23万吨，同比下降1.5%。

年末生猪存栏2.08万头，同比增长141.9%，全年出栏1.49万头，同比下降25.3%；家禽存栏21.38万只，同比下降0.4%，出栏38.00万只，同比增长36.6%。禽肉产量555吨，同比下降28.3%；禽蛋产量824吨，同比增长5.2%。

全年开展省级农村垃圾减量化资源化试点村6个，建制村已全部实现生活垃圾集中收集有效处理；新增符合“四分四定”标准的分类村17个，累计达182个，占建制村总数85.5%。完成第六批历史文化村落保护利用项目9个，其中重点村1个、一般村8个；建设实施第七批、第八批项目共23个，其中重点村2个、一般村21个。创建省级美丽乡村示范乡镇1个、特色精品村4个，省高标准农村生活垃圾分类示范村3个，省历史文化（传统）村落保护利用示范村1个。

三、工业和建筑业

2020年，全区实现工业增加值23.84亿元，同比增长5.0%。其中实现规模以上工业增加值16.76亿元，同比增长9.0%；规模以上工业累计实现总产值75.76亿元，同比增长6.4%；新产品产值16.10亿元，同比下降0.5%；出口交货值11.77亿元，同比增长22.2%。21个行业大类中有12个行业实现增长，前五位的行业为计算机、通信和其他电子设备制造业、医药制造业、专用设备制造业、金属制品业和食品制造业，分别增长248.9%、98.3%、50.4%、44.3%和25.6%。

2020年，全区有资质的建筑业企业63家，完成建筑业总产值82.60亿元，同比增长18.6%，其中：外省完成的产值17.68亿元，同比增长65.8%，省内完成的产值64.92亿元，同比上升10.1%。签订合同总额共计133.25亿元，同比增长23.2%，其中：本年新签合同额91.52亿元，同比增长21.2%，占合同总额的68.7%；上年结转合同额为41.73亿元，同比增长27.9%。全年房屋建筑施工面积169.5万平方米，同比下降9.4%，其中：新开工面积73.10万平方米，同比下降32.6%，竣工产值37.25亿元，同比下降15.1%。

四、固定资产投资和房地产业

2020年，全区固定资产投资同比增长4.1%。其中，项目投资同比增长5.4%；房地产投资同比增长2.9%。分结构看，制造业投资同比增长3.6%；高新技术投资同比下降10.2%；生态环保、城市更新和水利设施投资同比增长37.5%；交通投资同比增长24.5%；民间项目投资同比下降42.2%。

2020年，全区房地产投资额49.42亿元，同比增长2.9%。其中建安工程投资24.8亿元，同比增长11.9%。商品房销售面积58.14万平方米，同比下降8.1%。

五、国内贸易

2020年，全区社会消费品零售总额208.94亿元，同比增长0.3%。其中限额以上社会消费品零售额84.82亿元，同比下降14.1%。按消费形态分，餐饮收入实现零售额2.89亿元,同比增长4.6%;商品零售实现零售额81.93亿元，同比下降14.7%。按商品销售类别分，限额以上汽车类实现零售额30.44亿元，同比下降18.2%；石油及制品类实现零售额21.98亿元，同比下降24.8%；家用电器和音像器材类实现零售额3.28亿元,同比下降22.3%；服装、鞋帽、针纺织品类实现零售额3.07亿元，同比下降6.1%。

2020年，全区培育电子商务产业基地2个，总建筑面积1.9万平方米，入驻电商企业57家。全区累计实现网络零售额107.6亿元（含西区、集聚区），同比增长26.4%。

六、对外经济

2020年，全区实现进出口总额23.84亿元，同比增长7.6%。其中：出口22.50亿元，同比增长7.6%；进口1.34亿元，同比增长7.7%。

七、旅游业

2020年，全区（含市辖区）接待游客人次为1616.86万人次，同比下降12.6%；旅游总收入为100.50亿元，同比下降15.1%，过夜游客276.1万人次，同比下降3.0%，一日游游客1340.81万人次，同比下降14.4%。

八、教育和科学技术

2020年，现全区有小学33所，在校学生24401人，教职工人数1674人，其中专任教师1657人；初中9所，在校学生9777人，教职工人数857人，其中专任教师837人。义务教育入学率、巩固率均保持在100%。

全年企事业单位和户籍在柯城区的居民申请专利2971件（其中发明专利1092件，实用专利1698件，外观专利181件），授权专利1800件（其中发明专利337件，实用新型专利1325件，外观设计专利138件）。新增国家高新技术企业14家，重新认定国家高新技术企业6家；新增省科技型中小企业46家；新认定市级研发中心1家；新增省级高新技术企业研发中心1家、省级企业研究院1家；1家企业申报省级重点科研计划项目获立项，选拔推荐14个项目申报市级科技计划项目，完成区级指导性科技计划项目立项12项。列入市级产业创新服务综合体创建名单2个。深入实施科技特派员制度，落实全省、市科技扶贫项目15项，获得各级财政补助资金125万元，建立示范基地8个，辐射推广40多公顷，带动农民就业300余人次，引进新品种29个，推广新技术13项，组织农民技术培训800多人次，有力促进了农业增效农民增收。

财政一般公共预算支出中，科学技术支出0.98亿元，同比增长9.0%。

九、文化、体育和卫生

2020年，图书馆流通人次65.36万人次，办理读者卡1.13万张，图书流通85.70万册次，新增图书4.07万册，举办线上加线下活动225场，惠及群众15.24万余人。开展免费展览57场、阅读推广活动168场，送书下乡1.38万册。开展文化活动26场，受益群众达1.56万余人； 线上文化慕课14次；线下培训讲座15个门类共247课时，受益群众达4895人次；免费展览10场；送戏下乡220场。

至2020年末，全区建有全民健身路径545个，篮球场301个（其中三人制篮球场57个），室外乒乓球场85个，足球场58个（其中五人制28个、七人制19个、十一人制11个），全区体育场地1939个，总面积118.51万平方米，人均体育场地面积2.44平方米，全区100%的社区和86%以上的行政村建有符合省标准的健身点。全区有体育社会组织总数29家（其中体育社会团体14家，体育类民办非企业单位15家），已注册体育社会指导员共1523人（其中在岗786人）。全区有省级阳光体育后备人才基地（学校）6所、市阳光体育后备人才基地3所、区阳光体育后备人才基地12所。

2020年完成体育民生实事建设项目25个，其中小康体育升级村15个、社区多功能运动场3个、游泳池1个、百姓健身房6个。组织开展各类体育赛事，包括第二届“烂柯棋院杯”全国名校教授围棋邀请赛、“浙里诗路”2020浙江省新农村定向健康越野跑大赛（钱塘江诗路·柯城站）、第五届石门山自行车爬坡赛、“衢州有礼　运动柯城”全民健身嘉年华云启动仪式、2020“衢州有礼·运动柯城”中国围棋之乡联赛等。

2020年，全区有医疗卫生机构373家，其中区属公立医疗卫生机构21家（区人民医院、区妇幼保健院、区中医医院和9家乡镇卫生院、9家街道社区卫生服务中心）；乡镇卫生院（社区卫生服务中心）所属的紧密型乡村一体化村卫生室（社区服务站）41家；民办医疗机构311家（民营医院20家，社区卫生服务站21家，个体办村卫生室、诊所、门诊部等其他小型医疗机构270家）。卫生系统现有在岗职工1597人，其中正式在编职工964人（区人民医院577人、区中医医院54人、区妇幼保健院50人、乡镇卫生院和社区卫生服务机构283人）。

2020年，无偿献血2358人次，献血709.81升，用血511.14升，成分输血率99.9%，无偿献血占用血比例138.9%，献血300毫升以上的占77.2%。

十、人口、人民生活和社会保障

2020年末，全区总户数181556户，总人口441760人，其中城镇人口232165人，乡村人口

209595人。全年共出生新生儿3740人，其中男婴1932人、女婴1808人，人口出生率8.47‰。共死亡3270人，其中男性1895人、女性1375人，死亡率7.41‰，人口自然增长率1.06‰。

据城乡住户调查数据显示,2020年全区全体居民人均可支配收入46479元，同比增长7.1%。其中：城镇常住居民人均可支配收入52862元，同比增长4.8%；农村常住居民人均可支配收入28138元，同比增长9.0%。城乡收入比由2019年的1.95缩小到2020年的1.88。

2020年，全区养老保险参保总人数197235人（含企业养老及城乡养老），其中企业养老保险参保人数134762人，城乡居民养老保险参保人数62473人。医疗保险参保总人数330658人（含职工医保及城乡居民医保），其中职工医疗保险参保人数98398人，城乡居民医疗保险参保人数232260人；工伤保险参保总人数68945人；生育保险参保总人数80194人。

2020年末，全区社会福利院10个（含市本级3家），床位2880张（含市本级961张）；中心敬老院7所，床位1919张，集中供养农村五保和城镇“三无”对象250人。全区享受低保的城乡居民4340户6109人，全年支出低保金4623.52万元。其中城镇享受低保的居民达679户830人，支出低保金625.85万元；农村享受低保的居民达3661户5279人，支出低保金3997.67万元。临时救助贫困家庭177户，支出资金42.26万元。

十一、环境保护

2020年，全区环境质量持续提升，生态文明建设氛围良好。环境治理方面：辖区内4个省控及以上断面和15个乡镇交接断面水质达标率均为100%，城区$PM_{2.5}$平均浓度为26微克/立方米（较2019年同期下降21.2%），空气质量优良天数比例为96.4%；新建乡镇水质自动站3座，乡镇空气自动站9个，航埠园区大气综合整治完成100%；VOCs末端高效治理重点任务、物料堆场无组织排放整治、城市建成区内生物质锅炉超低排放改造全部完成。督察和执法方面：结合雷霆斩污行动2.0，开展覆盖全区范围的固废大排查大整治，排查产废企业136家，危废经营企业3家，排查出问题28个，指导帮助50余家企业，17家企业责令立即整改、8家涉及违法的企业立案调查；梳理出的固废、危废储存场所46家，设置监控设备，实现固废、危废联网在线监控。

注：1.本公报数据为年度初步或快报统计数据。

2.全区地区生产总值、各产业增加值及农业产值绝对数按现行价格计算，增长速度按可比价格计算。根据第四次全国经济普查结果，对地区生产总值、三次产业及相关行业增加值等相关指标的2018年数据进行了修订。

3.人口数为公安部门统计的户籍人口数。

4.规模以上工业统计指标范围为年主营业务收入2000万元以上的工业企业，固定资产投资统计指标范围为500万元以上项目。

5.进出口数据不含一达通。

6.“农村居民人均纯收入”自2014年起调整为“农村居民人均可支配收入”。

（柯城区统计局）

机构单位及负责人名录

中共衢州市柯城区委员会

区委书记　徐利水
（　—2020年5月）
朱素芳（女）
（2020年5月—　）

区委副书记　蒋国强
许存真
（　—2020年5月）
王永明
（2020年5月—　）

区委常委　贵丽青（女）
邵晓航
柴志强
李纯浩
毛志宏
刘　丰
邱雪萍（女）
何晓文
（2020年3月—　）
齐富军
（2020年8月—　）

衢州市柯城区人大常委会

主　　任　徐登富
副 主 任　鲍继红（女）
副 主 任　王国强
李　青
姜有源
陈秋荣
范洁红（女）

人大常委会机关

办公室（研究室）主任　余继雄
法制委员会副主任委员　何建忠
麻新建
财经委员会副主任委员　林利奇
社会建设委员会副主任　任蜀云（女）
（2020年4月—　）
监察和司法工委主任　赵珍良
财经工委主任　余成友
建资环工委主任　华　成
农工委主任　王荣胜
教科文卫主任　余大刿
代表工委主任　张　强
社会建设工委主任　任蜀云（女）

衢州市柯城区人民政府

区　　长　蒋国强
（2020年4月—　）
副区长、代理区长　蒋国强
（　—2020年4月）
副 区 长　程佳良
曾三山
（2020年5月—　）
吴伟红
李剑峰
许明娟（女）
（2020年9月—　）（挂职）
余洪富
戴郑娇（女）
（2020年4月—　）（挂职）

政协衢州市柯城区委员会

主　　席　徐连土
副 主 席　章雨土
（　—2020年4月）

柴文灯
（2020 年 4 月—　）
徐小平
吴云林
徐成旺（兼）
秘 书 长　缪宏飞

政协机关

办公室主任　刘小华
提案委主任　吴光湖
经济委主任　吴学文
委员工委主任　魏光明
教科文卫体和文史委主任　余海云
农业农村和人资环委副主任　徐　军
社法和港澳台侨民宗委主任　余　慧（女）

区纪委区监察委员会

书　记　邵晓航
主　任　邵晓航
副书记、副主任　吴国清
张新刚

区委巡察办

主　任　徐雪平

区委办公室

主　任　洪　栋

区委组织部

部　长　李纯浩

区委宣传部

部　长　邱雪萍（女）

区委统战部

部　长　何晓文
（2020 年 3 月—　）

机构编制委员会办公室

主　任　杨利兵

区档案馆

馆　长　徐珍宏
档案局局长（兼）　徐珍宏
（2020 年 1 月—　）

区委区政府信访局

局　长　揭根龙

关 工 委

主　任　孙金土

区委老干部局

局　长　叶建军

区委党校

校　长　胡益峰（兼）
（　—2020 年 1 月）
李纯浩（兼）
（2020 年 1 月—　）

区政府办公室

主　任　舒素标

区发改局

局　长　任文俊

区经济和信息化局

局　长　薛　云
（　—2020 年 9 月）
张红萍（女）
（2020 年 9 月—　）

区人力资源和社会保障局

局　长　张文利

区民政局

局　长　周建立

区财政局

局　长　董高法

区退役军人事务局

局　长　卢成龙

区应急管理局

局　长　肖善生

区教育局

局　长　雷　晓

区科技局

党组书记　龚　晓
局　长　张红萍（女）
（2020 年 9 月）

区卫生健康局

局　长　施　萍（女）

区医疗保障局

局　长　王　晖（女）

区人民医院

党委书记　万少华
院　长　佘荣明
（　—2020 年 8 月）

区住房和城乡建设局

局　　长　　林良友

区机关事务保障中心

主　　任　　蒋宇斌
（　—2020年9月）
周小玲（女）
（2020年9月—　）

区营商办

主　　任　　李三清

区统计局

局　　长　　吴志鸿
（　—2020年1月）
方　燕（女）
（2020年2月—　）

区审计局

局　　长　　张吉青

区市场监督管理局

局　　长　　舒建明

区公共资源市场化配置监督管理办公室

主　　任　　梅健峰

区征迁中心

主　　任　　赖育宏

柯城电大分校

校　　长　　张洋陆

区农业农村局

局　　长　　吴志鸿

区林业局

局　　长　　宋昌顺

区水利局

局　　长　　陈宏良

区文化、旅游和体育局

局　　长　　姜建铃（女）
（　—2020年7月）
郑　亮
（2020年9月—　）

双港开发区管委会

主　　任　　徐发珍

区招商投资促进中心

主　　任　　宣晓君（女）
（　—2020年10月）

区供销合作社

主　　任　　封荣祥

专业市场建设管理委员会

主　　任　　熊正中
（　—2020年9月）
王小帅
（2020年9月—　）

区国资服务中心

主　　任　　吴　川
（2020年2月—　）

民革柯城总支

主　　委　　胡海姣（女）

民盟柯城区支部

主　　委　　周志伟

民建柯城区总支

主　　委　　韩　琛

民进柯城区总支

主　　委　　张红萍（女）

农工党柯城区总支

主　　委　　林　静（女）

九三学社柯城区基层委

主　　委　　徐成旺

区工商联

常务副主席　　周小玲（女）
（　—2020年9月）
蒋宇斌
（2020年9月—　）

区总工会

主　　席　　李　青
常务副主席　　熊清益

区 妇 联

主　　席　　王爱华（女）

区 团 委

书　　记　　郑　建

区 科 协

主　　席　　龚　晓

区 文 联

主　　席　　许　捷

区社科联

主　　席　　方　燕（女）

区残疾人联合会

理 事 长　黄慧华

区红十字会

专职副会长　毛楼骋

区委政法委

书　记　王永明（2020 年 6 月— ）

柯城公安分局

局　长　程佳良

政　委　陈慧列

柯山公安分局

局　长　徐慧仙（女）

政　委　毛凌锋

区检察院

检 察 长　周恩强

区 法 院

院　长　祝菊红

区司法局

局　长　程 广

柯城交警大队

大 队 长　蔡 胜

教 导 员　郑 瑜

柯城消防大队

大 队 长　潘 菁

教 导 员　黄志强（ —2020 年 5 月）

方 星（2020 年 5 月— ）

柯山消防大队

大 队 长　王霄飞（ —2020 年 3 月）

应少平（2020 年 3 月— ）

教 导 员　李 翔

柯城执法分局

局　长　程志华

政　委　彭露剑

柯城资规分局

局　长　周志平

柯城环保分局

局　长　杨更华

柯城税务局

局　长　陈兴华

区交通运输局

局　长　陈志忠

柯城供电营业部

总 经 理　兰位龙

党总支书记　徐 翏

航 埠 镇

党委书记　柴志强

镇　长　徐卫民（ —2020 年 9 月）

张 剑（2020 年 9 月— ）

石 梁 镇

党委书记　万志正

镇　长　余爱民

石 室 乡

党委书记　周 童

乡　长　丰小龙

华 墅 乡

党委书记　郑迅舟

乡　长　王建峰

沟 溪 乡

党委书记　冯小青（ —2020 年 1 月）

陈建锋（2020 年 6 月— ）

乡　长　陈建锋（ —2020 年 6 月）

王 林（2020 年 9 月— ）

姜家山乡

党委书记　郑伟星

乡　长　徐云飞

七 里 乡

党委书记　杨 勇

乡　　长　　项月明

九 华 乡

党委书记　　姜瑜晖

乡　　长　　裘春风

万 田 乡

党委书记　　冯小青（2020 年 1 月—　）

乡　　长　　徐清林

黄家乡（街道）

党（工）委书记　　郑贞毅

办事处主任　　周　峰（　—2020 年 1 月）

严华峰

府山街道

党工委书记　　洪　栋（　—2020 年 6 月）

唐志斌（2020 年 6 月—　）

办事处主任　　唐志斌（　—2020 年 6 月）

花园街道

党工委书记　　严声建（2020 年 9 月—　）

办事处主任　　严声建（　—2020 年 9 月）

徐　祺（2020 年 9 月—　）

荷花街道

党工委书记　　方育娟（女）

办事处主任　　陈林云（　—2020 年 9 月）

汪德伟（2020 年 9 月—　）

信安街道

党工委书记　　巫　伟

办事处主任　　杜　昀

双港街道

党工委书记　　郑　亮（　—2020 年 1 月）

袁　超（2020 年 9 月—　）

办事处主任　　袁　超（　—2020 年 9 月）

舒志明（2020 年 9 月—　）

新新街道

党工委书记　　周　锋

办事处主任　　吴有兴

白云街道

党工委书记　　黄洁平（　—2020 年 5 月）

洪　平（2020 年 5 月—　）

办事处主任　　华　诚（2020 年 6 月—　）

衢化街道

党工委书记　　徐发珍（女）（　—2020 年 6 月）

邱　剑（2020 年 6 月—　）

办事处主任　　邱　剑（　—2020 年 9 月）

李江波（2020 年 9 月—　）

（区委组织部提供）

区委、区政府部分文件选目

表 15　　2020 年中共衢州市柯城区委部分文件一览表

序号	文　号	文 件 名 称	发布日期
1	区委发〔2020〕1 号	中共衢州市柯城区委关于印发《柯城区贯彻〈2018—2022 年浙江省干部教育培训规划〉的实施意见》的通知	2020 年 1 月 17 日
2	区委发〔2020〕2 号	中共衢州市柯城区委关于印发徐利水同志在区委八届七次全体（扩大）会议上的报告的通知	2020 年 2 月 17 日
3	区委发〔2020〕3 号	中共衢州市柯城区委关于认真学习贯彻党的十九届四中全会精神为市域治理现代化走在前列展现主城担当的决定（2020 年 1 月 16 日中共衢州市柯城区委八届七次全体会议通过）	2020 年 1 月 24 日
4	区委发〔2020〕4 号	中共衢州市柯城区委关于深入贯彻落实习近平总书记重要指示精神发挥各级党组织领导核心和战斗堡垒作用为打赢疫情防控阻击战提供坚强政治保证的通知	2020 年 2 月 2 日
5	区委发〔2020〕6 号	中共衢州市柯城区委衢州市柯城区人民政府关于 2019 年度全区经济社会发展工作目标综合考核结果的通报	2020 年 2 月 26 日
6	区委发〔2020〕7 号	中共衢州市柯城区委关于表彰 2019 年度柯城区武装工作先进单位和先进个人的通报	2020 年 5 月 15 日
7	区委发〔2020〕9 号	中共衢州市柯城区委关于印发《落实省委巡视回访检查反馈意见整改方案》的通知	2020 年 7 月 7 日
8	区委发〔2020〕10 号	中共衢州市柯城区委关于印发《柯城区关心关爱干部暖心七条举措》的通知	2020 年 7 月 21 日
9	区委发〔2020〕11 号	中共衢州市柯城区委关于全区域体系化推进 8090 新时代理论宣讲工作的实施意见	2020 年 8 月 6 日
10	区委发〔2020〕12 号	中共衢州市柯城区委衢州市柯城区人民政府关于印发柯城区“六抓六比・八大竞赛”活动方案的通知	2020 年 8 月 21 日
11	区委发〔2020〕13 号	中共衢州市柯城区委关于印发朱素芳同志在区委八届八次全体（扩大）会议上的报告的通知	2020 年 8 月 31 日
12	区委发〔2020〕14 号	中共衢州市柯城区委衢州市柯城区人民政府关于印发柯城区高水平推进航埠镇经济强镇建设若干意见的通知	2020 年 9 月 14 日
13	区委发〔2020〕15 号	中共衢州市柯城区委衢州市柯城区人民政府关于推进新时代民政事业高质量发展的实施意见	2020 年 9 月 21 日
14	区委发〔2020〕17 号	中共衢州市柯城区委衢州市柯城区人民政府关于印发柯城区 2020 年度全区经济社会发展工作目标综合考核办法的通知	2020 年 11 月 22 日
15	区委发〔2020〕18 号	中共衢州市柯城区委衢州市柯城区人民政府关于印发 2020 年度航埠镇和专业市场管委会双轨制考核办法的通知	2020 年 11 月 25 日

续表 15

序号	文　号	文　件　名　称	发布日期
16	区委发〔2020〕19号	中共衢州市柯城区委衢州市柯城区人民政府印发《关于学前教育深化改革规范发展的实施意见》的通知	2020年12月12日
17	区委办〔2020〕1号	区委办公室区政府办公室关于全面开展“一区百雁”行动打造新时代农村党组织书记队伍的实施意见	2020年1月18日
18	区委办〔2020〕4号	区委办公室区政府办公室关于印发《区委八届七次全体(扩大)会议报告重点工作任务分工方案》的通知	2020年2月15日
19	区委办〔2020〕5号	中共衢州市柯城区委办公室关于印发《中共衢州市柯城区委落实省、市纪委反馈意见整改任务责任分工》的通知	2020年2月17日
20	区委办〔2020〕7号	中共衢州市柯城区委办公室关于柯城区2019年度“党建统领+基层治理”示范村(社)、“担当作为”好支书和“三联工程”优秀联村(社)组团、组团成员的通报	2020年3月13日
21	区委办〔2020〕8号	区委办公室区政府办公室关于印发《柯城区全面小康决胜年、招商引资攻坚年、重大项目推进年行动方案》和领导小组的通知	2020年3月17日
22	区委办〔2020〕9号	中共衢州市柯城区委办公室关于柯城区2019年度“党建统领+基层治理”优秀网格长、专职网格员的通报	2020年3月19日
23	区委办〔2020〕10号	区委办公室区政府办公室关于2019年度“平安柯城”建设等工作突出贡献集体和个人的通报	2020年3月25日
24	区委办〔2020〕11号	区委办公室区政府办公室关于柯城区2019年度大干项目、全域土地综合整治工作突出贡献集体的通报	2020年3月25日
25	区委办〔2020〕12号	区委办公室区政府办公室关于2019年度大花园建设工作突出贡献集体和个人的通报	2020年3月25日
26	区委办〔2020〕13号	区委办公室区政府办公室关于印发《柯城区大项目统筹办工作方案》《柯城区大财政金融办工作方案》《柯城区大监管服务办工作方案》的通知	2020年3月25日
27	区委办〔2020〕14号	区委办公室区政府办公室关于柯城区2019年度招商引资、山海协作工作突出贡献集体和个人的通报	2020年3月31日
28	区委办〔2020〕15号	中共衢州市柯城区委办公室关于印发《进一步加强检察机关法律监督工作的实施方案》的通知	2020年4月3日
29	区委办〔2020〕17号	中共衢州市柯城区委办公室关于印发《中共衢州市柯城区党委(党组)理论学习中心组学习实施办法》	2020年4月16日
30	区委办〔2020〕18号	区委办公室区政府办公室关于开展优化村和社区组织换届环境“五大行动”的通知	2020年4月16日
31	区委办〔2020〕19号	区委办公室区政府办公室印发《关于将“乡村振兴讲堂”打造为政府服务供给侧改革系统集成大平台的十条意见》的通知	2020年4月22日
32	区委办〔2020〕20号	区委办公室区政府办公室关于印发《“运动柯城1415”工作方案》和领导小组的通知	2020年4月23日
33	区委办〔2020〕21号	区委办公室区政府办公室关于印发《柯城区重大决策社会风险评估实施细则》的通知	2020年6月4日
34	区委办〔2020〕22号	区委办公室区政府办公室关于印发《2020年度柯城区创建全国文明城市工作任务清单》的通知	2020年6月15日

续表 15

序号	文 号	文 件 名 称	发布日期
35	区委办〔2020〕23 号	区委办公室区政府办公室关于印发《柯城区“打赢增收攻坚战、决胜全面小康年”扶贫结对帮扶工作实施方案》的通知	2020 年 6 月 22 日
36	区委办〔2020〕24 号	区委办公室区政府办公室关于印发《新时代柯城产业工业队伍建设改革实施方案》的通知	2020 年 7 月 19 日
37	区委办〔2020〕25 号	中共衢州市柯城区委办公室关于印发《柯城区以“一清三化”为主题持续加强政治生态建设的实施方案》的通知	2020 年 7 月 7 日
38	区委办〔2020〕26 号	区委办公室区政府办公室关于印发《柯城区“树正打歪、拔钉清障”百日攻坚实施方案》的通知	2020 年 7 月 9 日
39	区委办〔2020〕27 号	中共衢州市柯城区委办公室关于建立村社组织换届“1+1+1”工作机制的通知	2020 年 7 月 15 日
40	区委办〔2020〕28 号	区委办公室区政府办公室关于表扬 2019 年度柯城区创建全国文明城市工作突出贡献集体和个人的通报	2020 年 9 月 21 日
41	区委办〔2020〕29 号	区委办公室区政府办公室关于印发《高质量做好村(社区)组织换届选举工作实施方案》的通知	2020 年 10 月 10 日
42	区委办〔2020〕31 号	中共衢州市柯城区委办公室关于柯城区 2020 年度“党建统领+基层治理”优秀网格员的通报	2020 年 12 月 21 日
43	区委办〔2020〕33 号	中共衢州市柯城区委办公室 2020 年度落实全面从严治党主体责任情况报告	2020 年 12 月 9 日

表 16 **2020 年衢州市柯城区人民政府规范性文件一览表**

序号	文 号	行政规范性文件名称	发布日期
1	柯政办发〔2020〕4 号	衢州市柯城区人民政府办公室关于印发柯城区畜禽养殖禁养区划定调整方案的通知	2020 年 2 月 26 日
2	柯政办发〔2020〕6 号	衢州市柯城区人民政府办公室关于印发衢州市柯城区政府投资建设工程项目招标投标管理办法(试行)的通知	2020 年 3 月 20 日
3	柯政办发〔2020〕13 号	衢州市柯城区人民政府办公室关于印发衢州市柯城区集体土地上房屋征收补偿安置实施办法(试行)的通知	2020 年 5 月 22 日
4	柯政办发〔2020〕16 号	衢州市柯城区人民政府办公室关于印发柯城区工业用地收储办法(试行)的通知	2020 年 6 月 12 日
5	柯政发〔2020〕31 号	衢州市柯城区人民政府关于促进服务业高质量发展的若干政策(试行)	2020 年 7 月 7 日
6	柯政办发〔2020〕20 号	衢州市柯城区人民政府办公室关于印发柯城区进一步促进返乡下乡人员创业政策实施意见的通知	2020 年 7 月 16 日
7	柯政办发〔2020〕21 号	衢州市柯城区人民政府办公室关于印发柯城区地质灾害避让搬迁实施办法的通知	2020 年 7 月 31 日
8	柯政发〔2020〕64 号	衢州市柯城区人民政府关于印发衢州市柯城区人民政府质量奖管理办法(2020 年修订)的通知	2020 年 12 月 10 日
9	柯政办发〔2020〕25 号	衢州市柯城区人民政府办公室关于印发柯城区基础设施配套费征收管理办法的通知	2020 年 12 月 10 日
10	柯政办发〔2020〕29 号	衢州市柯城区人民政府办公室关于印发柯城区促进建筑业高质量发展财政补助实施办法的通知	2020 年 12 月 30 日

荣 誉 录

本年鉴录入2020年获区委、区政府及以上机关颁发的荣誉，同时录入被市级机关记的三等功（荣誉来源摘自《今日柯城》）。由于各种原因，可能有遗漏。

柯城区委区政府表彰疫情防控一线表现突出的第一批正面典型名单

个人三等功

马龙举　黄　琪　郑惠之　范秀华
郑银环　马　敏　刘新芽　周文武
郑忠法　项　磊　童群燕　刘志娟
施　萍　郑　建

集体三等功

柯城区疫情防控应急指挥部物资采供组
黄衢南高速衢州南卡点检测组
柯城山海协作推进办
衢州市公安局柯城分局疫情防控处置突击队
柯城区卫健局应急防控工作团队
双港管委会

个人嘉奖

万衢英　吴　竞　汪建霞　余小康
卢　骏　姜志成　刘小鸽　余成建

九华大侯泥石流灾害应急抢险先进单位及个人名单

集体三等功

九华乡　　区应急管理局

个人三等功

徐洪水　裴春风　潘　菁　林富军
李　洋　郑　斌　李志刚　吴催兴
郑水延

个人嘉奖

赵　杰　叶　挺　杨　阳　戚俊峰
王　磊　孙建平　张水泉　鲍雪仙
江增林　巫雪塘　余国华　余　荣
徐　斌　夏军峰　戴文辉　朱嘉俊
徐敬君　夏志东　王　柯　徐　伟

集体嘉奖

柯城资规分局
柯城区雄鹰红十字应急救援队
柯城气象分局
柯城消防救援大队
浙江衢州安邦护卫有限公司
浙江省第七地质大队衢州地质环境研究院
九华乡民兵应急排
柯城交警大队

柯城区服务业发展大会表彰名单

税收贡献奖企业

一等奖：
浙江省烟草公司衢州市公司
浙江鸿基控股有限公司
二等奖：
衢州东方商厦有限公司
华润衢州医药有限公司
浙江不老神食品有限公司

三等奖：
衢州市交通设计有限公司
实达实工业购（衢州）有限公司
衢州光明电力设计有限公司
浙江开源实业投资股份有限公司
浙江普农家电有限公司
营收贡献奖企业
中国石化销售有限公司浙江衢州石油分公司
浙江东阁电子商务有限公司
浙江英特海斯医药有限公司
浙江衢州柯城农村商业银行股份有限公司
衢州西区东方大酒店有限公司
衢州冠发君悦大酒店有限责任公司
浙江衢州汽车运输集团有限公司
浙江浩骏物流有限公司
浙江衢州安邦护卫有限公司
衢州万达广场商业管理有限公司
阿里巴巴（衢州）信息服务有限公司
衢州维音信息技术有限公司
衢州名家环境工程有限公司
浙江通衢工程管理有限公司
浙江南方工程建设监理有限公司
外贸贡献奖企业
衢州市怀南进出口有限公司
浙江博鑫进出口有限公司
浙江瑞涵工贸有限公司
新业态创新奖企业
浙江妙趣互娱电子商务有限公司（村播基地）
浙江宜味电子商务有限公司（红人经济）
衢州棋子信息科技有限公司（电商园区）
浙江艾祥电子商务有限公司（村播助农）
衢州翰典网络科技有限公司（直播孵化）

柯城区被衢州市委、市政府授为抗疫先进个人和集体名单

市级先进个人

黄　琪　柯城区人民医院重症医学科护师（援鄂）
项　磊　柯城区人民医院医患办副主任
徐晨红　柯城区人民医院检验科技士
叶　飞　柯城区人民医院呼吸内科护士长
阮冬宠　柯城区中医医院外科医师
杨　琴　柯城区妇幼保健院护理部主任、院感科科长
江红云　柯城区沟溪乡卫生院公共卫生科科长
唐雪忠　柯城区七里乡卫生院医师
江京艳　柯城区荷花街道社区卫生服务中心副主任
徐迪洋　柯城区石室乡卫生院防保科医生
李映红　柯城区双港街道社区卫生服务中心主治医师
周文武　柯城区疾病预防控制中心党支部书记、主任
龚樟标　柯城区新新街道阳光风情小区楼栋长
毛鸿雁　柯城区黄家街道新铺村党支部书记
许远玲　柯城区白云街道新湖社区专职社区工作者
余小波　柯城区航埠镇雨灵山村党总支书记
陈如土　柯城区航埠镇万川村党支部原负责人
郑华珍　柯城区信安街道迎和社区党委书记、居委会主任
万衢英　柯城区衢化街道文昌社区党委书记、居委会主任
何晓文　柯城区委常委、统战部部长
黄　理　柯城区教育局安全管理科科长
高　翔　柯城区人力社保局仲裁与劳动关系科科长
朱红刚　柯城区公路管理中心路政科科长
施　萍　柯城区卫生健康局党委书记、局长

市级先进集体

柯城区人民医院隔离病房治疗团队临时党支部
柯城区人民医院
柯城区航埠镇中心卫生院党支部
柯城区花园街道社区卫生服务中心
柯城区疾病预防控制中心党支部
柯城区白云街道社区卫生服务中心
柯城区白云街道西江月小区业主委员会
柯城区委组织部机关
柯城区妇联
浙江佰意智造服饰有限公司
浙江艾祥电子商务有限公司

市级优秀共产党员

项　磊　柯城区人民医院医患办副主任
毛鸿雁　柯城区黄家街道新铺村党支部书记

市级先进基层党组织

柯城区人民医院隔离病房治疗团队临时党支部
柯城区航埠镇中心卫生院党支部
柯城区疾病预防控制中心党支部
柯城区委组织部机关支部

2020 年"六抓六比 · 八大竞赛"先进个人与集体名单

高质量发展突出贡献奖

一、财政贡献奖

衢州普星燃机热电有限公司
浙江鸿盛新材料科技集团股份有限公司
浙江金沃精工股份有限公司
衢州伟荣药化有限公司衢州虎山混凝土有限公司
浙江辉博电力设备制造有限公司
浙江衢州柯城农村商业银行股份有限公司

二、纳税十强企业

衢州普星燃机热电有限公司
浙江鸿盛新材料科技集团股份有限公司
衢州宸帆电子商务有限责任公司
衢州市凯盛建筑劳务分包有限公司
浙江衢州柯城农村商业银行股份有限公司
衢州市柯城区国有资产经营有限责任公司
浙江金沃精工股份有限公司
衢州伟荣药化有限公司
衢州虎山混凝土有限公司
浙江辉博电力设备制造有限公司

工业企业新增规奖

浙江睿丁生物科技有限公司
衢州新导电子科技有限公司

工业企业小升规奖

浙江泓芯半导体有限公司
衢州杰丰服装有限公司
浙江金明生物科技有限公司
浙江绿圣辉饲料科技有限公司
浙江康瑞欣新材料有限公司
浙江康劲机械有限公司
衢州瑞兴新材料有限责任公司

工业企业上台阶奖

浙江辉博电力设备制造有限公司
浙江鸿盛环保科技集团有限公司
衢州开隆建材有限公司
衢州市口乐心食品有限公司

工业企业增速奖

浙江佰意智造服饰有限公司
浙江赛邦印铁制罐有限公司
衢州美电开关设备有限公司

国家高新技术企业

浙江河好闸门科技有限公司
浙江多力塑胶有限公司
衢州美电开关设备有限公司
浙江新世纪工程咨询有限公司
浙江领航市政工程有限公司

浙江中信检测有限公司
浙江东太新材料有限公司
浙江博森电气有限公司
衢州市沃德仪器有限公司

政府质量奖

衢州伟荣药化有限公司
浙江俊峰健身器材有限公司

创业创新突出贡献奖

一、招商引资

1. 突出贡献集体：
区民政局　区协作中心
区司法局　石室乡　九华乡
2. 突出贡献个人：
陈伟芳　刘荣禄　金国明　洪琛琛
钱　颖　邱志明　陈国刚　谢琴军
林富军　沈佳黎

二、大干项目

1. 突出贡献集体：
区发改局　区交通运输局　区建投公司
航埠镇　万田乡　衢化街道
2. 突出贡献个人：
余仲飞　徐　翾　方蕾茜　郑英杰
徐　云　胡春芳

三、重大项目征收

1. 突出贡献集体：
区农业农村局　柯城资规分局
区人力社保局　柯城供电分公司
区退役军人事务局　府山派出所
航埠镇　华墅乡
九华乡　万田乡
2. 突出贡献个人：
陈志明　危丽华　郑黎云　樊建军
江　凯　黄振骝　徐卫民　蒋　峰
刘　辉　陈国刚　宋雪刚　余延祥
徐　剑　王成刚　杨　星　周　椿
朱　波　陈齐龙　王向前　吴红彬

党建治理大花园突出贡献奖

一、红色物业联盟工作

1. 突出贡献集体：
花园街道
衢化街道
新新街道
府山街道杨家巷社区
荷花街道新荷社区
信安街道恬静苑社区
双港街道双水桥社区
白云街道新湖社区
2. 突出贡献个人：
金　焕　胡元琪　祝小娟　蒋丽君
陈建中　徐　赟　汪诚芳　潘丽莉
徐志宙　张秋芬　龚雅婷　董　蓉

二、村社组织换届

1. 突出贡献集体：
区纪委监委　区委组织部
区委统战部　区法院
区检察院　柯城公安分局
柯山公安分局　区信访局
柯城执法分局　石室乡
万田乡
2. 突出贡献个人：
巫立山　汪晓勤　卢赛龙　郑　煜
揭根龙　林贤发　葛高琴　余金昌
应　政　鲍红莲　管　军　彭欣荣
卫萌萌　巫子涵　郑急流　董翠燕
付　妍　叶　君　侯剑锋　王　磊

三、“三联工程”示范单位

石室乡　沟溪乡
七里乡　万田乡
荷花街道　衢化街道
航埠镇曹门村　航埠镇新山村
石梁镇双溪村　石室乡石室村
九华乡大侯村　万田乡上蒋村
府山街道坊门街社区　花园街道新姜村

双港街道五湖村

四、“八个一”有礼城市建设

1. 突出贡献集体：

区营商办　区机关事务保障中心
万田乡　衢化街道
花园街道上洋村

2. 突出贡献个人：

陈剑刚　金　萍　朱华根　郑英杰
徐倩祎　刘　倩　董晓旺　余晓芬
余笑尹　郑心悦　江　艳　叶争怡
严建飞　郑跃峰　章　金　朱　茜
任蜀云　李剑阳　江　辉　姜琴琴
周贤盛　吴天宝　冯　健　王辰媛
王秀英　童　青　蒋　诚　陈禹诺
钱蕾璇　罗　君　陆　军　李　雯
黄　炊　周　菲　吴惠忠　吴利红
张月峰　龚沙溪　叶小凤　柴叶萍

“平安柯城”建设突出贡献奖

一、平安建设

1. 突出贡献集体：

区教育局　区住建局
柯城消防救援大队　石梁镇
衢化街道

2. 突出贡献个人：

方宏华　周志伟　翁胜强　祝　云
姜海亮　李　刚　雷国福　毛志军
李秀苑　程似锦　郑云逸

二、安全生产

1. 突出贡献集体：

区发改局　区经信局（商务局）
区住建局　区交通运输局
区林业局　区应急管理局
专业市场管委会　柯城消防救援大队
华墅乡　九华乡
花园街道　信安街道
衢化街道

2. 突出贡献个人：

赵相君　戚智超　顾爱珍　吴智霖
钟　佳　徐国进　杜晓普　徐幼超
童鑫刚　兰琴仙　戚胜珍　郑明明
吴朝洪　戚志飞　童惠春

三、“两难”机制规范化运行

突出贡献集体：

区信访局　航埠镇　万田乡
荷花街道　衢化街道

2020年度行政奖励

一、重点项目征收工作

1. 集体三等功：

区征迁事务中心（杭衢铁路）
区交通运输局(杭金衢高速拓宽和351国道征收)
石梁镇（奥陶纪项目）

2. 个人三等功：

郑伟星　林文生　黄　勇　郑建光
童雪芳

3. 集体嘉奖：

区市场监管局（小南门征收）
荷花街道（小南门征收）
府山街道（小南门征收）
衢化街道（小南门征收）
姜家山乡（杭衢铁路）

4. 个人嘉奖（25名）：

朱志宏　周　铁　吴兴钢　吴巧山
江红霞　吴　征　郑　辉　毛枳彪
肖　飞　余金昌　兰位龙　郑卫东
蔡永洪　陈红昌　唐志斌　郑小兵
郑希彤　俞志红　邱　剑　梁　正
黄　前　兰琴仙　洪伟东　徐　佩
蓝建雄

二、“树正打歪、拔钉清障”专项行动

1. 集体三等功：

柯城公安分局　柯山公安分局

2. 个人三等功：

周　勇　汪　昕

3. 集体嘉奖：

区委政法委　柯城综合执法分局

4. 个人嘉奖：

张　洋　雷天同　徐露露　范晓岚
揭根龙　程志华　万志正　汪德伟
万志明　翁益平

三、全域土地综合整治

1. 集体三等功：

柯城资规分局　区林业局　华墅乡

2. 个人三等功：

姜有源　周志平　冯小青　丰小龙
裴春风

3. 集体嘉奖：

航埠镇　石室乡　沟溪乡
万田乡　九华乡

4. 个人嘉奖：

王小帅　郑　亮　朱俊宏　徐　欢
李水华　冯　杰　郑　栋　余红星
方国忠　姜祥峰　曹兴奇　吴民仙
徐建龙　严海燕　张　剑　夏建军
刘　熠　王建峰　龚鑫华　胡春芳

四、创建全国文明城市

1. 个人三等功：

骆江涛　邵　晨　李　勇　蔡　胜
徐春春　郑园梅　冯国英　吴　园

2. 集体嘉奖：

区政协　区纪委
区委组织部　集聚区交警大队
区文旅体局　区农业农村局
柯城农商银行　区机关事务保障中心
专业市场管委会　区财政局
区总工会　柯城供电营业部
实验小学　大成小学
书院中学　新新街道
白云街道　航埠镇
九华乡　华墅乡

3. 个人嘉奖：

叶　腾　蒋　宁　李剑阳　陈　磊
方小荣　蒋玉婷　冯　健　王辰媛
杨泽君　郑卸慧　宋雪刚　翁　毅
柴笑今　胡红霞　杨　菲　兰芳婷
张红英　胡佳妮　章萍卿　王俊阳
吴路捷　程雯茜　黄忠国　杨　贞
应鹤祥　吴素云　祝文仙　王　黎
邵国盛　夏　天　梁　虹　巫欣琳
周哲斌　赖丽群　汪　晖　孔爱萍
吴程程　李　荣　余洪忠　郑　瑜
王玲玲

五、专项工作

1. 个人三等功：

曾三山　董高法

2. 集体三等功：

区税务局　区发改局
区农业农村局　区人社局
航埠镇

3. 集体嘉奖：区民政局

4. 个人嘉奖：蒋宇斌

六、见义勇为

个人三等功：

林金元（浙江省第一监狱退休职工）
刘俊明（巨化检安石化工程有限公司职工）

柯城区2020年度经济社会发展目标综合考核先进单位

石梁镇　万田乡
衢化街道　荷花街道
区委组织部（编办、老干部局）
区信访局　区委宣传部
区农业农村局　区发改局
区财政局（国资服务中心）
区住建局（人防办、征迁事务中心）
区卫健局　区教育局
柯城资规分局

索　引

说明：

1. 本索引采用主题分析法编制。
2. 索引主题词的首字按汉语拼音字母顺序排列。
3. 索引词后阿拉伯数字表示主题词内容所在的页码。
4. 特载、专记、大事记、附录的内容均不做索引。

0 ~ 9

A

B

C

D

F

G

H

J

K

L

M

N

P

Q

R

S

T

W

X

Y

Z

图书在版编目（CIP）数据

柯城年鉴．2021 / 衢州市柯城区地方志编纂委员会，衢州市柯城区档案馆编．— 北京：方志出版社，2021.12

ISBN 978-7-5144-5069-9

Ⅰ．①柯… Ⅱ．①衢… ②衢… Ⅲ．①区（城市）—衢州—2021—年鉴 Ⅳ．①Z525.54

中国版本图书馆 CIP 数据核字（2021）第 275661 号

责任编辑：罗　滔
责任校对：刘玉霞
责任印制：梅中英
出 版 者：方志出版社
地　　址：北京市朝阳区潘家园东里 9 号（国家方志馆 4 层）
邮　　编：100021
网　　址：http//www.zgfzcb.cn
发　　行：方志出版社图书营销中心（010 — 67110500）
印　　刷：浙江江山鑫华印刷有限公司
开　　本：889 毫米 × 1194 毫米　1/16
印　　张：21.75
字　　数：612 千字
版　　次：2021 年 12 月第 1 版
印　　次：2021 年 12 月第 1 次印刷
定　　价：228.00 元